THE WAR IN 2020

by Ralph Peters

2020年

ニッポンの野望〈上〉

ラルフ・ピーターズ／青木榮一訳

二見書房

エモリー・アプトンの想い出に捧げる。

2020年

上

——ニッポンの野望——

主要登場人物

ジョージ・テイラー……合衆国陸軍第七機動部隊の司令官
ハワード・メレディス……第七機動部隊の情報参謀
マニュエル・マルティネス……第七機動部隊の兵站参謀
デイヴィド・ハイフェッツ……第七機動部隊の作戦参謀
タッカー・ウイリアムズ……第十機動部隊の司令官
ジョン・アンソニー・リーノ……第三飛行大隊の隊長
ジェフ・ライダー……第十機動部隊の情報要員
ジョナサン・ウォーターズ……合衆国大統領
クリフトン・レナード・ブーケット……合衆国統合情報局の副長官
デイジー・フィッツジェラルド……統合情報局の情報分析専門家
イワノフ……ソ連陸軍の大将
ヴィクトール・コズロフ……ソ連陸軍の連絡将校
ユーリ・バブリシュキン……ソ連軍混成部隊の大隊長
ワーリャ……バブリシュキンの妻。英語教師
ピート・クレテ……南アフリカ人パイロット・グループのリーダー
ノボル・カバタ……日本軍の将軍

プロローグ

西暦二〇〇五年の年にアメリカ合衆国はひどい誤りを犯した。その頃、モブツ政権が倒れて内紛続きだったザイール共和国のどさくさにまぎれて、南アフリカ共和国がシャバ州の地下資源豊かな広大な地域をわがものにしてしまった。アメリカは、なかば忘れ去られた古臭い条約の手前もあり、また自国が依然として重要な超大国であることを疑い深い全世界に是が非でも納得させようとして、現地の詳しい事情もわからぬままに、第十八空挺作戦軍団を首都キンシャサに展開した。この派兵作戦はぶざまで手間取る結果になった。その少し前の一九九〇年代に、地上兵力を常備するのは時代錯誤的で贅沢《ぜいたく》でもあるというわけで、いい気になって軍縮を進めたおかげで、陸軍は骨抜きになっていたが、それでも、まだみずからを信ずるところがあった。

第十八空挺作戦軍団は、病める大陸にのろのろと向かった。アフリカ諸国は、世界の黒字国から経済的に見限られていた。国民を食わせられない、借金は払えない、まともに国を治められない、といった状態で、はた迷惑だった。アフリカが提供できるものといえば、たまに見つかる鉱脈、それに数が減ってきている動物の群れ以外には何もなかった。もっとも先進国からすれば、そんな動物でも何百万というこの大陸のやせ衰えた民衆よりもはるかに価値があるように思えた。アフリカ大陸は死にかけていた。第一に、エイズの大流行がサファリ撮影の旅の楽しみを奪ったし、次に、二十一世紀に入って間もなく、新しい疫病がアフリカの未開の奥地からさまよい出てきたからだ。

しかし、そんなことにアメリカは縛られなかった。務めを果たせとの、少々調子はずれな神のお召しの声を聞いたと信じて、手持ちの最上の軍隊を送った。到着したアメリカ軍部隊は酷暑にあえぎながら星条旗を高く掲げたが、装備も訓練もこの国にそぐわないものだったし、軽率なほどこの国の事情もわかっていなかった。それでも、それはたいしたことではないように思われた。アメリカ軍は到着したが、決定を下した当事者たちにすると、その派兵は実際には形式的なものにすぎないと思われた。

南アフリカ共和国が介入して戦争をしかけてくるとは、誰も本気で考えていなかった。

第一部　旅

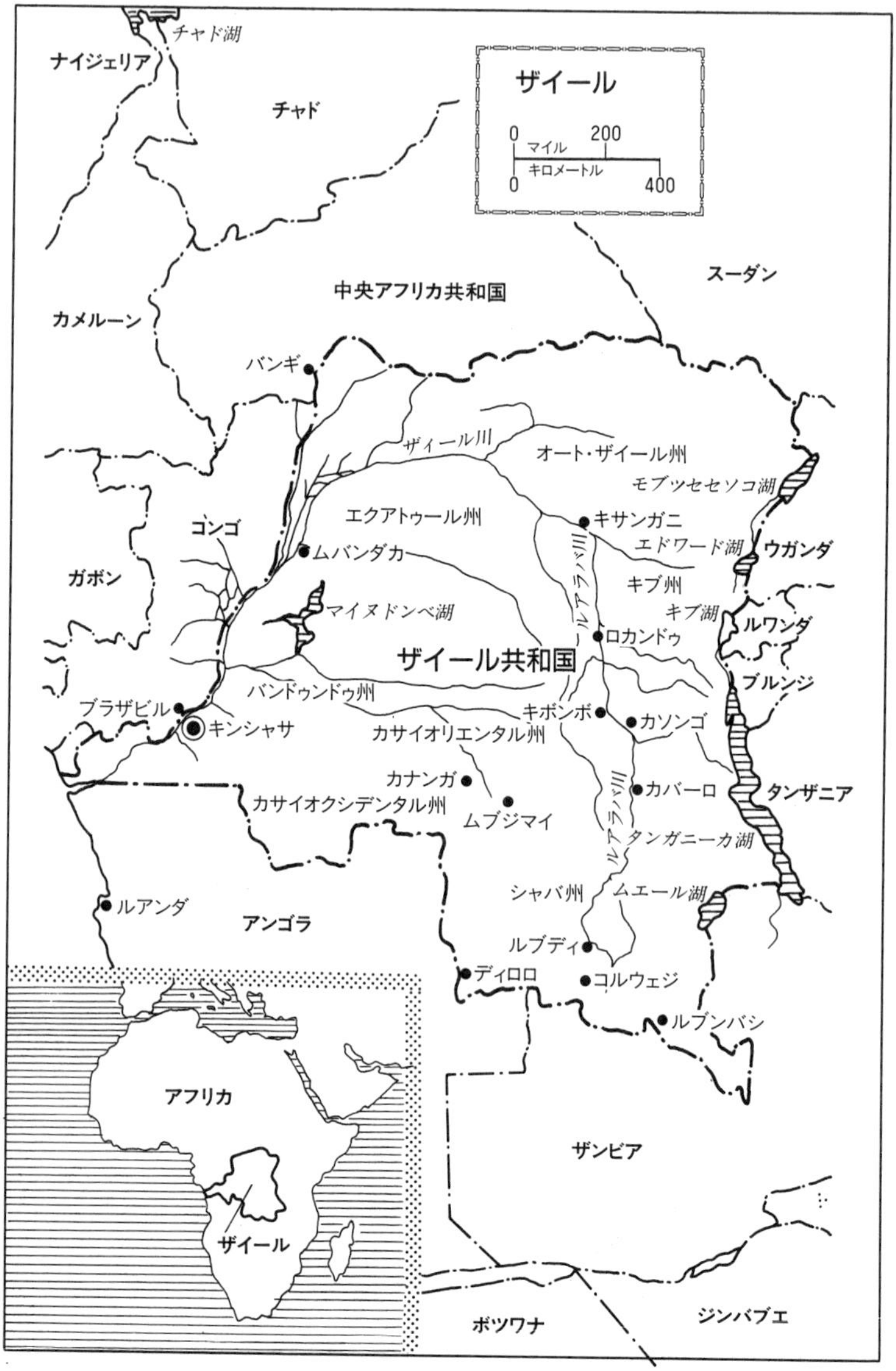
ザイール
0
マイル
200
キロメートル
0
400
チャド湖
ナイジェリア
チャド
スーダン
中央アフリカ共和国
カメルーン
バンギ
ザィール川
オート・ザイール州
モブツセセソコ湖
エクアトゥール州
キサンガニ
コンゴ
ムバンダカ
エドワード湖
ウガンダ
ガボン
キブ州
マイヌドンベ湖
キブ湖
ルワンダ
ロカンドゥ
ザイール共和国
ブルンジ
バンドゥンドゥ州
ブラザビル
キボンボ
カソンゴ
キンシャサ
カサイオリエンタル州
ルアラバ川
カナンガ
カバーロ
タンザニア
カサイオクシデンタル州
ムブジマイ
タンガニーカ湖
シャバ州
ムエール湖
ルアンダ
アンゴラ
ルブディ
ディロロ
コルウェジ
ルブンバシ
アフリカ
ザンビア
ザイール
ボツワナ
ジンバブエ

1

アフリカ　二〇〇五年

草原の上を飛んでやってくると、地上ではこの金属の鳥の轟音と影に動物たちが驚いて、走りだしては何度も方向を変えた。飛行服と飛行ヘルメットをつけているとひどく暑いし、すでに水分が不足していたが、哨戒飛行は少なくとも退屈な野営生活からの一つの息抜きではあった。薄茶色の海のような草原の上を飛んでやってくると、途中であちこちにかたまって茂るねじれた灌木林の上をかすめたり、遠くの飛行管制官の声がイヤフォーンのなかで眠そうに聞こえた。やがて、地面が持ち上がりはじめる。ごくわずかにだが。遠くからでも鉱滓の山が見えてきて、わざわざ操縦席の計器などに目をやる必要はほとんどなかった。飛びまわりたかった。いつも飛びまわっていたかった。この活気のない時代、飛ぶことだけが生き甲斐だ。だけど、もう飛行大隊のアフリカでの基地が見えてくると、ものぐさを好む自分の半身が早く地上に戻りたいと思いはじめる。

一番高い鉱滓の山の周囲をまわりこむと、鉱山の建物の金属屋根が南ザイールの真昼の太陽を反射してきらきらする。ここはシャバ州、つまりカタンガである。その反射光をののしって、ちょっと顔をそむける。まぶしさは消え去り、軍用テントとまだら模様の偽装網の影のなかにみごとに整列したヘリコプターの列が目に入る。ヘリ機動部隊の赤と白の隊旗が駐屯地で唯一の二階建て建物の上にはためいており、埃が舞い上がってくる。飛行士用サングラスをかけ、埃除けに濃黄緑色のバンダナで口と鼻をおおった無帽の兵士が、パパのところに帰っておいで、というように両手を上げて振る。アフリカの大地は褐色の砂埃のなかに見えなくなった。

帰投した。コックピットのなかで筋肉が凝った体を歩きながらほぐすが、まわりにあるのは世界じゅうどこの作戦飛行場にもあるおなじみの機器類ばかりだ。たとえば、燃料補給車と給油ホース、警告標識、組立て式誘導灯、吹き流し、一般用中型テントなどだ。テントの側面は巻き上げられていて、たたまれた寝袋ののった整然と並ぶ簡易ベッドや、認識票を逞しい男の装身具みたいにぶらさげているTシャツ姿の兵士たちがなかに見られる。そのほか、野戦糧食の破れた茶色の包装紙が散らばっているテキサス並みの熱暑。そして戦闘はない。

部隊はすみやかに駐屯地に落ち着いて、通常の野戦任務についていた。毎日、定期哨戒飛行で南へ飛んで、無人の地帯を偵察する。戦闘するつもりでやってきた兵士のあいだには拍子抜けした様子がはっきりとあったが、ほっとした気分もあった。兵隊たちは悪態をつきまくった。天候、荒れ果てた風景、虫やくねくねと走る蛇、野戦糧食、現状を知らず、何一つ正しく理解していないお偉方など、その槍玉にあがるものに不自由しなかった。アメリカ軍はまたも味方する側を選ぶのを間違えた、ザイール人なんか役立たずのろくでなしばかりだ、と毒づく者もいた。出国前にリュックサックや旅行鞄に放りこんできた本は、何回もまわし読みされた。

「おい、ジョージ、今度は何を読んでるんだい？」簡易ベッドの列の脇をやってきた同僚の大尉が訊いた。

ジョージ・テイラーは友人に見えるように、読んでいるペーパーバックの表紙を高く掲げた。

「ホラー小説か何かかね？」

「ちょっと違うな」テイラーはベッドの上に横たわったまま答えた。

「《闇の奥》か。おれのガールフレンドにそんなのがいる。ビールはどうだ、ジョージ？」と大尉は言った。

「あるよ」

大尉は、人がよさそうににやりとした。「ジョージ・テイラー大尉、機動中隊長。なんでも間に合っている男」と言い置いて、野戦酒保のほうへ立ち去った。

テイラーや同僚たちは、飛んでいないときは、肌をみごとに焼いたり、ここいらへんでは一番強力な電波を出し、一番いい音楽を流している南アフリカ共和国のラジオ局の英語放送を聞いてすごした。そこの女性ディスク・ジョッキーたちは、男の気をそそるちょっとずれた英国アクセントで、重大時局や疫病のことや南アフリカ軍の配置などには一言も触れなかったが、事態が落ち着きだすと、「北からやってきた淋しいGIたち」に歌を捧げはじめた。みんなの人気アナウンサーはマーニー・ホワイトウォーターといったが、兵隊たちはさっそく彼女にマーニー・スカルファッカーと仇名をつけた。飛行任務がなくて、天幕の下で暑くてやりきれないときは、テイラーは安物のハンモックに横になって、冷たいビール缶が腹筋を丸く冷やすのを感じながら、故郷の彼女たちに見せびらかすよう肌を焼きながら、まとわりつくようなラジオの声に耳を傾けるのが好きだった。この女性アナはブロンド髪にちがいない、そのうえ、救いがたいほど身持ちがよくないにちがいない、と思った。

戦闘はなかった。あるのは太陽と、退屈と、ひどい食物だけ。テイラーの部隊は、まだ新しい疫病のランシマンズ病（RD）に襲われていなかった。コルウェジ付近やずっと北西部のキンシャサでRDの犠牲者が増えているという、幕僚を通じて入ってくる報告も、奥地に孤立している飛行士たちにはあまり現実感がなかった。そんな話は悪夢に苦しんでいる他人事の感じで、あとどれくらいしたら全員が帰国できるかを考えるほうが切実だった。アフリカのこの地方にかつて象がいたかどうかを議論し合い、退屈した若いパイロットたちは任務遂行中の飛行規律を破って、哨戒飛行中に出会った小動物の写真を撮ったりした。ときどきテイラーは、この長い暑い日々が秋の来る前の牧歌的な楽園なのだ、とふと思うことがあった。しかし、この瞬間的にひらめいた思いは長く続かず、ほとんどいつも、空しくておもしろくもない単調な任務に気が重くなるだけだった。

あるとき、一つの部落の上を飛んでいると、泥道の上に死体があちこちに散乱して、しかも太陽の熱でふくれあがっているのが見えた。ランシマンズ病だ。思わず操縦桿を握る手ががくんと動いた。だが、結局はテレビのなかで放映される気になる映画フィルムの一こまを見た感じにすぎず、すぐにヘリコプターの機体を横に傾けて、澄んだ青空へ上昇していった。

あの最後の日の朝は特別によく晴れていて、離陸したときには、空気はまだ新鮮だった。任務はいつもとまったく変わらぬ通常任務だった。ルアラバ川に沿って南下し、隣国のザンビアに向かって哨戒飛行。無謀な飛行は禁止。それだけだった。その前日、一人の中尉がチータだと言い張る動物の写真を撮ろうとして、あやうく乗機のアパッチ・ヘリを墜落させかけたので、飛行大隊長はパイロット全員に厳しい訓戒を与えた。その日は一日じゅう退屈な編隊飛行になりそうで、ふだんと変わったことは何一つ期待できそうになかった。飛行大隊のＳ２（情報参謀）は、いつもくれる危険地区の新しい情報の配布さえやめてしまった。

テイラーは気が滅入っていて、いつになく部下との無線交信の口調がぶっきらぼうだった。フォート・ラッカー時代の同窓生の一人、親友ともいえる一人が、後方の第一〇一主指揮所でランシマンズ病で死んだとの知らせを受け取ったからだ。彼が死ぬなんて、ばかげていた。チャッキー・モスは考えられるかぎり一番危険のない任務についていた――つまり、師団内で一番整備の行き届いたヘリコプターで将官たちを運びまわっていただけなのだから。チャッキーは新婚で、おどけたところが少々あり、まだ三十歳前だった。戦闘もないのに、その彼が死ぬなど、ばかげていて、許せなかった。

テイラーの思いはあちこちに飛んだ。フロリダ州のパナマ・シティで週末を奔放にすごしたときのチャッキーのことを思い出すと、昔のガールフレンドのジョイス・ホイッタカーと寝たことが頭に浮かんできた。手のつけようのない奔放な女だった。ビールを手にしたチャッキーが、すげえ声だったぜ、と高笑いしながらからかい、彼女は思慮分別より精力あふれる女だ、と言ってのけたのを覚えている。ヘリの腹の下を低木地が流れ去っていくあいだ、目を閉じたジョイスの体が汗で光っていたのを思い出していた。遮蔽マスクを通して太陽の光がまぶしくなりはじめたので、暑くなるのを見越して、救命胴衣を脱いだ。

作戦飛行場からやっと十分ほどのところまで来たとき、テイラーのヘリコプターのレーダーが曇って見えなくなり、スクリーンが青白く泡立ってきた。テイラーは機械の故障だろうと思った。A5アパッチに搭載した新型の電子装置類は調子のよいときでも気むずかしいし、また作戦飛行場の埃が装置類にはよくなかったからだ。

「14《ワン・フォー》、こちら99《ナイナー・ナイナー》。レーダーが利かない。上空警戒をかわってくれ」テイラーは編隊中のすぐ右手のヘリに呼びかけた。

「こちら14《ワン・フォー》。こっちも完全に曇ってしまって見えない。いったい、どうしたんだ?」心配げな声がヘッドフォンを通して入ってきた。

突然、編隊のうしろのほうから古参の准尉の声が割り込んでくる。

「畜生、電波妨害されている」

准尉の言っていることが正しいのは、テイラーにすぐわかった。わかりきったことに気づかなかったのはなんとも愚かで、なかば居眠りでもしていたかのような気持ちだった。敵対行為が現実に起ころうとは、誰一人として予期していなかったわけだ。

「全機、全機に命令する。ただちに散開せよ。敵との接触に備えよ」テイラーはそう命じた。すぐに自分のヘリ機動中隊の編隊が空いっぱいに広がるのがわかった。

レーダーのスクリーンは役に立たないままだったが、どこにも敵は見あたらなかった。

偵察機を先行させればよかった、とテイラーは思ったが、実際に敵対行為のおそれがなかったので、偵察飛行は不必要だと中止されていた。

「シエラ6 5《シックス・ファイヴ》。こちらマイク9 9《ナイナー・ナイナー》」テイラーは作戦飛行場の飛行運用センターを呼び出そうとして、そう呼びかけた。

じーっと雑音がするだけだ。

「シエラ65。こちらマイク99。緊急交信。どうぞ」と言っても、何も応答なし。聞こえるのは、エンジンが絞り出すような低い唸り声だけだ。

「シエラ――」

テイラーの視界の端で、ぱっと強烈な閃光がひらめき、空中のヘリコプター一機が一瞬にしてかき消えるのが見えた。ロッシ中尉の乗機だ。閃光が消えると、テイラーの見守るうちに、ぐしゃぐしゃになったヘリコプターは大地に突っ込んだ。エンジンとローターを切り離して安全に着地させるオートローテーション装置が作動しなかったので、ヘリは真っ逆さまに落下し地面に激突し、その瞬時にあがった炎と煙のなかに機体がかき消えたと思ったら、胴体の一部や小組立部品がばらばらになって機体の残骸から空中へ飛び上がった。

テイラーは目がくらみ、自分のまわりが粉々に砕かれた感じがしたが、声は前と変わらず、「シエラ65……」と叫びつづけていた。

「畜生、なんたることだ」中隊の内部交信網を通して誰かがそう叫んだ。

テイラーは必死になって地平線上を見まわした。

何も見えない。まったくからっぽだ。澄みきった、暑い、青空があるだけだ。

「全機へ。回避行動をとれ。電波妨害装置をオンにせよ」そう命令してから、計器盤に目を移すと、テイラーがよく知らない、新人の火器担当将校が早まった行動に出たがっているのがわかった。「11、編隊から離脱して、墜落現場に生存者がいるかどうか調べろ……離脱しろ……」とテイラーは命じた。それから、後続ヘリの准尉に無線で声をかけた。「１３《ワン・スリー》、そっちはどうだ？　われわれ六機を追うものがいるか？」

「なし、なし」と答える准尉の声は興奮でうわずっていた。一年余のつきあいで、この男の声にほんのわずかでも感情がまじるのを耳にしたのは、これが初めてだ。「９９、正面攻撃でした。ですから、生存者はありません。ロッシとコッチは即死です。空中戦に入るとなれば、１１が必要になりそうです」

テイラーは自分の権限に口をはさまれて怒りがこみあげたが、すぐに准尉の言い分が正しいことがわかった。

どうしようもないと感じた――空中にも地上にも敵は見えないのだから。

「１１、前の指令は無視せよ。編隊に戻れ」

「了解」

アパッチがあんなふうに墜落するはずがない、テイラーはそう自分に言い聞かせた。アパッチは燃えない。アパッチはばらばらに壊れない。アパッチは……。

「奴らはいったいどこにいるのだ？　誰か何か見ないか？」テイラーはマイクロフォンにかみついた。

「見ません」

見ません。見ません。

「１４、何か見えないか？」

「私の目は全然だめです」

「誰かがあのいまいましいレーザーをここで発射しやがったんだ。強力ないまいましいレーザーをな」と准尉が脇から割り込んだが、突然その事実に気づいたあまり、声は興奮していた。「あれはいまいましいレーザーが当たったんだ。あのくそったれ兵器の試射をホワイト・サンズ実験場で見たことがある」

考えられない。南アフリカはレーザー兵器を持っていない。特殊な目くらまし用で、非致死性の二、三の兵器を除けば、戦術レーザーを持つ国はどこにもないはずだ。殺人レーザーは静止している宇宙防衛用の戦略兵器だけだ。これを戦術兵器化するための動力源の超小型化に成功した国は、まだどこにもない。

テイラーは、広いからっぽな空のなかで途方に暮れた。飛びつづけることしか思いつかなかった。飛行服は汗でぐっしょり、肌は赤く白く鳥肌がたって、恐怖感が強くあったものの。ぐるりと反転して、安全な作戦飛行場へ一目散に飛び帰りたかった。しかし、それは騎兵魂を受け継いだヘリ機動部隊員のすることではない。

もう一度、飛行運用センターを呼び出そうとした。「シエラ65、こちらマイク99。敵らしきものと接触、繰り返す——敵らしきものと接触」

なんの前ぶれもなしに、味方機がもう一機、ぱっと白金色の閃光に包まれたかと思うと、狂ったように空からもんどり打って落ちていった。今度は空中で早くもバラバラになりはじめた。

「着地せよ。あの草地に向かって降りるんだ」と彼はまだ残っているヘリコプターに命令した。地上ぎりぎりの低空を飛べば、見えない敵からヘリを隠せるのではないかと思った。「高度を下げて、そのまま行け」と火器担当将校にそう命じた。

反撃してやりたかった。相手に撃ち返したかった。何も見えない空でもよいから、しゃにむに発射したい衝動に駆られた。失われた二機のヘリの運命を黙って受け入れないために、何かしたかった。

「あそこに敵がいる。二時の方角だ」古参准尉が交信網を通じて叫んだ。

操縦席の円蓋を通して上を見ると、はるか地平線上にいくつかの黒点があるのがやっと見分けられた。目が痛んで、涙は出るし、焦点を結ばない。

射程距離外だった。それなのに、相手はすでにこっちのヘリ二機を撃ち落としている。生き残りのヘリの乗員たちが彼の意思決定、全員の運命を決める命令を待っているのが痛いほど感じられた。

選択は二つしかなかった。逃げて……相手を振り切るか、それとも射程内に入って少なくとも数発撃ち込めるほどに接近して、攻撃する。

「シエラ65、こちらマイク99。敵との接触確認。友軍機二機墜落。攻撃に入る」

こちらのヘリのほうが段ちがいに劣っていることは、重々承知していた。だが、この旧式のアパッチをいつも信じていた。信頼度の高い多目的ミサイル、それに劣化ウラン弾をこめたガトリング銃が武器だ。しかし、いつの間にか戦法が変わってしまい、サーベルと拳銃だけで騎馬戦を演じていた時代よりもちっともましな状態になっていないことはわかっていた。

「准尉」テイラーはコールサインを忘れて、それ抜きで無線で呼んだ。「ずっと右へ移動して、掩護してくれ。われわれはまっすぐ奴らに突っ込む。回避訓練などくそくらえだ。行くぞ、ブラボー中隊。奴らを、やっつけろ」。テイラーが見守るうちに、あの黒点は紛《まぎ》れもなくだんだんと大きくなってきた。

しかし、ブラボー中隊はすでに残り少なかった。またも閃光がひらめき、編隊僚機の一機を灼熱の大地に叩き落とした。そのローターが灌木林を鋭く切り倒し、胴体を勢いよく空中に放り上げたかと思うと、地面に叩きつけた。

准尉はテイラーの命令を無視して、真正面から敵に向かってぐんぐん上昇し、はるか射程外からミサイルを発射した。まるで狂暴さを見せつけて、敵をこわがらせるかのようだ。

テイラーがまだ空高く上昇できないうちに、目に見えぬ一撃を受けて胴体が急回転し、ローターが吹き飛んだ。テイラーは操縦桿を握っている手の感触がまだわかったが、視覚には灰白色がちらつくだけだった。ヘリが灌木林に突っ込む直前、テイラーは火器担当将校に怒鳴って命じた。

「撃て、畜生、撃つんだ」

そう命じられた将校が目標物を確認できたのかどうか、いったい、物が見えたのかどうか、まだ生きていたのかどうか、テイラーにはわからなかった。ただわかっていたのは、反撃せずに死にたくはないということだけで、墜落の衝撃で意識を失う前に感じたのは、大空に負けず大きな怒りだった。


南アフリカ側が戦闘に打って出てくるとは、誰も本気で考えていなかった。計算された脅し、わざとらしい構え、空いばり、示威運動みたいなものとしか思えなかった。ワシントンのお偉方は、南アフリカ側が世界にはったりをかけているのだと受け取った。つまり、ヨーロッパ諸国にはたいしたことをするほどの意思も軍事力もないし、アメリカも軍を派遣するほどの勇気はないと踏んでいる、というわけである。ワシントンは小手調べとして第十八空挺作戦軍団を派遣すれば十分だと確信した。南アフリカが日本の最新世代の軍事装備を実地に能力テストする協定を日本側と結んでいることは、ワシントンの頭のいい連中にわかっていた。しかし、それは日本の兵器売込み用の一手段にすぎない、と思い込まれていた。それだけでなく、アメリカの技術情報筋が入手したトーシバ製の武装ヘリは、性能の進んだ興味ある点がいくつかあったが、戦場での全面的な均衡を変えるほどのものではなかった。あとから考えてみると、肝心かなめの装置を取りはずした、もぬけの殼の機体をつかまされてだまされたのは、明らかだった。だが、南アフリカ軍のこの現実の戦闘介入まで、誰もおかしいと思った者はいなかった。

南アフリカは、アメリカ側があまり機動性のない軍隊をザイール国内に配備しようとして、首都キンシャサを拠点に苦労して兵力を出し入れするのを黙って見ていた。そこで、アメリカは予備役の召集を避け、ぎりぎりになって国内あちこちの部隊から兵員をかき集めて増強するなど、できるだけの努力はした。一九九〇年代の国防費削減と兵力縮小、それに新しい世紀に入ってからの窮乏予算のせいで、実戦即応態勢の一番整っている部隊ですら、衛生兵、通訳から弾薬、予備部品にいたるまで、あらゆるものが不足していた。派兵は混乱をきわめた。空軍の輸送機は飛べなかったのに、空軍はB2爆撃機のキンシャサ配備を主張したが、どんな任務のためにB2を置くのか、誰も説明できなかった。海軍は母艦戦闘群を二群送ったが、搭載するミサイルも火砲も、アフリカの奥地に散開した射程外の敵軍を攻撃目標とはできないことがわかっていた。もちろん、実際に戦闘になると本気で考えた者は一人もおらず、誰もが実戦の場に居合わせたいものだと思っていただけだ。軍情報部はお手上げだった。情報収集方法はなんとか働いたが、データを読んで解釈できる情報分析者はいなかった。軍全体が最大限にオートメ化されてしまっていた——だから、そうした態勢下では、アフリカ奥地への派兵といった予想外の偶発事態に即応できるプログラムが組まれていないのだ。しかし、破局的事態に備えた訓練を積んだ医療要員の不足が致命的欠陥であることが、すぐに明らかとなった。

日が過ぎるにつれて、アメリカ側首脳たちは、南アフリカ側に絶対に戦う意思がないと確信を深めていった。向こうが本気で戦うなどとは、ワシントンでは冗談話と化していたが、混乱と物不足とマーフィーの法則のせいでつねに身近な問題に目の行くキンシャサの現地では、それほど冗談視されていなかった。現地のアメリカ軍団司令部では、もし南アフリカが戦うつもりなら、アメリカ軍が空挺堡を設営しはじめたときこそ向こうが攻撃をかける唯一のチャンスだ——軍団全体が駐留し終えてからではだめだ、と推論した。

アメリカ軍がずっと南のシャバ州に前進展開しようとしたとき、最初のうち、南アフリカ軍は曖昧《あいまい》な態度で同州にとどまっていた。しばらくのあいだ、両軍はにらみ合っているだけだった。アメリカ側にすれば、道路も鉄道もないか、あっても壊れている、遠くにいる敵をどうして攻撃したらよいか、思いつく者は誰もいなかった。

第十八空挺作戦軍団はゆっくりと手さぐりしながら前進し、南アフリカ軍に戦術的な対決を実際に迫ることはしないが、その脅威を抱かせることは狙った。しかし、いまや緊迫感がだんだんと増していた。なぜなら、南アフリカ軍とは違う、新たな、ものすごい敵が出現したからだ。

アメリカ軍がザイールに軍事介入した頃、エイズの流行は衰えかけていた。それ以前すでに、有効なエイズ・ワクチンが高価すぎて現地民に使えなかったので、広範囲なアフリカ各地で人口がほとんど根絶やしになっていたところが多かった。しかし、欧米各国は安全だと思われたし、アフリカでも、この疫病がしだいに勢いが衰えていくかに見えた。依然としてエイズの流行で危険な状態にさらされていたのはブラジルだけで、残る南米諸国はなんとか事態を抑えているかに見えた。だから、ウガンダやタンザニアの奥地に生き残った人びとが新しい疫病に襲われているという報告を本気で受け取る人は少なかったし、世界保健機構（WHO）でも最初は悪性のコレラの発生にすぎないと考えた。イメージにこだわるアフリカ諸国が国内で発生したこの問題の深刻さを認めたがらなかったことが、さらに事態の把握をむずかしくした。新しい疫病はモザンビークにまで広がった。WHOによると、現地で医療に従事する人びとに死亡者が出はじめ、かつてないほど高い死亡率であることがわかった。やがて、東アフリカの大部分が死にかけているかに見えた。

他の世界各国は冷静だった。この疫病の発生国に対して国際的に防疫隔離措置がとられ、アフリカだけの問題にとどめられたからだ。

ウガンダやケニアでは、この病気から運よく生き残った人たちの肌に火傷のような傷跡が残ったので、現地人は灰火傷熱とこれを呼んでいた。しかし、サー・フィリップ・ランシマンがケニアのモンバサの研究所で驚くべき新しいウイルスを分離したので、ランシマンズ病という文明的な病名がつけられた。ランシマンズ病は、ウイルスの持つ作用と一般に細菌感染に見られる症状とが結びついた病気だった。初期の症状はコレラに似ていて、下痢と嘔吐により体液が急速に消耗するが、同時に神経系統が冒されるというまったく新しい症状を伴った。病気の進行はすみやかで、皮膚がかさかさになり変色した斑点を残すが、ひどい重症になると、脳が剝離しはじめて激痛を起こし、たいていは死にいたる。この病気の犠牲者は大きく三つに分けられる――治療をしないと死亡率八五パーセントにものぼる死者、頭脳の障害と程度の差こそあれ基本的な身体機能の制御能力の喪失が一生残る生存者、それに醜いあばただけが残る運の強い治癒者である。

ランシマンズ病の問題は、ザイール派兵の計画を急いで立てている段階で、統合参謀本部の抱える多くの懸念の一つとして出てきたが、政府部内にはそんなことを顧みる暇はないとの考えがあった。キンシャサにふたたび反クーデターが起こるおそれがあり、そうなれば南アフリカ軍のシャバ州占領が合法化されかねなかったからだ。そこでアメリカ国務省は大統領と国家安全保障会議に対して、ザイール川（コンゴ川）の中、下流域ないしザイール南部にはランシマンズ病発生の証拠は皆無であるとザイールの与党の高潔民主党が保証している、と述べて安心させた。シャバ州に皆無なことはたしかだった。

アメリカのザイール駐在大使はこれを裏づける電報を送って、派兵しないとアメリカのイメージと国益の双方が取り返しのつかないほど危うい状態にあるし、たしかに奥地ではランシマンズ病発生の報があるものの、適切な予防措置をとればアメリカ軍人に差し迫った危険はない、と主張した。

アメリカ軍は派兵に踏み切った。

国務省は「アメリカ軍の有効にして動揺を招くことのない派兵を促進する」との特別協定をザイール政府とまとめあげた。協定に基づくアメリカ派遣軍は、ひとまずキンシャサ空港の周辺に駐留を制限され、その後にシャバ州に向かって南東部へ進出することになっていた。国務省スポークスマンの言明によると、この協定の目的はアメリカのザイール侵攻の印象、つまりザイールにとり許容できぬ内政干渉の印象を避けるためだったが、到着したアメリカ軍部隊が駐留制限のほんとうの理由を知るには、時間はかからなかった。首都キンシャサのスラム街にはランシマンズ病が蔓延《まんえん》していた。事態はひどく悪化していて、犠牲者の死体処理を命じられたザイール軍の兵士が反乱を起こしたほどだった。首都の裏町は中世の悲惨な状況を思わせた。

アメリカ陸軍の現地指揮機関はただちにこの事態を報告したが、任務を達成し責任を果たすという基本的認識は揺らがなかった。「なんでもやりとげられる」精神で第十八空挺作戦軍団と空軍のアフリカ前方指揮所は現地民との接触を避ける厳しい隔離措置をとった。しかし、なにごとにも例外を認めなければならなかった。アメリカ軍の指揮官や作戦立案担当者たちはザイール軍の同輩たちと会わなければならなかったし、アメリカとザイールの航空管制官は共同で仕事をしなければならなかったし、ゴミは空港周辺の制限駐留区域の外に捨てなければならなかったし、幹部将校たちには現地の人びとの感情を深く傷つけないようにつきあう義務があった。

アメリカ陸軍が問題の南東部地方におそるおそる展開しはじめた頃には、ランシマンズ病——兵隊たちはこれをさっそく略称でRDと呼んだ——がかならずしも貧しいアフリカ人だけにとりつく病気でないことが明白になっていた。

それでも、作戦は順調に進んでいるように見えた。第八十二空挺師団の第二旅団は、シャバ州の中心のコルウェジ近くの草原に完璧な戦闘降下を行なった。南アフリカ軍はその町を焼打ちして立ち去っていた。空挺部隊はすみやかにかなり大きな空挺堡を確保し、次の一波の輸送機が着陸を始めたが、南アフリカ軍は阻止する動きをとらなかった。どこにいるのかすら、突きとめられなかった。ずっと南へ後退して、シャバ州から完全に撤退したみたいだった。

アメリカ軍部隊の前進配備は続いたが、戦闘はいっさいなくて、骨の折れる兵站補給演習とたいして変わらなくなった。シャバ州の現地でも、首都キンシャサの軍団司令部でも、ワシントンでも、大よろこびだった。アメリカ軍部隊はそのまま現地であと片づけをするとともに、アメリカの現ザイール政府への明白な支持を関係各国すべてにはっきりわからせるに必要な期間、駐留する方針が決められた。

テイラーはあまりの痛さに悲鳴をあげて、意識を取り戻した。後頭部ががんがんして、息をしても、身動きしても、じっとしていても、つらかった。両目はコショウを塗った拳で殴られたような感じだったし、頭は飛行ヘルメットに納まらないほどふくれあがったように感じた。同時に背中もひどく痛んで、とても動ける状態ではなかった。

それでも、体を無理に動かした。ヘリが燃えているにちがいないと思うと、ぎょっとし、死にもの狂いで安全ベルトを引きちぎり、怯えた子供のようにあわてて叫びながら、コックピットから身を投げ出した。ズボンの片方が機体にひっかかって逆さ吊りになり、その体重で機体が揺れた。わが身を自由にしようと必死になって、ヘリの残骸までいっしょにひきずらんばかりの勢いで片足を激しくひっぱると、とうとう飛行服の生地が破れて、ふくらはぎが鋭い金属片にあたって切り傷がついたが、やっと抜けた。いったいどれほどの痛みに耐えろというのか。うずくまってめそめそ泣きだしたが、自分では大声で泣き叫び、なお死ぬのを待っている絶望的な気持ちだった。

火は出ていなかった。ぼろぼろになったヘリの機体はなぎ倒された草原に突っ込んで直立しており、ガトリング銃は機体からはずれてぶらぶらしており、その銃口を革のように堅い低木の肌にすりつけていた。尾部はなくなっていたし、ローターは折れた指のようだった。多目的ミサイルもなくなっていた。最後の瞬間に発射されたのか、それともヘリが灌木の茂みに突っ込んだときにはぎとられたのかもしれない。テイラーは、自分が生きていて、火傷も負わず、乗機のヘリが少なくとも考えられていたとおりしっかりしていたのにひどくびっくりしたあまり、同乗していた火器担当将校のことを思い出したのは、だいぶあとになってからだった。

現実は何一つ前もって考えられたとおりではなかった。こうなる前は、敵機より速く飛び、敵機を打ち負かすものと考えられていた。大手柄をたてて基地に帰投するものと考えられていた。そして、英雄的行為と犠牲的行為で不時着したとしても、まず第一に戦友のことに頭が行くものと考えられていた。しかし、テイラーにできたことといえば自分の苦痛、自分の恐怖を考えることしかなかったし、生きながら焼死するという恐怖が頭にあるだけだった。

火器担当将校は、自分の席に前かがみに座っていた。まったく身動きしない。動かない機体と同様にじっとしたままだ。

飛行学校を出たばかりの若い准尉だ。テイラーは、なぜ中隊で一番経験のない男を自分の射手にしたのかと尋ねられると、あの男を訓練して一人前に仕立てるのが自分の責任だ、と決まって答えていた。だが、従順で、言われたとおりになる男がほしかったのも、ほんとうだった。何人もの中隊長が着任、離任するのを見てきた古参の手に負えない奴ではなしに。

テイラーはこの男のことをほとんど知らなかった。中隊長として、つねに部下たちとは距離をおいていたが、この上に立つ者意識にはテイラーの本質的に個人的な性格も影響していた。いま、めまいがして気分が悪く、目の焦点がよく合わなかったが、地上から機内にがっくり座っている射手の姿を見上げたとき、自分の犯した数々の失敗の総決算を見せつけられた気がして、愕然とした。

こんなはずではなかった。何一つまっとうなことはできず、すべてが失敗だった。自分の指揮下の各機が荒地のあちこちに散らばっていて、テイラーが一番責任のある部下が死んでいるのか、意識がないのか、身動きできないのかわからない状態にあるというのに、上官の、肩で風を切っていた大尉は、他の部下たちのことを顧みずに、わが身だけを救った。こんなはずではなかった。

その一方でテイラーは、自分がほんとうに生きている、生き残ったのだと知って、肉体的な喜びを感ずるのを抑えられなかったが、それはなんともいえぬほど性的快感に近いものだった。

手足がなかば不自由なままでなかばカニのように這いつくばって、体を起こしてから、コックピットをひっぱったり叩いたりした。機体の骨組が折れ曲がって、ぴったりと閉まって開かなかった。最後には石で壊すほかなかった。その間ずっと火器担当の准尉の見せた動きといえば、テイラーが無器用に力をこめて打つのに合わせて機体が揺れるたびに、ヘルメットと体がかすかに震えただけだった。

「ベン？」

答はない。

「ベン？　大丈夫か？」

准尉は答えなかった。しかし、テイラーの目はどうにか焦点が合うようになって、相手がかすかにだが息をしているのがわかった。

准尉の飛行服の胸に暗黒色の血痕がいくつかあり、テイラーがよく見ると、大きな蠅が飛行服の名札のそばにとまっていた。

「ベン？」

テイラーはその男のぶかぶかのヘルメットの締金をはずし、傷つけないようにそっと脱がした。貝殻形をしたヘルメットの側面の下からこめかみが現われると、男の頭はぎごちなく片方に傾いた。首の骨が折れていたのだ。ふつうなら、すでに死んでいるほどのひどい負傷だ。それでも、初めてうめき声をあげた。

「さあ、大変だ」テイラーはどうしたらいいのか、何を言ったらいいのかわからずに口走った。「さあ、大変だ、すまないことをした。痛い目にあわせるつもりではなかったんだ」

男は目を開けなかったが、またもうめいた。それがひどい苦痛のせいなのか、テイラーの声に応えてなのか、わからなかった。

「ベン？　聞こえるか？　わかるか？」テイラーは恥ずかしさ、無力さ、挫折感に泣いていた。「そこからきみを出してやれないんだ。わかるか？　はさまれてしまって、そのままでいるよりしかたないんだ。ぼくにはきみを動かせない。きみは……」

蝿がもう一匹、准尉の顔にとまり、頬を伝わって鼻の下の乾いた血の塊のほうへ這っていく。テイラーは手で追った。准尉の顔にさわらないように、もうこれ以上の傷みを与えないように注意して追った。かたまった血を見て、テイラーは自分が意識を取り戻すまで、もう何時間もたっていたにちがいないと気づいた。

救難ヘリコプターはどこかと見まわしたが、あたりはしんとしていた。

准尉が、人間というよりは、ひどく傷ついた獣のような音をたてた。そして、まったく思いがけず、一言はっきりと言った。

「水」

そう言われても何もできない絶望感から、テイラーはまた泣きだした。自分自身のどこを探しても、スーパーパイロット、恐れを知らぬ騎兵魂の持ち主の片鱗《へんりん》すら見あたらなかった。

「ベン……悪いが……きみに水を飲ませてやれない。きみに何もしてやれないんだ。頭を動かすな」

准尉はうめいた。その声には、ほんとうに意識を取り戻した響きはなかった。昏睡状態の夢から発したにすぎない一語だったのかもしれない。

「頼む……水だ」

午後から夜にかけて、准尉はときどき水を求めるか、「飲みたい」と一言つぶやくかした。目は一度も開かなかった。テイラーはヘリの破片で日除けをつくってやったが、狭いコックピットのなかの温度を下げる方法はなかった。傷ついた仲間に風を送ろうとしたが、そうしてもばからしくなるほど無駄なことがはっきりした。やがて、テイラーは太陽を避けて、ヘリの残骸の片側にできたわずかな物陰に腰をおろし、捜索ヘリの物音が聞こえたらすぐに合図できるように信号ピストルを手もとに置いた。緊急用飲料水はできるだけ飲まないようにしたが、むずかしかった。だんだん乾きがひどくなった。それでも、テイラーが口を湿すたびに、准尉が水をせがむので、まるでテイラーが水を飲むのを見ていて、自分の分まで飲んでしまうのをとがめられているような気がした。ときどきテイラーは立ち上がって、負傷した准尉の顔や手から蠅を追い払った。でも、すぐに舞い戻ってきた。准尉の唇はすでに腫れ上がり、血がにじみ出ていた。

　夜になって、テイラーは准尉の声に目をさまされた。その声はひどく耳にさわる音で、もう水をほしがっておらず、誰か第三者に話しかけている風だった。

「おれをあそこで死なせることはできないぞ。おれはそうさせん。絶対におれは……あそこで死ないぞ……」と言ってから、ふたたびうめき声をあげて夢のなかに落ちた。

　テイラーは無線をなんとか使えるようにしようとときどきいじってみた。だが、無駄だった。それに、緊急用応答機も不時着したときにどこかへ行ってしまった。火を焚《た》くのは怖かった。敵に見つかるかもしれないのが怖かった。動物を遠ざけるよりは、呼びよせるかもしれないのが怖かった。准尉のうわごとで目がさめてから、寝つけなかった。体じゅうが痛い感じがした。だが、それよりもっと悪いことに、思考力が非常にはっきりしてきた気がした。准尉に生きていてほしかった、本心そう願ったが、もし二者択一を迫られたら、ためらうことなく他人より自分自身が生き残ることを選ぶだろう、とはっきりわかった。自分では、いつも無私無欲で、いつでも他人の犠牲になる覚悟があると思っていたが、いまや何にもまして自分が生きたい、自分の命は他の誰の命よりも大切なのだ、と非常にはっきりわかった。麻薬戦争のときの派兵で南米コロンビアで戦った一年も、ほんとうの意味での試練ではなかった。ジャングルや丘の上からときたま小火器の弾丸が飛んできたのを除けば、最大の敵は退屈だったし、自分のことを知らぬ、ほんとうに精悍な若者だと思い込んでいた。しかし、大尉の肩章も、あちこちの公式の場で述べた挨拶の言葉のすべても、胸に描いていた自分の未来像も……

みんなお笑い草にすぎなかった。自分が責任をとるべきときに、そうするのを怠ったわけだから、それを言い逃れできる道はなかった。いまでも、数多いガールフレンドのうち誰かの暖かくて安全なベッドにもぐりこめるとしたら、負傷した准尉を看護するふりなどしないで、ためらうことなくそうしていただろう。痛いほど澄みわたったアフリカの夜空の下に座っていると恐ろしくなり、これまで生きてきた二十九年のあいだ、ほんとうの自分がまったくわかっていなかったと気づいた。表面から見た自分の姿は仮装した人形にすぎなかったのだ。

鋭い新たな痛みがして、うとうとしている状態から目ざめると、朝の陽光のなかで、蟻《あり》が体じゅうを這いまわり、ふくらはぎの傷にかじりついているのがわかった。びっくりして、飛び上がり、体じゅうを手ではたいた。蟻が両足を咬みながら上へ登ってくるのを感じたので、狂ったように体をよじり、拳で蟻をつぶし、踵《かかと》やブーツをこすり合わせ、飛行服のジッパーを引きちぎるようにおろした。

半裸になって、やっと蟻を退治した。あえぎ震えながら、准尉の様子を見に行った。

その顔一面に蟻がたかっていた。目は開いていて、群がる蟻を追い払おうとまばたきしていた。瞳は動かず、目の前の計器盤を直視していた。しかし、間違いなく生きていた。意識はあった。

「ひどい」テイラーは叫んだ。狂わんばかりの気持ちをできるだけそっと抑えて、銅色の蟻をすくい取った。でも、まるで蟻が自分の顔に群がり食いついているようで、逆上せんばかりの気分だった。

気をつけてやったのに、准尉の頭の向きを斜めに変えてやると、うめき声をあげた。そして、目が動いて、テイラーの顔を見上げたが、見わけがつかぬほど腫れ上がった顔のなかでそこだけははっきり澄んでいた。

「もうだめです、大尉殿」と准尉はささやいたが、信じられぬほど落ち着いた声だった。「奴らは私の体じゅうを這ってます。感じでわかります」些細なつまらぬことを話しているように、ここで一息入れた。「行ってしまわれたのではないかと思いました。私が発射しなかったので、怒っておられるのだと思ってました」

テイラーは准尉の飛行服の前身頃のジッパーをそーっと開いて下へおろすと、蟻がジッパーの歯から上着の上にこぼれ落ちはじめた。コックピットの床も准尉のブーツの足もとも、銅色の蟻の山でびっしりで、見えないほどだった。

「お願いです。何か飲ましてください」

テイラーは蟻がまた自分の踵を咬みはじめたのを感じた。

「一口だけ」

「ベン……いいかい……もし私が……」

「わかっています。もうどうでもいいです。飲ませてください」と准尉は言った。腫れ上がった目から涙がこぼれた。

テイラーはいそいで水筒を持ち上げた。

「ベン……」

准尉は目を閉じた。「口がきけない……」想像を絶する苦痛に耐えて歯を食いしばっているようだ。テイラーはできるだけそっと水筒をその唇にあてた。しかし、口はもう開かなかった。それでも、水筒を注意深く傾けると、蟻が手に這い上がってきた。

准尉はがくんと息をつまらせた。頭を前にだらりと垂れ、喉をごろごろ鳴らし、水を受けつけることができなかった。

テイラーはあやうく水筒を落とすところだった。しかし、自衛本能がまだ強すぎるほど働いていた。水をほんの少しこぼしただけで、水筒を手もとに引いた。蟻が手や腕に激しく咬みつくのをそのままにして、注意深く水筒の栓をしっかりと閉めた。それから、ピストルを腰から抜いて、准尉の額を撃ち抜いた。

まわりの風景がどこまで行っても同じなので、初めのうちは地図は役に立たず、ただコンパスの指す方角に従って歩いた。北へ。上空を飛んでいるときは、岩だらけの草原や灌木のなかに美しいものを見つけるのは容易だったが、いま地上を足で歩いてみると、この国は熱暑といばらと害獣と蛇だけのいる単調な悪夢みたいなところだった。丸一日休まず苦労して歩きつづけて、やっと遠くのほうに鉱山の鉱滓の山が見えてきた。そこで水筒が空になった。鉱滓の山はいくら歩いてもいっこうに近くはならず、灌木林が彼を引き戻そうと体にからみつくので、腹立たしくなった。飛行服の両袖は引きちぎられ、むき出しの肌に汗がしみて焼けるようだった。目の前に蛇が鎌首をもたげたときは、あわててピストルを撃った。震えがきて、意識がぼんやりしてきた。意識がはっきりしているときには、自分が恐怖に苦しんでいるのか、脱水症状で苦しんでいるのか、わからなかった。たとえ無理でもなんとか目的地にたどり着くことだけを考え、絶えず考えつづけることにした。飛行大隊の作戦飛行場にやっとたどり着いたら、もう撤退したあとだったかもしれない、といったことは考えなかった。飲み水のことと眠っているあいだに自然界の下等な虫けらどもが自分の上を這いまわらない場所で安眠できることだけを考えた。

夕暮時にやっと野営する場所にたどり着いたとき、生きているもののいる証しを求めて必死にあたりを見まわした。一機のヘリも飛んでいなかった。埃を巻き上げて道路を走る一台の車輌も見えなかった。狂ったように、足を速め、走りださんばかりで、よろめいた。傷ついた背は、まるで背骨が一本にくっついてしまったように、硬直して曲がらなくなっていた。

みんなが自分を置いてきぼりにするはずはない。

水だ。

休息だ。

野営する窪地を視界から隠しているまわりの小高い荒地を小走りにふらふらと歩きまわった。そのとき、胸を強くこづかれたようによろめいたので、地面に座り、まわりを見つめた。そこは支援部隊の陣地跡で、黒焦げのスクラップ置場と化していた。めちゃめちゃに破壊されたヘリや車輛の残骸がずたずたになったテントや偽装網のあいだにひっそりと横たわっていた。この部隊は、自分が発信した警報を聞かなかったのだ。あるいは、警報を受け取っても対応が間に合わなかったのか。あるいは、自分の中隊機を一瞬にして空中から吹き飛ばした、あれと同じ圧倒的な兵器でやられたのか。

やっとのことで立ち上がると、ふらふらしたが、友軍基地の残骸のなかを歩きまわった。何もかもが破壊されたわけではなかった。何台かの車輛、野営キッチン、いろいろな野営用器具、それに貴重な給水車さえ残されていた。だが、死体はなかった、撤退するときは、死傷者を収容していくのがアメリカ軍の伝統だったが、持っていったのは、他には何もなかったらしい。二階建ての本部棟の屋上には、赤と白のヘリ機動部隊の隊旗が、忘れられて、だらりとさがっていた。

ひどい事態だったにちがいないとは、テイラーにも理解できた。しかし、同情も怒りも湧かなかった。胸がむかついてくるだけだった。給水車の蛇口から水をむさぼり飲んでから、頭から水を浴びた。水の冷たさがしみとおる痛さから、ひどく日焼けしているのがわかった。でも、たいしたことには思えなかったので、それ以上考えなかった。それよりも、休息をとりたかった。

アフリカの夜の闇は、重いカーテンが上から落ちるように素早く迫ってきた。テイラーは本部棟の乱雑にちらかったなかをよろよろかきわけながら、ヘリ機動部隊の三角旗がだらりとさがっている平らな屋上へ登っていった。ここなら、うるさい小虫に悩まされないだろう、と思った。すっかり子供みたいになってしまい、小さな這いまわるもの、蠅までもが怖かった。自然の恐ろしさをもういやというほど味わされた感じで、ただただ少しのあいだ静かに休ませてほしいと願った。

太陽の光で目がさめた。屋上のコンクリートの床から飛び起きた。ヘリコプターだ。ヘリの音が聞こえた。しかし、空を探し求めて立ち上がろうとしたとき、それが蝿の羽音にすぎないとわかった。脚に力が入らず、気をつけて階段を下りなければならなかった。また水を、今度は味わいながらゆっくり飲んだが、生ぬるく、腐ったような味がした。野戦糧食の箱がたくさん炊事車のまわりに散らばっていたが、食物のことを考えると胸が悪くなった。それでも、その日はいいことがありそうに思えた。まだ命があって、生きていた。それに、たくさんある動ける状態の車輛のうちからどれでも選んで使うことができた。その気ならトラックでも使えた。あるいは、もっと小型の多用車でもいい。これで十分に生き残れるかもしれないぞ、とふと思った。

ゆっくりと動いたが、段取りよく動こうとした。まず、多目的用軽トラックに、野戦糧食の詰まった箱を数個、十ガロン入りの燃料缶を数個、飲み水の缶をいくつか積み込んだ。それから、ヘリの残骸をかきわけて、緊急用道具箱を探し出した。弾丸、マッチ、救急箱、信号用照明弾。どんなにひどい残骸からでも、何かしら拾い出せるものだ。しかし、使える状態の無線機は見つけられなかった。残されていた新しい型の無線装置は暗号通信ができなくしてあり、プログラムが消されてあった。誰かが作戦上の機密保持を考えたのだろう。

本部棟には、民間の電話線が入っていたが、切られていた。それでも、捨てられてあったたくさんの地図のなかから、日付の古いもの、詳細図の入っていない空白のあるものなど、まずまずの地図を何枚か拾い集めることができた。ポケットのなかでボロボロになった、たった一枚の飛行地図よりはましだった。計画を練った。戦況も十分にわきまえずにコルウェジへ向かっても、それは無意味だ。このあたりの奥地の道路や小道が許すかぎり、ルアラバ川にだいたい沿って北へ向かうほうが、ずっといい。テントの残骸のなかで、焼け焦げた雑嚢《ざつのう》や装具をふるい分けて、無傷なのを探し出した。自分の大きな航空バッグは焼けてしまったのだ。また下士官用テントのなかから、自分に合うサイズの軍服を偶然に見つけた。ポルノ雑誌もたくさん持っていこうと思えばいけたが、それはやめて、寝袋を一つ、トラックに積み込むことで我慢した。

　出発の用意はできた。まだ体の力が抜けている感じがしたが、なんとかやれる自信はあった。元気だった頃のほとばしるような活気をふたたび体内に感じられるような気がして、こう思った。ジョージ・テイラー対アフリカ、これからが第二ラウンドだ。地図をたたんで、荷物のそばに押し入れた。漫画のカウボーイのように、自身はピストルとナイフをどっしりと身につけた。エンジンをかけた。しかし、屋上の見捨てられたヘリ機動部隊旗が最後に目に入ると、エンジンを止めた。

　苦労して、ふたたび階段を上った。旗を片手につかむと、鞘からナイフを出してポールから切り離した。誰か若い兵隊が活字体の小さな文字で、ヘリ機動部隊のふざけたモットーを「ヘリ機動部隊員にあらずんば、人にあらず」と旗地に書き込んでいるのに気づいて、何日かぶりに初めて微笑んだ。テイラーは隊旗をたたんで、軍服の大きなポケットに入れた。間もなく、彼はこの戦いに敗れた陣地をあとにして、大陸征服の途についた。

　それから四カ月かかった。ルブディの軍団支援部隊指揮所にいるアメリカ軍部隊に合流したいと思ったが、そこにたどり着いて発見したのは、簡易ベッドや修理テントの山と略奪された衛生支援隊の跡だけで、アメリカ軍がすっかり立ち去った跡に土地の者が住みついていた。その指揮所の敷地内に、ＲＤの犠牲となった現地民の死体があちこちに散らばっているが、埋葬はおろか、手を触れる者もない。テイラーは車の速度を上げて立ち去った。車体のまわりを吹き抜ける空気で病菌を吹き飛ばそうとしたし、またへたに車を停めて質問すると接触することになるから、その危険を冒したくなかった。

　川に沿って走った。友軍のアメリカ軍将兵たちはどこか西あるいは北西の方向にいるはずだったが、戦局しだいでどこまで後退したか、知る由もなかった。辺鄙《へんぴ》な悪臭を放つ村落がところどころにある川が唯一の頼りだった。ブカーマの町も死にかけていたが、政府の残存者たちと二、三人のベルギー人宣教師たちが踏みとどまって、死体を焼いていた。その悪臭の漂うなかを何マイルか進んで、町はずれに着いたが、それまで経験したことのなかったようなひどい悪臭だった。渡船場で、一人のレバノン人がトラックに積んだテイラーの持ち物をなんでも買いたがったが、彼は売らずに、キンシャサまでの長い道のりを毎日使う分を決めて、節約して使っていくことにした。テイラーが相手にわかるようにチャンポンの英語でアメリカ人のことを訊くと、そのレバノン人は地方訛りのひどいフランス語でまくしたてたので、わかったのは、アメリカ人がどこにいるか知らない、どこかにいるかどうか知ったことではない、ということだけだった。それ以外に意味がわかったのは死という言葉だけで、これは何度も出てきた。間もなく道路の状態が悪くなってきて、テイラーの車は泥道の真ん中で立ち往生してしまった。なんとしてもびくとも動かなかったので、あのレバノン人があれほど欲しがった貴重品を放棄せざるをえなかった。

彼は歩いて旅を続けた。ときどき物と交換で、疫病の菌のしみついたおんぼろトラックや渡し舟や川舟に乗せてもらった。下痢を経験したが、下痢がやってくるのは周期的で、ひどくなったかと思うと、少し楽になり、それからまた苦しめられるという具合だった。痛みが襲ってくるたびに、ランシマンズ病にかかったのではないかと思った。しかし、それ以上に病状は進まず、胃がさしこんだり、おなかが寄生虫でいっぱいになって腸の動きが弱くなるだけだった。輝かしい勲功をあげる夢はもうどこかに吹っ飛んで、彼が最初の敵を倒したのは薄汚いカフェーでだった。そこで襲ってきた盗賊に撃たれる直前にそいつを射殺し、次の瞬間、共犯者である店のバーテンダーを撃ち殺し、古い狩猟銃がその男の手からすべり落ちるのを見守った。死にかけている土地を旅する者が往々にしてはまる罠だった。

一千マイル以上もの道のりをくねくねと旅して、大きな滝のある、ゴーストタウンと化したキサンガニの町にたどり着いた。この町の人口はまずエイズで減り、今度はランシマンズ病で大量の死者が出た。ここでも役に立つ手づるは何もなかったが、さっぱりお客のなくなった道路端で必死に稼ごうとしていた売春婦が、ああ、大きな戦いがあったよ、と話してくれた。

「キンシャサ。誰もしゃべらない」

アメリカ軍は？

金歯を見せてニコッとする。

南アフリカ軍は？

やせ衰えた売春婦は一生懸命こちらのご機嫌をとろうとしたが、テイラーの高校で習った片言フランス語では、まったく相手に通じなかった。高校での二年間、彼は授業に身が入らず、前の席で文法そっちのけであらぬことを夢みる、しなやかで細い肢体のブロンドの女の子のことばかり考えていた。いまはるか遠く離れた土地に来て、この非常に大事な言葉がなかなか口に出てこない。一人の売春婦が彼に向かって片腕を上げたが、その長い骨は眉墨色の薄い皮で覆われていた。

現実から目をそらすわけにはいかなかった。郵便はものの役に立たず、電話なんてとっくの昔の語り草だった。残っているものといえば、基本的な必需品、つまりひどい食物——食べたらそのまま腸へずるずるすべり落ちるような名状しがたい食物、彼のボロボロの軍服のポケットに富が入っていると思っている、恐ろしい売春婦たち、それに不定期の蒸気船で商売しながら川をのぼってくる、驚くほど立ち直りの早い商人たちだけだ。ランシマンズ病の死者を葬るのに忙しい町、人気《ひとけ》のまったくない村落を通り過ぎた。ランシマンズ病に生き残った人たちは灌木林や密林をさまよい、次に死がやってくるのを待ちながら物乞いをしており、気の狂った者もあった。テイラーがわれながら一番びっくりしたのは、あっという間に自分が他人のことを顧みなくなり、気にかけなくなったことだ。

戦争についての断片的なニュースが、あとさきごったまぜになって川づたいにだんだんと漏れてきた。川の土手の上で、串焼きの猿の肉を食べながら、真っ白な木綿布地をひろげて見せながら、ある商人が彼に、アメリカ軍が大きな戦いをしたと話してくれたが、それ以上の詳しいことは知らなかった。大きな戦い、大きな戦い、それだけだった。短波ラジオがそっけない調子で、何週間か前にアメリカが南アフリカ共和国の行政上の首都プレトリアを小型原子爆弾で攻撃したと言うのを聞いて、ショックを受けたのは、やっとカバーロに着いてからだった。RDの救援活動をしている生き残りの奉仕者の一人が、トイレで使われる寸前の古い新聞の束を読ませてくれた。テイラーは、心中あわてふためきながら急いで目を通した。よくわからないので、ゆっくりと初めから読み返し、ニュースを日付順に整理してみた。

南アフリカ軍は罠を仕掛け、シャバ州のアメリカ軍、平野部に展開するアメリカ軍、首都キンシャサに残留するアメリカ軍に対する広範な調整攻撃に踏み切った。テイラーの指揮するヘリ機動中隊が大空から撃墜されたあの朝、南アフリカ軍の奇襲部隊とザイール軍内部の反乱部隊が、首都キンシャサの地上に必要もないのに配備されていたB2ステルス爆撃機十六機を破壊した。B2はアメリカが一機十億ドル以上もかけて造ったというのに、南アフリカ軍は手投げ弾、梱包爆破薬、そして個人が一カ月分ほどの給料で買える小火器などで簡単に破壊してしまった。

ザイール南部での戦闘で、南アフリカ軍は日本製武装ヘリを使用したが、これにはヘリ搭載可能の小型戦闘用レーザーをはじめ画期的なエレクトロニクス兵器の数々が装備されていて、戦争の概念を質的に一新させた。

一九九〇年代にアメリカはソビエトとともに兵器の数量を削減したが、その軍備削減の最中に世界の大勢に遅れをとらぬように導入された唯一の新しい兵器といえば、実際に役立つかどうかまだ立証されていない、ものすごく高価な空軍と海軍の兵器システムだけだった。また、資金不足ではあったが有効に働いた唯一の軍備計画といえば、戦略宇宙防衛だけであり、湾岸戦争の〝砂漠の盾作戦〟以降で重要な働きを見せたただ一つの軍隊といえば、南アメリカでの一連の麻薬撲滅介入作戦に投入された徒手空拳に近かった陸軍だけだった。だが、そのめざましい働きさえも、空軍当局がもっと人目を引く有人爆撃機開発計画に引き続き資金をつぎこもうとして、軍隊の空輸能力削減という形でしわ寄せしたために、思うようには運ばなかった。母艦戦闘群が世界各地の港をのんびり訪問し、ステルス爆撃機がネバダ砂漠の上空をゆうゆう哨戒飛行していたとき、歩兵たちはラテンアメリカの密林を鉈《なた》で切り拓きながら苦労して進み、麻薬億万長者たちのすぐれた装備の傭兵たちと激しく戦って、戦果をあげていた。陸軍がザイールへの移動を命令されたとき、その戦術装備は、ひいき目に見ても日本製の装備より一世代遅れていた。日本製装備のほとんどは、本来はアメリカが戦略宇宙防衛のために開発した技術を基にして造られていた。

　第十八空挺作戦軍団は善戦したが、南アフリカ軍は緒戦の優位を保った。日本製の戦闘用エレクトロニクス装置にアメリカ軍の装置は歯が立たず、それに加え訓練を積んだ情報分析者の不足で軍情報部には役に立たない装備ばかりが残っていた。これに対して、南アフリカ軍はつねにアメリカ軍の所在と弱点をつかんでいたようだった。日本製の一連の対電子（ＥＣＭ）装置と対電子対策（ＥＣＣＭ）装置に翻弄《ほんろう》されて、アメリカ軍はいつも目も耳もきかない状態におかれ、そのすきをついてトーシバ製の武装ヘリがさっと飛来し、次に在来型機が気化爆弾を投下する攻撃が続いた。

　アメリカ軍の死傷者数は急増し、明らかにどうしようもない状態に陥ったので、第十八空挺作戦軍団司令官は大統領と長距離電話で相談したうえで、南アフリカ側に休戦を申し込んだ。

　南アフリカ軍はこれを無視して、安全な地域を求めて北方へ撤退しようとするアメリカ軍の縦隊に攻撃を続けた。

　ついに軍団司令官は、これ以上人命を失わないために、シャバ州に残っているアメリカ軍部隊をすべて降伏させることにした。

　これに対する南アフリカ軍の答は、五十マイルにも及ぶアメリカ軍の縦隊に対し性能の高いナパーム弾を撃ち込むことだった。

アメリカの大統領は最新式の弾道ミサイル搭載潜水艦レーガン号に、インド洋の定位置から南アフリカの首都プレトリアを攻撃するよう命じた。

テイラーは、やっと上流地域の駐屯所にたどり着いて、そこから短波でキンシャサのアメリカ大使館を呼び出したが、国内の状況全般から考えて、彼だけに特別に後送措置をとるわけにはいかないと言われた。自力であと千マイル、ザイール川を下らなければならなかった。

テイラーはあえぎながら走る蒸気船を乗りついだ。船員たちはRDで死んだ死体を船べりから川へ放り込むのに忙しく、船長は、次に止まる河港では疫病が燃えつきて、通過してしまっていればよいが、とそれだけを願って、船を進めた。あるおんぼろな蒸気船に乗ったときなど、ぐらぐらするお粗末な便所のドアを開けたら、死体がパンツを下げポケットを裏返しにしたまま、便器の上に腰掛けていたこともあった。また、ある晩などは、白人だけは生き永らえられる魔法の薬があるらしいから、それを分けてくれ、とRD患者がしつこくせがむのを近づけないように、ピストルを手にまんじりともしなかったことがあった。たしかに、自分がなにか特別な力を持っていて、死人や死にかけている病人たちのあいだを平気で通っても、自分の垢の悪臭が気になる以外、どんな伝染病にも感染しない、といった気がした。自分には生来の免疫があるのではないかと思いはじめ、キンシャサに着いたときの持ち物といえば、この堅い信念のほか、ボロボロの軍服、認識票、弾丸が半分しか残っていないピストル、たたんで汗のしみた赤白のヘリ機動部隊旗しかなかった。

彼がめざしてきた、夢にまで見てきた都市、キンシャサは、これまで歩いてきた途中の村や町よりもっとひどい状態にあることがだんだんわかってきた。初めは、この死にかけた国からやっと故国へ送還されて、安全でお上品な白人社会によろこんで迎え入れられるものとばかり思っていた。ところが、アメリカ大使館に近づくと、髭ぼうぼうの浮浪者と見た防護被服姿の海兵隊の衛兵が、銃口を下げて彼のほうに向けた。さがれ。門にさわるな。テイラーが激怒したので、とうとう大使館内から海兵隊の将校が出てきたが、大声で話して聞こえる距離までしか近寄らなかった。もしテイラーがほんとうにアメリカ軍人なら、軍用飛行場にあるアメリカ軍連絡部に出頭すべきだ、そこで調査の結果が正しければ、大西洋のアゾレス諸島の隔離基地に後送されるだろう。海兵隊の将校はそうテイラーに言い渡した。プレトリアに対する核攻撃の唯一の成果として休戦が成立し、残存していたアメリカ軍の将兵たちは全員もはやザイールから撤退し、立ち去ってしまっていたのだ。

　テイラーは、この男の態度がしゃくにさわったが、それでも情報がほしいと哀願した。戦争について、自分の所属していた部隊について、仲間たちや故国について。しかし、海兵隊将校は話を打ち切って、館内に戻りたがった。

　上流地域では、疫病は神々の意思で、それから隠れるところはどこにもない、といった諦めの気持ちが生まれていた。死者を悼《いた》んでまわりの人びとは泣いたり歌ったりするが、ブッシュのなかで死んでいくことには、それなりの安らぎがあった。ところが、なんでもかんでも文明開化しようとしている首都キンシャサでは、疫病はいっそう社会をゆがめ、腐敗させているように思われた。文なしのテイラーは街のなかを歩きまわったが、やっと救出してもらえるかと思ったら、結局は自分で自分のことは処理せざるをえないとあって、あらためて心配になってきた。

　街を走っている数少ない車も、見知らぬ人を乗せようとはせず、この酷暑にもかかわらず、窓を密閉したままで走っていた。掘立て小屋や植民地時代の優美な邸宅の残骸のなかにいると死が早く訪れると思ってか、男も女も街路に出て死んでいた。疫病は死んだばかりのザイール人の肌に黒紫の斑痕を残し、幸運にも生きのびた人の肌には酸で焼いたような灰色の跡を残した。また、疫病が猛威をふるっていたにもかかわらず、市民生活も荒れ狂った状態が続いていた。わめき騒ぐ子供たちは死人や死にかけている人びとから盗み、路地に集まっては新しい悪事を考え出し、疫病で顔かたちの醜くなった人たちのあいだでは、絹のマスクが流行していた。上流地域では、停車場で死を待っている女たちが男たちに漫然と誘いの声をかけたが、ここ首都では、派手なベールをかぶった売春婦たちが歌ったり、からかったり、おどしたりして声をかけた。掘立て小屋のバーやカフェーがまだにぎやかに商売をしていたが、テイラーはそんなうたかたの泡みたいな人間どもの前を通り過ぎながら、自分があまりにも貧乏に見えて殺すだけの値打ちがないと思われているので助かったと思った。いままでいろいろなことを目にしてきたが、結局、この長い旅の終わるいま、自分が殺されたとしても、あたりまえすぎることのように思えた。街角を一つ無事に通り過ぎるたびに、自分の運命をごまかしているような気がした。

キンシャサで一番頭にこびりついて離れなかった光景は、白昼に街頭で媾合していた大男と赤い絹のマスクをした女の姿だった。二人は、ごみのちらばった路地のある家の戸口に抱き合って寄りかかっていて、男のほうは腰の微妙な動きを変えもせずに、通り過ぎる他人のテイラーのほうへ顔を向け、まるで興味のない犬を見るような表情でじろりと見た。

「はい、こちらです。少々おやつれのようですが、もとどおりの体にしてさしあげますよ」キンシャサ飛行場の整理分遣隊でテイラーに消毒シャワーを浴びさせながら、古参の曹長がそう言った。

シャワーからほとばしり出る熱い消毒液も、垢で厚く覆われたテイラーの肌まで通らない感じだった。曹長はテイラーのボロボロの軍服を危険性廃棄物容器に入れ、ぐじゃぐじゃになったヘリ機動部隊旗もいっしょに処分しようとした。しかし、テイラーの顔に突然浮かんだ表情を見て、長いジャングル生活で少々凶暴性を帯びたところがあったのか、あるいは上流地域で盗賊とバーテンダーを殺したときの表情に似ていたのか、曹長はそれに気押されて、テイラーに特別の袋と品物は消毒して返すという受領書を渡した。

「上流地域の奥地はひどかったそうですな」とシャワーの音のなかでも聞こえるように、曹長は大きな声で言った。

テイラーは人と話すのがまだしんどかったが、下士官は一人で話しつづけた。奥地のブッシュからやっと脱出してきたばかりの、なかば頭のおかしくなった将校には、そうする必要があると察したのか、それとも単なる話好きで――戦争、女、人生の数限りない小さな悩みごと――なんでも話したがる下士官なのか。テイラーからすれば、つねに悪態をつき、不平を言う、どこまでもうんざりするほど祖国の匂いをふんぷんとさせるタイプの人間に思えた。テイラーは、自分なりの言葉で応じたいと思ったが、ひどくむずかしかった。黙ったまま消毒薬の入ったシャワーを浴びているほうがずっと楽だった。

曹長は話しつづけた。「ここは地獄ですよ、まったくのところ、大尉。私は一九九七年から九九年までコロンビアにいましてね、ボリビアにも二回派遣されました。でも、こんなにひどいところはお目にかかったことがない。敵の手に返してやりゃあいいんです」

「私……はコロンビアにいた」とテイラーは声帯をいたわるようにして言った。

「へえ？　どの部隊でした？　私は第七歩兵師団でした。〝軽装すぎて戦えない〟というやつですよ。やれやれ、とんだひどい目にあいましたよ」

「私は第六十四飛行旅団だった」と答えたテイラーは、シャワーの強い水勢に手が震えて大きな石鹸を扱いかねていた。

「ああ、そうですか。あの連中ですか。じゃ、私を空輸してくれたかもしれませんね」

「私は武装ヘリで飛んでいた」

「そりゃ運がよかった。あのジャングルの山中を足で歩くのがどんなにつらかったか、口にしたくもない。くそ、あんた方をどんなに憎々しく思ったことか。言っちゃ悪いですがね。ヘリの操縦士たちときたら、われわれの尻がドアのなかに入るか入らないうちに離陸してしまったもんです。もちろん、南アフリカとの戦いのとき、海軍の奴らがしでかして世間の大問題となったことに比べりゃ、なんでもありませんがね」

「なんのことだ？」

「聞いてませんか。ええ、まァ、あなたは奥地にいたんでしょうから。死傷者——とくにＲＤの犠牲者——が増えはじめるとすぐに、沖に停泊していたあの母艦戦闘群が海域からそそくさと出て行ってしまったんです。戦力の保護とか保持とか、言ってましたがね。要するに、奴らの大切な艦に病人の兵隊たちを乗せようとしなかったわけです。いやはや、いったいどうなっているんです。それでも空軍がまだわれわれを空輸しているのは、ただ大統領命令であるからだけです。情ないじゃありませんか？　薄汚い兵隊などのたれ死にすればよい、と誰もが思っていただけです。こんな撤兵作戦などでは勲章も昇進もないと思ったんでしょうな」

「冗談じゃない。それじゃ、いったいどうやって撤退しろというつもりだったんだ？」

曹長が声をあげて笑いだし、その声はコンクリート・シェルターのなかにこだました。「空軍のとんま野郎どもときたら……チャーター便でやってもらいたかったのだ。そのほうがコスト的に安上がりだと言いやがった。まァ一握りの無鉄砲な敵兵どもに二百億ドル相当のＢ２を壊されたあとだから、少々恐ろしくなって二の足を踏んだのも無理はないでしょうが、海軍の奴らが言ったように、戦力を保護し保持しなくちゃならなかったのかもしれませんや」

片手に意識的に力をこめて、テイラーはシャワーの栓を止めた。狭いシャワー室を出て、四カ月の過去をすっかり拭い去ってしまおうと、タオルでごしごし体をこすっていると、その体を上から下まで見おろした曹長は首を横に振って言った。

「こりゃ、たっぷり食事をとっていただかなくちゃ、大尉」

テイラーは、RDにかかっていない将兵を運ぶ後送便に乗ってアゾレス諸島の隔離基地に向かった。体に合わない特別支給の軍服を着用し、胸のポケットに消毒ずみのヘリ機動部隊旗を入れて座って、空軍機が爆音とともにアフリカ大陸を離陸したとき、テイラーは一生のなかで最大の安堵感を味わった。古いスターズ・アンド・ストライプズ紙にざっと目を通したが、ひどく悲観的なニュースを読んでも、たかぶった気分を完全に静められなかった。

その輸送機の薄暗い照明の胴体内で、プレトリアに対する原爆攻撃が十分に効いて南アフリカ軍は撤退を余儀なくされたことを知った。結局、南アフリカは自分の実力を過信したわけだ。けれども、アメリカは得たものより失ったもののほうが大きかった。世界はアメリカの核攻撃という行動を非難した。一番近しい同盟国からさえも同情されなかったどころか、これが契機となって核兵器の全面廃絶を求める運動にすさまじいはずみがかかってしまった。日本人は、この核攻撃を口実にして、かつてない規模の貿易戦争を仕掛けてきた。それまでの二、三十年間に、日本はじっくり時間をかけてアメリカ、そしてヨーロッパ連邦をもエレクトロニクス、高級工作機械などの主要製品市場から締め出してきたが、今度は、アメリカと貿易を続けるいかなる国とももはや貿易しない、と言明した。ただし倫理的に考慮すべき問題がある、として、全面禁輸となると罪なきアメリカ国民を過度に苦しめることになる……との理由から、そうした各国が引き続きアメリカに対して物を売ることは認めた。

アメリカ政府は手も足も出なくなった。ネオテクノロジー社会を機能させている輸入製品にとってかわるアメリカ製品は多数なかったし、また日本製の予備部品がなければ、アメリカ経済の大部分の働きが数週間内に止まってしまう。それだけでなく、戦争の遂行にも突然に問題がいろいろ出てきた。レーダーを回避できるステルス爆撃機やステルス大艦隊を使って敵陣に侵入できなくなった。兵器そのものも、もともとはアメリカで開発設計されたものの、日本で改良され、効率的に大量生産される重要部品に大きく依存するようになっていたからである。

これは経済版パールハーバーだなどと騒ぎたてるマスコミも、ヨコハマ製の最新式印刷機で新聞を刷り、日本製のハードウェアを使ってパナソニック、トーシバ、ヒタチの高品位テレビ受信機へテレビ放送を流していた。第二次世界大戦のときに連合国側の退勢挽回の転機となったミッドウェー海戦の再来は、近い将来望むべくもなかった。もちろん、大陸間弾道弾の使用など戦略的軍事対応策をとることも、論外だった。それはアフリカで受けたアメリカ軍の敗北や全世界に広がった反米感情のせいだけではなく、日本本土の宇宙大気圏防衛総合網（SAD－C）が、局部的な展開にとどまるアメリカ側の宇宙防衛網より格段にすぐれていたせいでもある。もともとはアメリカの防衛技術が日本側のお手本になっていたのだ。

アメリカは、ランシマンズ病の蔓延をも含めて、すべてのことについて非難を甘受した。アメリカが屈辱的立場にあるのに乗じて、ヨーロッパ連邦は自分だけよい恰好をして、最初はアメリカの軍事介入を支持したことなどさっさと忘れ去った。ついにアメリカに当然の報いがやってきた、という考え方が広がり、一九九〇年代に北大西洋条約機構を解体しておいてよかった、とヨーロッパ諸国はよろこんだ。もはや戦争ではなにごとも解決できない、とヨーロッパ各国は断言し、東西の両大国のやり方がいまや失敗と見放された今日の世界では、ヨーロッパ各国みたいに最小限に切りつめた軍隊――パレード用にやっと役立つ程度の軍隊――を持つことのほうが、費用もかからずずっと効率的だ、と指摘した。ヨーロッパ外交の基本方針は、もし日本をなだめるのにかなりの譲歩を余儀なくされても、日本とそれより力の劣る太平洋経済圏といっしょに世界市場を分け合うということにあるようだった。そういう取決めに達せられれば、結局はヨーロッパ市場がそっくりそのままの状態で残る、ともっともらしく説明し、それに欧州共同体（EC）は心の底ではすでにほぼ中国並みに内向的になっていたのだ。

さすがのヨーロッパ人も無関心でいられなかった唯一の問題はランシマンズ病――それにヨーロッ

パ圏内の生産のみならず世界経済をも麻痺させたその病気の影響だった。ほんとうに効果的な隔離方法をとれたのは日本だけで、日本本土は完全に隔離封鎖したが、本土から離れた沖縄島を窓口にして貿易を続けた。

テイラーは死傷者名簿の載ったページをめくったが、まだ詳しく見る気にはなれなかった。また、敗戦の詳細な記事も読む気にもならなかった。新聞を読むうちにも、抵抗感が増してきた。自分は生き残った――そして、彼がジャングルから出てこられたのと同様に、故国もこの状態から脱出することだろう。

読み古しの新聞を投げ出そうとしたとき、『アメリカの支配する世紀の終わり』というたった一行の見出しが目に入り、気の滅入るさまざまなニュースを一言でよく言いえていると思った。

アゾレス諸島でのことはほとんど覚えていなかった。すべての後送者が一つの〝殺菌〟所から次の〝殺菌〟所へと転々とたらいまわしされて、九十日間をすごさねばならなかったテント隔離地区での単調な生活、それに彼が戦死とみなされていたこと、しかも彼が最後に発した無線通信がアメリカ軍情報部によって傍受されたおかげで空軍殊勲十字章を死後贈与されたことを知ったときの驚き以外には、何も記憶にない。記憶といえば、タッカー・ウイリアムズという大尉の情報将校が、軍を叩き直すために意地でも生きてやる、と息まくのを聞いたのを思い出した。軍情報部の人間たちが昇進を求めるあまりにひどく堕落しているという話を半分聞き流していた。「軍情報部は平和時に目に見える勲功をもたらす職務ばかり重視して、指揮官、先任将校、作戦将校などをたくさんつくり、肝心のむずかしい軍情報の技術をなおざりにした。そして国家がわれわれを必要として、アフリカへ行ったとき、数えきれないほどの指揮官、先任将校、幕僚が行ったのに、戦争するのに必要な情報分析者、情報収集総括責任者、電子戦担当将校はいなかった……おれはきっと叩き直してやる、参謀総長になるのにピストルを振りまわして道を切り拓いていかなくてはならないとしてもだ……」とその大尉は言った。テイラーは、自分の将来がどうなるのか、はっきり考えなかった。たぶん、このまま軍に残るのではないかと思ったが、戦場で醜態をさらしたことを考えると、自分が軍隊に向いているのかどうか、確信はなかった。しかし、何にもまして、自分自身が軍人に向いていることを証明し、正しく理解してもらう機会がほしかった。罪を償う機会が。

ランシマンズ病の心配はしなかった。同じテントの将校二人が発病したときも平気だった。生来の抵抗力があると信じていた。アフリカで倒れなかったのなら、アゾレスでかかるはずはなかった。それからしばらくして、寝ていたときに自分の叫び声とものすごい腹痛に目ざめた。初めは、軍医の治療を受けていた寄生虫のせいだと自分に言い聞かせた。そのうちに、真相が急に襲いかかってきて、意識を失った。

この初めのショックを除けば、ランシマンズ病にかかったという記憶はほとんどなかった。ただ単なる長い眠りにすぎなかった感じだが、それから覚めると、鏡に以前ならよく成長した若者の顔が映っていただけなのに、今度はすっかり怪物じみた顔に変わっていた。

少なくとも機能障害を起こさなかったという点では、彼は幸運だった。生存者全員に行なわれた一連のテストの結果、彼の知的能力は少しも損なわれていないことがわかった。のちに、軍は勤務中にRDにかかった兵士すべてに整形手術をしたので、テイラーにも勧めた。疫病の流行後、整形外科医が損なわれた皮膚の修復技術を開発したのである。完璧とはいえなかったが、そのおかげでレストランでまわりの人にいやな思いをさせない程度には回復した。

テイラーはこの治療を受けなかった。その後の騒乱続きの長い年月のあいだに、テイラーの軍服の胸は彼個人の長い歴史を物語る勲章や従軍記章で飾られたが、一人で鏡に向かうとき、その軍人生活とアフリカでのあの晴れた朝の敗北をほんとうに物語る勲章と記章は、その顔だった。

2

ロサンゼルス
二〇〇八年

特権階級の子弟であるハワード・"メリー"・メレディス中尉は死体のなかに立っていた。衛生兵たちは肩をすくめて立ち去り、あとに彼といま殺したばかりの少年とが残った。はっきりした数はわからないが、双方に多数の死傷者が出た。号令をかける声が聞こえ、軍隊が街路をもとどおりに復旧しはじめた。しかし、メレディスにすれば、聞きなれた命令や不満の声は漠然とした騒音にすぎず、耳に入らなかった。ヘリがもう一機轟音をたて、街頭に影を落としながら頭上に飛来し、搭載したラウドスピーカーで住民たちに屋内にとどまるよう指示した。ローターの巻き起こす風が、死んだ少年がゆるくまとっていた衣服の布地をまるでポケットのなかを調べるように、吹き上げた。まあ、いずれそう調べるときがくるだろう。

血の色のほうが、少年の着ている服の色よりずっと落ち着いていた。街頭にいる強硬派アラブ分子みたいなけばけばしい制服だ。仮装パーティにだって、メレディス自身こんなまがいのサテンや金色のチェーンは身につけて行かない。ザイールの女たちが着ていた派手で締まりのないプリント地の服と同様、彼にはまず受けつけられない服装だった。そんなものにまったくかかわりたくなかった。

それでも、向こうは彼にかかわってきた。彼には理解できない形で、知的には疑わしくも、自然に身につき、想像し、押しつけられた形で。死んだ少年の目は腫れ上がって、黒と濃い栗色の瞳を囲む部分が非常に白く見えた。崇高な死を遂げたどころか、少年は古い下品な漫画の登場人物のように見えた。幽霊に出くわしたまぬけな詩人というところか。

かかわりはまったくない、それはたわごとだ、とメレディスは心のなかで強くそう思った。陽光の具合がとてもよい、とふと思った。季節はずれの、やわらかい、それでいて非常に澄んだ光である。銃撃戦の煙は薄れ去り、静まりかけた市内には立ちこめるスモッグもほとんどなかった。スラムは、余計な偏見を捨て去れば、絵と間違わんばかりに美しく見える。どこかしら美しい南部の貧しい近隣のようだ。非常になごやかな陽光を浴びてうつらうつらとしている。こんなよい光のなかで、もっとはっきり自分の行く手が見えないのは、なんとも納得がいかないように思えた。

陽気なメレディス、特権階級の子弟で、生まれつき自信家で、ハンサムで、いちじるしく知的なメレディスは、不器用な手つきでピストルをホルスターに戻した。自分が殺したばかりの少年から目を離して、部下に命令を下したが、身も心も尽き果てんばかりなのに、カーテンコールに応えて舞台に戻った俳優みたいに、その声にはみごとなほど自信がこもっていた。

大学に進学するか否かを決めるアナーバー時代に、自分の選んだ人生に対して両親がひどい偏見を抱いていたことを初めて知ったが、あのときから現在に至るまでは、長い道のりだった。いつも両親のことを優しく思いやり、両親に感謝する面が非常に多かったが、ただ残念だったのは、自分の選んだ人生の進路が両親の意向からどうして大きく分かれざるをえないかについて、大人対大人としてゆっくり話し合う時間がなかったことだった。とにかく言葉では説明がつかなかった。主として感情の問題であり、本能的なものだった。

当時、疫病のランシマンズ病が、寄宿舎が空になるほど学生たちを襲った勢いを駆って、教授陣のあいだでも猛威をふるっていた。犠牲者がリベラル派であろうと、保守主義者であろうと、数学者であろうと、チョーサー学者であろうとおかまいなしに、ランシマンズ病は旺盛な知識欲を見せた。父親は歴史学者で、少数民族の目を通してアメリカの歴史を解釈しなおすことをライフワークとしていた。社会学者の母親は、肌の色は同じでも、出身背景、教育、そして生活程度がまったくかけはなれた黒人人口の統計問題を解明しようと苦心していた。疫病はこの二人の専門知識を渇望していたかのように、あっという間に襲って殺し、混乱のザイールから息子が戻ってきて、二人の最後を看取る暇もなかった。

彼が両親のことをいつも思い出すのは、驚くほど平穏無事だった素晴らしい子供の頃のことか、あるいはウェストポイントの陸軍士官学校へ進みたい彼の希望に対して両親が激高し、怒り、そして心からの善意で反対したときの情景しかなかった。私たちのどこが間違ってるのだろうか？　どこでしくじったのだろうか？　自分たちの価値観を適切に伝え損なったために、息子が軍人になりたいなどと言いだしたのだろうか？　善意から自分を責めて両親がそう述べた言葉を思い出すと、なんとなしに微笑ましく思った。もし彼がホモだとか麻薬常習者だとか言ったら、両親は親としての落度をそれほどまでに痛感しなかっただろう。結局、両親は自宅からミシガン大学へ通学してもいいと言うまでに折れた。アメリカン・フットボールも続けてもいい……

フットボールといえば、彼はその選手になったが、ただしウェストポイントが十年来はじめて勝星をあげたその勝利チームの一員としてだった。そして、他の子供たちがよくわかりもしないポルノを両親から隠すように、玩具の兵隊を隠さなければならなかったその子供は、アメリカ陸軍の将校となった。両親はウェストポイントの卒業式には出席してくれたが、母親は泣くばかりだったし、父親は町の売春婦と結婚したばかりの息子を持つ男のような厳しい表情をしていた。

これで彼の子供時代は終わった。フォート・ウアチュカの軍情報将校基礎コースを卒業する二日前、命令が変更になって、彼はフォート・ブラグの第十八空挺作戦軍団へ派遣された。帰宅休暇もなしに、直行しなければならなかった。クラスのほとんど全員が同じ境遇だった。軍部がザイール危機にぶつかって、少なくとも二、三の主要部隊の兵力を定員いっぱいに増強しようと苦労していたからだ。フォート・ブラグで彼は緊急適性検査を受け、野戦用装備を受領してから、すでにキンシャサに配備されていた新しい部隊に合流するために、輸送機に乗せられた。

彼は興奮していた。たまに恐怖に胃が痛むことはあった。これから戦闘に参加するのだ。これまで受けた訓練のすべてがすぐ実地に試される。まだ漠然とはしているが、劇的な、幅広い機会が、自分の目の前に開けているような気がした。

だが、実際に戦闘を見ることはなかった。そのかわり、不潔で病気の蔓延する首都キンシャサにとどまり、毎日、いろいろな色の電子表示装置のついた情報ワークステーションの列の前に座って仕事を続けたので、作戦の成行きを変えるような実戦にはまったく参加しなかった。

しかし、勉強にはなった。戦争について学校で教えられたことがどんなにむなしいものであったか、そして、何よりも、自分自身がいかに心の奥底までアメリカ人であるか、を学んだ。彼が反抗したにもかかわらず、彼が同じ血を引くアフリカには何か素晴らしいものがあるにちがいない、と両親が幼い頃から植えつけたが、そうした考えはまだ彼の心のうちに残っていた。人生についての素朴な英知、欧米人より深く、より豊かな人間性、それに北半球の寒さから逃げ出してきた青白い顔の人びとには思いもよらない、文句なしに素晴らしい自然などがアフリカにはある、そういったことを両親は折りにふれて話してくれた。

そのかわりに彼が見つけたのは、疫病だった。それに加え、堕落、強欲、背徳行為のひどさに、彼の中産階級的心情はショックを受けた。崇高な精神、同胞愛——そういった表面には見えない偉大な民族性を示すものは何一つ見つからなかった。自分の直面したアフリカの現実に反抗し、自分のほうが正気である証しを否定するのに激しい怒りを感じた。両親がこれほどまでに間違ったことを夢みて、自分たちの人生をかたちづくっていたのだとは、いまでも考えたくなかった。

結局、自分がザイール人よりは、アラバマ州の田舎から出てきた白人兵士と共通する点のほうがはるかに多い、と認めざるをえなかった。テレビ、ビデオ、テレビゲーム、音楽、広告、教科書、社会的習慣、文明の利器、セリアル食品、個人的迷惑を引き起こす各種の原因、善行と非行とを単純に分けがちな傾向といったアメリカ文化に圧倒されて、彼とアフリカの人びととのあいだに実際にある、ないしはあると想像された民族的絆など影薄いものと化してしまった。アフリカにあるものと思い込んでたもののかわりに彼が見出したのは、卑劣さだった。結局、アフリカの人びとは彼に同胞意識を求めなかった。ただ欲しかったのは、彼の持っている金だった。

両親への手紙には、戦争と疫病でこの国をほんとうに見る機会が限られているが、大河の陽の出は非常に美しく、植物は色彩豊かです、と書いた。

それから、自分の属する軍隊、自分の故国がどうしてこんなにひどいことになったのか、わからないままに、また輸送機に乗せられて、アゾレス諸島の隔離地区に送られた。運命の偶然で、ランシマンズ病は彼の簡易寝台を避けて通ったが、隔離キャンプ内の事態がひどく悪化したので、誰もが自分は死ぬか、少なくともこの病気の後遺症から逃れられないと思った。隔離期間が過ぎるのを待っていた男女のあいだで自殺が増えた。ある日、最後の一台のブルドーザーが壊れてしまい、まだ健康な兵士が選ばれて埋葬用の穴を掘らなければならなかった。やがて、死体袋が尽きたので、死体を焼くことになった。それから、以前に土葬した犠牲者の死体も掘り出して火葬せよ、という命令が出た。メレディスは、ひどく恐ろしかったが、志願して一番ひどい仕事についた。義務だと自分に言い聞かせた。クラスメートが奥地で死んでいったときに、自分だけが安全なキンシャサにいた償いだ、と言い聞かせた。

火葬の際の薬品の混じった煙が鼻にまといつき、肺のなかに入りこんでも、高熱も出さず、腸もぐじゃぐじゃにならず、肌にもアフリカ作戦従軍の特別のしるしであるRDの斑痕が残らなかった。メレディスは、自分が何か特別な運命のためにとっておかれるのかとふと思ったが、そんなふうに考えるのは縁起でもないとあわてて打ち消した。

島では、生きている者は主として一つのこと——帰国、安全で健康な土地へ帰ることばかり話した。しかし、ランシマンズ病は、彼らより一歩先に故国に上陸していて、メレディスがドーバーで軍の輸送機から降りたときには、アメリカ全土に、世界じゅうにくまなく広まっていた。学校や大学は、早くに閉鎖されていた。続いて劇場やレストランが閉鎖された。生活必需品以外のものを売る店も閉鎖された。それでも、疫病は静まらなかった。疫病は主要道路網を蛇のように伝わって、各地に広まっていった。まず、各州間の幹線道路の出口ランプを滑り抜けてから、二級道路を走って次の田舎の街道と交差するところへたどり着き、道路標識のない小道を農場、牧場、鉱山へと進んだ。中西部では、点在する町村が埃っぽい歩道上でよたよたと倒れて死に、そうした町村をつなぐ街道沿いの農地は、人手が入らないまま原野に戻ってしまった。しかし、一番被害のひどかったのは都市だった。

電気、水道、ガス、電話、交通機関などの公益事業は、あっという間に手ひどくやられた。自由社会でかなり進んでいる予防措置は、何一つとして効果がないようだった。医療用マスクも手袋も、中世の医者が疫病除けに用いたビークや匂い玉と同じで、たいして役に立たなかった。疫病は、公衆衛生従事者、警官、交通機関職員、修理工……保健所職員を呑み込んだ。都市に住む人びとは、まだ疫病の広がっていない村落に一夜の宿を求めて、田舎を車でさまよい、ガソリンが切れるまで、道端で疫病で死ぬまで、あるいは近づけまいとする宿の主人に射殺されるまで、走りまわって疫病を広めた。町や村は、道路を封鎖しようとした。だが、自分たちの毎日食べるパンすらも遠くの国から入ってくるこの時代にあっては、世界から孤立して暮らすことはできない相談だった。だから、パンを配達するトラックが来ないことがあっても、RDはやってきた。

疫病は、人間の最悪の面を引き出した。高価な治療の妙薬を売り込む行商人、ヨハネの黙示録に拠って現代人の罪を非難してから視聴者にかわって神にとりなしてあげると金を要求するテレビ予言者、病人の家に押し入って盗み、死にかけている病人を殺してなんとも思わない街の犯罪者、RD患者を診るのを拒否する医者などさまざまな人間が出てきて、人びとはおたがいの、そして自身の本性がどんなものであるかを知った。

田舎では各地で、警官隊が武装した男たちといっしょになって犠牲者の家を封鎖しはじめ、生きていようが死んでいようが、住民もろとも家を焼き払うようになった。もう少し秩序がましな地域では、学校や州兵兵器庫が病院に変えられた――それでも、失われた水分を静脈注射で補給し、あとは本人が生きるなり死ぬなりするのを待つ以外に、手のほどこしようがなかった。やがて、需要が急増しているというのに消毒液が尽きはじめ、おまけに生産施設が閉鎖され、流通網も崩壊した。闇市場の消毒液は人命を救うのか奪うのかわからなかった。救急隊員たちは、彼らこそ病気伝染の張本人だ、との噂が広まって、暴徒から射殺され、救急車は火が放たれた。

疫病から回復した患者のなかには、家族、恋人、家主、近所の人びとが、戻ってくるのを許さない例があったので、病痕の残る生存者たちは浮浪者と化して、州際高速道路や鉄道線路に沿って集まって半永久的に住みつく一方、世間に背を向けたこれらの人びとの集落は国立公園のあちこちにも出現した。ここなら、夜中に自警団に襲われて虐殺される心配がいくぶんなりとも少なかったからだ。

それでも、文明社会をめざす意思が完全に消え去ったわけではなかった。いつでも男女のボランティアがいて、この人たちは常識や自身の警戒心を押し切って、救急車に乗ったり、量産の消毒した死体袋を運んだりする仕事に行った。机に座っての事務仕事やコンピュータの操作しかしたことのない人たちが街頭にたまったゴミを懸命に運んだり、警察の補助員やトラックの運転手を務めたりした。

いくつかの州の州知事が州兵の出動を命じたとき、州兵の本分を守ると宣誓した者が全部とはいかなかったが、それでもかなり集まり、食料品の配給や墓穴掘りや都市と田舎の無法地帯のパトロールなどに活躍した。

誰が疫病を恐れて逃げようとするか、あるいは誰が自分の命を賭けても公共のために働こうとするか、あらかじめ知る方法はないみたいだった。宗教も人種も、年齢も収入も、勇気ある人たちとは関係なかった。でも、かならずいつもそういう人たちはいた。けっして十分な人数とはいえなくても、自衛本能の論理だけでは説明がつかないほどの数の人びとがいた。

疫病RDの打撃が一番ひどかったのは、カリフォルニアの沿岸の大都市だった。ロサンゼルスの果てしなく広がった市内では、無計画につくられた社会基盤がまたたく間に崩壊し、生き残った役人やボランティアたちの必死の努力によっても、復旧が緒につくことはできなかった。イースト・ロサンゼルスやその他の下層階級地区のあちこちに地盤を持つギャングたちが年々その勢力を強めてきていたが、いまではその縄張りを完全に掌握して、乏しい食料の取り分まで決める力を持っていた。そこへやってきた疫病は彼らにとって絶好の機会だった。ギャングどもはさらに手を伸ばし、まずロサンゼルスの比較的裕福な地区を荒しまわり、ついではるか遠くユタ州あたりまで遠征して、小さな町や集落や個人の家庭を略奪するようになった。

ギャングどもは過去二、三十年のあいだに仲間をふやし、富を蓄積しただけではなく、自分たちを世間に上手に売り込む術を身につけた。疫病救難の食料を支給する担当者たちが、ギャングどもの支配する地区に運搬車を入れると、積荷は略奪され、運転手たちは——疫病で死ぬのをまぬかれたにせよ——ギャングに叩きのめされるか殺されるのがわかっていたため、二の足を踏んだとき、ギャングの代表者たちはラジオやテレビで、政府は故意に黒人やラテンアメリカ系の貧困住民地区にランシマンズ病をはやらせ、生き残った少数民族系住民を飢え死にさせようとしていると非難した。コマーシャル業界も、再放送ものや公式発表以外のものをテレビ、ラジオに流したがっていたので、ギャングどもの言い分を放送するために時間をつくった。ギャングどもはやり方が派手で、挑発的で……視聴者たちを楽しませた。

ロサンゼルスにカリフォルニア州兵を投入したが、兵力不足で、しかもそういった任務に備えた訓練をほとんどか全然受けていない部隊を配備する結果になった。たとえば、街頭を車で走るか行進するかして、缶詰食品を配ったり、ゴミを集めたりすると、決まって暴徒に襲われて、結局は発砲する羽目になった。こうなると、マスコミは州兵の残忍性とその犠牲者を重点的にとりあげて報じた。その報道ぶりがあまりにも扇動的な効果を発揮したので、それまではなんとか事態が抑えられていた、アメリカ各地の他の都市でも、暴動が発生した。

ロサンゼルスでは、停電が起こり、給水が乱れ、手に入る水は汚染されていた。街頭には死体が転がっていた。人員の乏しい警官と州兵は広大なロサンゼルス郡の全域にまで手がまわらず、ギャングがまだ根をおろしていない地域の保護に専念したので、それ以外の地域の貧民やリポーターからさらに激しい人種差別の非難を招く羽目になった。リポーターたちは、ギャングと疫病が勢力を二分している街に出かけていって命を危険にさらすのを恐れて、すべて電話取材ですませる一方、マスコミはますますギャングの提供するビデオに頼るようになった。

ある砂漠の町で、町民がはるかにすぐれた武装をしたギャングどもと戦って全滅した事件が起こり、町の名にちなんでキングマンの大虐殺と呼ばれたが、これは大統領の耳にまで届いた。政治にたけたある閣僚の忠告を容れずに、大統領はアメリカ全土に非常事態を宣言し、陸軍をロサンゼルス郡に出動させた。

陸軍は志願者だけを募った。志願者の多くはランシマンズ病の生き残り犠牲者で、ロサンゼルスを荒しまわっている敵のうち少なくとも一つに対しては何も恐れる必要がなかった。その結果、第一陣の部隊は、アメリカ陸軍がかつて派遣したどの部隊よりも恐ろしい形相をした面々ばかりという例が多かったが、そのほかにも、任務のためならすべてを投げうつ覚悟の志願者もいた。各部隊の指揮官たちは、出動を拒否した兵士の多いことを恥ずべきなのか、平静に除隊届を出して給料をもらって辞めていく兵士が大部分を占めたのを誇りに思うべきなのか、迷った。アフリカ作戦の失敗で士気を砕かれた陸軍だったが、それでもこのいっそう感謝されそうにない使命に立ち向かうだけの兵力がみずからのなかに残っているのを発見したのである。

メレディス中尉は、マサチューセッツ州のフォート・デベンズで比較的安全な職務に就《つ》いて、アフリカ作戦失敗の原因究明のためのコンピュータ分析モデルの作成に取り組んだり、両親の夢みた理想の死を悼んだりしていた。最悪の疫病もこの地方を避けて去ったらしく、メレディスは、キンシャサからアゾレス諸島まで追ってきた、死ぬか、生き残っても醜い病痕が残るというあの悪夢、絶えず襲ってくるその恐怖から脱却して、じょじょに立ち直っていた。彼はいつもハンサムだとうぬぼれていたのに、カリフォルニアで勤務に就くあの特殊任務部隊に参加する願書を出した。考えようとすると恐ろしいので、面食らう司令官にも自分自身にも、どうしてそんなばかげた行動を選ぶのか説明できなかった。理屈もなければ、意味もなかった。カリフォルニアへ行っても、自分の専門とする情報将校の地位さえ得られなかった。だが、イースト・ロサンゼルスの空気を吸うやいなや死んでしまったと思われる機動隊や歩兵の小隊長が多く、その後任の空席がたくさんあった。

彼は州際高速道路の七一〇号線から二一〇号線までの区間の東側の護衛任務に就く地上機動小隊長となった。そのための特別の訓練は何も受けなかった。そうする時間がなかったのだ。小隊そのものが定員の平均六〇パーセントで作戦行動しており、メレディスのすぐ上の中隊長は自身病み上がりで、顔も手もぞっとするほどランシマンズ病の後遺症のあばただらけだった。この上官は、ザイール作戦から生き残った数少ない本物の英雄の一人だと噂されていたが、歓迎の手をさしのばされたときは、メレディスは目をつぶらんばかりの気持ちでそれを握った。

メレディスは、どちらともつかない立場だった。白人住民たちは彼を恐れ、信用しなかった。ラテンアメリカ系住民たちは、言葉は通じなくても、その言わんとするところははっきりしている侮辱の言葉を投げつけ、彼の乗っている車に死んだネズミや糞尿を浴びせた。しかし、最悪の事態がやってきたのは、黒人ギャングとその子分たちとぶつかったときだ。気がついたら、自分では考えたこともないのに、黒人たちから裏切り者とさまざまに非難されていた。銃弾が車体を貫き、もう少しで火炎瓶が命中するところだった。ある夜遅く、車を降りて巡察して戻ってくると、腐りかけた死体がハンドルにかぶさっていた。

ありがたいことに、いちいち反省している暇はなかった。護衛が必要な輸送部隊が多くて、ついていく機動小隊の手がまわらないほどだったし、同行せねばならぬ救急車も多かったし、巡察しなければならぬ街路も多くて、どんなにきびしく予定表をやりくりしても無理なほど忙しかった。そのほか、中尉が面倒を見なければならない兵士たちがいた。

兵士たちを把握することは、もっともむずかしい任務の一つだった。若い兵士たちに、住民から挑発されても腹を立てるな、装塡して銃をかまえていても応戦するな、と求めるのはむずかしかった。それだけではなく、ギャングどもは金、女、麻薬で兵士たちを堕落させようとかかった——それに兵士の全員が聖人君子であるとはかぎらなかった。最初の三カ月間に、五人に一人は解任しなければならなかった。なかには、カリフォルニアにちょっとした合法的な黒人狩りにやってきたんだ、とある兵士がほらをふいているのをたまたま耳にして、くびにした例もあった。

潮の流れは、ゆっくりと変わっていくように見えた。疫病は冬を避けて南へ移る傾向を見せ、食料配給、医療、隔離地区の設け方も確立してきた。一般大衆のうちからのボランティアもふえたが、主としてRDにかかって生き残った男女の人びとだった。陸軍の手で市内の日中の秩序は回復され、夜間の状態もだんだんよくなってきた。マスコミは検閲は受けなかったが、戒厳令の敷かれている区域から報道したい場合は、リポーターを現場に派遣しなければならず、自分で撮らなかったニュースフィルムを放映するときには、その出所を公表しなければならなかった。アメリカ全土から電話取材する伝聞報道はなくなったし、軍隊に同行して一番ひどい紛争地区に出向く元気のあるリポーターたちは、前ほどギャングどもに遠慮せずに、客観的な生の声や記事を送りはじめた。こぜりあいは続いたが、どちらが勝っているかは明らかだった。再編成された州兵部隊が郡内で正規軍の任務の一部を肩がわりしはじめた。

ギャングどもは必死になってきた。狙撃や闇討ちに倒れる兵士の数は増え、ギャングどもはボランティアも処刑すると脅した。カリフォルニア州フォート・アーウィンに設けられた逮捕ギャング収容所をギャングの連合勢力が襲おうとして、激戦となった。血みどろの戦闘が四時間続いて、収容所の衛兵は外からのギャングの攻撃と内部の収容者の反乱の両方から身を護らざるをえず、陸軍の死傷者数は数十人、ギャング側の死傷者数は数百人にのぼった。ヘリボーン応戦部隊が襲撃者の退路を断ったので、外から攻撃してきたギャングのうち、救うつもりだった仲間たちといっしょに収容所内にとりこになった者が多かった。逃亡しようとした襲撃者たちはもっとひどい目にあった。砂漠で死体になっているのを、軍の巡察隊がその後何ヵ月ものあいだよく見つけた。

メレディスは自信がついてきた。依然として弾丸にも病気にも見舞われず、不死身の毎日をすごしているかに見えたし、情報将校として教育訓練されたことが、ロサンゼルスの街頭で彼の機動小隊が出っくわす数々の難問を解決するのに役立つことがわかった。上司だった中隊長は、少佐に昇進して、乗用車爆破事件で亡くなった中佐の後任として大隊の大隊長代理となっていたが、メレディスはこの少佐に多少なりとも目をかけられていた。すなわち、この人がきびしくて無口なテイラー少佐であって、一番信頼している部下の将校に一番やりがいのある困難な任務を与えることで好き嫌いの態度をはっきりさせた。中尉の銀色の階級章をつけたばかりのメレディスは、身分不相応の大役を与えられ、その優越感をかみしめ、ひそかにうぬぼれていた。

そういうときに、避けられない事件が起こった。しかも、不意に。その日の空気としては、特別に変わった点は何もなかった。いつものとおり第十四地区へ食料輸送隊を護衛して行くだけだった。街路をゆっくり、警戒しながら進んだ。機関銃手は車輛の床の上で、いつでも撃てる体勢をとっていた。あたりを見守りながら。

しかし、とくに気をつけるべきものはなかった。生気を取り戻そうとしている町のゆっくりとした動き。そして、店を再開した、人目をひくタコスの屋台、それと作戦用無線通信に入ってくるいつものやりとりだけだ。眠っているような街路を抜けて次の街路へ折れると、必需品を売る店が細々と再開していた。街のちんぴらたちが惰性でののしっているが、そんなのはもう聞きあきた。それから、メレディスがひどい一夜をすごしたことのある略奪された街路に出た。これらすべてが毎日のおきまりの仕事となっていた。

メレディスの乗った車は、一番よく指揮がとれるように輸送隊の隊列のなかほどについていた。輸送隊が急に停まったが、何が原因なのか、そこからはわからなかった。すでに先頭の車は街角を曲がっていた。

「１１《ワン・ワン》、説明しろ。どうしたんだ？　どうぞ」彼は無線のハンドマイクに話しかけた。じれったいほど長いあいだ、応答を待ったが、ついに待ちきれなくなり、運転手に現在位置を抜けて隊列の先頭へ行くよう命じた。タイヤの燃える臭いがした。

街角を曲がると、いぶっている廃品のバリケードが目に入った。階段吹抜け、路地、店の前、地下室から群衆が現われはじめた。ギャングどもの仕掛けた〝イベント〟が進行中だな、とすぐにわかった。

メレディスの車の運転手は、急ブレーキをかけた。車の前方の路上に長々と寝そべっている者がいた。疫病の犠牲者なのか、密造酒に酔いつぶれた呑んべえなのか、わからなかった。だが、車はエンジンを空まわりさせた状態で停まっていた。

輸送隊の先頭が見えた。ロザリオ軍曹がなぜ無線に答えなかったか、わかった。彼の車が群衆に取り囲まれていたのだ。

「11、きみの立場はわかった。そのまま頑張っていろ。終わり」と言うと、メレディスはすぐに作戦用無線通信に切り替えた。「デルタ45《フォー・ファイブ》、こちらタンゴ08。どうぞ」

作戦用無線通信はすぐさま応答した。「こちらデルタ45。話せ、08《ゼロ・エイト》」

「了解。イベント発生。場所は第八十八検問所と第六十三検問所の中間。大規模の様子。群衆は約二百、煽動するギャングどもの数は不明。スモークポールは見えないが、ある感じです。どうぞ」

「ライマ・チャーリー（連絡確認）、08。すぐ行く。無線を切らずにおけ」

メレディスは計算した。もしヘリがもっと優先度の高い任務に追われてこられないとしたら、応援は車輌部隊になる……部隊要員が乗り終えるのに二、三分、ここまで来るのに少なくとも二十分……長い三十分になりそうだ。

はるか彼方で、ロザリオ軍曹のがっしりした胸が群衆の頭の上に見えた。無蓋車の座席の上に立って、群衆をなだめようと話していた。

「おれは車を降りる。無線に注意していろ」とメレディスは運転手に言ってから、車の床部にいる機関銃手とライフル銃手のほうを向いて、こう命じた。「油断なく警戒していろ、みんな。でも、ばかなことはするんじゃないぞ」

車からさっと降りて、停止したトラックの列に沿い前に向かって走った。手はピストルのホルスターにかけていたが、銃をいつでも抜ける用意というよりは、ホルスターが跳《は》ね返るのを押さえるためだった。自制したおかげで苦境を切り抜けた例が数えきれないほどあった。相手の愚弄に耐え、少々の屈辱をこらえれば、生き残れる。ギャングどもにしても、軍人にまともに立ち向かいたがらないのがふつうだ。

ロザリオ軍曹も武器を手にしていないのがわかった。ギャングどもに対するコツは、自信があるように見せながらも、相手を過度に脅かさないことだ。それには図太い神経がいる。きょうはどの兵士たちがロザリオの車に乗っているのか、思い出そうとした。彼らが自制できさえすればよいのにと願った。あわてふためいてことを起こせば、何もかも台なしになる。

ウォルターが運転している、と思い出した。ウォルターなら大丈夫だ。彼なら物に動じない。それに、ジャンコフスキーが機関銃手だ。あと一人は誰だったか？　メレディスは思い出せなかった。要員の交替が激しかった。運転要員と火器要員が長く同じところにとどまることはありえなかった。

心臓がドキドキ脈打った。市民たちが建物の入口や歩道に集まって、冷たい目で彼の様子を見守っていた。ここは明らかに物騒な土地で、ここの連中ときたら、赤十字のためにボランティア活動をするような手合いではない。

ふてくされた顔々。死の臭い。RDの病痕、喧嘩の傷痕。群衆のなかの誰が武器を持っているか、わからない。

メレディスは、走るのをやめて歩いた。そわそわしていると見られたくなかった。やっと話し声が聞こえる距離まで近づいた。

「けちなメキシコ野郎め、ここはおまえがのこのこ出てくるところじゃねえ。ガンなんか持ってきやがって。おまえの持ってる食料、ありゃみんな、民衆のものなんだ」小さな革の丸帽をかぶった黒人が、まわりの群衆に聞こえるような大声でロザリオ軍曹をののしっていた。

群衆は、大声にそうだそうだとはやし立てた。ロザリオは答えようとして、食料は民衆のところへ運ぶ途中だと大声で言ったが、その声は自信なげに聞こえた。ロザリオは優秀な下士官だが、その大きな体が震えているのが見てとれた。メレディスはこの群衆、この街、この空気が何か異様なのを感じはじめた。言葉には表わせなかったが、つきつめた、決定的な感じに肌が引き締まった。

ロザリオが間違いを犯した。捨てばちになって、すねたような声で、思わず群衆に向かってこう叫んでしまった。

「おまえたちはみんな法律を破ってるんだぞ！」

群衆のなかの何人かの男たちが吹き出し、それが他の者たちの笑いを誘った。

「この野郎」と誰かが一声言うと、それ以上なんの前ぶれもなしに、自動火器の音、巨大なジッパーをひっぱるような音が時間と空間の法則を一変させた。

メレディスはまだ群衆の外側にいたが、遠くのロザリオの姿を食い入るように見つめた。軍曹の顔に突然、驚愕の色が走るのが見えた。自分の体が急におかしくなったのを感じたのだろう。自動火器が小口径だったので、ロザリオは何が起こったのかわからず、一瞬、どっかと立ったままだった。火器の音がまたした。今度は軍曹はうしろに倒れ、群衆の頭や肩の背後に隠れて見えなくなった。

街路の谷間のあちこちで、火器の音が行き交った。群衆が算を乱して散った。メレディスは、脇の路地の入口の大きなゴミ箱の陰に身を隠し、ピストルをかまえた。

乱射音にまじって陸軍の火器の音がはっきり聞き分けられた。だが、彼自身はどこに的を定めて発砲すべきかわからなかった。逃げまわる市民ばかりで、武器を手にしている者は一人もいない。二人の少年が路地を突っ走ってきて、メレディスにぶつかりそうになった。しかし、二人は逃げることしか考えていなかった。

盾にとった金属製のゴミ箱の角から、あたりを見まわしてみることにした。ロザリオの車の乗員たちは、命からがら戦っていることだろう。まだ殺されていなければのことだが。

メレディスと先頭の車とのあいだの群衆は、大部分散っていた。十人ばかりが地面にころがっているが、怪我をしたのか、ただ怖くて動けないのか、両腕で頭を隠していた。その向こうで、マシンピストルを持った一人の市民がロザリオの車の天蓋の上に立って、車内の乗員の体にありたけの弾丸を撃ち込んでいた。

　メレディスは膝をつき、両手でピストルをかまえて発砲した。それでも、二発ははずれ、三発目で目標をとらえた。相手はのけぞって倒れ、頭から路上に落ちた。

　弾丸が一発、メレディスの隠れる金属製ゴミ箱に当たって跳ね返り、教会の鐘のような大きな音をたてた。まわりを見まわした。たくさん弾丸が飛び交っていたが、標的は見あたらなかった。

　ゴミ箱に張りついて、まわりを偵察した。銃撃で身動きならなかった一人の女が、トラックの背後から走り出てきた。メレディスのほうに向かってやみくもに駆けだしたが、急に立ち止まり、棒立ちになった。目をみはっている。

「伏せろ」メレディスは怒鳴った。

　しかし、彼の顔を見つめたままだ。それから、急に駆けだした。反対の方向にだ。軍服の男が恐ろしかったのだ。このあたりの住民は住む世界がまったく違うのだ。街路を半分ほど渡ったとき、彼女はつまずいて、前に倒れたようだ。

　だが、つまずくようなものは何もなく、彼女のブラウスが見る間に赤く染まっていき、じっと倒れたままだ。

　メレディスは彼女を撃ち殺した相手を見つけたと思った。窓枠めがけて撃ち込んだ。だが、その人影は消えていた。

　地面に伏せていた市民の何人かは、安全な場所めざして、人目をひかないよう、ゆっくりと少しずつ這っていこうとした。頭を少しでも上げると、弾丸がいっぱい飛んでいたからだ。メレディスにはわかった。この騒ぎが終わって、検死の結果、罪のない人たちの死体に陸軍の弾丸が発見されなかったとしても、死者を出した責任は軍に負わされるだろう。ギャングどもの関心は、誰が犠牲者となろうとおかまいなしに、死傷者の数をどんどん増やすことだけにあった。

最初の弾丸がロザリオの胸に食い込んでから、丸一分はたったろう。メレディスは、はっきりと陸軍の機関銃の発射音を聞いた。

まわりを見まわした。飛び上がると、両腕を振りまわして、走り出た。

「だめだ、だめだ、撃つのはやめろ、撃つのはやめろ」そう叫んだ。

彼の車が機関銃であたりを掃射しながら進んできた。彼を救いにきたのだ。

「撃ち方やめ」

機関銃で撃つようなはっきりした標的はなかった。このままでは、市民が死ぬだけだ。

車が中尉のそばに停まっても、機関銃はまだがくがくと発射の反動動作を続けていた。

「大丈夫ですか、中尉?」運転手が大声で尋ねた。

「撃つのはやめろ。撃ち方やめ」メレディスは叫んだ。

ところが、メレディスがそう言っているとき、機関銃手が急に車から落ちた。まるで中尉の姿を見て途方もなくびっくりしたみたいだ。あっとの間に、血を流し目を開けたまま地上に転がった。

「トラックのあいだに入れ」メレディスは命令して、倒れた機関銃手のそばに伏せた。「ヘンドリックス、ヘンドリックス、聞こえるか?」そう声をかけて、首の脈をさぐった。脈はなかった。開いた目も動かなかった。

メレディスは、遠くに向かってめくら撃ちしている車のほうに這って行った。依然として敵の姿はどこにも見えなかった。

彼のピストルは空になった。車のバックフェンダーを飛び越えて、機関銃台と無線機のあいだにもぐりこんだ。運転手とライフル銃手はすでに車を降りて車の向こう側にまわり、輸送隊の大型トラックのあいだにはさまって撃っていた。姿の見えぬ、幻の敵めがけて撃っていた。

メレディスは、マイクをつかむと命令した。「タンゴ隊全員、タンゴ隊全員。訓練第5課、訓練第

5課実施。狙撃者に注意せよ」

このとおりにすれば、小隊の全部の車を輸送隊のまわりに集め、その両側を固め、いつでも援護射撃で支援できる態勢が整うから、いざというときに後尾班が車を降りて、輸送隊のトラック運転手をできるだけ多く救うことができる。

銃火器の発射音が依然として街路に響きわたり、ガラスの割れる音、弾丸が金属に当たる音が聞こえた。

メレディスは、作戦用無線に飛びついて呼んだ。「14、14——戦闘用意。前述の位置で友軍の死傷者数名。当方、まわりのビルから撃たれている」

中隊の作戦用無線通信が「戦闘配置につけ、戦闘配置につけ」と応答した。テイラーの声だとわかった。それを耳にしてほっとした。その声にはあわてふためいたところはまったくなかった。事態を完全に掌握していて、場馴れしていて、無駄がなかった。きっと、これでよくなる。

自動火器の弾丸が車の前部を右から左へさっと貫いた。運転手が飛び去る弾丸をつかもうとするかのように両手を空中に広げたのが、メレディスの視界にちらりと入った。それから、座席の外に崩れるように倒れ出たかと思うと、車の前に長々とのびた。

メレディスは車の側面から飛び出して、路上に伏せた。ピストルに新しい挿弾子を詰めた。どうしたのか知らないが、膝がひどく痛んだ。まわりを見まわしてライフル銃手を探した。

探す相手の兵卒は輸送トラックの泥よけの下にうずくまり、大きなタイヤに体を押しつけて、泣いていた。メレディスはそこまで這っていって、兵卒の野戦用上衣をつかんで言った。「ここから脱出しろ。他の班のほうへ戻って、車の向こう側にいるんだ。下がれ」

兵卒は、中尉が外国語をしゃべりだしたかのように、さっぱりわからないといった顔つきでこちらを凝視した。

メレディスは、どうしたらよいのか、わからなかった。こんな事態にどう対処すべきか、誰も教えてくれなかった。いままでに経験した最悪の場合でも、事態を掌握できたのに、いまは、何をしても、効果がないように思えた。体を低く伏せ、車の前部のほうへ、倒れた運転手のほうへ這っていった。死んでいた。不必要なほど多数の弾丸に貫かれていて、まるで狙撃者の一人が射撃練習の標的にしたかのようだった。死体を引きずって車の陰に持ってこようとしたが、そうすると、雨あられの弾丸を招くだけだった。メレディスは、車とトラックとのあいだの狭い安全地帯に急いで戻った。

そうしたわが身を思って、腹が立った。十字砲火に身動きできず、縮み上がっている。街のちんぴらどもにばかにされている。怒りのあまり身を起こし、最後に弾丸が飛んできただいたいの方向に数発撃ち込んだ。そうしても、結局はいっそう自身が愚かに無力に思えただけだった。

まわりを見まわしたら、トラックの下で泣いていたライフル銃手がいなくなっていた。正しい方向へ退去したならよいが、と心のなかで思った。もう部下のことを気にやむのはたくさんだ。

彼の怒り方は変わった。頭ごなしに怒鳴り散らす気はなくなり、非常に冷ややかな気持ちになった。恐怖も変わったようで、何か積極的な力へと、強い意思の力が制御できるような一種のエネルギーへと姿を変えた。

意識的に決断することなしに、おのずから巧みに行動しはじめた。タイヤからタイヤへとあいだを縫って前進し、並んだトラックの向こう側を進んでいった。

最初のトラックの運転席にたどり着くと、片手を伸ばしてドアをぐいと引いた。

ロックされている。

「おい、ここから脱出するんだ。さあ早く」メレディスは大声で言った。

運転席からは押し殺した声がして、勝手にしておいてくれとはっきりと言った。

メレディスは次のトラックへ走った。部下が後方から掩護射撃するのが聞こえた。訓練が役立ちはじめた。

派手な服装がさっと動いた。火器だ、火器だ。マシン・ピストルを持った少年が一人。メレディスのめざす同じ方向——トラックの運転席を狙っている。二人の敵同士はにらみ合い、一瞬ぎくっとしてたじろいだ。

メレディスには、相手の姿が実にはっきりと、忘れがたいほど細かい点まで見えた。赤、緑、黒の三色の編み物のベレー。派手な上着に装身具。濃い色のサテンのズボン。短くずんぐりした火器で、その銃口が目標に向かって上がっていく。強烈な、生き生きした、複雑な表情をした、知的な目。

メレディスのほうが先に発射した。一瞬の差だ。今度は目標に当たったので、少年が倒れるまで撃ちつづけた。敵の弾丸はタイヤを二本撃ち抜き、タイヤは裂けて破裂した。少年はぶざまに倒れ、弾丸に撃たれたよりも痛そうな姿勢で地面にぶつかった。われを忘れて、メレディスはフェンダーの脇にしゃがみこみ、興奮した動物のように荒々しい息づかいをしていた。

まぎれもないヘリの飛ぶ大きな音が、混乱した街の上空にしだいに高まってきた。もっと身近では、部下が前進して、街路を制圧してくる物音が、あたりを支配しはじめた。繰り返し課せられるのをあれほどいやがった市街戦訓練の手順をそのとおり踏んで、怒鳴ったり号令をかけたりする声も聞こえてきた。

輸送隊の隊列の前方から聞こえた射撃音やがやがやした騒音は、明らかに減ってきた。ギャングたちが逃げ出しはじめたのだ。

メレディスはピストルを前に差し出しながら、いま自分が撃ったばかりの少年のほうへ歩きだしたが、倒れた相手は苦痛に身をよじりじっとしていない。相手の自動火器は手の届かないところにあったが、メレディスの引き金にかけた指はピストルに貼りついたままだ。緊張して満足に呼吸もできないみたいで、小鼻が広がる感じだった。

少年は十五歳から十八歳のあいだかと思われた。苦痛にゆがんだ顔立ちからは、はっきりと言いにくかった。

メレディスが近づくと、相手は静かになったように見えた。目のまわりの皮膚がいくらかやわらぎ、自分の体の動きを叩き壊したばかりの軍服の背の高い男を見上げた。最初、その目に意識は完全にないとメレディスは思った。ところが、ゆっくりその焦点が合ってきて、対決に勝った相手の上に定まった。

少年はメレディスの顔をにらみつけると、血の混じったピンク色の唾を吐き出した。それから、焦点をすぼめてメレディスの目をとらえ、ずっととらえたまま離さず、その間、胸が波打ち、手足が何かを探るように動いたが、力なくやめた。

「道具だ」とはっきりとした声でメレディスに言った。「おまえは……自分では大物だと思ってるんだろう……」いまわしそうに唇をゆがめた。「おまえは……何者でもない。ただの道具さ」

メレディスは、手にしたピストルを下げ、自分が恐怖心を抱いたのが恥ずかしかった。チェーンの首飾りをつけた少年の胸が重力と闘っていた。言葉はなかった。アスファルト、コンクリート、鋼鉄、割れたガラスのきびしい具体的な現実があるばかりだった。

これが生身の人間というものだ。

バースデーケーキのろうそくを吹き消そうとするかのように、少年の胸は大きく息を吸った。それから空気が抜けるとともに、人間よりは動物に近い物音がした。肺は二度とふくらまなかった。

「衛生兵、衛生兵」メレディスは叫んだ。

最終集計によると、兵士の死者六名、負傷者三名、市民の死者五名、負傷者十数名のほか、ギャングと確認された者が四名、銃撃戦で死んだ。軍の非常線・一掃作戦でビルからビルをしらみつぶしに捜査した結果、十四名のギャング容疑者が捕えられた。この作戦は待ち伏せ攻撃をかけられる危険があっただけでなく、逃亡犯が腐りかけた死体となって発見される場合もあって、兵隊たちは嫌った。ギャング容疑者で生き残れる者はほとんどいないだろう。全員がフォート・アーウィンの収容所に送られ、事情聴取を待つことになるのだが、取調べ官の仕事が絶望的なほど山積している一方、疫病が繰り返し満員の収容所を襲い、法の支配に先行してしまうからである。

その晩、メレディスはテイラー少佐に面会に行った。この大隊長代理を見つけるのは、たやすいことだった。任務で外出しているとき以外は、文字どおり大隊長室で暮らしていた。机のうしろの国旗と部隊旗のそばに、古びた軍用簡易ベッドが置いてあり、その一端に寝袋がきちんと巻いてあった。室内で一番乱雑になっているところがあるとすれば、ベッドのそばの床の上に、いつも積み重ねてある本だけだった。部隊長に会いに行くといつも、メレディスの視線は散らばった本のほうに向いて、このとっつきにくい、非凡な男がどんな本を読んでいるのだろうか、と好奇心を抱いた。

メレディスは、いつもより威勢よくドアをノックし、入れと言われて、しっかりとした足取りで進んだ。包帯した膝が痛むのがむしろ気持ちよかった。そして、テイラーの机の三歩手前で止まった。気をつけの姿勢で敬礼して、こう言った。

「少佐殿、メレディス中尉は大隊長殿とお話しする許可を求めたくやってきました」

形式ばった口調に驚いて、テイラーは、それまで仕事をしていたコンピュータから目を上げた。しばし、机の前にしゃちこばって立つ男を眺めていたが、相手が拍子抜けするほどさりげない調子で答えた。

「ちょっと楽にして待っていてくれ、メリー。このプログラムをやってしまいたいんだ」

メレディスが眼前にいて、しかも大げさに緊張しているのに、テイラー少佐はそう言っただけで、スクリーンとキーボードに向き直った。

メレディスは、パレードのときのいかめしい休めの姿勢をとった。だが、いまとなるとその堅苦しさがばからしく感じられるだけで、いつもの楽に休めの姿勢に変え、部屋のあちこちを眺めた。内心では、自分の真剣な意図をテイラーが本能的に察してくれなかったこと、まともに関心を示してくれなかったこと、に腹を立てていた。

きょうのテイラーの机は、いつになく散らかっていた。まだ開封してない郵便物の山があるのに気づいた。大隊のS3（作戦参謀）がRDにかかって後送され、その後何ヵ月も空席のままだから、大隊長はその分余計に忙しかった。これ以上、テイラー少佐の時間をとったら悪いのではないか、とメレディスはちらと思った。実際に、少佐はほとんど寝ていないし、RDの斑痕でも隠せないほどにいつも目の下にくまができていた。

だが、遠慮するつもりはなかった。長時間考えたあげく、やっと決心して、やりはじめたことなのだ。決心を貫くつもりだった。

テイラーは、こっちがいやになるほどいつまでもコンピュータをいじっていた。メレディスは肩が落ち、ますます姿勢が悪くなっていくのを感じた。とても疲れていたのだ。

彼の目はあちこちさまよい、テイラーがベッドのそばに積んだ本の山にとまった。いつ来ても、積み重ねられた本の題名が変わっていて、それを見るのが楽しみだったが、スペイン語の文法書と辞書だけは変わらずにいつも置いてあった。今夜、メレディスが題名を判読できたのは、都市計画の本、『ヨーロッパの黒死病』、マーク・トウェインの『ハックルベリ・フィンの冒険』、ジョーゼフ・コンラッドの短篇集、そしてミリタリー・レビュー誌の最新号だった。半分隠れて見えない本の題名を判読しようとしたとき、突然テイラーが声をかけた。

「やっと終わった、メリー。どういう用事かね？」テイラーはそう言って、チラッとコンピュータに目をやった。「タイプライターしかなかった頃の軍隊は、ずっと気楽だったろうな。ヘマやるにもきりがあったからな」

メレディスの目の前の男は、実際の年の差よりずっと年上に見えた。だから、口をきこうとしてもなかなかできず、あれほど慎重に用意してきた決定的な言葉を切り出せなかった。

「これは容易ならぬことだな」とテイラーは言った。その声に相手をからかう調子があるのかどうか、メレディスにはわからなかった。

「少佐殿、私を解任して、通常任務に戻していただきたいのであります」

テイラーは相手を見つめ、その顔を探るように見た。あのひどくあざになった肌の下にひそむテイラーの表情を読むことは、いつもむずかしかった。メレディスは、額と背中に汗が噴き出るのを感じた。少佐は、法外と思えるほど途方もなく時間をかけてなかなか答えなかった。メレディスは、相手がショックを受け……たぶん怒りだすか、がっかりするのではないかと覚悟してきたが、こう黙って考え込まれるのは予想外で、耐えられなかった。

テイラーがやっと答えたとき、口にしたのは、たった一言の「どうしてだ？」だった。

メレディスは、然るべき答を探した。「少佐殿……私には思えないのです……この仕事が私に向いてるとは」

テイラーは、かすかにうなずいたが、賛成したのではなく、考えているという意味だった。それから、緊張した表情になって前に少し乗り出した。なにかおもしろそうな獲物を見つけた、大きな猫のようだった。

「遠まわしな言い方をするなよ、メリー。きみの本心は……きみは自分が失敗したと思った。それで、がっかりしたんだろ」と言って、指を鳴らした。「わかった。じゃ、きょうはどんな違う言い方をすべきだったと思うのか、言ってみたまえ」

メレディスは、こんな質問をされるとは思っていなかったから、その用意がなかった。それよりも、手も足も出ない自身に腹が煮えくりかえり、がきみたいに反抗的な気分になった。テイラーは私に恥をかかせようとしているのか？　この大隊長代理をやりこめられるような、鋭い手強い答を探した。だが、それはむずかしかった。訓練でしたとおりにやった。そのような事態にとるべき行動はすべてとった。こんな大事になりそうだという、前ぶれも情報もなかった。いくら考えても、その日のことの成行きを変えられそうな、実際的な対応の仕方は思いつけなかった。考えつくには、誰も持っていないような先を見通す力が必要だったろう。自分はこれまで最善を尽くして、与えられた任務を遂行してきた。ほかに選ぶたった一つの道としては、ロザリオやその他の部下たちといっしょに死ぬことしかなかったが、どんなに怒っていても、それが無意味なことは、よくわかっていた。

　そして、あの路上で死んだ少年は？　彼の目、彼の言葉は？　いったい、これは何だったのか？　両親の考え方が正しかったのか？　生きている玩具の兵隊を使って危険な遊びをしているませた子供にすぎなかったのだろうか？　気が立ちすぎていて、自分ではまともに答を出せなかった。自分が間違っていたと思いたかった。しかし、自分が長いあいだそう思い込んでいたのを責めてみても、やましさに気づかざるをえなかった。

「少佐殿、私にはわかりません。ですが、私が失敗したのはわかっています」

　テイラーの恐ろしい形相の顔は、表情一つ変えなかった。

「ばかな。中尉、きみがヘマをしそうなときは、よろこんで指摘しよう。それまでは、隊の将校は一人残らず必要なのだ」とテイラーは大きく一息ついてから、まるでメレディスのがきみたいな点にうんざりしたように、相手の言い分をいっさい理解しまいとして、きっぱりこう言い渡した。「要求は却下する」

「少佐殿……」メレディスは、だだをこねるように言いかけた。何を言っていいのかわからなかったが、この任務を続けることは、どうしてもできない気がした。あの街頭にはもう戻りたくなかった。少なくとも軍人としては。

テイラーがさえぎった。「中尉、軍務というものが、選びやすいまともなことばかりをして、角《つの》と尻尾の生えた外国の悪党をやっつけ、帰国すれば大パレードで歓迎されるだけで、それ以外のことはいっさいやらないですむというのであれば、こんなに素晴らしい仕事はない」そういう少佐の目は部下の目を射るように見入った。「残念ながら、上からの命令が曖昧《あいまい》で、任務はきわめて不愉快。そのうえ全員がどうしようもなく支離滅裂状態にある場合には、いったい全体どうすればまともなことになるのか、答を出す努力をすることも、一つの軍務なのだ。兵士の務めは……」そこまで言って、最後の一言を頑固な口調でこう唱えた。「不正がはびこる時代に誠実に毎日の務めを果たし……そして、考えうる最悪の事態のなかで頑張って最大限の成果をあげることだ。それには……自分の心のなかの悪魔より……あるいは自分の個人的信念よりもっと大事なものがあると心から信じることだ。それには……あらゆるものを諦めるという心構えを持つことだ」そこでテイラーは、椅子に座り直したが、目は離さなかった。「また、全世界がめちゃくちゃになりそうになったら、もういっぺん出動する覚悟が必要な場合もときにはある。わかったな、中尉？」

「はい、少佐殿。わかりました」とメレディスは嘘をついた。頭も心も混乱している感じしかなかった。

「では、ここから出て行って、寝ろ」

メレディスは、さっと気をつけの姿勢をとり敬礼した。この外見の冷静さが内心の乱れを隠してくれるよう願った。くるりと回れ右をして、ドアのほうに歩いた。もうテイラーのことを怒っていなかった。ただ、彼の持つ強い意思力、優越感が憎かった。

「ああ、中尉？」メレディスが廊下に足を一歩入れてほっとしようとしたとき、少佐が声をかけた。

「なんですか？」

「きみはきょう人を一人殺したそうだな。初めてだと思うが？」

「はい、少佐殿」

テイラーは、感情的にかけはなれた、部屋の向こうの年下の青年を見て考えた。

「きみは……その男の肌の色に気がついたかね？」

メレディスは自分のなかで激情が爆発するのを感じた。これにくらべれば、さっきの怒りなど、なんのことはなかった。

「少佐殿、私は黒い男を殺しました、はい」

テイラーはうなずいた。静かにメレディスを見つめ、その口調にこめられた激怒と無礼な態度を無視した。

「中尉、これは私の個人的信念なのだが……歴史上、自己憐憫のほうが悪女のほうより優秀な男性を滅ぼした例が多いのだ。自分がいったい何者なのか、明日までに決めてきたまえ……それでもまだ転任を望むのなら、手続きを急いでとろう。出て行ってよし」

メレディスは宿舎に戻り、拳でロッカーを何回も殴った。指の関節部分の皮膚が出血し、痛くてたまらなくなるまでやめなかった。手か指の骨が折れたかどうかわからなかったが、どうでもよかった。夜明け前の数時間を悶々《もんもん》とすごしながら、朝になったらまっ先にテイラーに約束を守らせようと、石のように固い決心をした。そして、傷ついた手が燃えるように痛んだが、遠くのヘリの哨戒飛行の音を聞きながら、眠りに落ちた。

ドアをノックする物音で目がさめた。まだ見たことのないラテンアメリカ系の少尉だった。バツの悪い様子をしていた。

「お起こしして、すみません」

メレディスは口のなかでもぐもぐ答え、懸命に頭をはっきりさせようとした。

「マニー・マルティネスです」新顔の将校はそう言って、手を差し出した。「新任の補給担当将校です。メレディス中尉ですね？」

「そうだ」

「作戦指揮センターから、あなたの後任として派遣されてきました。バレット中尉が病気で倒れたので、テイラー少佐が、中尉に代わるように言っておられます。私にできると申したのですが――」

メレディスは握手しながら新人を観察した。まじめな男だ。実際にはだいたい同じ年頃だろうとわかったが、とても若く見えた。アクセントははっきりしていて、「私はテキサス出身で教育を受けています」という言い方には、スペイン語風に母音をゆっくりのばす発音は全然なかった。

「よろしい」メレディスはそう答えたが、この血に汚れてない将校を自分のかわりに街頭に出すようなことには賛成できない、と思った。

「――作戦指揮センターの軍曹が言うには、これはふつうの輸送隊護衛任務で、昨日、中尉が行かれたのと同じルートだそうですね」新任の少尉はぎごちなく、まったく自信なげな話し方をした。「私はよろこんで行きますと言ってきました」

「くよくよするな。大丈夫だ」とメレディスは励ましてから、「コーヒーがほしいな」と言った。

3

メキシコ
二〇一六年

「みんなは彼のことをエル・ディアブロと呼んでます。このへんじゃ、彼は死者からよみがえったと言っています」山道を登ってきて、まだ息を切らしている斥候兵は、そう言った。ゲリラが車輛を隠している涸《か》れ谷は、山腹の村よりずっと下のほうにあった。

「なんと言っている？」部隊付の日本人軍事顧問のモリタ大尉は、問いただした。彼のわかるスペイン語はわずかな単語に限られ、しかもそれ以上覚えようとしなかった。だから、何もかも英語に訳してやらなければならなかった。

ラモン・ヴァルガス・モレロス大佐は、そうするのをたいして苦にしなかった。自分の英語が自慢だった。革命の英雄となる以前、国境沿いの町で麻薬の運び屋をしていて、そのときに覚えたものだった。それに、日本人将校がスペイン語ができないほうが、それだけ操りやすかった。

ヴァルガスは、返事するのをわざと遅らせた。相手の口調は、ひどく高圧的で無礼だが、なんといっても、自分のほうが大佐なんだ。彼は、煙で茶色くなった酒場のなかを横柄に見まわして、なかなか通訳を始めなかった。あちこちにあるちぐはぐなテーブルと椅子。呑んだくれのように自分の体をかくのもおぼつかない老いぼれ犬が一匹。ヴァルガスは、日本人を除く部屋のなかのものをそうして次から次へジロジロと見まわして、時間を稼いだ。バーの背後に乱雑に並んだ酒の瓶、稲妻が走ったように斜めにひびの入った鏡。そして、色の褪せかけたツーソンやパサデナからの絵葉書が、カンテラの光を受けてけばけばしく見える。

やっと、彼はモリタのほうに顔を向けて、通訳しはじめた。「新任のアメ公指揮官には、仇名があるそうだ。みんなは彼を〝悪魔〟と呼んでいる、と言っている」そのアメリカ人が死者から復活したというくだりは訳さなかった。日本人将校には理解できないことだし、自分の国の民衆の後進性に触れるのには、もううんざりしていたからだ。

モリタは、不満そうに言った。「そんな情報では役に立たん」

ヴァルガスは、ちょっとモリタと斥候兵に背を向けて、酒場のカウンターに寄りかかった。「おい、そこの畜生野郎、テキーラを二つくれ」

バーテンダーが、大急ぎで言われたとおりにした。満足したヴァルガスは、上半身をまわして斥候兵と向き合ったが、背中と両肘は長い木のカウンターにもたせたままだ。

「続けろ、ルイス。自分のおふくろと寝るこの悪魔のことをもっと話してくれ」

斥候は汗びっしょりだった。砂漠のなかの山地では、夜は冷えたが、山道を登って、広い弓状の高原に隠れているこの村に着くまでに、彼の毛穴は水分を吐き出しつくしていた。それはいいことだ。この男が任務をまじめに果たした証拠だ。もし男が途中で休み休みしながら、しごくのんびりした様子でバーに入ってきたとしたら、ヴァルガスは撃ち殺していただろう。

「大佐殿、みんなはこの男をひどく恐れています」斥候兵は続けた。「アメ公たちは、サンミゲル・デ・アレンデから彼を連れてきました。嫌われ者だったそうです。悪魔の顔をしているそうです。銀の拍車をつけて、古いアイルランドの歌を口笛で吹くそうです。この拍車の音と口笛を聞いた者は、長生きできない、とのことです」

ヴァルガスは、テキーラの小さいグラスの一つを自分で取り、斥候兵にもう一つのほうを飲むように身振りした。日本人将校に酒をすすめるのは、とっくの昔にやめていた。酒をけっして受けつけないからだ。

「なんと言っている？」モリタ大尉がもどかしげに尋ねた。

ヴァルガスは、日本人を冷たい目で見てから、テキーラを大げさな身振りでキュッと飲み干した。

「そのアメリカ人は道化だ、拍車をつけ、口笛を吹く、と言っている」

「もっと話したはずだ。そのほかになんと言った？」モリタはぶっきらぼうに訊いた。

「このアメリカ人は醜いげす野郎だ、と言っている」

「彼の経歴は？　この新任の指揮官の作戦テクニックについて、何か探ってきたか？　そいつがどんな種類の脅威となるのか？」

ヴァルガスは笑いだした。大声をあげて。それから、手の甲で無精髭をこすった。「おい、あんた、なんたるばかなことを言うんだ？　奴が脅威になるなんて金輪際ありやしない」そう言いながら、親指をガンベルトに突っ込んだ。やわらかい黒い革でできており、留め金には丸い金の飾りがついていた。「どこで、これを手に入れたと思う、モリタ？　これは、アメリカ人の将軍から取り上げたんだ。そのとき、みんなが言ったもんだ。おい、ヴァルガス、こいつはタフなお客さんだ。気をつけたほうがいいぞ、とね。それで、私がいったいどうしたと思う？　喉をかき切ってやったんだぜ、おい。奴の家のど真ん中でね。それから、奴のおいぼれ女房を犯してやった。終わってから、奴のきんたまを女の口に詰め込んでやったのさ」彼は木の床の上に唾を吐いた。

「この新米指揮官についてほんとうの情報を集めたかどうか、訊いてみろ」とモリタはきびしい口調で言った。

ヴァルガスは、もう二杯くれ、とバーテンダーに芝居がかったジェスチャーをした。「心配しすぎだ、おまえさん」と日本人に言ったが、ふたたび斥候兵に目を向けた。「おい、これはいったいなんだ、ルイス？　お化けみたいな話をもってきやがって。うさん臭い化け物の話はいらないんだ。この野郎について、もっと大事なことを言え」

斥候兵は、おどおどしてヴァルガスの顔を見た。「大佐殿、こいつは杓子定規みたいには行動しないんです。風変わりなことをする。みんなの話じゃ、他のアメ公とはとても違う。スペイン語はうまいし、大物カウボーイのようにふるまうそうです」斥候がそこで一息入れたので、彼が注意深く言葉を選ぼうとしているのが、ヴァルガスにわかった。「奴は自分の部下を連れてきてるそうです。女のようにきれいな黒人とか——」

「奴らはいっしょに寝るんだろう」とヴァルガスは言って笑った。それにつられて斥候も笑ったが、本心から笑っているようには思えなかった。一つの疑問がヴァルガスの頭にひっかかりはじめた。

「それにまた、大佐殿、国境の北出身のメキシコ人を一人連れています。こいつはスペイン語はからきし話せませんが、ほんとうに立派な英語を話します」

「そのとおり。北ではメキシコ人はみんな、ふぬけになる」とヴァルガスが断言した。

「もう一人、訛りのある英語を話す将校がいます。ユダヤ人で、イスラエル出身だそうです」

「負け犬がもう一匹か、ルイス。この悪魔野郎は、私にとっちゃ悪くなさそうだぞ」ヴァルガスは言った。

斥候はまた笑ったが、その声はひどく弱々しかった。怯えた女のような笑い声で、革命軍兵士の笑い声ではなかった。

「いいか、ルイス」とヴァルガスは言って、自分の吐く息がわかるほどぎりぎりに近寄り、威圧するように斥候に迫った。「他に何かまだあるな。私に言いたくないことが何かあるな。おまえの上官の大佐に何もかもぶちまけて言いたくないとは、どういうことだ?」

「大佐殿……」斥候は重い口を開きかけた。

ヴァルガスは、大きな片手で斥候の首のうしろを叩いた。日本人には単なる個人的なジェスチャーと見えるようにして、そうした。気のいい、愚かなメキシコ人が、いつものようにおたがいの体に触れ合っている、そう見えるように。しかし、斥候には大佐の意図がはっきりわかった。

「ほら、テキーラをもう一杯やれ。それから話すのだ、ルイス」

いつもの儀式は抜きにして、斥候は大急ぎで酒を口のなかに放りこんだ。

「大佐殿」と言いはじめたその声の怯えは間違いようがなかった。「グアナフアトでエクトール・パディラを殺したのは奴だ、と言っています」

それを聞いて、ヴァルガスはしばし体がすくんだ。それから、機嫌の悪い動物のような声をたてた。

「ばかな」と言って、斥候の首のうしろから引いた片手を宙にとどめて、相手になかば反論しなかば脅かすようなふりをした。「エクトールは事故で死んだんだ。山のなかで。誰もが知っている」

斥候はいくじなく言った。「大佐殿、私はみんなが言ったとおりに申しただけです。あの事故は仕組まれたのだと言っています。エル・ディアブロがパディラ司令官の陣営に人を潜入させ、そして——」

「ルイス、おたがいに初めて会ってから、どのくらいになる?」ヴァルガスが冷たく言った。

斥候は月を数えた。月は一年に、そして二年になった。「サカテカス以来です。あのよかった頃からです。アメ公がやってくる前の」

「そのとおりだ、兄弟。だから、おまえのことはよくわかってる。たとえば、おまえが何か私に話すことがあるときは、わかるんだ。いまのようにな」と言って、ヴァルガスは片手で空中を払った。

「エクトール・パディラのことなんか、くそみたいな話だ。ほんとうの話題はエクトールのことなんかじゃない」とヴァルガスは相手の落ち着かない目をにらみつけた。「どうだ?」

「はい、大佐殿」

「それじゃ、誰のことを話してくれるんだ、ルイス?」

酒場の黄色い光のなかで、斥候兵はまじめくさった顔をしてヴァルガスを見つめた。「ご自身のことです、大佐殿。このアメ公が送り込まれてきたのは……大佐殿をやっつけるためだと言っています」

ヴァルガスは笑いだしたが、すぐには笑い声にならなかった。思いがけず忍び寄る死が二人の会話のあいだに影を落としたからだ。

ヴァルガスは、カウンターを叩いて、唾を飛ばしながら、また高笑いした。

「なんの話をしている？　奴はなんと言っている？」日本人顧問が聞きとがめた。

ヴァルガスは笑うのをやめた。斥候兵に酒場から立ち去るように身振りで示すと、相手はほっと一安心したように、急いで出て行った。ヴァルガスは足を広げて立っていた姿勢を変えて、いやに気どってテーブルの前に座っている黄色い小男に向き合った。日本人を信用していなかった。日本人どもがまったくの善意から革命を支援しているなどとは、考えもしなかった。権力だ。すべては権力に関係がある。男女のあいだの関係、男同士のあいだの関係、各国の政府と政府とのあいだの関係と同じだ。日本人は権力欲が非常に強い。狂ったように欲しがる。若い女にうつつをぬかしている老人のように狂っている。

日本製の兵器がこんなにすぐれている、そして自分たちがこんなに必要としているとは、情ないことだ。

ヴァルガスは、しつこく訊く相手に答えた。

「私がもう一人、憎っくきアメ公を殺さなければいかん、と言っただけだ」

「それだけじゃなかった。もっともっとたくさん話したはずだ。わが国の政府とイグアーラ人民政府との協定に従って、私の仕事に必要な情報はすべて提供していただかねばならない」とモリタは冷たく言った。

なんだって、とヴァルガスは思った。偉大なるイグアーラ人民政府だと。名前だけで何が残っている。オアハカ州の山中にネズミみたいに隠れている。栄光の日々は終わった。あの憎っくきアメ公のおかげでな。いまはもう、どうして命をつなぐか、というだけだ。わずかな土地、小さな領域にしがみついているだけだ。革命の旗じるしを掲げて、メキシコシティの目抜き通りをパレードした、あの日から、もう長い年月がたっている。

ヴァルガスは、フンと鼻を鳴らした。「イグアーラ政府、モンテレー政府だって――ここじゃ、そんなもの、これっぽっちも意味がない、おまえさん。政府とはなんだか、ご存じかな、モリタ大尉？」と言い放つと、アメリカ人将軍から奪った象牙の柄のついた自動ピストルを抜いて、日本人の前のテーブルの上に叩きつけた。「これが政府というやつだ」

ヴァルガスは、じっと日本人を観察した。相手は恐怖の色を見せまいとしているのがわかったが、その事態にいらいらしはじめていた。モリタは、メキシコ、その食物と水、そして簡単に人が死ぬことにもまだ慣れていない。数カ月前に死んだ軍事顧問の後任だった。両者の協力の仕方は崩れはじめていた。ヴァルガスの部下たちは、新型の対空ミサイルを受け取ったが、スペイン語で読める説明書もなければ、使用訓練も受けていなかった。アメリカのヘリコプターに対して、無防備の月日がずっと続いていた。これまでにヴァルガスができたことといえば、小規模な作戦――つまり小部隊による襲撃、砲撃、略奪といった程度のことだけだ。そんなところに、ついに待ちきれなくなったこの大尉が山を登ってきたわけだ。

そして、いまヘリコプターを迎え撃つ態勢をとっていた。ヴァルガスはカウンターをどんどんと叩いた。テキーラのおかわりだ。バーテンダーがヴァルガスの腕の届くところまで来たら、カウンターをなかば乗り越えるくらい強くぐいとひっぱられた。

「おそいぞ、じじい」

バーテンは、青くなった。アメ公のように白くなった。それを見て、ヴァルガスはにやっと笑った。さあ、ヘリコプターでもなんでもやってきやがれ。そして、拍車をつけた悪魔もだ。

アメ公たちは、いつも軟弱すぎる。奴らは死を重んじすぎる。そこが奴らの弱点だ。メキシコがどんなにひどいところになったか、奴らにはわかってない。

「あんたの部下は、この新任のアメリカ人指揮官のことを考えて、動転しているようだ。それどころか、怖がっているようだ」とモリタ大尉が言った。

「ルイスが？　怖がっている？　あのアメ公野郎をか？」とヴァルガスは言いながら、相手の考え方のおかしさに頭を横に振った。でも、本心それが事実だということ、そして人生には、たとえ言葉が通じなくても、おたがいに明白にわかることはあるものだ、とわかっていた。

「モリタ、あんたはメキシコ流のやり方を知っていない。メキシコ人がどう生きるか、どう考えるか、知っていない。われわれは感情的な人種なんだよ、きみ。ルイスは、あれだけ歩いてきたから、疲れ果てているだけだ。それに、兄弟たちに会えるので、気が高ぶっている。しかし、怖がってはいない。そんなことはありえない。奴と私は、サカテカス以来、いっしょに戦ってきた仲だ。奴がモンテレー政府の奴らを六人ほど、素手で殺すのを、私は見ている」ヴァルガスはここで話を区切って、この大げさな文句が相手の心に効果を生むのを待った。実際には、ルイスが素手で人を殺すのを見たのはただのいっぺんしかなく、捕虜を絞め殺したときだけだ。

「ことによると、守備態勢をもっと強化すべきかもしれない。たとえば、歩哨だ。私の気づいたところでは、彼らの射界は概してよくない。本部の防衛態勢も、もっとよく組み直すべきだ」とモリタ大尉が言った。

ヴァルガスは、ズボンをひっぱり上げ、アメリカ人将軍から奪った貴重なガンベルトを締め直した。

「モリタ、心配のしすぎだ。私はこの土地をよく知っている。もう六年も戦ってるんだ。それでも、まだ生きてここにいる」酒場内からは見えないが、外の通りでは、部下の一人がラジオのダイヤルを回していて、澄んだ金管楽器の音とリズムが混じり合って、男が自然に足を女のほうに向けたくなるような音楽が流れてきた。誰かが暗闇のなかで高笑いし、もう一人がおきまりの汚い言葉で応酬した。ヴァルガスが答えた。「とにかく、誰もここまで登ってきやしないよ、きみ。登ってくる方法がない。あの山道をうまく登りおおせるには、四輪駆動車がいる。それに、向こうがこっちを見つける前に、こっちが物音をとらえるさ。だから、こっちのほうがずっと先に、相手を発見してしまう。残るただ一つの方法は、尾根越えだ。それでも、ガラガラ蛇にやられなければ、太陽にやられるだろうさ」

「空から襲うという方法もありうる」モリタが言った。

「あるさ。そうなったら、あんたの出番だ。あんたのミサイルでね。その前にまず、われわれのいるところを見つけ出さねばならん。それから、うまくミサイルをかわさにゃならん。そうだろ？　それで、アメリカ軍の全員がここに着陸したとしても、犬みたいに撃ち殺してやるだけさ」ヴァルガスはしてやったりとばかり相手の顔を見て、にやりと笑った。「きみだったら、ヘリでここに着陸したいかね？」

「いや」と日本人は認めた。

「じゃ、何を心配している？」とヴァルガスは言ったが、自信を取り戻して機嫌がよかった。「とにかく、われわれは、これ以上ここに長居するつもりはない」

酒場の外のどこからか、低い震動音が聞こえてきた。その騒音に素晴らしい夜の静けさが乱された。ヴァルガスは、ののしりながら部屋を横切った。「発電機を動かすな、とあのばか野郎どもに言っておいたのに。しようのない——」

毛布がはすかいに吊るしてある、酒場の戸口まで来た。その音はずっと大きくなり、耳慣れた発電機の音などではなかった。

「畜生」とヴァルガスは言った。信じられぬといったふうに、日本人のほうに振り向いた。

モリタの顔は、自分自身のいまの顔をそのまま写している、とヴァルガスは思った。

「ヘリコプターだ」と日本人はかすれた声で言った。

ヴァルガスはピストルを抜いて、闇に向かって発射した。

「起きろ、野郎ども、アメ公がやってくるぞ」路上に走り出て、そう叫んだ。

モリタはすでに一番近い防空陣地に向かって走りだしていた。

いまやヘリコプターのたてる音は轟々としていた。何百機もがこの台地のまわりに群がり、山頂を旋回しているかのような轟音だった。村じゅうのいたるところから、男どもが幻のようなヘリに向かって自動火器を発射しはじめた。

ヴァルガスは、一番間近にかたまっている射撃手の群れに走っていき、一番手近にいる男の後頭部を殴った。

「何に向かって発射しているんだ、このばか野郎めが？　何も見えやしまいが」

「アメ公です」とその男は答えた。

「でえじな弾丸をとっておけ。何か見えるまで待つんだ。みんないいか——それぞれの位置につけ」

男たちは急いで散開した。ヴァルガスは日本人顧問のあとを追って走った。照明弾が空に発射されて、村落と西側の尾根のあいだに広がっている広い草地を照らし出した。ヘリコプターが安全に着陸できるのは、そこしかなかった。機関銃が射界を試すように発射された。

ヘリコプターの姿は見えなかった。照明弾の光の届くすぐ外側にとどまったままで、ローターが風を切り、エンジンが轟々ととどろく機械音だけが聞こえた。非常に近くまで来ているようだったが、それ以上近づいてこなかった。近くの峯々のまわりを旋回している。未開部族がよくやる、何か異様な出陣の踊りを踊っているように、ヴァルガスには思えた。最初の携帯可能ミサイル陣地まで来たとき、ちょうどこの火器の操作手が一閃の火焰とともにミサイルを空中に発射したところだった。「撃つな」とモリタが英語で操作手に叫んだ。彼は手にしたハンドヘルド式レーダーを照明弾の金属的な光のなかで振りまわした。「撃つなと言ったではないか、ばか者め。射程外だ」

三人が見守るうちに、ミサイルは音をたてて上昇していった。やがて、夜空に光るミサイルが、ぐらぐらしはじめたかと思うと、目標をとらえられないまま射程が尽きて、自爆してしまった。

「発射筒を倒せ」とモリタは命じた。

暗い光のなかでも、射撃手が日本人の命令を無視しようとしていることが、ヴァルガスにはわかった。この男には、モリタの英語は理解できなかったのだ。

村の向こうの端から、ミサイルがもう一発火を噴きながら空中へ昇っていった。

「ヴァルガス大佐、発射しないよう部下に言ってくれないと困る。ヘリはまだ射程外だ」モリタはずけずけとした口調で言った。まわりの轟音に負けないよう大声で怒鳴ったので、唾がヴァルガスの顔に散った。「これ以上ミサイルを無駄使いできない」

ヴァルガスは、まだ日本人の考えに賛成するつもりはなかった。たしかに、ミサイルをここへ持ち込むルートはますますのびきってくるし、最後は山道をロバで運ばなければならないが、まったく素晴らしい兵器で、アメ公たちをおとなしくさせられる。だが、モリタときたら、明らかに戦闘心理をまったく理解していない。ヴァルガスにすれば、アメ公たちを近づけぬために、できるだけ見せしめになるよう、この貴重なミサイルをもう二、三発使うつもりだった。アメリカ人が死傷者を出すのを異常に恐れることがわかっていたから、いまでも、そうすれば奴らに近づくなと警告できるかもしれないと考えた。そうなれば、朝のうちにまた別の隠れ場所に移動を開始できる。

突然、ヘリコプターが村に向かって突進してくるような轟音が聞こえた。

「発射、発射」ヴァルガスは射撃手に命令した。

「まず、こいつを発射筒に装填しなきゃなりません、大佐殿。闇のなかではむずかしいです」

「モリタ、これを受け取って、あんたが発射しろ」ヴァルガスは革命軍兵士の手から装置をもぎ取ると、そう怒鳴った。

「まだ射程外だ。ヘリの音は夜はいつも大きく聞こえる。それに、谷にこだましている。もっと近づいてくるまで、どうしようもない」モリタはそう答えたが、つい不満の色が表に出て声がこわばった。

「それはいったいどういうつもりだ？　アメ公たちに石を投げろとでもいうのか？」ヴァルガスは詰問した。

村の向こう端から、また地対空ミサイルがしゅーっと空中に上がった。

「無駄だ、無駄にすぎん」とモリタが叫んだ。

「ちっともわかってないな。アメ公の野郎どもがまだ着陸しないのは、どうしてだと思う？　ミサイルが怖いのさ、おまえさん」

実際、アメリカ人は日本製の兵器を恐れているように見えた。何時間も、ヘリは村のほうに舞い降りてきて、うるさく飛びまわったが、つねに安全な距離を保っていた。ふぬけどもめ、とヴァルガスは思った。結局はいつもアメ公どもを撃退できたじゃないか。奴らは兵器がなんでもしてくれると思っている。だが、こっちがナイフを持って近づくと、腰を抜かして恐ろしがる。

ときどき、ヴァルガスの部下たちが自動火器の弾丸を星空に向かって発射した。しかし、ヘリの意味のない旋回や牽制飛行は結局、地上の兵士たちの神経を麻痺させただけだった。耳はほとんど聞こえなくなり、頭が痛くなった。最初のアメリカ軍接近の轟音を耳にしたときは、みんながパニック状態になったものの、そのうち退屈しだして、無理やり目をさましているという状態に変わってきた。

「これを」とモリタは自分の長距離暗視鏡をヴァルガスに使えと渡した。しばらくのあいだ、ヴァルガスは黒い昆虫みたいなヘリコプターが地平線上を行き来しているのを見守っていたが、ヘリコプターはもう見あきていた。

「ふぬけどもめ、無駄に燃料を燃やしてやがる。近づいて着陸するのが怖いんだ」とヴァルガスは言って、唾を吐いた。「くそ、おれがアメ公だったら、どうすると思う？　この山頂全体をふっとばしてやるだけだ。だが、アメ公たちはふぬけだ。罪のない市民を傷つけたくないんだ。でも、モリタ、罪のない人間なんていないるはずがない」と高笑いした。

深い暗闇が空から消えはじめ、ヴァルガスは夜気のなかにずっと立っていて体が冷えきったのに気づいた。恐怖の冷汗に濡れた着衣が冷たく感じられ、部下に酒場から上衣を取ってこいと命令しようとしたとき、ヘリの音が急に小さくなった。

モリタの暗視鏡の助けがなくては、まだ敵の姿を見分けられなかった。しかし、騒音の程度に変化があるのは、間違いなかった。ヘリは立ち去ろうとしている。何もなしとげずに。運んできた兵士たちをいっぺんでも降ろそうとする勇気さえなかった。

「奴らが去っていく」モリタは言った。そうふつうにしゃべっていても、驚いている調子がもうはっきり聞きとれた。

ヴァルガスは、暗闇がだんだん薄れていくのを見て、にやりと微笑んだ。

「ふぬけどもめ」と言った。

ガンベルトをゆっくり締め直しながら、そっくりかえった姿勢で、酒場へ戻っていった。アメ公たちは、またもやおれを殺しそこねた。自信——それに加え、もっと大きななにものかが新たに生まれてくる気がした。行きすぎもあり、失敗もあったが、革命の正しさが彼の一身に体現されたかのような気分だった。だから、今後何をやっても正しいのだぞ。奴らの娘を犯したり、彼らの墓に小便をひっかけたりして、生き抜くぞ。そう思った。

あの斥候のとりとめのない、気味の悪いたわごとには、一時不安になったが、もう大丈夫だった。

「ミサイルを無駄にしすぎた」と日本人が言った。

そう言った小男がうしろについてくるのを、ぼんやり感じながら、ヴァルガスは半白の顎髭を片手でこすり、口のまわりから夜気を拭い去った。そして明るみかけた朝の大気に向かって唾を吐いた。

「そんなのはたいしたことじゃない、モリタ。わかっただろう。あのミサイルは勝利の代償だ。アメ公どもはきっと怖さのあまり、パンツにおもらししてたかもしれん」

ヴァルガスは、吊るした毛布を押し開けて、気持ちよく暗く暖かい酒場のなかに入っていった。

「おい、明かりを持ってこい」と怒鳴った。

「大佐殿」物陰から声がした。ラモン、部下の大尉たちの一人だった。「野戦電話で前哨陣地を呼んでいるんですが、第四陣地から応答がありません」

ヴァルガスはぶつぶつ口のなかで言った。また逃亡か。初めは北部カマチョ師団旗下の完全な一個旅団だったのがしだいに減って、部下たちがほんの一握りのバラバラの生き残りだけになってしまった。いまでは彼の意思と部下の犯罪行為を見逃すことだけで、やっとみんなを自分のまわりにとどまらせているようなものだ。ますます、部下たちは山のなかへ消えるか、グアダラハラの女のところへこそこそと逃げ出すか、特赦の約束につられて脱走する一方だ。

アメ公どもは油断ならない。いろいろな約束で釣る。しかし、自分にはどんな特赦もさしのべられないだろう、とヴァルガスは思った。

マッチの火でカンテラがぱっとついた。戸口の毛布の隙間から、酒場のかび臭い物陰よりも外のほうが明るいのがわかった。酒場のなかはがらんとしてなかば老朽化していた。

「おい、モリタ、こっちへ来て、祝杯をあげよう」とヴァルガスは言って、カウンターを叩いた。

「バーテンの野郎はどこだ？　おい、この野郎。少しは敬意を見せろ。さもないと、おまえのきんたまを朝飯がわりに食ってしまうぞ」

「飲みたくない。寝る時間だ」モリタは疲れたように言った。

「まず、飲むんだ」ヴァルガスは言い張った。元気なのは自分だけで、疲れきった村全体が意識を失っていく感じがした。でも、まだ横になる気にはなれなかった。何かすっきりしないものがあった。なんとも説明できない何かが。またカウンターを叩いて、「おい、バーテンのさかりのついた犬野郎」と怒鳴った。それから、モリタに繰り返して言った。「まず、飲むんだ。二人の偉大なげす野郎らしくな。メキシコ一のげす野郎みたいにだ。それから、寝るとしよう」

そのとき、いっせいにあちこちで爆発が起き、カウンターのうしろの棚の瓶がガタガタいった。そのガラス瓶のがちゃがちゃいう音がやまないうちに、また新しい低い轟音が朝の空気いっぱいに響いた。足の下で大地が揺れているように、ヴァルガスは思った。

「いったい、なにごとだ?」と彼は英語でモリタに言った。

日本人はポカンとしていた。

火器の音が少ししはじめた。数秒すると、朝の大気は激戦の物音でいっぱいになった。ごろごろいう大きな物音が刻一刻と大きくなり、何の音ともわからないがしだいに強くなり、潮流のように村に押し寄せてきた。

最初、ヴァルガスは地震だと思った。またひとしきり爆発音がして、戦闘がもう間近に迫っているのに、やっと気づいた。

ピストルを腰から抜きながら、戸口へ走った。まったく聞いたこともない雷鳴のような音が、山頂全体を包んだみたいだ。

毛布をはねのけると、射撃音、人の叫び声、野獣の吠え声が聞こえた。道に出て、村はずれの小屋の遠く先に広がる草地のほうを見た。そして、愕然として、立ち止まった。

騎兵隊だ。アメ公の野郎どもが馬に乗ってやってくる。前世紀の幽霊どもが、谷からの山道が通じている西端の崖から、こっちへ全速力で駆けてくる。この猛烈にして不気味な突撃の全景が目に入ったときには、すでに騎馬隊の先頭が村の表通りに突っ込んでいて、そのほかの動きは見えなかった。騎手たちは狂ったように鋭い声をあげ、鞍の上から自動火器を発射した。

「機関銃だ。機関銃を使え」ヴァルガスは叫んだ。

だが、もうすでに手遅れだとわかった。騎馬隊のいるだいたいの方向に向かって二度発射したが、かたわらで、部下の一人が狙撃兵の弾丸に倒れた。

アメ公の野郎どもはヘリの騒音に隠れて、馬で近づいてきたのだ。あのくそいまいましい山道を堂々と登ってきたのだ。そして、村内に狙撃兵をひそませた。こちらの機関銃の出る幕はなかった。

騎兵野郎の突撃攻撃だ。そんなばかげた策を誰が考えるだろう。

ずっと先の路上では、アメリカ陸軍の軍服姿の男たちが鞍から飛び降り、発砲しながら、建物に突入していった。他の者たちは、精いっぱい喊声をあげ、進路にあるものに銃弾を浴びせながら、馬に乗ったまま突進した。

突然、ヴァルガスは、こんな途方もないことを誰が考えたのか、思いついた。自分の撃つ手がひるむのを感じた。斥候の言っていた男だ。あの、エル・ディアブロの野郎だ。

澄んだ山の光のなかで、騎馬隊のヘルメットと防弾チョッキのこまかいところまで、ヴァルガスの目に入った。相手の腰で上下に揺れている手投げ弾、くすんだ茶色の布の弾薬帯も目に入った。相手の顔も目に入った。馬のふくらんだ鼻の穴や大きな両目も目に入った。

酒場のなかに身を隠そうと走り戻り、急いだあまりモリタを突きとばした。その直後、日本人は朝の虚空に両手をのけぞらせ、毛布を吊るした戸口から転げ込んだ。血が噴き出た。

弾丸はヴァルガスを狙ったものだった。

負けるときだってあるさ。生きのびて、後日復讐するだけのことだ。

背後の路上に敵の馬の足音が響いて迫ってくるのを聞きながら、ヴァルガスは死にもの狂いで椅子を手で突きとばして、酒場のとっつきの部屋を走り抜け、バーテンダーと家族が住んでいる奥の部屋も通り抜けた。体臭のこもっている暗闇のなかで一人の女が悲鳴をあげたので、ヴァルガスは突き出た家具の角に膝をぶつけた。

ののしりながら、薄っぺらな裏の戸を押し開け、一番近い家畜小屋に逃げ込もうとしたが、アメ公が先まわりしているのに気がついた。

奴らはどこにもかしこにもいた。

とっさに酒場の建物のなかにひっこんだちょうどそのとき、銃弾が何発か近くの壁に当たった。

背後で、バーテンダーの女房が金切り声をあげて、神に祈っていたが、夫は黙れと叫んだ。

ヴァルガスは自分の無力に腹を立てて、振り向きざまに二人とも射殺した。

酒場に戻ると、ピストルの台尻でカンテラを叩き壊した。だが、もう空が明るくなっていて、モリタがびっくりしたような目でにらんでいるのが見えた。その男の死体から、ささくれた床の板の上にまだ血が流れつづけていた。

外では、銃声が衰えてきた。ラテン系でない白人が初歩のスペイン語で命令している声が聞こえた。捕虜への命令である。

彼はカウンターの背後にかがんだ。部屋の向こう側にガラスの壊れた窓が一つあったが、安全ではないと本能的にわかった。降伏しようかとも思った。だが、処罰されるのが怖くて思い止まった。アメ公が許すはずのない行状を数々やってきたからだ。

アメリカ人の将軍から取り上げた大事なガンベルトを震える指ではずし、キャビネットのなかの埃をかぶったビール瓶のうしろに隠した。

彼はとても恐ろしかった。また、なぜ怖がるのか、自分でよくわかっていた。数ある男どものなかで、この自分がこんなに恐れるなど、考えてもみなかった。

ときどき馬がいななき、足で土をかく音がたまにするだけだった。あたりは驚くほど静かになった。このしーんとした沈黙の音は、彼の耳には、ヘリコプターの騒音よりも大きかった。

拍車の耳ざわりな音がかすかに聞こえた。

拳銃を持った彼の手は、バケツに突っ込んだみたいに冷汗でぐっしょりしていた。手のなかで滑るピストルをよく点検して、弾丸が入っているのを確かめた。

拍車の音がしだいに大きくなってきた。長靴をはいた足音も聞こえてきた。

誰かが口笛を吹きはじめた。

気味悪い。ぞっとする。そのメロディーはあまりにも軽快すぎ、浮き浮きしすぎていた。その音は朝の大気を滝のように圧して流れ、飛ぶ小鳥が急降下するように流れた。何か踊りたくなるような調子だった。

長靴の音が酒場に近づいてきた。そして、すべてが止まった。拍車の金属音も、足音も、口笛も突然やんだ。

ヴァルガスは、もっと低くしゃがみこんだ。みずから見るのも、見られるのもいやだった。体ががたがた震えているのがわかった。ここで、こんな埃まみれになって、くずのように死ぬなんて、考えられなかった。まだ、死ぬわけにはいかない。

気づいたら、泣いていた。そして、神に祈っていた。おのずからそうなりだしていたのであって、止めることができなかった。聖母様……

布のすれるやわらかい音がした。戸口の毛布が引かれる音だとわかった。立ち上がって撃つには完璧なタイミングだ。だが、自分の意思でそう体を動かすことができなかった。

拍車の音がまたしはじめた。しかし、そのテンポは前よりずっと遅くて、まるで葬送曲のようだ。

ヴァルガスは部屋を横切る足取りの一歩一歩に耳をすました。モリタの死体をまたいだとき、一段と重い足音がした。拍車の音は、信じられぬほど、耐えられないほど大きくなってきた。

部屋の真ん中あたりで、相手は立ち止まった。

あたりがしーんと沈黙した。

ヴァルガスは、構えた。急いで、ピストルを手にしたまま十字を切った。思うように呼吸ができない感じだった。

「動くな、アメ公」彼は叫んだ。しかし、動けなかった。隠れたところにしゃがんだまま、カウンターのうしろの低いところから上をにらみつけたが、見えたのは、天井の水泡状に剝がれかけたペンキだけだった。

ピストルをしっかり握りしめ、腹に力を入れた。相手は部屋のなかを自由に動きまわれる場所にいるんだぞ、と覚悟した。

「おめえたちの規則はわかってる。おれを殺しちゃならない。おれは捕虜なんだぞ」ヴァルガスが叫んだ。

あたりはしーんと沈黙したままだ。あまりにも長く沈黙したままなので、耳に埃がたまり、かび臭くなるみたいな気がした。と思ったとたん、ゆっくりと完璧なスペイン語でしゃべる声がした。

「武器をカウンター越しに投げてよこせ。それから、両手を上げ、両手のてのひらを開いて、こちらに向けろ。ゆっくり立ち上がれ」

「よし、わかった」ヴァルガスはわめいた。うわずった高い声だった。すでに立ち上がりかけていた。手にはまだピストルを握ったままで、それを相手の声の方向にさっと向けた。引き金を引くのが早すぎた。

ヴァルガスが最後に見たものは、悪魔の顔だった。

第二部　ロシア人たち

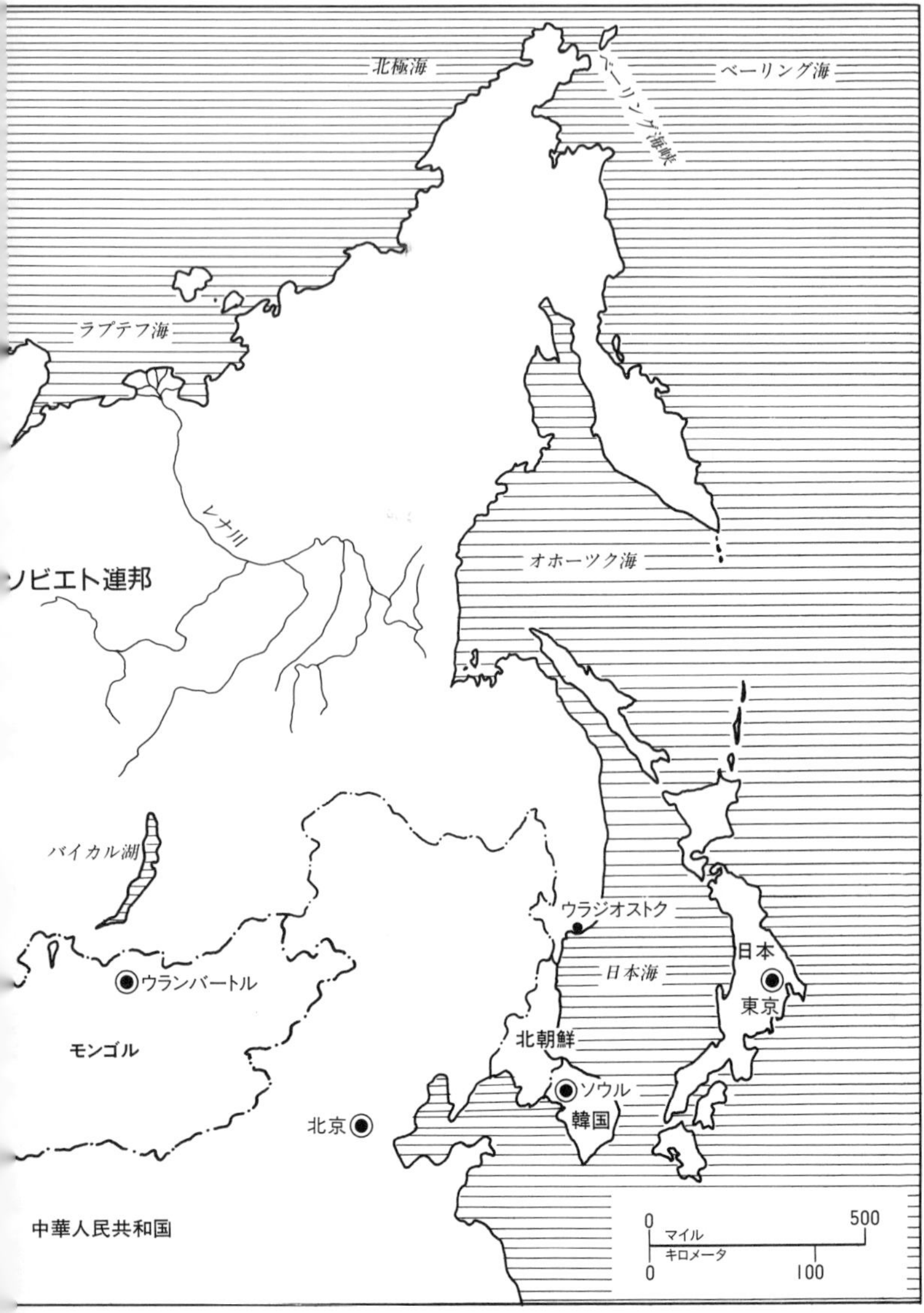

北極海
ベーリング海
ベーリング海峡
ラプテフ海
レナ川
ソビエト連邦
オホーツク海
バイカル湖
ウラジオストク
日本
日本海
東京
ウランバートル
モンゴル
北朝鮮
ソウル
韓国
北京
中華人民共和国
0
マイル
500
キロメータ
0
100

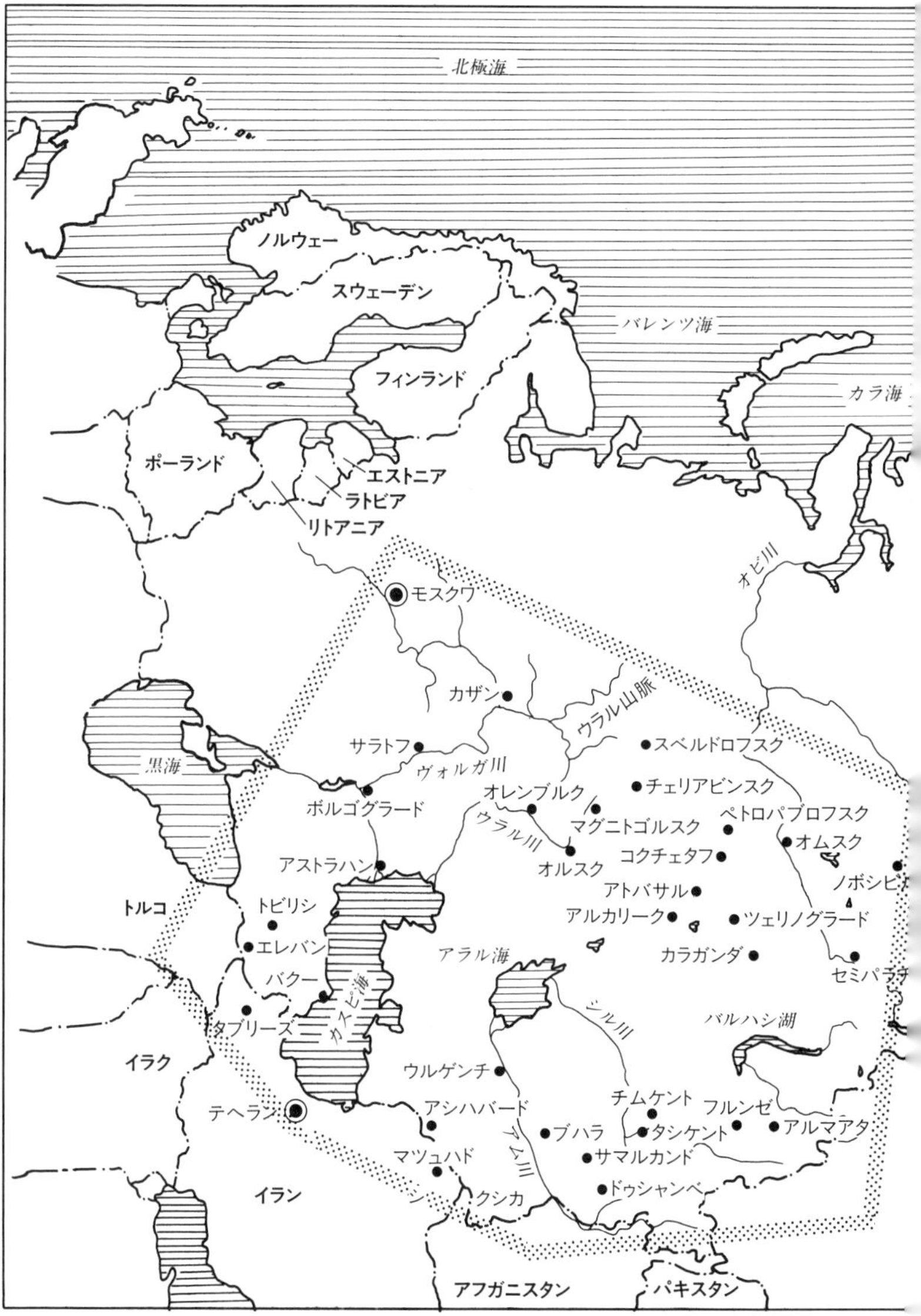

北極海
ノルウェー
スウェーデン
バレンツ海
フィンランド
カラ海
ポーランド
エストニア
ラトビア
リトアニア
オビ川
モスクワ
カザン
ウラル山脈
サラトフ
スベルドロフスク
黒海
ヴォルガ川
チェリアビンスク
オレンブルク
ボルゴグラード
ウラル川
マグニトゴルスク
ペトロパブロフスク
オムスク
オルスク
コクチェタフ
アストラハン
アトバサル
トルコ
トビリシ
アルカリーク
ツェリノグラード
エレバン
アラル海
カラガンダ
バクー
カスピ海
シル川
バルハシ湖
タブリーズ
イラク
ウルゲンチ
チムケント
フルンゼ
テヘラン
アシハバード
アルマアタ
ブハラ
タシケント
アム川
サマルカンド
マツュハド
クシカ
ドゥシャンベ
イラン
アフガニスタン
パキスタン

4

モスクワ
二〇二〇年

ほんとうの古つわものたち、つまり数えきれないほど何度も、ここのご厄介になったことのある女たちは、なんでもない、と言った。歯を抜いてもらうより楽だと。でも、体の奥深くからの鋭い痛みに、ワーリャは、骨と筋肉が許すかぎり両膝を顎にくっつけて、うずくまりたくなった。けれど、彼女は動かなかった。体じゅうの力が抜けてしまった感じで、両膝が気持ちよくなると思うのは幻影、むなしい夢だった。両脚は、じっと伸びたままだった。死んだもののように。看護婦が彼女を死体のように横たえたまま立ち去ったが、その姿勢で動かせるのは頭だけだった。彼女は病室の向こう側壁のほうに頭を向けた。彼女自身から、彼女の人生から、すべてのものから遠く離れたほうに顔を向けた。破損した配管、何十年も塗り替えたことも、汚れを洗い落としたことすらもない漆喰《しっくい》壁をじっと見つめた。

灰色の壁一面に這うようにある茶色のしずくや飛沫の跡になにげなく目をとめた。泡や斑点状のその古いしみは、壁の表面のなかに入りこんだように見え、古い血なのかごみのかすなのか、わからなかった。これまでにもつらいことはあった。が、今度ほどつらいことは、ワーリャの記憶になかった。そのときだって、神の罰を受けているみたいにひどかったが、こんなにむきだしの罰ではなかった。どの窓ガラスもその上にペンキが塗られていて、冷たい陽の光をあまり通さないし、鉄のベッドだ。この大部屋病室のなかの金属が触れあいがちゃがちゃという鋭い音や、手短にやりとりする人の声がわかった。しかし、自分でいやになるほど身動きできないことや、腹のなかの重苦しい痛みから、自分がまわりから隔絶されているような気がした。その日何人もの女たちが使ったベッドなのに、シーツを取り替えてもくれない。

消毒薬の匂いにまぎれて、気味の悪い臭気がしてきた。その正体は自分が知っているものだ。そう思ったが、もう少しで思い出しそうになると、その名前は舌先からさっと消え、彼女をからかい、彼女の痛んだ神経をいらだたせた。その名前を見つけられず、具体的な言葉でしっかり現実をつなぎとめられないために、それまでの空虚さ以上に取り残された孤独感を深めた。子供の頃、学校の授業をまる一日休むために、嘘をつく——もう一つの言葉の使い方——必要があったときのことを思い出した。どこまで、あの人たちは知っていたのか、見抜いていたのかしら？　ちょっとのことでもかさに着る、不機嫌な上の人たち。それに、血色のよくない子供たち。英語の定冠詞と不定冠詞の使い方……。

いいえ。いまは、そのことを考えまい。とくに子供たちのことは。ユーリのことも。いま、どこにいるのかしら？　やれやれ、戦争のおかげだわ。どうして戦争なんてあるのかしら？　想像もできない。戦争の音は聞こえてこない。夜のニュースは毎日同じものばかり。ユーリは戦場で戦っていた。それは事実だとわかっていた。でも、彼女にとってはいささかも現実感がなかった。それに、いまユーリのことを考えるのは、けがらわしかった。

心のなかからあらゆる思いを取り除けたら、と思った。超能力者のように、いま知っていることすべてをわが身から払いのけられたら。しかし、心をからにしようとすればするほど、いっそうしつこく、彼女の人生を彩った数々の思い出が心の墓のなかから転がり出てきた。ベッド、嘘、背信。人の目を盗む最悪の行為。そして、顎をくすぐる新しい男の髭の感触。その特色ある息遣い。続々と出てくる。

何にもまして、彼女は自分のそうした優柔不断なところを憎んだ。自身のなかの、いかなる心の弱さをも憎み、それと闘った。その結果が前よりもっと弱くなるだけだったとは、なんというばかなことだ。そしていま、このはっきりしない肉体の弱さのせいで、彼女はベッドに縛りつけられている。そして、かすかに絶えず感ずるこの吐き気だ。

病室の他の女たちのほとんどは、黙ったままで声をかけない。ここで新しい友だちをつくる気などなかったし、顔見知りになるのさえいやだった。この診療所は薄汚い駅と同じで、できるだけ素早く、できるだけ名も知られずに通り過ぎたかった。

女の子が一人、ヒステリーを起こした。ワーリャは、殺風景な漆喰壁に気持ちを集中しようとした。しかし、その声は幼くて、痛さに正気を失っていて、なかなかおさまらなかった。彼女はこう思った。もし私が立ち上がれたら、あの子をひっぱたいてやるのに。思いきり。

「初めてなんだ」誰にともなくそう言う一人の女の声がした。それに答えて、甲高い笑いと忍び笑いが起きた。

足音が病棟のなかをやってきた。

ワーリャの心のなかの警戒心が意に反して働いて、その音を聞き分けていた。重い。男みたいだ。割れたタイルの上を歩く安っぽい靴。彼女は目を閉じた。ほんのもう少し誰にも邪魔されずこのまま横になっていられるのなら、持ってるものなんでも差し出してもよい気持ちだった。一番上等のドレス、アメリカ製の赤い素晴らしいドレス。外国人とのパーティに着て行くよう、ナリッキーがくれたフランス製のジャケット。彼女の人生にとって貴重な着物。みんなあげる。

「患者さんたち！　患者さんたち。休息時間は終わったわよ」その文句は何年も繰り返されているので、ものうげに聞こえた。

いやいやながら、ワーリャは目を開けて、少し頭の向きを変えた。

「患者さん、帰る時間よ」

「私……気分が悪いの。もう少しこのまま寝かせておいて、お願い」とワーリャは言ったが、臆病で卑屈なその声をわれながら軽蔑した。

「ここは、あんたのアパートじゃないのよ。時間切れよ。それに、出血もしてないし」

ワーリャは、ベッドのそばに立っているぶざまな人間を見上げた。女とは、とても見えない。その看護婦の制服の灰色のスモックは、ずいぶん前に、しかも汚い皿を洗った水で洗ったように見えたし、たるんだ乳房でスモックのプラスチック・ボタンがはち切れんばかりだが、これまでお粗末なものを食べてきた体を包む服地についている他のボタンとそのプラスチック・ボタンはチグハグだった。看護婦の話す声には、なんの怒りもこもっていなかった。まったく感情というものがなかった。同じ文句を繰り返すのに倦んだ、無感覚な、義務的な声にすぎなかった。その感情のなさが、人を寄せつけなかった。

しばし、ワーリャはその女の顔を見上げて、目の表情をとらえようとしたが、そこにも生気がまったく見られなかった。切れ切れに静脈の浮き出た、感情のない面みたいな顔のなかで、酔っぱらいみたいな赤鼻で左右に分けられた、欠けたガラス片でしかなかった。

私もあんなになるのかしら? そう思うと、急に恐ろしくなった。あんな化け物が私のなかにもいて、表に出てこようとしているのかしら? そんな考えは、死ぬよりひどいことのように思えた。

ついに看護婦を追い払おうとする気持ちが抑えられなくなって、ワーリャは首を横に振った。

年上のその女の表情は変わるように見えなかったが、女が口を開こうとした一瞬、その顔がほんとうにさっと一変して甲冑の面のような職業的な顔つきになり、ワーリャを番号以外のなにものとも認めまいとしているのに、彼女は気づいた。

「そのベッドは必要なんだ。起きなさい」

誰にも助けられずに起き上がることができて、ワーリャはわれながらびっくりした。自分の体のなかがほんとうにはっきりとからっぽになり、冷たい空洞があるような気がして、両脚をやすやすとそろえて、ベッドの横から外に動かせたのには、驚いた。

「出血してると思うわ」ワーリャは言った。

「いいえ、していません。私は実際に確かめたのよ」と看護婦は言い、彼女の腰から下に目をやった。チラと疑問の色が走った。「服を着て、受付に行きなさい」

女は立ち去った。そして、ワーリャが服を着終わらないうちに、別の若い娘がやってきた。いま彼女を起こした看護婦の姉妹かもしれない、ずんぐりむっくりのスモック姿の女に、追い立てられるように連れられて。

新来の少女は、薄いブロンドで、髪も肌もずっと生気がなく、男たちが好む女らしさが少なかった。それでも、彼女を欲しがる男はいたのだ。その娘はベッドに近づくと、ワーリャをじっと見て、自分がどんな現実に置かれたのかをしきりに考えているふうだった。肌は透きとおるほど白く、よほど多量に出血したように見えた。看護婦に導かれて彼女は、ワーリャや地球上の誰にもおかまいなしに、汚れたベッドの上にどっと崩れ折れ、天井を見つめた。ワーリャがちょっと前にしたのと、まったく同じだった。

ワーリャは壁に寄りかかって、靴下をはいた。看護婦は、さっさと行ってしまった。若い娘は、自分の体におずおずと手を触れてみて、何か恐ろしい変化が起こったのを探し出そうとしているようだった。その下唇が震えはじめた。最初、その娘がこっちに話しかけ、助けを求めてくるのかと思ったが、そうしないで、大人の世界に砕かれたやせた子供みたいに、ただ泣きはじめた。

ワーリャは目をそらし、その子を慰めるのをやめた。しかし、顔をそむけたとき、濃い毛の生えた両脚のふくらはぎをベッドの縁越しにぶらぶらさせている、小ぶとりの女の強い視線が自分をとらえているのに気づいた。三十代のその女は、真っ黒な髪で、鼻の下にうっすらと髭を生やしていた。たぶん、グルジア人だろう。顔には疫病の病痕があったが、それを除けば、まるでここへただ物見遊山に出かけてきているみたいに健康そうだった。体温を計ってもらっているだけのようで、彼女はにこっと笑いかけた。

「自分であと始末できないんなら、さっさと脚を広げなけりゃいいんだ」その女は、ワーリャのいたベッドを占領した娘を見下すように顎で指して、訛りのある声で言った。「みんな楽しみはしたいんだが、その代償は払いたがらないんだ」

ワーリャは、その女の視線を振り切って、ベッドの列のあいだを出口のほうへおぼつかない足取りで歩いていった。目をそらそうとすればするほど、いっそう相手の目が見える気がした。床の上に目を落として爪先だけを見ようとしたが、古いしみや物のこぼれたあと、ひび割れやすり減った床が目に入り、頼りなさをますます強く感じるばかりだった。どうしてバケツ一杯の水で洗えなかったのだろう？　まったく不衛生だ。脚の力が抜けて、突然、自分の先行きがはっきりと見通せる気がした。今後待ち受けているのは、またも得体の知れない診療所だ。またもどうしてもシーツを替えなければならないほどには汚れていないベッドだ。またも……

いったい、なんという人生だろう？

ごく必要な身のまわりのものだけを入れた小さなバッグをひきずって、ワーリャは受付の前の列に並んだ。吐き気を抑えるのに深く息をすると、濁った空気で気分が悪くなるだけだった。汗が服の下の肌をちくちくと刺し、額から噴き出るのを感じた。いまにも倒れる、ひどく気分が悪い、と思った。そうなれば、あの人たちにもわかる。納得してくれるだろう……

しかし、自分の前の人の列がゆっくりと短くなっていくだけで、何も起こらず、やがて自分の番がきて受付の前に立った。受付の女の髪はひきつめで、やせた顔の肌には、やわらかさも弾力もなかった。手もとの書類から顔も上げなかった。

「患者の名は？」

「バブリシュキナ・ワレンティナ・イワノワ」

「具合の悪いところは？」

ワーリャは一瞬、自分がどんなに気分が悪いか、どうしてももう少し横になっていたいか、訴えている自分を想像した。

「ありません」

「ここにサインして、同志」

何か考えるたびに、何かするたびに、体のなかのあの空洞が大きくなっていくような気がして、体をかがめた。少し休ましてくれるよう、ひどい出血が脚を濡らすのに気づいたら、とさえ思った。

彼女は書類にサインした。

「それからここにも、同志。二ヵ所に」

書類を読もうともせずに、言われた箇所にサインした。いまはもう、ここから立ち去りたいだけだった。

すんだという身振りも見せず、受付の女は言った。「次」

ナリッキーが向こうのほうで、車に寄りかかって待っていた。その表情が見分けられるほど近づかなくとも、とてもよろこんでいるのがわかった。ずっと待っていてくれたのだ。彼のことをそう思うと、いまは自分がいやになった。どうして彼に触れさせたのか、どうしてセックスを許したのか、一瞬想像がつかなかった。しかし、自分が一番哀れに思えるときでも、そんな気持ちのゆるみに長くひたるのは我慢できなかった。彼といっしょのときは楽しかった。それに、セックスも申し分なかった。ユーリのように逞しくはなかったが、ずっとずっと想像力に富んでいた。ナリッキーは下卑ていた。

彼女もその面では、下卑ていた。

ナリツキーはハンサムだったけれど、彼女が惹かれたのは、セックスではなかった。彼女は、セックスなしでいられたし、ユーリが中央アジアに出征したとたんに、男漁《あさ》りに走ったわけでもなかった。でも、ナリツキーと出会ったのは運命のめぐり合わせ、最後のめぐり合わせのように思えたのだ。

かつて、ユーリとも運命のめぐり合わせのように思えたときがあった。年若い、愚かな娘にとっては。それでも、自分は非常に賢いと思っていた。陸軍の将校なら失業しない。それに、ユーリは前途有望で、陸軍将校の理想像を体現したような男だった。彼には偉大な将来がある、と誰もが予想した。しかし、この国は偉大な将来のある国ではなかった。

将校たちというと、ワーリャはちょっぴり嫌悪感を一瞬感じて、その軍服と同じくしゃちこばった堅苦しい生活だと思ったのに。この数十年来、何もかもバラバラになりつづけ、何をしてもうまくいかない、どんな夢もまったく実現しない、崩壊をたどる一つの国のなかにあって、ユーリは力強くて、安全で、生きがいのある生活を与えてくれそうに思えた。だが、実際にはそんなものは何もなかった。そして、ごわごわした軍服の生地の下に彼が隠し持っていた愛とは、自尊心すらない愛情だった。ユーリときたら、でれでれとして溺愛する。まるきり優柔不断な愛情だ。彼に力強さを求めたのに。男なんて下劣だわ。

それじゃ、私はどうだって言うの？　彼女は自問した。

ナリツキー。にこにこしている。最新型の車のそばで。派手すぎるほどではない。ナリツキーはその点にかけては目から鼻へ抜けるほど利口だ。ナリツキーはいろんな意味で利口だ。でも、ここぞというときは、たわけ者だった。

二人を引き合わせたのは、ある友人だった。こういう人がいるの。外国人相手の仕事をしているわ。商売よ。わかるでしょ。法律にはふれない。ほんとうに違法ではないのよ。わかるでしょ。とにかく、彼には友人がたくさんいるの。それで、うまい英語の通訳が要《い》るというわけ。何ルーブルか余分に入る。ちょっとした暇に。収入のたしになる。それに、いろいろいい物を手に入れてくれる。ほら、こんなもの……

とびきり素敵な品物ばかりだった。男漁りは私のほんとうの悪い癖じゃない。私は素敵な品物に弱い尻軽女なの、と思った。何もかもだめになったら、ナリツキーがくれた物を全部ズタズタにしてやろう、とふと思ったことがあった。しかし、そんな気持ちは、一瞬の恐怖みたいにさっと消え去り、表に出ないように抑えた。自分の暗いまわりのなかで唯一華やかな品々を切り裂き、棄て去る勇気がないことは、よくわかっていた。

それでユーリは？　私はよい女ではないわ、ユーリ。私は嘘をついたわ、だから、あなたは選択を迫られたときに、陸軍を選んだわ。私のことをどう思ったの？

でも、彼には何一つ明かすつもりはなかった。もし彼が知ったとしても、あくまで否定するつもりだった。そうすれば、とにかく、彼は許してくれるだろう。すべてを。ユーリは、どうしようもない男だもの。

それで助かった、と思った。

ところが、彼女はへまなことをやってしまった。ナリツキーとの情事はうまく処理できる自信があった。彼を利用できる、と。だのに、この活気のない十月のある日の午後、診療所からよろよろと出てくるなんて、彼女がへまを犯したことはまったく否定のしようがなかった。彼女はことをうまく処理しなかっただけではない。ナリツキーは彼女を売春婦として利用し、服やちょっとした物に彼女はすっかり目がくらんでしまったのだ。そんな物は、彼にすれば些細なものだった。

密告してやろうかとも思った。でも、そんなことしてもなんの意味もなかった。ナリツキーには友人がたくさんすぎるほどいた。だから、彼にとって民警を買収するほうが、彼女を買収するよりずっと安上がりだろう。ちょっとした家電製品か、自分では使わなかった、ヨーロッパ製のコンドームでもやれば。

ナリッキーが結婚してくれる、と思った。ユーリとは離婚さえすればいい。しかし、彼には誰とも結婚する気は全然なかった。ユーリに手紙で何も言ってやらず、実際に何も行動を起こさなくて、助かった。

彼女はばかだった。

酔ったナリッキーが、彼女に面と向かってこう言ったことがあった。「おまえは略奪品なんだ」あとになって彼は、この致命的な正直な一言を償おうと、気前よく物をくれた。しかし、ワーリャはやっと自分のばかさ加減が身にしみてわかった。

いま、ナリッキーはしゃれこんで、小さな青い車のそばで、寒いのに上衣の前を開けている。日ごとに貧しくなっていく国の金持ち。輝ける未来の到来を百年間も約束しつづけても、なおみずからを養えない国。あんな約束など、男が愚かな妾にする空約束みたいなものだ。

ワーリャが近づくと、ナリッキーは手招きはしたが、実際に自分からは動こうとしなかった。心配げな表情をつくろっていたが、それを見て彼女は思わず叫びたくなった。「嘘つき、嘘つき、嘘つき」

「大丈夫かい？」彼は訊いた。

寒さを防ごうとして、ワーリャは流行の軽い上衣を体にぴたりとひっぱり、スカーフを巻きつけ、うなずいた。大げさにふるまう場所でもないし、最終的に心を決めるときでもない。でも、ナリッキーは何か感じたようだった。彼女にはさわらず、車のドアを開けた。それにつられて、彼女は車に乗ろうとしかけた。

そして、やめた。

「新鮮な空気がほしいの。歩くわ」

ナリッキーは、いぶかしげに彼女を見つめた。

一瞬、彼は恐れている、と思った。何かスキャンダルがあるのだわ。でも、彼なら簡単にもみ消せるはずだ。恐れているのは、そして何もかも失うのは、彼女のほうだ。

「ワーリャ、歩ける状態じゃないよ。休まなくちゃ。乗れよ」彼は温かく、言い聞かせるような調子で言った。

思いがけず、彼女はかっとなって「私は歩いて行くの。わかった?」と叫んだ。そこまで言って、自制心を失ったこと、まだそんなエネルギーが残っていたことにびっくりして、口を閉じた。

「遠すぎるよ」ナリッキーの声は、めずらしく自信なげだった。

「電車に乗るわ」

「頼むよ。まだよくないんだ。休息が必要なんだ」

彼はもう自制心を取り戻していた。彼女の心のなかをすっかり見とおし、なんでも知っているようだった。それなのに、彼女は相手の心のなかをのぞきこめなかった。男なんか軽く扱える、自分はとても賢い女だ、と思っていたのに。

「私を子供扱いするような口をきかないでよ」彼女はなかば怒鳴った。

「ワーリャ。頼むよ」

「私は歩きたいの。ついてこないで」

ナリッキーは、まるで刑法違反を責められているように、両手を開いてあとずさった。口を開いたが、思い直して何も言わなかった。

ワーリャは、最後に悲痛なものすごい目でにらみつけてから、立ち去った。

「あとで電話するよ。様子を……」彼は追いかけるように声をかけた。

彼女は無理にナリッキーや他の男たちとしたセックスのことを思い浮かべた。そのありさまが浮かんでくると、なおのこと気分が悪くなった。それがまるきり感情的、肉体的な反応にすぎず、頭を使ってやるまともなことではないとわかってはいたが。もう絶対に男たちを上に乗せて体を汚させまい、と思わず心のなかで言ってしまってから、その図々しい嘘つきぶりに息がつまるほど笑いだした。そのとき、体の不調がぶり返してきて、壁に寄りかかろうとしたら、そこには「未来はわれわれのものだ！」と記された、破れかけたポスターが何枚も、べたべたと貼りつけてあった。

嘘。嘘。嘘。嘘ばかりの世界だわ。舌の根の乾かないうちに、約束なんて破られる。ナリッキーから見えなくなるように、無理にどんどん歩いていった。

彼女が歩いていった裏街は、陰気に暗く貧しく見えた。彼女はこれまでずっと、こんなこつこつ働かねばならぬ、みじめな世界から這い出したいと思ってきた。だが、逃れ出る行く先がなかった。人のよい人たちはみんな、どうしようもないほどまぬけばかりだった。人の悪い奴らは、自分たちだけよいことをしていた。改革者たちがやっと現われたと思ったら、改革はいつも失敗に終わるか、もっと悪いことに、中途半端なことしかやらなかった。この国では、なんでも途中までしか進まなかった。改革者たちは消え去った。だが、改革に対する反動も、中途半端でしかなかった。壊れた舗道を歩いていると、気分が悪くて、ゆっくりと体が沈んでいくような気がした。これまでずっと、ゆっくりと沈んできていたのだけれど、自分のまわりのものすべてがいっしょに沈んでいたので、気がつかなかっただけだったような気がした。

洗濯物が干してあるバルコニーを見上げた。モスクワの空気を汚している有害な粒子が洗濯物にくっついている。他の人たちはどうして、やすやすと現状を我慢し、何家族もがおたがいに汚れや秘密を分け合う、おんぼろなアパート、貧しい食物の奪い合い、そしてその気になったときか、酔ったとき、あるいはその両方のときにしか、女房たちをかまわない男たちに甘んじているのか、彼女にはわからなかった。

肉屋の店先を通り過ぎるとき、ワーリャは自然とウインドーをのぞいた。白いエプロンに小さすぎる白い帽子の店員たちが、手持ちぶさたにあちこち立っていた。ショーケースは空っぽだった。だが、ウインドーの棚にいろいろな肉やソーセージの写真が飾られていて、通り過ぎる人びとが、ひょっとしたら物が豊かにあるのではないか、と錯覚しそうだった。

その食物の写真を見ただけで、ワーリャはなおさら気分が悪くなった。空っぽの店ばかりの国。空っぽの子宮ばかりの国。彼女はやたらと寒かった。

角を曲がると、行列ができていたが、このときばかりは、何が思いがけず手に入るのか、彼女はなんの関心もなかった。唯一の関心は、防虫剤の臭う外套にくるまった女たちの列の横を一刻も早く通り過ぎる方法を見つけることだけだった。暇そうな男が数人列に加わっていて、彼女を上から下までじろじろと見た。

ワーリャは、一人で笑いだした。一時間前の私の姿を見ることができたら？　血まみれの私の姿を見ることができたら？

たぶんね。そうしたら、くずに当たったと文句をつけていただろう。男はみんな薄汚い。

ワーリャは、ちょっとつまずいて、方向感覚を失いかけた。もよりの人びとの顔が、まるで彼女が列に割り込もうとしたかのように、むっとしてにらんだ。「オレンジ」という言葉が聞こえた。だとすると、この十月に、しかも産地がいま戦争に呑み込まれているというのに、オレンジがいま不思議にも魔法のように現われるとは、考えただけでもたいしたことだ。きっと今年最後のものだろう。それでも、彼女はオレンジが欲しいと思わなかった。

たぶん、ユーリはオレンジ畑のなかで戦っているのだろう。なんてきれいなところで戦争してるのかしら。たぶん、ユーリは彼女といたときより、戦車や大砲や兵士たちといっしょにいるほうが、好きなのかもしれない。手紙では、どんな毎日か詳しいことは何も言ってこず、ただ感傷的な思い出話ばかりだ。

ワーリャは懸命になって目と注意力を集中させた。ほんとうにどこへ行こうとしているのか、決めようと。電車やバスの停留所、ルートや時刻表を思い出そうとしたが、この街路はよく知らなかった。突然、進む方向を変えた。

考えがはっきりしない。行き交う顔がどれもこれも同じに見えた。病痕も同じに見えた。ひどい病痕も。排水用の堀にかかった橋を渡りはじめた。何世紀も偲《しの》ばせる錆《さび》に覆われた、古い錬鉄の欄干に、なにげなく手を触れると、指に冷たかった。その瞬間気づいたら、欄干の酸化した飾りの先端をぎゅっと握って、橋にしがみつき、倒れまいとしていた。思いがけない痛みが下腹部から胃へ何回も突き上げてきて、唇の隅からよだれが流れ出した。いまとなってはもう手遅れだが、脚のつけ根が濡れはじめた。お笑いだわ、またしても神さまの罰が。ワーリャ、何もかも自分で思うがままにできた女なのに。目を閉じて、手すりをいっそう強く握りしめ、舗道に倒れませんようにと祈った。だが、目を閉じると、さらに気分が悪くなるばかりだった。

目を開けた。すると、痛みが急にひいた。しかし、あそこはまだ濡れたままで、たちまち生ぬるさを失い、腿の内側を伝ってどろりと流れ出した。

しばらくのあいだ、掘割の汚い泥水を見つめているのが精いっぱいだった。ところどころに油が浮いて、虹色をしている。じっと淀んだままだ。堤の上にごみがずっと一面に散らばっている。高い建物の窓から吐き出されたごみくずの山々だ。落葉が風に吹かれてくると、川の水が手を伸ばしてつかみ、自身の汚れをなすりつけたがっているみたいだ。掘割の両側のアパートの壁は、年とった病人の肌のようにしみだらけだった。

トイレに行きたかったが、どこにあるのか見当もつかなかった。自分の出すごみさえ始末できない国だ。誰か、何か、助けてくれるものを見つけられる前に、死んでしまうのではないか、とふと思った。老婆が二人、街頭での酔っぱらいのことをけなしながら足早に通り過ぎ、その物音にぱっと正気を取り戻したものの、わが身の頼りなさに怒りがこみあげ、立ちすくんだ。

わが身を汚してしまった。自分の生活をすっかり汚してしまった。ユーリがこれに気づいたらどうしよう? あれさえも、つまり最小限の安全な生活すら失ってしまうだろう。

彼女は無理にも歩いた。目についた最初の開いているビルに入り、地下への階段の陰で体の汚れを拭おうとした。下ばきは出血と分泌物でびっしょりで、ハンカチでは小さすぎて役に立たなかった。初めはためらったが、やがてきっぱりと、首のまわりから絹のスカーフをとった。これもナリッキーからの贈り物の一つだ。そして、腿を拭きはじめた。バランスを失わないよう、気を失わないよう気をつけたが、もう誰かに見られても、どうでもよかった。

壁に寄りかかって、淀んだ空気を吸いこんだ。ボロと化した絹のネッカチーフを手から放すと、ドサッと床に落ちた。目がまわりの暗闇に慣れてくると、ごみ入れが並んでいるのが見え、なかには新聞紙でいっぱいなのもあった。思いきって、一番きれいそうなのをちぎって、丸め、体に押し込んで出血をなんとか止めておこうとした。汗でびっしょりになり、非常に寒気がした。

強く押さえて、出血を止めるだけでなく、痛みも押し込めようとした。どうして男って、こういうことになると役立たずになるのだろう? そう思った。神さま、男どもがこれを見たら? 彼女はまた笑いだした。頭をコンクリートブロックの壁に押しつけ、髪の毛をからませながら。

彼女はどんよりした陽差しの外に戻り、時間の観念もなく歩きつづけ、やがて小さな、なかば見覚えのある公園に来た。くねくね曲がった道をベンチのあるところまで進んで、松葉杖を手放すようにして、ドスンと座った。灰色の空を見上げた。寒かったが、奇妙に落ち着いた気分で、じっと動かなかった。寒さに身震いする必要はなかった。そんなことは面倒すぎるし、激しすぎる。視線を少し下げて、やせ細った白い木に落とした。落葉が始まっている。最後の葉が震えながら、あてもなくしがみついている。体の骨が冷たいベンチの横板を押しつけている。少し濡れている感じがしたが、ひどい出血は止まったようだった。

嘘。

急に空腹を感じた。胃は、それに反してまだ吐き気を催していたのに。たぶん、同じ空っぽさでもそれとこれとは違うのだろうと思った。私の体はまたいっぱいになりたがっている。できるかぎりのあらゆるやり方で。自分がまったくわからなくなって、ワーリャは両手のなかに顔を埋めた。すると、とうとう、寒さに震えだした。

女の声が割り込んできた。外国語で話している。英語だ。しかし、ひどい訛りだ。たぶん、アメリカ人だろう。ワーリャは目を上げた。

女の服装がまず目に入った。女自身は大柄で太って見えるだけで、それにしては服装のほうがはるかに立派だったからだ。コートの高価そうな生地、ふんだんにその生地を使った裁断の仕方、濃い艶の出た革と縫製のよい靴、どれもこれもワーリャの持っているものよりずっと上質だった。スカーフは豊かな落ち着いた色で、自分にはとてもそんなスカーフを選ぶだけの洗練されたセンスはないと恥ずかしく思った。派手な色や、大胆な模様にまどわされる子供の目で、そのよさがわからないだろう。自分自身で想像していた世界のことをこんなにも知らなかったのか、自分が犯した失敗がなんとなく感じていたより、はるかに惨めなものであったことが、一目でわかった。

その女は手に本を持っていて、肉づきのよいピンク色の指でぱらぱらとページを繰っていた。英語の本で、表紙に『モスクワ案内』と書いてある。女は英語の文句を少しつぶやいた。えーと、どこに書いてあったかしら？　まあ、忘れてしまったの。下唇を噛みしめながらページを繰るのに忙しく、ワーリャのほうには目もくれなかった。

私って、見る価値もないのかしら？　ワーリャは思った。

ページをめくりながら、女はブツブツと何か言っていた。その英語は、ワーリャが生徒たち、袖の短くなったブレザーを着た男の子たち、白いエプロン姿の女の子たちに教える、お上品できちょうめんな英語とは似ても似つかなかった。鼻にかかった、ひどく魅力のない声だった。

彼女は、美人ではなかった。しかし、髪と肌は、その服装と同じように際立っていて、贅沢な外国の生活を物語っている。あれだけいろいろなことが起こったあとでも、アメリカ人はとても豊かなのだ。どうして、モスクワなんかへ観光にきたい者があるのか、理解できなかった。墓地に休暇を楽しみにくるようなものだ。

たぶん、外交官の奥さんかもしれない。きっとそうだ。戦争中だから、観光客のはずはない。もしかしたら、ご主人は大実業家なのかもしれない。商売はけっしてなくならない、とナリッキーが言ってたわ。戦争があってもだ。

大柄な女の顔がぱっと明るくなった。そして、わかったわとしっかりうなずき、馬のようにいななきださんばかりだ。ページが見つかったのだ。それから、彼女は声を出して読みはじめた。

ロシア語で読もうとしているのだ。しかし、ワーリャにはちんぷんかんぷんで一言もわからない。彼女は、かたくなにその女に英語で話しかけようとしなかった。

女は読むのをやめて、すがりつくように、ワーリャを見た。にわか仕立ての自信は消え失せていた。しかし、彼女は女と目を合わそうとしなかった。相手の冬のコートのやわらかく、厚く、滑らかな生地を見たり、やわらかな革の立派な靴を見たりするだけで十分惨めだった。ビニールとプラスチックを貼り合わせた、哀れなイミテーションの、ワーリャの靴。この女は苦しんだこともなければ、我慢したこともない、と思った。安全な小さなピルを飲むか、楽な器具を使って、体を地獄から、魂の呵責から守っているのだろう。たまたま生まれが違うだけで、この女は、ワーリャが夢見たすべてのものを持っている。品不足も、苦痛もない生活を。

苦しませてやろう。この一瞬でも。

大柄な女は、前よりもっとおずおずと、注意深く、もういっぺん繰り返した。やっと何を言っているのかわかった。一番近い地下鉄の駅はどこですか？

ワーリャは、答えようともしなかった。ただ黙って女を見上げ、一生のうちで一番深い憎しみをこめて、はじめて相手と視線を合わせた。診療所のぶっきらぼうな看護婦、屈辱のどん底で会ったときのナリッキー、ボーイフレンドや貴重な着る物を盗んだ女たちに対して抱いた憎しみなど、この足もとにも及ばなかった。

もちろん、この外国人の女には理解できなかったし、理解しようともしなかった。ただ諦めて、面食らった自身を贅沢な衣服に包み、ワーリャの羨望と夢を身にまとい、ふらふらと立ち去った。

ワーリャの怒りは、女のあとを追って尾を引いたが、外国人が歩く一歩ごとに弱くなり、ついに姿が見えなくなったときに消えた。それ以上怒りつづけるのは、しんどすぎてもたないだけだ。この激しい感情にわれながら疲れ果てた彼女は、うつろな気分で堅いベンチにどさっと腰をおろし、やっとぼんやりと時をすごした。それも束の間で、はっとした。力をふりしぼって、行かなければならない、と思った。でも、心安らかなこの瞬間を放心状態のまま座っていた。

一陣の風が吹き、枯葉がくるぶしやふくらはぎのまわりを飛び散った。破れたビラが舞い上がってスカートの上にのり、また舗道に落ちた。薄れた見出しがやっと読めた。

勝利はわれらのものとなる。同志たちよ。

5

西シベリアのオムスク付近
二〇二〇年十一月一日

ジョージ・テイラー大佐は、ソビエト軍の外套を着た姿で車が来るのを姿勢正しく立って待っていた。病痕のひどく残る顔に寒風をまともに受け、昔の敵、いまの敵、みんなのほうによろめきながら向かってくる危機、装備の予備部品をめぐる絶えない問題などのことを考えていた。部下の一人で押しつけられた将軍の息子と最近やりあったことを考えていると、なぜか残してきた女のことが心に浮かんできた。この女のことでは、彼は自分自身とやりあったものだ。差し迫った仕事になかなか集中できないでいるといつも、この女のことがひょっこり、あまのじゃくみたいに、非常に勝手気ままに心のなかに浮かぶ癖があった。

彼はあわててそうしたさまざまな思いを抑え、振り払おうとした。心の隅に、あの女はまったく悪い魔力の持ち主だ、と疑いつづけるところがあったし、他に取り組まねばならない、もっとたいせつな問題があったからだ。ソビエト軍は大敗を喫しようとしていた。しかも、彼自身のとるべき策は尽きかけていたのだ。

寒風のなかにたたずみながら、知らないうちに口笛を吹いていた。ずっと以前、機動部隊のある将校がアメリカ陸軍に流行らせた古いアイルランドの舞曲『ガリー・オーエン（準備完了）』だ。メキシコ時代に他人をいつわるために慎重に装った仮面の一つとして、テイラーは口笛を吹きはじめたが、のちになっても、その習慣は完全には抜けきらなかったわけだ。いつの間にか奇妙な癖となり、何年もかぶってきた病痕のように、日頃は忘れていて、見知らぬ人の反応を見て思い出す、そんなものになっていた。

ひどく寒かった。秋の雪はまだだったが、テイラーの指揮下の連隊が隠れている工業コンビナート跡には、鋭い冬の気配、ひんやりする錆びた鉄の冷たさがあった。西シベリアのこの地方の夏はひどく暑いとメリー・メレディスは言うけれど、ここにはほんとうに暖かい季節なんかありえない、と思った。この工場跡はソビエトという国の無能力ぶりを集めて見せつける博物館みたいだった。数十平方マイルの敷地に、折れ曲がった屋根の工場、壊れた起重機や骨格だけのクレーン、崩れかけた煙突、長くうねうねと続くからっぽの配管などが打ち捨てられている。骨組みだけの工場内には、何万という役に立たない旧式の機械が転がっている。あまりにも広い、放置されたこの跡地にいると、不気味だ。しかし、秘密裏に部隊を集結させるには、もってこいの場所である。

それでも、人が自分の進んで選ぶべき場所ではない。この工場跡地はまるで墓地みたいで、古い毒がしみでている。人気はまったくなく、かげりかけている午後の光のなかで茶色く枯れた草がまわりに無駄に生えているだけだ。連隊の軍医や衛生兵たちは、実戦に投入されるまでは死者を出さないよう、無菌地帯を設けたり、毒素レベルを調べるのに大わらわだった。テイラーは、彼らを誉めて、したいようにさせていたが、そんな予防措置がドアの上に記されたおまじないみたいな注意事項や赤十字のしるしと同様、決定的な効果があるとは思わなかった。ソビエト人は、自分たちの国を毒殺したように、このあたりも毒殺したのだ。ここは死んだ土地だ。冷たい、酸のように刺す空気は、死に取り憑かれている。彼の指揮下のウォー・マシンの待機している、この墓場みたいな工場や倉庫は、害毒に感染する感じがした。何世代も使った化学薬品の残滓だけではなく、腐った根性の害毒にも感染する。勤務についている兵士たちは、そう小声でささやくか、大きすぎるほどの声で公然と言った。

いままでにひどいところにあちこち派遣されたが、テイラーがこれほど逃げ出したいと思った場所はなかった。何よりも、このめちゃくちゃな工業コンビナート跡は、生きている者に対して敵意、怒り、嫉妬を抱いている気がした。

　テイラーは、急に声をたてて笑いだし、まわりにいた将校たちを驚かした。考えてみれば、結局、このあたりと自分とはどこか似通ったところがある、と思ったのだ。

「上機嫌ですね、大佐殿」マルティネス少佐がまごついたように言ったが、寒さに声が震えていた。

　テイラーは、そのジグソーパズルみたいに醜い顔を補給担当将校のほうに向けて、微笑を無理に浮かべた。「どうだい、マニー。ロシア人が来るのが遅いな。ひどい戦いが続いているのだろう。われわれはこの……このソビエト版ディズニーランドに釘づけで、みんなお尻が凍《い》てついてなどいないふりをしている。どうして私が上機嫌でいられるかね？」

　そう言い終えたとき、作り笑いは消えていた。むしろ最悪のご機嫌で、自分に課せられた任務や部下のことが心配でたまらず、怒鳴りださんばかりだった。しかし、たとえかならずしも自身のためには強くなれなくても、みんなのために強くあってほしい、とこの最悪の時期に彼に頼ってくる将校たちの一人一人が、どんな意欲を胸に秘めているか、十分に心得ていた。

「まあ、たしかにここはテキサスじゃありませんね」大げさに肩を震わせて、マルティネスが答えた。

「メキシコでもない」メリー・メレディスが横から言った。このコーヒー色の肌をした男はあまりにもハンサムなので、この男が激しい気性なのをたいていの人びとは見落としていた。テイラーがいままでに会ったなかでは一番タフな情報将校だ。とことんまで忠誠である。それに、明るい赤毛の妻と子供たちを恋しく思っているのは、言うまでもない。

「ロサンゼルスでもない」とマルティネスが言い返した。おたがいに経験したもっとも惨めな軍務を思い出して、からかい合っているのだ。

「ザイールでもない」とハイフェッツ中佐が突然、ぎごちないが善意あふれる微笑みを浮かべて言った。〝ラッキー・デイヴ〟と愛称されるハイフェッツ中佐は、仕事以外のことだとどんなことでも、他の将校たちと交わるのがひどく苦手だったので、たいへんな謹厳実直居士、感情のない人間と評判されていた。しかし、テイラーには、どうして彼がこんなへたな口出しをし、念の入りすぎた笑みを浮かべているのか、その意図が理解できた。ハイフェッツも、こんな気の滅入りそうな午後は少し人恋しくなったのだろう。

テイラーは、ザイールのことはけっして口にしなかった。その点は、誰もが暗黙のうちにわかっていて、ザイールは禁句だった。違う国にやってきて、人とのつきあい方が何年も前からおかしくなりはじめていたラッキー・デイヴを除いては。

テイラーは、この不運な部下にうなずいた。これだけ年月がたったいまでも、彼にはこれが精いっぱいだった。

だが、ハイフェッツには事情がわかっていなかった。へまなことを言いつづけた。ぎごちなくなると、彼のイスラエル訛りがいっそう目立ったが、いまは異常にひどかった。

「ええ。私はそう思いますよ。ザイールは気候が最悪だったにちがいないと思います。とてもひどいところだ」ハイフェッツはしゃべりつづけた。

テイラーは、肩をすくめて、誰とも目を合わせなかった。「大河の流域はね。流域はひどいところだった。でも、内陸の草原地帯はそれほど悪くなかった」

「ところで、ロシア人はいったいどこにいるんだ?」メリー・メレディスが急いで言った。彼は、テイラーの下にいた年月が他の誰よりも長かった。

「なんで、こんなにわれわれをあちこちひっぱりまわすのか、信じられん?」マニー・マルティネスが言った。彼はサンアントニオとの縁を切るのに一生かけていたが、それでいて、彼の体はまだ南の太陽を恋しがっているのだ。

「ひきずりまわしてるわけではないと思う、マニー。何かおかしなことが起こったのだ。いまにわかる」とテイラーが答えた。

「何もかもおかしなことだらけだ」とメレディスが言った。彼は連隊のS2参謀で、伝統的な職務分担に従って、敵状と天候と地勢を担当する情報将校だ。「ソビエト軍の前線は崩れはじめている。どこから手をつけていいかわからないほどひどい」そう言って、ちょっと苦笑した。「畜生め、私がこうしてみんなといっしょに外に立っているのも、一つには、情報収集室にじっとしているのにもうこれ以上耐えられないからさ。戦闘の情報はどんどん入ってくるが、すべて悪いニュースばかりだ」

テイラーは、彼方のうつろな午後の情景をちらっと見た。まだロシア人の現われる気配はない。これはとくに悪いしるしだ。テイラーの部隊自体、手にある数々の問題を抱えていたものの、いまのいままで、ソビエト軍を支援する約束は注意深く守ってきたからだ。

「さあみんななかへ入って、コーヒーでも飲んだらいい。さあ、行きなさい。私はここで少し考える時間が欲しい。メリー、敵軍の進撃状況の最新情報を持ってきてくれ」

みんなが連隊本部のある広い工場のなかに戻りたがっているのが、テイラーにはよくわかった。室内がそれほど暖かいわけではなかったが、寒さばかり気になるかならないかの違いぐらいはあった。それでも、誰もその場を動かなかった。誰もボスに忠実でないと思われたくなかったのだ。

「くそっ、なかへ戻れと言ったら、なかへ戻れ。わかったか?」

ハイフェッツが、工場の大きな二重門の壊れかけたブリキのドアにさっと向かった。彼はいつも賛意も不賛意も見せず、さっさと命じられるとおりにした。部下の全員のなかで、ハイフェッツほど衣食住に無頓着な者はいない、とテイラーは知っていた。もし凍りついた沼へ行進しろと命令したら、いまと同様にさっさと歩きだしただろう。

マルティネスは、いったん目を下に落としてから、ためらいながらも子供みたいにほっとした様子で大股に走り去った。メリー・メレディスが最後まで残っていた。

「コーヒーを持ってきましょうか、大佐殿?」メリー・メレディスは尋ねた。

「いや、結構。ソビエトの風景の美を鑑賞したいだけだ」

メレディスは、歩きだそうとしながらも、立ち去りかねて、「哀れに思ってるのでしょう」と言った。ロサンゼルスとメキシコでテイラーといっしょに戦ったそのあいだの数年間、メレディスは将校向けの軍の特別教育を受けて、外国語とその言葉を話す国の内情をじっくり教え込まれた。彼が学んだのはロシア語だったから、このしっかりした中流の黒人アメリカ人が自分の学んだ対象を少々愛する気持ちになっているのが、テイラーにはよくわかった。

「まあ、そうだな」テイラーは答えた。

「いや、ここを見てください。目が届くかぎり広い。それがまったく無価値で、死んでいる。この国全体がこんな状態です。三十年前には、ここはまだソビエト連邦のなかで一番生産性の高い工場コンビナートだったのです」

「きみはそう言ったね。ブリーフィングで」

「そのとおりです」とメレディスはあいづちを打った。「たぶん、私は、それがほんとうのことだと自分自身に言い聞かせようとしていたのでしょう」

テイラーは、年下の部下から顔を少しそむけた。「わが国だって、こうなっていたかもしれない、メリー。まずそう思っていい。まあ、きみがロシア文化やそのほか何やかやに夢中になってることは知っている。しかし、きみがアントン・チェーホフを思い浮かべるのに対し、私はヨセフ・スターリンを思い浮かべる」そこまで言って、ほかにも美と破壊に魅せられた多くの者の名前が浮かんできて、一瞬口を閉じた。「これだけはよく覚えておいてくれ。この事態を招いたのは彼ら自身なのだ。そしていま、火中の栗を拾うために、われわれがここにこうして来ている。もしわが軍がみごとにそうやってのけられれば。もしM100が宣伝どおりに働けば。もしワシントンのお偉方どもがどたん場になって尻ごみしなければ。そうであればいいが。いいか、メリー。私には、他人を哀れに思ってる余裕なんかない。わが部隊はアメリカ陸軍唯一の完全重装備の機動連隊なのだ——そしてたぶん、これからもアメリカが持てる唯一の連隊なんだ。だから、もしわれわれが失敗して元も子もなくしたら、あとに何が残る？　三十年も時代遅れの装備をした、疲れきった装甲部隊が二個部隊だけだ。たしかに軽装備の歩兵たちはサンパウロで手いっぱいだ。それに、メキシコにはもう十年、守備隊を駐屯させなければならない」テイラーは首を振った。「われわれは頓馬なのさ。それで、いまわが軍のおけつを危険にさらしているってわけさ。それもこれも、わがロシアの小さな弟たちがこの一世紀かけて世界で一番豊かな国になれたかもしれない土地をごみ捨場にしてしまったせいだ。だからな、彼らがどんなに改革に努力したか、私に演説をぶたないでくれ。非力すぎたし、遅すぎた。中途半端にしか頑張らなかった。そのうえ、道連れにヨーロッパ諸国をも破産させかけてしまいやがった。数字はきみのほうがよく知っているはずだ。あの莫大なペレストロイカ借款だ。たれ流しにしちまった。そして、誰かさんが失脚すると、ヨーロッパの投資がもたらした、ほんのちょっぴりの進歩すら、奴らは維持できなかった」そこまで言ってから、考え方が甘いと言わんばかりにメレディスの顔を見据えた。「奴らは自分の国を一つの巨大な汚水溜めにしてしまい、そこからわれわれがティースプーンで奴らを救い出そうとここにいるのだ。絶対にやってのけるさ。できるかできないか遠い話にしても。だが、私に奴らを愛せとは言うな」

テイラーはそう言い終えて、荒廃した工業団地を見渡した。どこまでも続いているかに見えた。暗澹としたありさまで、見棄てられたまま。なぜ自分がここにいるのか、承知していた。政治、経済、戦略がよくわかっていたからだ。自分ではここにいたいとさえ思った。それでも、心の内では理性的で、本分を守るこの将校は、すべてが取り返しのつかない愚行に結びついているのではないかと疑いを持った。

「さあ、コーヒーでも飲みに行け。メリー」テイラーは言った。

「召し上がりませんか、大佐殿も？」

テイラーは首を振った。「小便になって出るだけだ」

少佐は行きかけた。歴史的にも民族的にもおかしいが、アメリカ軍将校たちは誰もが欺瞞作戦の一環としてソビエト軍の灰色の外套を着ていた。そして、ためらった。まだ納得できなかった。

「ただ……」とメレディスは言った。「こうした風景を見ていると……初めはよい夢だったものが途中でおかしくなったのだと思わざるをえないのです。ロシア人のなかにはほんとうに信じた者もいました。地上の天国、ユートピアが計画的につくりだされる可能性を。よりよい世界を。最初の頃を振り返ると、ほんとうにそう信じた人びとがいた……それなのに、途中ですべてが間違った道を進んでしまった」

テイラーは肩をすくめた。

「わが国だって、こうなっていたかもしれない」と前と同じ文句を繰り返した。

つねに客観的であること、自分の判断にほんの少しでも感情を交えないことはたいせつだ、とテイラーは自分に言い聞かせた。だが、それは非常にむずかしかった。メレディスが情報報告を提出してくると、いつも日本人に言及している部分がないかを見つけようとして、急いで目を通した。この全作戦を通じて、自分の指揮下の将兵たちの誰もが日本人兵士と直接遭遇することはまずないとわかっていた。日本人は、表面に出るようなヘマはしない。かつて、南アフリカ軍の陰に隠れていた例がある。今度は、ソビエト帝国を支配しつづけるロシア人に反抗してじょじょに結集した同盟勢力、つまりアジア系少数民族のソビエト国内反乱分子、イラン人、そしてアラブ原理主義者から成る反ソ同盟軍の背後に隠れている。日本人将校が直接指揮していることは絶対ない。それでも、装備はすべて日本製だし、同盟軍が軍事的に体を成すのを助けている〝契約軍事顧問〟をはじめ、軍事訓練要員や修理要員もみんな日本人で、そして最終目的も同じく日本製、つまり日本人による支配、領有、統治である。外務省の役人のように重箱のすみをほじくり、言葉を弄んでみても、結局は資源のきわめて乏しいこの時代にあって世界一豊かな鉱産物の支配権を握るという問題に帰着する。

彼とその部下たちは、病んだ老人のように弱くなったソビエト連邦を支えるために、日本人がまた一つ、素晴らしい獲物を手にするのを妨げるために、派遣されたのである。しかしテイラーは、自分自身が病的に思い込んでいるのを、願望にガンみたいに取り憑かれているのを、内心で知っていた。日本人に仕返ししてやりたい、日本人を苦痛と屈辱的な目にあわせて、古い借金に利息をつけて払い戻させてやりたい、と。連隊の作戦区域内に日本人の指揮する陣地が発見されたという報告をメリー・メレディスが持ってやってくるその日、その瞬間を恐れた。そのときになったら、理性的な判断が下せるかどうか、感情を交えず冷静に攻撃目標の優先順位を決められるかどうか、自信がなかった。人間みたいに歩くというだけで、頭は狂った獣みたいになってしまうのではないか、と恐れた。

テイラーは、しっかりした判断を下せる人間であろうと努めた。でも、錆びた金属ばかりのこの荒涼たるシベリアの風景のなかにあっても、心はまだ若い中隊長であって、アフリカのあの束の間の涼しい朝の空にヘリで飛び上がり、自信満々、何も知らずに飛行するうちに、自分の部隊が破壊され、祖国が辱しめられる羽目にあった、あの若者の気分だった。白髪が見えはじめ、あのいまわしい病痕が残り、体が思うとおりに動かなくなったいまでも、あの草原の上の青く澄んだ空を飛ぶうちに、やがて日本製の武装ヘリにショックを受けることになる少年っぽい大尉であった。だが、アフリカは、自分の肌だけではなく魂まで破壊してしまったのではないかと不安に思った。彼はしっかりした判断を下せる人間たらんと願った。だが、自分が心の奥では人殺し、人種差別主義者になってしまったのではないかと心配した。もはや敵を人間とは考えない、戦うことしか能のない、こずるくて、身の軽い、ちょっぴり教育のある動物的人間に成り下がってしまったのではないか、と恐れた。

メキシコで、はじめて日本人の軍事顧問を殺したとき、ある程度は浮き浮きした気分になり、自分のやったことは正しいのだと思ったが、そう感ずることがまともな人間のまともな考え方とは一致しえないことがわかっていた。それでいて、自分の部隊が数える殺害者数がふえても、そうした満足感はけっして小さくならなかった。部下の上に立つ者として、彼の言動はいつも非の打ちどころがなかった。しかし、あるタイプの捕虜は好ましくない、と以心伝心で部下に伝えていたのではなかろうか、と思った。それはしかとはわからなかった。過去のことを完全に掌握するのは、将来を予言するのと同様にむずかしかった。

彼の顔が、誰になんとも説明できないような、唇を堅く結んだ微笑みを浮かべた。たぶん、私はほんとうに悪魔なのかもしれない、と彼は思った。

突然、近くの工場の屋根が爆発し、空へ飛び散った。だが、それは鳥の群れがぱっと飛び立っただけのことだった。鳥の群れはいったんは散ったが、ふたたび黒雲のように群がって南へ向かった。戦場に向かって。

最後の夕陽が明るい緑色のリボンとなって西に横たわっているのを、じっと見つめていた。ひどく寒くなりそうだ。気温が下がって、ウォー・マシンの働きに影響が出ないようにと願った。考えられるだけの予防手段はすべてとった。しかし、この素晴らしい新しい殺人マシンはまだ実戦に参加したことがなかったので、心配な点が多々あった。M100は非常に複雑にできているから、起こりうる問題は数限りなくあるように思えた。

われわれがしくじれば、もうあとはない、テイラーはそう自分に念を押した。

その工場のブリキのドアが開く音がしたが、人の姿は自分の視界に入らなかったので、部下の将校たちのうちの誰がドアから出てきたのか、なにげなしに当てっこをした。敵軍の進撃状況についての最新情報をもったメレディスかもしれない。いや、ラッキー・デイヴにちがいない、と賭けた。ハイフェッツが待たされて焦《じ》れているのは、わかっていた。イスラエル出身で、根なし草のこのユダヤ人は、プロイセンの参謀将校のような魂にいつも取り憑かれていた。とりわけ、ハイフェッツが我慢ならなかったのは、ソビエト連邦の無秩序な状態だった。自分の仕事はほぼ完璧にこなせるため、他人がその点で少しでも劣るのは非常に我慢できなかったのだ。

「テイラー大佐殿?」

やはりハイフェッツだった。

「やっとロシア人たちと連絡がつきました。こっちに向かってくると言っています」

テイラーは、その知らせにうなずいて見せた。

ハイフェッツは続けた。「時間を無駄にしている余裕はありません。まったく無責任だ。敵がここを見つけるのは、もう時間の問題です。いままでが運がよすぎたのです」

ラッキー・デイヴィド・ハイフェッツ。幸運な、幸運なデイヴ。家族は死に、故国は亡びた。ラッキー・デイヴィド・ハイフェッツ。外国の軍服を着ているのは、他にどこにも行くところがないから、兵隊になるしかなかったから。悩みや不安をこれっぽっちも連隊の他の誰にも漏らさない。ラッキー・デイヴィド・ハイフェッツ。誰とも親しくなることを自分に許さない。ハイフェッツ。

テイラーは振り向いて、テントのフラップを持ち上げるように、自分の心を少し開く気になった。ハイフェッツは連隊付の先任将校とS3(作戦参謀)を兼任していた。連隊の編成装備表では、人員不足をなんとか補おうとこの二つの職務を兼務にしていた。誰も一人ではとうていこなせることではなかったが、ハイフェッツはこんな重荷を背負わされても一人前にやってのけていた。けれど、これはひどく彼の体にこたえ、実際の年齢よりはるかに老けて見えた。

もちろん、この男がやつれて見える原因は他にもあった。テイラー大佐は、ダマスカスへの埃っぽい道で、ヘルメットの前部にゴーグルを上げて一時休止している若い戦車隊長、身長のたりないところをバイタリティーで補っている、ハンサムなイスラエル人青年将校の姿を頭に描いてみた。テルアビブが複数回の核攻撃の目標となったとの知らせが無線に入った一瞬、彼が立ちすくんだ様子を、思い描いた。テルアビブ、そこでこの若い将校の妻と子供が安全に生活していたはずだった。

もう、ずっと昔の話だ。核が全面禁止される前のことである。アメリカ合衆国がアフリカで敗北し、無力になったと見えたとき、チャンスとばかり狂信的な何ヵ国かが連合して始めた最後の中東戦争の頃の話だ。これは、最終的にはテルアビブとダマスカスの敵味方が共倒れになってもよいと、一つの連合勢力がおっ始めた狂人の戦争で、皆殺しの戦いに発展した。短期間で終わったが、テイラーはそのあいだずっとひどい病中にあったので、感情を交えずに距離をおいて事態をじっと見ていたし、回復しかけてもまだ十分ではなかったので、核兵器と化学兵器に毒された土地から生き残りのイスラエル人を救出する作戦にも参加しなかった。

テイラーは、ジグソーパズルのように醜い顔の唇の片方を吊り上げて、こう言った。「わがロシアの友人は遅れた理由を何か言ったかね、デイヴィド?」

イスラエル人は頑として首を横に振った。「何も言いません。説明すると約束しただけです。私の話した相手は、コズロフの腹心——いつも態度の大きいあいつです。私にはっきり何も言いたがらない。それはご存じのとおりでしょう。コズロフが自分ですべて説明するとしか言いません」ハイフェッツはそこで一休みして、何か考えていた。「何かあったらしく、みんな逆上していました。気に入りませんな」

「私もだ。この作戦にまったく余裕なんてないのだ」とテイラーは片方の眉を吊り上げて言った。

「メリーは何か新しい情報を手に入れたか？」

「前と同じ内容の繰り返しで、悪くなるばかりです。問題は、数ある危機的局面のうちのどれを、ソビエト軍がいま一番の脅威だと感じているかです。そしてその理由です。ときどき、私には彼らの論理がわかりかねます」

「きみは純粋に軍事的観点だけから考えている。しかし、彼らにすれば……まあ、ここは彼らの国だからな。当面、わが方が用心せねばならないのは、感情的に走らないようにすることだ」

ハイフェッツは、テイラーから本気で諭《さと》されたかのように、少しあとずさりした。彼はまわりに対しては堅い、妥協を許さない仮面をかぶっているが、ひどく傷つきやすい心配があった。もちろん、テイラーは思った、ここにいるわれわれ全員のうち、自分の祖国が敵の脅威を受けた実感、そして感情的に走りたくなる気持ちを実際にわかっているのは、この男しかいない。彼はただ、その気持ちを押し殺しているだけだ。

「私はいま考えていたのだが、デイヴィド、きみは祖国からずいぶん遠く離れている」とテイラーは言った。

「どの祖国ですか？」と尋ねたハイフェッツの声には、漠然とした冷たさが少し混じっていた。

「イスラエル、だろう。とにかく、私が言うのはそこだ」

「私の心にはいつもイスラエルのことがありますが、軍隊が私の祖国です」

そのとおりだ、とテイラーは思った。この軍隊でなければ、どこか他の軍隊だ。永遠の軍人なのだ。

「大隊に何か変わったことはないか？」テイラーは話題を変えた。

話が個人的なことから離れたので、ハイフェッツはほっとした。

「大隊の兵士たちは若くて血気盛んなだけです。立派な若い兵士ばかりです。誰と、あるいはどこで戦うのかもまったくわかっていなくとも、戦う用意ができています。装備の実戦即応度評価に変化はた。

ありません」

「実戦即応態勢が整っていると思うか?」ひやかしになりがちな質問だが、テイラーはまじめに訊いた。

もう暗くなりかけたなかで、ハイフェッツは落ち着いた様子で相手を見て、「支援機材の半分はまだ到着していません。乗員の一五パーセントは並み程度にも適格ではありません。ヘリ六台は修理中で、そのうちの三台はひどい損傷です……」とそこまで言ってから、突然にやりと笑った。不意な、余裕しゃくしゃくな、自信のある笑顔だった。テイラーにとっては、何よりの贈り物である。「でも戦えます。神さまがお許しになるなら、われわれはいつでも戦う用意が整っています」

テイラーも笑顔になった。「そのとおりだ、デイヴ。私もそう思っていた。あとはあのいまいましいロシア人しだいだ」

テイラーは、ロシアのあらゆるものが好きなメレディスの気持ちに負けるつもりはなかったが、といって新しい同盟国に対して厳しすぎる態度はとりたくなかった。どこかその中間の、合理的で機能的な立場を探し求めていた。それに、ロシア人はある面では非常にすぐれている。自分たちの国家体制がバラバラになりかけているというのに、欺瞞作戦についてはものすごく巧みな腕を発揮して、この大規模な重装備の機動連隊を秘密裏に——しかも急いで、——配備するのを隠しおおせた。それには、まず穀物の積荷と見せかけて船に載せ、それからロシアのヨーロッパ地域を鉄道で横断して、ヴォルガ河を渡りウラル山脈を越え、最後にこの自然の荒野のなかの荒廃した工業コンビナート跡にまで運び込んだわけだ。その間、敵がこの欺瞞作戦に気づいた徴候は何一つなかった。素晴らしい日本製の戦略情報収集システムも、だまされ眠っているようだった。ロシア人が欺瞞作戦がうまいのは、自己欺瞞を長年実際にやってきたからだ、とメレディスが冗談を言ったほどだ。

工場のドアがまた開いた。今度は、走りださんばかりの足音だった。マニー・マルティネスだった。

「こちらへ向かっています、大佐殿」息切れしそうな声だった。寒さが非常にこたえたのだ。「デルタ検問所から電話で言ってきました。上級曹長に参謀と連絡将校を集めさせています。メリーはもう少し情報収集室で頑張るそうです。ホットニュースがあるようです」

補給将校がそう話しているうちに、テイラーの耳に車輛の音が入ってきた。これでやっと待機する時間が終わりかけたいまになって、はじめて厳しい寒さに気がついた。こんなときは、ヒーターの栓をいっぱいにひねった、小さなレンジ・カーに乗り込んだら、快適だろう。ほかのことはどうあれ、ソビエト製のレンジ・カーについては、それだけは言える。ヒーターの修理が行き届いている。

テイラーはすでにソビエト製のレンジ・カーのことは、しかたなしにとはいえ、すみからすみまで知っていた。秘密裏に配備しなければならない連隊の重装備の量を考慮して、ソビエト軍側との取決めで、アメリカ軍は支援軽車輛をあとに残してきて、ソビエト軍のトラックとレンジ・カーに頼ることになっていた。作戦の秘密保持の面でも、それは良策だった。ソビエト側は必要に応じて車輛と運転手を提供することでは非常に好意的だったが、手続きが面倒で、遅れがあたりまえときて、そのせいで作戦がいつものようにてきぱきとは運ばなかった。しかし、アメリカ軍側に車輛をすっかり引き渡してしまうことは、車輛不足を言いたてて、いやがった。

たぶん、車輛不足というのは本心だったのだろう。メリーの統計のどれを見ても、ソビエトは実際に苦境にあった。しかし、これはアメリカ軍の所在を制限する一方、アメリカ軍が西シベリアや中央アジアを車で面白半分に乗りまわして、その存在を早まって敵に知られてしまうことがないようにする、ソビエト軍なりの方策なのかもしれない、とテイラーは思った。ソビエト軍が欺瞞作戦を鮮やかに計画遂行したことに敬意を表して、それ以上気にしないことにした。それに、大きな問題はなかった。きょうまでは。

車輛がライトをつけずに迷路のような廃墟を通り抜けて近づいてくるのが、その音が大きくなるのでわかった。急に音の高さが落ちた。工場コンビナート跡の内側に到着して停止し、ソビエト軍の軍服をぎごちなく着たアーカンソー州かペンシルベニア州出身の若い兵士に、本物かどうか厳しいチェックを受けているのだろう。着やすい機動戦闘服に慣れた、部下の若者たちが、昔の敵の着用した旧式なウールの上衣やズボンをいやがっているのが、目に見えるようだった。

車の出す音がふたたび大きくなり、ギヤを入れ替える音がはっきり聞こえた。まるで見張りの仕事をずっと長くやってきた、昔のインディアンみたいだ、とテイラーは思った。その音から速度を測り、距離を判断するのは、いとも簡単だった。一台の車輛などは、エンジンの調整が必要だとまでわかった。積荷は軽く、ほとんど空でやってきた。

テイラーのまわりに、ちょっとした一支隊並みの人数の将校たちがだんだん集まってきた。適切な作戦計画をつくる者、計画を実行に移す者を支援する者たちだ。今夜はロシア人たちと夜遅くまで協議することになりそうだ、とテイラーは思った。彼らがもたらすニュースが、奇蹟的なほどの朗報だったとしてもだ。ぐずぐず考えている段階は過ぎた。戦さの神マルスはもう空に現われている。

メリー・メレディスがそばに来た。「大佐殿、ひどいものです。畜生、まったくひどい。ソビエト軍はまったく戦局を押さえきれなくなっています」とささやいた。

テイラーはしーっと相手を黙らせて、言った。「知っている」

先頭のレンジ・カーが工場のすぐそば、アメリカ人将校の集まっているところから一、二メートルのところで停まった。座席から着ぶくれた姿が飛び降り、集まった人影のほうに急いで近づいた。いつも両肩を前かがみにしている輪郭から、ヴィクトール・コズロフ中佐だとわかった。コズロフは、ソビエト軍の前線司令官イワノフ大将とテイラーのあいだの連絡役だった。

コズロフは、本能的にまっすぐテイラーに向かってやってきた。このソビエト人は、才能があるにもかかわらず、アメリカ人将校のあいだではいい笑いものになっていた。見るもひどい虫歯で、その強い口臭は忘れるべくもなかった。テイラーは、コズロフを笑いものにした参謀の大尉の一人を叱ったことがあった。そのときは、いつもより大声で、このソビエト人がいかに巧みにアメリカ・ソビエト合同作戦に貢献しているか、ばつの悪そうな顔をしているその若い将校に説教したものだ。ところが、いまこのソビエト人将校の襲来を前にして、テイラー自身が辟易《へきえき》していた。

暗闇のなかでコズロフは敬礼した。白い手袋をはめた手が飛んでいる夜の鳥のように見えた。そして、めざす相手のすぐそばに近寄った。

「テイラー大佐殿」ソビエト人将校は言いはじめたがその声は取り乱していて、まわりの者にすぐ伝わった。「大変です。コクチェタフ地区が大変です。敵が突入しました」

6

カザフ共和国北部のコクチェタフの北西
二〇二〇年十一月一日、二二〇〇時

バブリシュキン少佐は、防護マスクに最後の新しいフィルターを注意深くはめこみながら、まわりの惨《みじ》めな物音に耳を傾けた。戦場から放り出された大量の難民たちが、道路の端を歩くのを嫌って真ん中をとぼとぼ歩いていく。それをかき分けるようにして、荷物を積みすぎた民間人の乗用車やトラックが、灯火を消したまま北へ向かってエンジンの音をたてて走っていく。へとへとに疲れたこの難民の行列からは、ときどき短くののしる声がするのを除いては、残された力を消耗させるような話し声はめったに聞こえない。

深い紺色の夜の闇のなかから黒々と見えるこの群衆たちは、独特の音をたてている。衣ずれの音と単調な足音、荷物を積みすぎた車輛の唸りあえぐ音、そして恐怖におののくあの特有の沈黙。あとからあとから続々と何千人もやってくる、着ぶくれした、男たち、女たち、子供たちが、長靴をはいた足で、手袋をはめた両手を打ち合わせたり、荷物を持ち替えたり、見捨てられた国営企業から徴集してきた乗用車やトラックのやけになった運転手たちにこづかれたりしながら、黙々と進んでいく。

ときどき、黒い人影があっけなく道端に倒れ、夜気をかすかに乱すが、ほとんど誰も気づかない。列を離れて、兵士に食物を乞う者もいる。しかし、大多数の人びとは、目撃したか、あるいは危うく逃れたか、噂に聞いたかした死の恐怖を思い出して、それに追いたてられたように前に進みつづけた。ひかれていく家畜の羊やロバが、飼主の抱く死の恐怖を感じてか、暗闇のなかで驚いてやかましく鳴き声をたてる。そしてまた大きな沈黙が戻り、カザフ草原の巨大な沈黙、がらんとした空虚感が、何十もの戦闘、何百もの交戦の物音を呑みこんでしまう。地平線上に火花が散っているのだけが、絶え間なく戦いが続いているのを示している。死をも些細なものにしてしまう広大さであった。

冷たい大地に食い入るシャベルの鋭い金属的な音と工兵の使う機械装置のブーンという唸り音が、バブリシュキンの部隊の位置を示していた。どこまでも延びる、幹線道路がわりの、鋪装してない道の両側に展開して、位置を示していた。昼間でもほとんどわからないくらいの下り坂の脇の長い斜面を占めていた。

食物が足りなかった。バブリシュキンは兵士たちに、自分たちの糧食を避難民――カザフ社会主義共和国から流れ出したロシア民族と他の非アジア系住民たち――にもうこれ以上分け与えるな、と命令せざるをえなかった。最後に支給された貴重な糧食は、ガソリンと同様にこれからの戦闘に必要な燃料であり、どんどん貯えの減っていく銃弾と同様にたいせつだった。食料がなくては、寝ずに何昼夜も続く戦闘や、凍った草原に塹壕《ざんごう》を掘るという苦役や、体力を消耗させる秋の夜の冷たさに耐えられない。バブリシュキン自身は、この家を失った難民の列に近づこうとしなかったが、少しばかりの食物を乞う声を無視して行進しなければならないことに内心ひるんだ。難民のその訴えを無視したり拒否したりすると、「食いすぎ」の兵隊どもめなどと侮辱的なことを言われたり、もっと痛いところを突かれて、軍の失態ぶりを非難されることが多かった。

食料は足りなかったが、薬も足りなかった。道端で負傷者や病人の面倒をみる軍医たちは、新しい知識と技術を前世紀的な現状になんとか合わせようと苦労していた。兵器も兵士も十分には残っていなかったし、残った兵士たちに行き渡るほどの銃弾もなかった。通信は途絶えていた。十分な時間すらなかった。そして、どこにも答はなかった。

撤退は、もう千キロ以上に及んだ。途中で撤退をやめて塹壕を掘り、敵の進撃を食い止めようと何回も繰り返したが、結局は次々に敗退した。戦闘は悪夢みたいだった。大混乱のうちに敵味方がぶつかり合い、やがて生き残ったソビエト軍はいつも撤退を余儀なくされた。緊張したこぜりあいや、絶え間のない陣地移動が何日も何週間も続くと、短い、ときには分単位の、鋭い交戦がある。この実際の戦闘は、時間的に短く、ひどい破壊を伴うのが特徴だった。バブリシュキンは六週間前に初めて混成部隊の大隊長になって、いまは旅団の生き残り部隊を指揮しているが、工兵中隊や防空中隊などの配属部隊を除けば、実際の戦闘部隊の兵力は、彼が最初に率いた大隊より小さかった。だから、参謀将校が戦車に乗り組み、調理兵が機関銃を操作した。バブリシュキンは、あまり戦闘の役に立ちそうにないこの部隊の指揮をとれと誰からも正式に命令されたわけではなく、混成部隊の先任将校では彼しか生き残っていなかったからだ。

彼は自分の部隊を統率し、どんなにわずかでも敵に抵抗しつづけ、最後に敗北する時期を遅らせ、北へ向かう難民の流れを守り、何世紀も前にツァーの軍隊がロシアのものとしたこの土地にしがみつこうと苦労していた。

最悪なのは、化学兵器攻撃だった。敵は大規模な化学兵器攻撃を繰り返し行なったので、ソビエト軍の兵士たちは息苦しくなる防護服とマスクを常時身につけていなければならず、そのため顔や首の皮膚がしなび、やがてひどく傷ついた。近いうちにまた化学兵器攻撃がかけられるのは、間違いなかった。もういまは警報も出なかった――警報装置がすっかり壊れてしまったのだ――そのうえに、もう何日も軍団からの連絡もない。ただ一つ、損害は正しい書式で記載して報告しなければならないという将校全員宛の命令をまぐれに受信しただけだ。

この新鮮な夜の空気、砲撃と突然の化学兵器攻撃とのあいだの暫時の息抜きは、バブリシュキンにとってありがたかった。数分かけてワーリャに手紙を書いたが、いつ郵送できるのか、郵便がまだ機能しているのか、わからなかった。彼が入手した最後の情報によれば、ロシア中心部の人口密集地域はまだ攻撃を受けていない。この戦争は、激烈ではあるが、奇妙な癖があって、中央アジアやカフカス地方の各共和国、そしてクバン川流域の地方に限定されている。つまり、ワーリャは安全だった。

それでも、彼女がこうした難民の群れに混じって、そんなこと向きにはできていない、華奢《きゃしゃ》な脚でとぼとぼと歩いている姿がいともやすやすと思い浮かんだ。いま自分の心のなかに浮かぶワーリャの姿を見て、彼女を許す気持ちになっていた。過去に少なくとも一回、彼女が不貞を働いたのを知っていた。彼女は、愚かで、しかも利己的だ。しかし、彼はいまや一人前の男、ほんとうに望ましい以上に一人前に成長した男なのだから、責任がある。美しい、気まぐれな女のワーリャ、自分の妻に対して。戦闘行動に続く戦闘行動を体験していくうちに、自分の幸福のありがたさが身にしみてわかるほど人間的に成長し、このまま命あって生きつづけられるものなら、自分の人生はどんなにか素晴らしいものになるだろうと思った。

冷たい空気、不快感を消してくれるほどに冷たい空気は、あかぎれでひび割れた顔に心地よかった。塹壕陣地を掘る仕事が楽にできるよう、部下に防護服を脱ぐのを許した。化学弾や化学爆弾がいつ降ってくるともかぎらなかったから、そうするのはある意味では賢明でない、とわかっていた。しかし、兵士たちには休息が、生の空気を感じる機会が必要だ、少したったら、また旧式のゴムの服をつけるよう命令しよう。そう思った。だが、防護服はしだいに形式化して実用性を失いつつあった。常時この服をつけて暮らし戦っているうちに、あちこちがほころび、破れてきて、やがて化学薬剤が侵入する穴がたくさんできた。それに、着替えはまったくなかった。

それでも、部下たちは民間人よりずっとましだ、と彼は思った。無防備の避難民の行列への化学攻撃は、最高一〇〇パーセントの死者を出した。しかも、これに対し打つ手は何もなかった。

アトバサルで、苦しみぬいた姿勢で死んだ、火ぶくれとなった死体を何千となく見たのを憶えている。十代の頃にゴーリキー付近で疫病ＲＤが蔓延して、川のあちこちに死体が浮いているのを見た記憶があるが、それよりもはるかにひどかった。あの頃も、つらい人びとにとってつらい時代ではあったが、出血と火ぶくれを伴う旧式の化学薬剤に加えて、ほとんど不必要な神経ガスの攻撃まで繰り出す現状は、彼が一生忘れることができない悲惨な光景を生み出していた。

結局、これは人種戦争だった。考えられない事態が起こったのだ。同じ世代のソビエト市民なら、学校教育がいまだに生徒たちに教え込んでいる、異なる国家、人種間の団結などという擦《す》り切れたたわごとを本気で信ずる者はほとんどか——まず——いなかった。とはいえ、ソビエト連邦をつくっている各民族が、これほど大きな、しかも重大な結果を生み出す憎悪を爆発させるだろうとも思っていなかった。

バブリシュキンは、敵にまわした数多くの民族のうち、次はどの民族を敵として戦うことになるのだろうかと思った。日ごとに兵力が小さくなる旅団が、戦闘地区をあちこち移されて次々と交戦した相手は、イラン人部隊、アラブ・イスラム軍団の機甲部隊、それにソビエト軍反乱部隊だが、反乱軍はバブリシュキンの部隊とほぼそっくりの装備を持ち、軍服を着ていた。敵として戦っている相手の反乱軍の将校のなかに、かつて自分といっしょに合同戦車学校で学んだカザフ人、ウズベク人、トルクメン人、タジク人、キルギス人がいるのではないかと思った。中央アジアの各共和国からの士官候補生はいつも数が少なく、これがいまになって反乱軍側に影響している。ソビエト軍の組織・制度が改革されて、周辺の各共和国出身の候補生たちが出身地に近い、少数民族系の部隊に勤務することが許されたあとでも、司令部や参謀の要員不足で、ロシア人、ウクライナ人、あるいはその他のヨーロッパ系ソビエト人の将校がその穴埋めをせねばならなかったほどだ。

ソビエト軍内で中央アジアの各民族出身兵士の反乱が起きたとき、これらの将校は大部分が反乱分子によって殺されるか、投獄されるかしたので、反乱軍は適格の将校が極端に不足していた。バブリシュキンは各民族出身兵士でにわかに仕立てられた反乱軍の混成部隊をいくつも壊滅させた——だが、結局は不死身の日本製武装ヘリが反撃してきたり、イラン軍やイスラム軍団の各部隊が日本製の戦闘車輛でこちらを蹴散らしたりして、いつもしっぺ返しを受けるだけだった。日本製兵器はよくできていたので、反乱軍の作戦計画そのものやその実施がいかにまずくても、いつも勝利を約束しているのも同然だった。敵によって向けられた電子兵器のせいで、バブリシュキンは無線交信を妨害され、目標捕捉レーダー網はぐらかされ、ソビエト陸軍の誇る最新の目標捕捉即時発射式の戦車用自動射撃統制装置さえもこけにされる始末だった。ソビエトのミサイルや主砲弾丸も目標からそらされた。そして、バブリシュキンの兵士たちがまともに打撃を加えつづけても、敵の主要戦闘システムはびくともしない場合がしばしばあるように思えた。

このままだと、部下がもはや長くは持ちこたえられないだろう、減りつづけている部隊がいつか消え去るしかない日が来るだろう、と心配した。しかし、なんとか部下たちは頑張った。きっと、みんなは自分の感ずるのと同じ気持ちをいろいろと抱いているのだろうと思った。絶望、打ちひしがれた愛国心、そして何よりも、非常にむきだしになってもその精神的強さを少しも失うことがありえない、激しい憎悪感などだ。バブリシュキンは、自分が人を殺すのが好きになるような、敵をただ殺すだけではなく、できるだけ苦痛を与え、できるだけ悲惨な方法で殺したくてたまらないような類いの人間だとは、これまで一度も思ったことがなかった。ところが、疑いもなくそんな男になってしまっていた。敵の車輛が爆発するのを見たときに感じる喜びは、ワーリャと初めていっしょに寝た頃の、あのとてつもなく素晴らしい夜の喜びとは、たしかに質は違っていたが、その激しさでは匹敵するものだった。時間がしばらくたって、残虐行為をいいかげん目撃したあとになると、殺人行為は、昔の彼には想像もつかない、ある種の純粋さを帯びるようになった。

バブリシュキンの旅団は、カザフ共和国に駐留するスラブ民族の部隊の一つで、まわりにいっしょにいるのは、この地方にそれぞれ分かれて住む各民族出身の将兵たちから成る、地元のいわば〝兄

た人びとの怒りから、逃れようとしているのだ。

弟〃部隊ばかりだ。いまや生粋《きっすい》のロシア人たちは、この長い難民の列となって、もう何世代も住んで自分たちの故郷となっていた土地から、苦労して耕して豊かにしたこの土地から、そして、ソビエト社会主義共和国連邦のなかの兄弟同士だと長いあいだ思ってきたか、あるいはそう思うふりをしてきた人びとの怒りから、逃れようとしているのだ。

たしかに、昔にも問題はいろいろあった――アルメニア人とアゼルバイジャン人のあいだの古くからの反目、数奇な運命に導かれて同じ生活の場に引き寄せられたものの、しっくりいかない何十というその他民族グループ間の対立などである。しかし、ゴルバチョフ以後、反動、またそれに対する反動、そして不安定な妥協を繰り返し、ソビエト連邦は困難な時代を乗り越えて、うまくいっているかに見えていた。眠ったような時代、退屈ではあったが嬉しいほどどこからも脅かされない平凡な日々が戻ってきて、ツンドラと砂漠と草原と湿地の国土全体の上に居座ったかに思われた。へたな、結局は失敗に終わる弾圧、衝動的な無政府主義、精神とむきだしな肉体の両面の満たされざる要求、そういったものは、それぞれの共和国への権限移譲を拡大し、連邦制度をいちじるしく強めるという応急の解決策の下でうつらうつら居眠りをしているかに見えた。民族間の緊張は、ときどき噴き出したが、おきまりの無気力な状態に尻すぼむのが常だった。

しかし、マルクスは正しかった。経済がすべての基本だった。だから、結局は経済がくすぶっていた各民族間の緊張を激化させた。まずゴルバチョフが、次には突然の失脚のあとを受けた、腐敗した保守派の凡庸な三人の人物から成るトロイカ体制が、ソビエト連邦の進むべき方向を苦労して模索していたとき、世界の他の国々は、次から次へと技術革命を爆発的に押し進めていた。ソビエト国内では、何をしても効果があがるとは見えず、どんなアプローチも世界各国に立ち遅れたその後進性が生む悪化する一方の諸問題を解決できそうになかった。ソビエトが途方もなく苦労し努力してやっと一歩踏み出したかと思うと、西欧諸国はその間に三歩か四歩、日本ときたら五歩も前進するありさまだった。そのうちに、アメリカの戦線縮小とヨーロッパ各国の中立化の結果として、日本・イスラム枢軸が表面に登場してきた。日本の進んだ技術とイスラム圏の天然資源と人口が結びついたこの同盟勢力は、ダイナミックな迫力を華々しく生み出し、貧困に苦しむアジア諸国のイスラム教徒に加え、ソビエト連邦内の中央アジア各共和国とアゼルバイジャン共和国の伝統的なイスラム教徒を必然的に魅きつけた。疫病RDが蔓延して苦しんだときに国の医療機関がまったく役立たなかったこと、中央政府全般がうまく対処できなかったこと、それに加えその結果としてソビエト国内各地に飢饉が発生したことが、導火線に火をつけた。あとから考えてみると、爆弾が爆発するのに、あれだけ時間がかかったほうが不思議だった、とバブリシュキンは思った。

歴史は繰り返すという言葉にたがわず、いまやロシア人とその兄弟民族たちは、アジア人の猛襲に対し孤立無援の状態で立ち向かっていた。ロシア人の支配をすり抜けてから久しい東ヨーロッパ諸国ですら、偉大なロシア人は当然の報いを受けているのだ、と邪まな喜びに近い気持ちで、楽しげに傍観していた。ありがたいことに、中国は眠っていた。中国はまたも長い内省期に入っていて、ときどき片目を開けて日本の様子をうかがい、慎重に定めた自分たちの勢力範囲が犯されていないのを確かめると、満足してまた目を閉じた。発展途上の——望みのないほど後進的な——国々は、中央アジアの各共和国の完全独立の権利を支持し、もう三十年近く物資も兵器も送ってこない破産国のソビエト連邦を痛烈に非難した。ロシア人は、歴史は繰り返すという宿命に甘んじて、またもや孤立した。モンゴル人、タタール人、トルキスタン人、そして今度はアジアの暗闇のなかから強靭な騎馬民族が立ち上がったのだ。アフリカでアメリカ軍を救ったような、手っとり早い核攻撃の可能性も、アメリカのプレトリア核攻撃があり、中東では核の相討ち攻撃でたった三日で何ヵ国もがいっきょに破壊されたあとだけに、ソビエト連邦の発言を真に受けてとびつく世界によって、その可能性の芽がまんまとつぶされていた。それ以前にソビエトは、世界の桧《ひのき》舞台を大威張りで踏む最後のチャンスに嬉しくなったあまり、大声で核の完全廃止を叫んでしまっていたからだ。そして、実際そのとおりに、核兵器はソビエト連邦内からきれいさっぱり、愚かにも撤去され、バブリシュキンの一握りの戦車と歩兵戦闘車輌だけが、いま残っている戦力のすべてであった。

「同志司令官？」星の光だけの闇のなかから、ヘルメットをかぶった二つの人影がバブリシュキンに近づいてきた。その一人が旅団の政治担当副司令官のグレヴィッチ少佐だと声でわかった。この地位はずっと前の一九九〇年代に廃止されたが、保守派体制の復帰に伴い、古風なイデオロギー用語や懐旧的な頑迷思想とともに復活された。いま、この政治将校が何をまだ信じているのか、バブリシュキンにははっきりわからなかったが、彼の任務がたいした仕事ではないことはわかっていた。グレヴィッチが、思い出したように何か一役買おうと乗り出してくることは、役に立つというよりむしろ自己主張の面がはるかに強かったが、ありがたいことに、彼が一席ぶつのにそう長くはかからなかった。将兵の誰も政治将校の話に熱心に耳を傾けなかったし、グレヴィッチがその不満を訴えると、兵隊たちは忙しくて説教を聞いてる暇などない、それにいまになって何か言うことがあるのか？　兵士たちは戦っているのだ、逃亡兵など一人もいない、これ以上に何を兵士に期待するのだ？　バブリシュキンはそう答えて、相手の言い分を一蹴した。

　政治将校はこう応酬した。理由が間違っていれば、正しい行動でも、それで十分とは言えない、兵士たちに自分のとる行動の論理的必然性、政治的重要性を認識させなければいけない、と。しかし、グレヴィッチはこの問題をそれ以上言い張らなかったので、たぶん、自分がこの部隊に勤務しつづける理由、自分の存在理由を探しあぐねているのだろう、とバブリシュキンは思った。帝国の崩壊とともに、グレヴィッチの世界も崩れはじめたのだ。

「同志司令官」と、いつも変わらぬおせっかいな口調で〝同志〟という古臭い称号をきっちりとつけて、政治将校が言った。「通信将校を連れてきました。本部からの通信連絡を受信したそうです」

バブリシュキンは、直接ラザルスキーに言った。無線装置の前から離れて、こうやって暗闇のなかに立っていると、通信将校だとはわからなかった。「何を言ってきた？　何が起こっている？　機密保全通信網は電波妨害されていると思ったが？」

「同志司令官、連絡文は非暗号通信網を通じて暗号文字群で入ってきています。空中から発信しているものと思われます。何回も繰り返し発信しています」とラザルスキーが答えた。

バブリシュキンは、目の前の二つの人影をじっと見つめた。「ところで、いったいなんと言っている？」

グレヴィッチが脇から口をはさんだ。「すぐに北方へ撤退せよ、と言っています。上部との連絡の途絶えた部隊や下級隊宛の一括命令です。すべての部隊はペトロパブロフスクのすぐ南の線まで後退せよ、と」

バブリシュキンは呆然とした。そんなはずはない。「なんだって、それじゃここから百キロ以上もある。少なくともな。どこか間違っているにちがいない」彼は一つの人影からもう一つの人影へ視線を移して、そう言った。

「暗号文字群を自分の目で確かめました」とグレヴィッチが言った。

ラザルスキーは肩をすくめた。「ここずっと連絡が途絶えていました。われわれを抜きにして戦争は進んでいるみたいです」

そう言う通信将校の声には、疲れと諦めしかなかった。だが、グレヴィッチは、いつも政治的に扇動する言葉を吐いていたにもかかわらず、ふたたび撤退を始めるのを少しもいやがっていないのではないか、とバブリシュキンは思った。そして思わず、道路を粛々と進む難民の流れを振り返った。

この命令は、実行不可能だ。それでは、数えきれない何千という避難民を守らずに見捨てることになる。とにかく道路は難民の列でまったくふさがれているから、旅団はのろのろと這うようにしか進めない。大部分の装備が使いものにならなくなった旅団の能力を超えた長旅である。それに、部隊の全車輛がこの距離を走りきるに十分な燃料が残っているかどうかも、わからなかった。

ほんとうに状況がよく理解できている者なら、こんな命令を出せるはずがない、と思った。

「本部を呼べるか？　通信連絡を流している者と話せるか？」バブリシュキンはそう訊いた。

グレヴィッチが通信将校の答えるのをさえぎった。「受信しかできません――それもかすかです。こちらが誰かを呼ぼうとすると、すぐに電波妨害されます。そんな無駄なことをしつづけていたら、わが軍の位置が敵にわかってしまう危険があります。そんなことをするのは無責任です。それに、命令は命令です」

「しかし、ばかな、あの人たちはどうなるのだ？」バブリシュキンは右手で道路のほうを指して、思わず声をあげた。

「命令は……」グレヴィッチはどもった。

バブリシュキンはますます腹が立ってきた。こんな命令を出したばか者だけではなく、事態をこんなに困った状態にしてしまった同志や国民全体に向けられた、激しい、何もかもひっくるめた怒りだった。

「これが策略でないと、どうしてわかる？」興奮と痛烈な迫力に声がうわずった。「本部を呼び出して命令を確認できないとしたら、これがトリックやにせのまやかしでないと、どうしてわかる？　敵が後退を命令しているのかもしれん。どうやって、知るのだ？」

「暗号文字群で……すべてが暗号でした」と政治将校は言った。

「だがな、まったくのところ、われわれは新しい暗号書をずっと……いつから受け取っていない？　ツェリノグラードを撤退したときからだ。奴らが暗号書を分捕ったとは思わんか？」

「一つの可能性としてはありえます」ラザルスキーが事務的に言った。このやりとりに彼はたいして関心がなかった。無線、つまりアンテナとケーブル、マイクロウェーブと中継装置、そういったものにしか、関心がなかった。

グレヴィッチは、問いに直接には答えないで、そのかわりこう言っただけだ。「状況は……明らかに異常です。ですが、われわれはいま命令が本物かどうかを問う立場にはありません」

バブリシュキンは、自分の肩に責任の重さがかかってくるのを感じた。明確に考え、感情を交えるのを避けることがたいせつだ、とはわかっていた。しかし、ソビエト軍が遠く離れたペトロパブロフスクまで、西シベリアと接する、カザフ共和国の北端の最後の大都市——そして東西をつなぐ最上の通信連絡線にまたがる要衝ペトロパブロフスクまで、はるばる追いつめられた、とは信じたくなかった。そう考えるのは敗北を認めることだったから、戦場で次から次へ敗れた経験はあっても、それでもまだ、自分が完全に敗けたとは認めたくなかった。心の奥深くでは、ソビエト軍がなんとか奇蹟を起こし、まず敵の進撃を阻み、それから押し返しはじめると信じていた。そんな想像が理性や論理を離れた、はるかにずっと感情的なものだとはわかっていた。それでも、ワーリャについて絶対考えてはならないことがあるように、このぶつぶつ文句を言いながら、軍隊に恨みを抱き、ひどく怖がっている避難民たちがあっさり見捨て去られるような状況は、なんとしても受け入れられなかった。

「マクシム・アントノヴィッチ、本部を呼び出してみてくれ。もう一度やってみるんだ」とバブリシュキンは通信将校に命じてから、意識してではないが声の調子をわずかに変えて、政治将校に向かって言った。「あの人たちを置き去りにはできん。背を向けて、さっさと行ってしまうわけにはいかない。それに、ここは陣地としてよいところだ。ここで十分に戦える」

バブリシュキンの声に弱みを見つけて、グレヴィッチは反撃に出た。「もっと大局的な見方が必要です。間違いなく、上部の司令部には何か計画があるはずです。局地的な戦況に縛られてはなりません。ここは、もっと大きな全体の一部にすぎません。なんと言っても、戦争に勝つことのほうが最後にずっとものを言います。どれほどの人数の……よりも」

「貴様、この戦争はなんのためだと思ってるのだ？」バブリシュキンは、詰問した。そして、ふたたび北へよろめきながら向かう惨めな難民の行列のほうを指した。「あの人たちのためなんだぞ」

だが、そう言いながらも、自分が嘘をついている、主観的、感情的に走っている、のがわかっていた。戦争の目的がもっと大きなもの、つまり鉱物、ガス、石油のためであることを知っていた。中央アジアの豊かな資源、そして、その向こうの西シベリアのさらに豊かな資源のためであることを。

グレヴィッチがお得意の説教口調で始めた。「同志司令官、この戦争は……ソビエト連邦の領土保全のためです。間違いなく、人民を守るためであります。ですが、共同体としての国家は、個人の運命より偉大であります。誰しも、たった一つの貴重な生命を失いたくはないでしょうが、より偉大な目的を忘れてはいけません」

この野郎、とバブリシュキンは思った。あの人たちのところへ歩いていって、よく見てみろ。貴様が実際にクラッカーを二、三枚乞われてみろ。そして、あの人たちがおまえをののしるのに耳を傾けてみろ。だが、あの人たちはほんとうはおまえやおれをののしってるわけじゃない。おれたちが代表しているもの、つまりあらゆる約束が失敗に終わった結果、あの人たちの払った犠牲が無に帰した結果をののしっているのだ。さあ行って、ほんの二、三分でもいいからあの行列に加わってみやがれ。

「司令官は私だ」ふたたび声を抑えて、バブリシュキンは言った。「決定は私が下す。私はこの通信連絡が本物だとは認めない。敵の策略だと思う。この陣地にとどまって戦う。別の行動に移れ、と命ずる、正しいと確認できる通信連絡を受けるまではだ。あるいは、この陣地を維持できなくなるか、役に立たなくなるまではだ。あるいは、ここから移動すべきだ、と私が決定するまではだ。決定は私の責任で下す」

「同志司令官、あなたは疲れておられる。ほんとうの共産主義者らしい考え方をしておられない」

バブリシュキンは、憤りと疲れから、大声で笑いだしそうになった。ワーリャもグレヴィッチと同じことを言っただろうと思った。ただ、言い方は違っただろう。ばかね、あなたは、自分のチャンスを、私たちのチャンスを投げ捨てようとしてるわ。相手がそう言いたかったら、勝手に言わせておく術を身につけなきゃだめよ、と。

ワーリャ。いま、この瞬間、何をしているだろう、モスクワで。

バブリシュキンは、もっと腰を据えて、議論を楽しむようにして言った。「いや、違う、同志、政治将校グレヴィッチ少佐、問題なのは、私がほんとうの共産主義者らしい考え方をしているということだ。いいかね、問題なのは、共産主義者らしい口をきくのはやさしいということで、事実、この百年間、誰もがみんな優秀な共産主義者らしい口をきいてきた。問題なのは……われわれがどう行動したか、ということだ」バブリシュキンは、防護マスクをばかみたいに振りまわし、戦車のフェンダーを即席の街頭演説台に見たてて、その上に立っている自分に気がついた。そのばからしさ加減にちょっと気がひけた。議論なんかしているときではなかった。とにかく、共産主義など無意味だし、この三十年間というもの、なんの意味もなかった。東ローマ帝国時代の宮廷の儀式のように、空虚な形式にすぎない。ゴルバチョフ時代が終わると、共産主義なるこの言葉が、それまでの恐るべき空虚を埋めんばかりの勢いで生き返ったが、その言葉には、生きた実体はなかった。

バブリシュキンは、手にした防護マスクを容器に丁寧に納めた。「上級司令部に連絡をとりたければ、そうすればいい。フョードル・セミョーニッチ。しかし、私が確認をとれるまでは、撤退の命令を下さない」

突然、南の地平線が閃光に照らし出された。思ったより近かった。戦闘の音が草原を渡ってくるのに少し時間がかかったが、敵軍がすでに自分の部隊の前哨線近くまで来ている、とわかった。おそらく、前哨陣地ではもう交戦が始まっているかもしれなかった。あるいは、敵軍は避難民の行列の最後尾に追いついていたかもしれなかった。

敵の存在がわかって、バブリシュキンはほっと安堵したい気持ちだった。ずいぶん待ったし、いろいろないい加減な言葉にさんざん悩まされた。だがいまや、やることはたった一つしか残っていない。戦うことあるのみだ。

重火器や軽火器の音が避難民の耳に届く前に、閃光が行列の歩調を速めた。女たちは悲鳴をあげた。一台の車輛がアクセルを強く踏んだので、運転手が群衆のなかを突っ走ろうとしているな、とバブリシュキンは思った。

この何週間かのうちに、群衆の気性がどんなものかよくわかってきた。このままだと、あわてふためく運転手は、安全な場所にたどり着けるどころか、逆に車からひきずりおろされて、殴り殺されてしまう。

「出動だ。全員射撃姿勢をとれ」バブリシュキンは叫んだ。そして指揮官専用戦車のがたがたになったT94へ駆け戻った。すべての戦闘車輛は、草原に掘られた塹壕のなかで道路に直角の位置をとって隠されていて、火器だけが刈り取られた大地の上に見えていた。バブリシュキンは、土堤から戦車の甲板へ飛び乗ったときに危うくつまずき、暗く浮かぶ主砲に手を伸ばして、体を支えた。次の瞬間、すりむいた両膝を抱えて、車体のなかに座り込んでいた。二十年以上も前に登場したT94の基本設計では、外見は伝統的な戦車の車体をしていたが、旧式の砲塔のかわりに、高くなった砲座があるだけだった。戦車の指揮官も砲手も運転手も全員が前部車体の乗員室に座っていて、砲座に装着された光学装置やセンサーで車外を偵察した。この設計は、とくに車体遮蔽の面で目標特性をずっと小さくすることを考慮していたが、旧式の戦車なら戦車指揮官が砲塔のなかの高い位置から状況を目視して指揮したのに、それができないのをいつも不満に思っていた。バブリシュキンの戦車の電子光学装置はときどき満足に働かなくなり、旧式のペリスコープに頼らざるをえなかったから、とくに都合が悪かった。他の戦車に乗り替えるつもりだったが、そうなるとふつうの戦車の配線を大がかりになおして指揮官用通信装置を移す必要が出てくるし、いつもそれより急を要する仕事があったので放っておいた。いまになって、そうしておかなかったのを後悔した。

目標を識別して、パラメーターが正しく合えば自動的に攻撃する、目標捕捉即時発射装置も、指揮官用戦車のものは壊れていた。バブリシュキンも砲手も、一世代以上も前の戦車隊員がしたように、目標を目で識別し発射しなければならなかった。旅団のなかでまだ正しく作動する複雑な目標捕捉即時発射装置は、もう数少なかった。残っていた装置に対しバブリシュキンは、イラン軍やアラブ軍団のような最上の装備の敵軍が攻撃を仕掛けるとき、かならず先頭にやってくるロボット偵察車輛を攻撃できるよう、プログラムの組み替えを命令してあった。日本製のロボット偵察車は、立ち往生しかねないような最悪の地形を除けば、まずどんな地形でも進めたから、味方に敵の陣地の配置を教えて、寸分違わず正確に射撃を指揮できた。だから、敵の戦闘車輛そのものをあとまわしにすることになってでも、まず偵察ロボットは破壊しなければならなかった。バブリシュキンにすれば、壊れた玩具で巨人みたいな技術兵器に戦いを挑むような気がした。

バブリシュキンは、電波妨害を受けても聞こえるように無線の出力をフルに上げて、「全員に告げる。全員に告げる。こちらヴォルガ。化学兵器攻撃に備えよ」と叫んだ。自分の判断が間違っているように、少なくともこの一回だけでもあの恐怖をまぬかれられるように願った。もし化学兵器が使用されたら、そのあとで避難民でごったがえす道路がどんな様相になるか、彼にはわかっていた。それ弾を受けただけでも、ひどい損害が出る。「アムール、ロボット偵察車を見つけ出せ。レーナ、操作可能の目標捕捉即時発射装置はすべて、自動で戦えるようにしておけ。その他の全員に告げる、目標を識別できしだい、交戦を許す。ドニエプルが戻ってくるのに気をつけろ。撃つな。ドニエプル、聞こえるか？　そちらの様子はどうか？」前哨線にいる偵察分隊を呼んだ。

バブリシュキンは待った。無線機からはじーっという音やがりがりいう音がした。外国の軍隊の通信装置がどんなものか、よく知らなかったが、こんな旧式な無線機をまだ使っていようとは思えなかった。似たような装備の反乱軍を除いては、自軍の無線通信網がまぐれでも敵側の交信を捉えた例は一度もなかった。彼のヘッドフォンにたまに混信して迷い込んでくる声は、かならずといってよいほどロシア語だった。

「ヴォルガ、こちらドニエプル」シャブリン中尉が報告してきた。この旅団でただ一人の生き残りの偵察将校である。「反乱軍部隊のようです。日本製の装備は見られません。ロボットもありません。T92とT94の混成部隊です。旧式のBMP-5もあります。たぶん、先遣隊がさぐりを入れているのかもしれません。発砲は、私に向けられてはいません。避難民の行列のなかの車輌を撃っています」

シャブリンの声からは、自分で伝えたいと思った以上のものまで伝わってきた。なんとか感情を抑えて、偵察将校としての任務を果たそうと努めているのが、バブリシュキンによくわかった。しかし間違いなく緊張したその声からは、反乱軍が丸腰の民間人を猛烈に攻撃している様子が浮かび上がった。

バブリシュキンの疲労の底から、激怒が湧いてきた。反乱軍め。自分と同じ軍服を着て、同じ誓いを口にした男どもめ。民族が違うというだけで無防備の人間を惨殺していいと信じ込んでいる野郎どもめ。

バブリシュキンは、前進して、奴らを攻撃したかった。だが、それが愚かな行動だとわかっていた。恰好よく見せようとしてむざむざ浪費できる戦力はない。追いつ追われつの戦いに打って出れば、部下たちは避難民を傷つけまいとして避けるだろう——だが、反乱軍のほうはバブリシュキンの一握りの車輌を破壊しようと全力をあげられる。これじゃあだめだ、とるべき正しい行動は、これまで苦労して備えてきた陣地でじっと待って被害のおよその見当をつけ、できるだけわずかな犠牲で多数の敵を殺す態勢を整える——結局、グレヴィッチの言うことは正しかったのか？——そして、敵が最後の数キロまで、できれば自分の部隊の存在に気づかずに、こちらの目標捕捉装置に見えるようになるまで接近するのを許し、低く起伏する草原にその物影を現わすまで、待つことである。我慢しろ、考えすぎるな、バブリシュキンはそう自分に言い聞かせた。

「ヴォルガ、こちらドニエプル。増援の大隊のようです。たしかなことはわかりません。隊列から何かおぼろげにわかるのですが、斜めに展開しています。よく耳を澄ましてください——進軍しながらでたらめに撃っているようには思えません。目的があって避難民を追撃しているようです。よく見えませんが、歩兵車輌がすでに突っ込んでいるようです」

前哨線からの報告の声にまたもひどく緊張している様子が感じられた。だが、自分を甘やかせないのと同様、シャブリンにも甘い態度をとれなかった。

「簡潔に報告しろ、ドニエプル。事実だけを知らせろ。交信終わり」とバブリシュキンは無線連絡した。

それから照準眼鏡をのぞくと、地平線が爆発の輝く閃光や幾条もの光の川でまぶしく見えた。中央アジアの反乱軍部隊のことはよく知っていた。訓練が行き届いておらず、収拾がつかなくなることが多い。そのとおりだ、そのとおりだ、ひどい奴らめ、できるだけ冷たく心のなかでそう言い放った。そうやって、弾丸を撃ち尽くせ、全部撃ち尽くしてしまえ。それまで待ち受けてやる。

それでも、暗闇の裾を持ち上げつづける閃光を見ていると、心は落ち着かなかった。その光景は、人びとがひどく苦しんでいるのを黙認する気か、と彼に迫っているみたいで、いくら努力しても悲惨なありさまが心のなかに浮かんでくるのを抑えられなかった。大きく迂回作戦をとって、敵の側面をつく考えをなんとなく思いついた。

いや、それもだめだ、感情に支配されてはならない、待たなければいけない、そう自分に言い聞かせた。

「ドニエプル、こちらヴォルガ。正確な位置を知りたい。奴らはいまどこだ？」と呼びかけた。草原のなかで、しかも真夜中に、敵の位置を的確に捉えるのがいかに難事であるかは、わかっていた。レーザー測距器でも、ある程度しか役に立たなかった——それに、こちらの位置を敵のレーザー探知器に捉えられないように、シャブリンはその使用を禁じられていた。バブリシュキンは逆上している若い将校に、暗闇と銃砲火の異様な状況のなかを移動しつづける敵車輛の正確な位置を明確にせよ、と無理を言っているのだ。

「どのくらい離れた距離だ？　どうぞ」

「そちらから十キロ以内です」とシャブリンが応答してきた。でかしたぞ、でかしたぞ、その調子でやれ、バブリシュキンは声をひそめて言った。

「そちらから地対地ミサイルの射程距離内です」とシャブリンは報告を続けた。しかし、その声がおかしいほど動揺しているのに気づいた。と思ったら、当然のことながら、感情的に取り乱しはじめた。

「奴らは避難民のなかを突っ切って、轢《ひ》き殺している……われわれがしなければ……」とおろおろした声で言った。

「ドニエプル、気を鎮めろ。さあ、早く」バブリシュキンはそう言ったが、相手が早まった行動に出て、残り少ない偵察車輛で攻撃をかけ、何もかもだめにしてしまうのではないか、と恐れた。一番大事なのは、我慢して、待って、正しい瞬間に飛び道具を発射することだ。限られた手持ちの地対地ミサイルでいま攻撃を開始しても、前方に厄介なものがいるぞ、と敵部隊の大部分に知らせてしまうだけだ。敵を全部、車輛を一台残らず、反乱軍を一人残らず、やっつけてやりたかった。捕虜にする気はなかった。戦争が始まって以来、彼の部隊は一人も捕虜にしなかったし、知っているかぎりでは、敵方も同様だった。

「奴らはいま皆殺しにしようとしています。大虐殺だ……」泣きださんばかりの声でシャブリンが報告してきた。

「ドニエプル、こちらヴォルガ。ただちにそこから撤退して、本隊に合流せよ。慎重に移動せよ。敵に見られるな。私の言うことがわかったか？　どうぞ」

「わかりました」しかし、その一語には危かしい感情が重く感じられた。

「すぐに移動せよ。野郎どもを始末するチャンスはあとでもある。いま一発でも撃てば、奴らに知られてしまうだけだ。すぐに移動を始めろ。交信終わり」バブリシュキンはそう命じた。

バブリシュキンは照準眼鏡から目を離した。不機嫌なおかしな気分になって、鼻を鳴らした。一人の将校が百キロ後退したがっていたのに、その五分後には、もう一人の将校が急いで攻撃をかけたがっている。そして彼自身は、これからの交戦で第一発を撃ちたかった。最初に手ひどく命中させたかった。しかし、自分がシャブリンの立場にいなくてよかったと胸をなでおろした。中尉ほどに自制心をきかせることができたか、自信がなかった。

「全員に告げる、戦闘命令に切り換え。敵部隊は約一個大隊」バブリシュキンはそこまで無線マイクに向かって怒鳴ったが、一瞬ためらった。「奴らは反乱軍だ。ロボット車輌の姿は見えない。自動発射装置に発射安全装置をかけておけ。命令があるまでは、発射してはならぬ。絶対に、できるだけ多くやっつけられるようにしなければいけない」そこで一休みして、交信が長引いたのを心配したが、この付近に傍受装置がたまたまあれば、瞬時にその新式の方向探知器で発信位置が発見されるおそれがあることは知っていた。「ドニエプルが帰ってきたあとは、車輌の移動をいっさい禁止する。動く車輌は、すべて攻撃する」とできるだけ冷酷に聞こえるように、無理してそう言った。

反乱軍の装備が味方のものとよく似ていることを考えると、追いつ追われつの戦闘になれば、またたく間に手のつけられぬ混乱に陥り、同士討ちになるだろう。味方と反乱軍の装備の唯一のほんとうの違いは、奴らの装備のほうがもっとひどい状態にあることだと思って、ひとり慰めた。中央アジアの各民族は整備がひどくお粗末だったから、機能本位の各種自動装備の点ではこちらが有利だろうと思った。この戦闘は勝てる、と思った。「全員、順に命令受領確認の報告をせよ」

次々に、兵力が小隊規模に減った中隊、中隊規模に減った大隊が報告してきた。呼出し符号《コール・サイン》の反復に耳を傾けながら、照準眼鏡で戦車の外を見通した。中間距離に見える光の乱舞を、自国民、同じ民族の難民たちが苦しめられ、殺されている光景だと理解せざるをえなかった。自分自身では十分にわからなかったが、いますぐ前進して同じ軍服を着た奴らを殺すだけではなく、もっと南進して、目には目でその妻子たちも皆殺しにし、そしてマルクス、レーニンの同じ落とし子たちのあいだで起きたこの戦争に決着をつけたいという衝動を感じた。

避難民の行列狩りに興じていた反乱軍は、やがて身動きがとれなくなり、前進が遅くなってきた。バブリシュキンの兵士たちは何時間もじっと待機して、反乱軍の発射する火器から出る、目もくらむ、幾条もの光の線が、難民たちの燃える車の炎にだんだん強く変わっていくのを見つめていた。兵士の一人一人の神経がチリチリしているのがよくわかった。戦車の鋼鉄の壁を通して、塹壕の土壁を通して、みんなの苦しんでいる気持ちを感じることができた。敵軍とにらみ合う、一触即発の彼我の中間地帯で疲労と怒りにもまれながら、命取りになるとわかっていても何か行動をとりたい衝動に駆られていた。もはや生きることを考えなかったから、死ぬことも考えなかった。そこに存在するという意識もほとんどなかった。しかし、敵は……敵は凍った大地よりも、戦車のまだらに塗られた鋼鉄の車体よりも、はっきりと存在していた。敵は万物の中心と化していた。

夜中の、何時かはっきりわからなくなった頃に、バブリシュキンの部隊の戦車の外側を激しく叩く音がしはじめた。静かな夜気を破って最初の音がしたとき、あまりにも思いがけなかったので、敵が撃った弾丸が命中したのかと思った。しかし、その連打はむしろ人間の力で叩いている感じだった。誰かが何かで戦車を外から叩きつづけて、扉を開けさせせようとしていたのだ。

用心深く、バブリシュキンは乗員にじっと座っているように命じた。そして、ピストルを手にみずから立ち上がり、指揮官専用ハッチをさっと開けた。

星の光で、鋼鉄の甲板の上に膝をついている男のうしろ姿が見えた。その男は叩くのをやめて、ゆっくりと、ぎごちなくバブリシュキンのほうを向いた。すすり泣いていた。

遠くでしていた銃砲の音は消え去って、気まぐれな小火器の音がときどき聞こえるくらいで、バブリシュキンの部隊の両翼のあいだに延びる長い道路には人影もなかった。

老人だった。息を切らして、あえいでいた。懐中電灯で見ると、白髪で、労働者の青いツナギ服を着て、額が血で汚れていた。

その老人は暗闇のなかでバブリシュキンの顔を探し、目を追い求めた。

「卑怯者、卑怯者、卑怯者、卑怯者」彼は泣きながら叫んだ。

体力の限界に達して、バブリシュキンはうとうとした。一時間もすれば、地平線は白みはじめるだろうが、反乱軍部隊は直接照準射撃の射程外にとどまっているだろう。明らかに彼らは避難民の行列退治にゆっくり時間をかけている。もう十分に堪能しただろう。人間が奪える血には、おのずから限度がある。血に酔っている。バブリシュキンはそう思った。ふたたびいっきに奇襲をかけようかと考えたものの、ふたたびその衝動を抑えた。計画を固守しろ、計画を固守しろ、と言い聞かせた。重い目が昔の幻影の上にとまった。新任少尉の彼は、トルクメン共和国の南端の悪名高い基地、クシカに配属されるという滑稽なほどの不運にめぐり合った。そのために、大学で軍事学を教えてくれた教授はひどくばつの悪い思いをした。クシカといえば、本来は将校が罰として送られる任地だった。新卒少尉のバブリシュキンは、成績がトップ・クラスの学生で、しかも軍事教練記録には一つの汚点もなかった。それなのに、なんでそういうことになったのか？　夏は五十度を超え、毒蛇はラッシュアワー時のモスクワの地下鉄の乗客ほどびっしりいるクシカに、少尉が一人必要だったのだ。学生のバブリシュキンを慰めるつもりの教授は、思わず笑いだしてしまった。クシカへの配属は――自分がその当人でないかぎり――実際には、いつも冗談話にすぎなかったからだ。

クシカは、出発前に言われたとおり、まったく惨めだったし、そのうえ、土地の者たちは――しっかりした通貨を持っているか、闇市場で売るような軍の物資を持っていれば別だが――ロシア人に敵意を抱いていた。しかし、だんだんわかってきた。それまでに教え込まれたことがらで間違っていることがいかに多いか、自分がいかにものを知らなかったか。地元の人間たちはロシア人よりも、アフガニスタンとの国境を越えてトラグンディからやってくる密輸の仲間たちとか、あまり遠くないイラン人にはるかに親近感を持っていた。その頃もうすでに、国境地帯の情勢変化、形式的な住民たちのソビエト連邦への忠誠心の変化は避けられない、とブロンドの薄い口髭を生やしたこの少尉は察していた。「こんな荒れ果てた土地なんか、くれてやる」とまで自分に言ったことがあった。それでも、自分がここに在勤中にそんな大激変が起こらねばよいが、もう自分の直接の関心事ではなくなる頃まで、大激変の起こるのがなんとか遅れればよいが、と当然ながら願ったものだ。それからほぼ十年後のいま、戦車のなかに座っている彼は、ノアの大洪水並みの大激変は明日まで待たしてやれ、と皮肉に考えた。災難が起きるのは、誰か他の者が交替勤務につくまで、誰か他の者が責任者になるまで待って欲しい――そう思うのは国民性だった。いま、彼は自分が恥ずかしかった。でも、何をすることもできなかった。

敵を待つこと以外には。戦うこと以外には。

イヤフォンに急に音が入りだして、思わずうつらうつらしていたところをびっくりして目ざめた。

「ヴォルガ、こちらアムール。聞こえますか？」

「聞こえる」バブリシュキンは答えた。

「前方に動きがあります。自動捕捉装置が捉えました。主砲は発射安全装置がかかっていますが、はずしたがっています。目標は複数。すっかり一団にかたまっていて、スクリーンでは分離して見ることができません。どうぞ」

よし。こっちの望んだとおりだ。疲れきって、群がって、用心していない。死と血で二日酔いしている。

「数は？　おおよそでいい」バブリシュキンはそう言って、照準眼鏡に映る荒廃したあたり一帯を熟視したが、敵の姿はまだ見えなかった。搭載エレクトロニクス装置が壊れてさえいなかったら、と思った。自分の指揮官用装置一式を全般的にもっと状態のよい戦車に移す決意とエネルギーがありさえしたら、と残念だった。

「こちらアムール。少なくとも重車輌三十台はありそうです。あるいはそれ以上も。酔っぱらいの群れのように動いています。鼻先と尻をくっつけて、全部が押し合いへし合いしています」

「よし、距離は？」

「先頭車輌まで七千五百」

思ったより近かった。「全員に告げる、全員に告げる。五千メートル先で交戦の予定」

敵を引きつけたかった。理屈からすると、ミサイルと特大の速射砲を使って、いますぐにでも交戦を開始することはできた。しかし、あえてもう少し待つ決心をした。こちらの戦車の車体遮蔽位置は上々だ。もし敵がほんとうに非常に注意深くなければ、必殺の五キロラインに達するまで、何も気づかないだろう。ひとたびそこまで近づけば、一台も逃れられない運命だ。こちらが先手をとりさえすれば。

「こちらアムール。七千を切りました。動きが速いです。上から怒られたのでしょう」

「戦闘展開の様子はないか？」ババブリシュキンはいらいらして訊いた。

「いいえ。烏合《うごう》の衆みたいだけです」

ババブリシュキンは照準眼鏡に額を押しつけて、自分の目で見たかった。しかし、暗くて、距離が離れているうえに、こちらのほうがずっと長く低く傾斜しているせいで、待ち望んでいる敵の戦車や歩兵戦闘車輛の位置を突きとめられなかった。

「こちらアムール。六千メートル。側衛すらつけていません。前方警戒隊もありません」

あまりにもできすぎている。一瞬、罠ではないか、とババブリシュキンは思った。

いや、そんなことはない。反乱分子たちのことは、よく知っている。いっしょに学校へ行き、いっしょに軍隊に勤務し、いっしょに暮らした経験があった。だから、いまは自信過剰になっているのだ、と思った。

敵は、北へ撤退せよというこちらの命令をきっと傍受したのだろう、と思った。グレヴィッチの言うことは正しかったらしい——あの通信連絡は本物だったのだろう。そこで、一晩じゅうかけて思う存分に人びとを殺しまわって満足したこの反乱軍部隊は、いま、移動を開始して遅れを取り戻し、後退中と思われるソビエト軍の追撃に乗り出すよう、命令されたのだろう。

ババブリシュキンは、にやりとした。とうとう敵は誤りを犯した。ロシア人が何がなんでも命令に従う傾向がある、とあてにしすぎたのだ。例外がつねにあることを忘れたのだ。

野郎どもはこれからその代償を払うことになるのだ。

「ヴォルガ、こちらアムール。五千五百メートル。射撃練習みたいなもんです」

「全員に告げる、こちらヴォルガ。まだ発射するな。自動発射装置の安全装置はそのままにしておけ。しっかり引き寄せろ」。ああ、見えた。照準眼鏡にはじめてかすかにものの動くのを見ることができた。この距離だと、手動操作では十分効果的に射撃できなかった。それでも、発射したい。弾丸の浪費にはなるが。一つだけこのわがままを許したい。他の者たちよりもずっと整備の行き届いている戦車の指揮官なら、あるいは他の者たちよりずっと運の強い戦車の指揮官なら、獲物を仕留めるだろう。そう思った。

「五千二百」

バブリシュキンは、部下の気持ちが張りつめているのを感じた。巨砲が吠えるのを誰しもが感じたがっていた。ぶざまに、なんの疑いも持たずにこちらに進んでくる敵を破壊したがっている。

「五千百メートル」

マリノフスキー高等戦車学校で、バブリシュキンはタジク人の学生と組まされ、何がなんでもこの中央アジア人が卒業できるようにせよと命令されたことがあった。そのタジク人はこのやり方をよく心得ていて、できるだけ勉強を怠けた。バブリシュキンにかわりに論文を書いてもらい、発表のための資料を集めてもらった一方で、ひどいカンニングをして試験を通った。とにかく、ヨーロッパ系ロシア人に対する評価の仕方はずっときつかった。バブリシュキンはこのやり方を憎んだ。この裏表のある欺瞞、まったくの侮辱、不正を……

いまになって、そのやり方がそんなふうであったのを嬉しく思った。あのときいっしょに勉強するよう組んだあのタジク人が、こちらにいま近づいてくる部隊の指揮をとっていればいいが、と思うだけだった。

「五千メートル」

「発射、自動発射装置の安全装置をはずせ。自由に交戦せよ」とバブリシュキンは無線マイクに向かって叫んだ。が、部下たちは最初の一言しか聞かなかった。何をすべきか、知っていたのだ。毎秒二、三千フィートもの高初速を出す戦車砲の弾丸の大きなどんどんという音が、彼の乗っている戦車の鋼鉄の壁を、ヘッドフォンのパッドを貫いて聞こえた。

照準眼鏡のレンズいっぱいに爆発の光景が映った。弾丸の命中した遠方の目標の台数を数えようとしたが、あまりかたまりすぎていてわからない。小さな地獄の業火が次から次へと燃え移っていく。ヘッドフォンは、ここ何週間のうちに聞きなれた喜びの興奮と不平の声が混じった音が入ってきて、がやがやしている。それぞれ別の車輛に乗って、おたがいに見ることも、さわることも、匂いを嗅ぐこともできずに戦っている兵士たちが、自分たちは一人ではないと確認し合う、あの特別な物音だった。近代戦の戦場では、無線は交信連絡のためには必要でなくても、戦車内に閉じ込められて戦う兵士たちが、おたがいに手をさしのべ合えるようにするのに心理的に絶対に必要なのだ。バブリシュキンはそう思わざるをえなくなった。兄弟分たる部下たちがいっしょにいることを私に知らせてくれる、必要な道具なのだ、と。

「ドン、こちらヴォルガ。強い照明弾をいますぐに発射してくれ」と火力支援指揮官に呼びかけた。

ジグザグ隊形に並んだ戦車や歩兵戦闘車輛のずっと後方に展開している各種火砲の応答は聞こえなかったが、やがてパラシュート照明弾が着火して空を漂いはじめて、敵の車輛群の真上の少し後方の空が夜が明けたように明るく輝きだした。

この輝く光で、一つ一つの目標を十分に見分けることができた。すでに燃えている敵の車輛は二十台以上を数えたが、感心にも、反乱軍は戦闘態勢を組もうとしていた。敵戦車の何台かは応戦したが、こちらの下級指揮官からはまだ死傷者の報告は入ってこず、しかも、敵の射撃は死にもの狂いで、狙いが定まっていない感じだった。バブリシュキンは一瞬、敵戦車のなかに、混乱と恐怖だけでなく、勇敢な動きもあるのをふと想像した。そうした思いがちらっと頭をよぎると、反乱軍がふたたび人間らしく思えるようになった。

「砲手、目標……四千七百……ずっと左翼の先導戦車だ」

「見えます」

「位置が決定できるか？」

「遠すぎます」

「畜生、照準眼鏡に捉えたか？」

「捉えました」

「発射」

部分的にしか吸収されない発射の反動で戦車の車体が震えた。それから、バブリシュキンは秒を数えた。

敵のその戦車は動きつづけていた。爆発はなかった。それてしまったのだ。

「距離、四千五百……」バブリシュキンは怒り狂って叫んだ。

「同志司令官、遠すぎます」

「言われたとおりにしろ、この野郎……距離四千四百五十」

突然、あの敵の戦車が火を噴いて消えた。誰か他の者が獲物を仕留めたのだ。

しばし、バブリシュキンは何も言わなかった。別の目標を探そうともしなかった。砲手の言うことは正しかった。それはわかっていた。弾薬を無駄使いするなんて愚かなことだ。いつ補給があるか、わかったものではない。目標捕捉即時発射装置がまだまともに働く他の戦車に、殺人はまかせておいたほうがいい。そのほうがはるかにずっと効率がいい。

ただ問題なのは、殺したい、破滅させたいという気持ちだ。その気持ちは、単に勝利に貢献したいという願望をはるかに超えて、抑えがきかなかった。そんな願いよりはるかに強く、はるかに個人的な感情だったから、自分の指揮する旅団が草原に広がる敵を殲滅するのをただ手を拱《こまぬ》いて見ていると、失望感、いや挫折感さえ味わわざるをえなかった。じっと耳を澄ますと、他の戦車の自動発射装置が一つの目標から次の目標へと移っていく、ゆっくりした、周期的な音がした。その発射音が大きくどーんととどろくたびに、数秒後に決まって遠くにかがり火がぱっと輝くように炎があがり、それを聞いていると、ほとんど催眠術にかかったような気分になった。

　こちらみたいに周期的に発射する敵の車輌は一台もなかった。実戦に役立つ自動発射装置がきっと一基もないのだろう、と思った。ある意味では、この戦争は、それを操作する人間よりも、いろいろな装備をつけすぎた戦車のほうによりずっと苛酷だと言えるだろう。

　敵がただの反乱軍部隊でよかった、と思った。すぐれた日本製兵器を装備したアラブ人やイラン人の軍隊が相手だったら、おんぼろになったわが部隊がこんな善戦ぶりは見せられなかっただろう。

「全員に告げる、こちらヴォルガ。弾薬を浪費するな。手動操作はすべて発射やめ。自動装置は……奴らを全部片づけてしまえ。発信終わり」

　照準眼鏡を通して探すと、ときに反乱軍の車輌が逃れようと右往左往しているのが認められた。しかし、自動発射装置が間もなく最後の一台まで撃破してしまった。広々とした草原は、蒙古人の焚くかがり火があちこちに燃えている千年ほど前の大昔に戻ったように見えた。

　バブリシュキンは、いつものように歓喜が湧いてくるのを待った。でも、今度は時間がかかった。最初は、疲れているからだろうと思った。だが、どんなに疲れていてもアドレナリンの量はいつも十分だった。

　敵部隊を全滅させたのだ。わが軍は一台も車輌を失わなかった。たいした戦果だ。時を稼ぎ、命を救ったのだ。だが、自分を寄せつけない女と無理に寝たときのような、あと味の悪い気分がした。

　燃える戦車の火に映し出された草原を見まわした。空は白みはじめてきた。また新しい日が、新しい敵がやってくる。今度は反乱軍が判断を誤り、間違った行動をとったが、この次のときは？　さらに、その後は？　人間の運というものは、永久に続くものではない。

さて、流血の惨事は一度に一つずつで結構だ、とバブリシュキンは心のなかでつぶやいた。

車輛の火は燃えつきはじめた。親しい友だちとあまりよくない酒を飲んだときのあと味の悪さみたいなものを感じた。他のことはともかく、ソビエト製の戦車は同士討ちだけは完璧にやってのける、と思わずにやりとした。


朝の陽の光が差してくると、バブリシュキンの戦車部隊が陣地を構えていた場所は戦火であたたまっていたが、そのまわりは霜がいっぱいに降りているのが見えてきた。偵察将校シャブリンには今回はつらい目を見せないでやろうと思って、自分で警戒隊を率いて出発した。少数の歩兵戦闘車輛と空の万能トラックがうしろについてきたが、何か役に立つ補給品を回収し、反乱軍に襲われた難民たちのあいだに生き残った負傷者がいたら運ぶためだった。救急車は、ここ何日かの戦闘で傷ついた兵士たちですでにいっぱいで、後方に残った。この捜索隊を一個小隊の戦車が側面から守り、旅団の残りは北への移動の準備をした。

敵の車輛にずっと接近して、相手側が一台残らず被弾しているのを確認し終えると、バブリシュキンはついてきた全車輛にそれ以上の前進をやめるよう命令した。いまや一リットルの燃料でもたいせつだった。

歩兵戦闘車輛が走ると、霜に通った跡が残った。これだと、霜が降りてないときより、追跡するのが容易だし、雪が降りはじめれば、もっと見つけやすい。もしそれまで生き延びることができれば、だが。

歩兵戦闘車輛には自動車化ライフル兵が甲板のハッチを開けたまま乗っていて、生き残りの反乱兵狩りをしていた。ごくひどい重傷者だけが見逃された。銃弾がもったいなかったし、自動車化ライフル兵たちは、奴らなどゆっくりと誰にも看取られずに死ぬがいい、と思って満足した。バブリシュキンは、小さな殺戮は放っておいた。そのような行為は犯罪であり重罪に処せられるべきだ、と教えられてきたが、そんな細かなことはいまはどうでもよかった。これは違う種類の戦争なのだ。

戦車が反乱軍の装甲車輛と避難民がぶつかった地点にやっとたどり着いたとき、バブリシュキンは、これまでいろいろな戦闘を体験してきたが、また一つ新しいことを学んだ。自分ではこれまでにこんなひどい戦いはないと思うものを見てきたつもりだし、いまさらもうショックを受けることも、深く心を動かされることもないと思い込んでいたが、この舗装してない道路一帯に広がる計画的な虐殺の光景は、それが考え違いだったことを教えてくれた。南のほうで見た大規模な化学兵器攻撃の犠牲者ですら、遠く離れたところにある兵器——つまり飛行機、ミサイル、長距離砲などで特定の個人とは関係なく攻撃目標として選ばれ、機械的に攻撃されたが、ここは大違いだ。道端の死体の多くは、敵兵が目の前に立ちはだかり、相手を人間だと意識し、相手がさまざまな恐怖の声をあげるのを聞けるほどずっと近寄って、一人一人を殺している。

一番ひどい扱いを受けたのは、女たちだった。男たちは単に殺されただけだったが、女性の死体は、丸裸にされているか、着衣を腰の上まであるいは頭の上までめくられたままで、とくに痛々しく、寒々と見えた。そのまわりには、彼女らの所持品が散らばって、心なく吹く風にかすかな音をたてていた。難民の乗っていた車輛は略奪され、燃やされ、スーツケースはその所有者の死体のかたわらで空っぽになっていた。女性の一人は、とりわけ虚栄心が強かったのか、香水を無事に持ち出そうとしており、その壊れた瓶から出る官能的な匂いは、火薬や引き裂かれた内臓の臭いのなかを歩くバブリシュキンの神経をいらだたせた。香水はいつもつけすぎるほどつけていたワーリャのことを思い出させたからだ。

非常に生々しい死の光景に気をとられていたバブリシュキンは、散乱している死体のなかに、まだ生命の残っているものもあるのになかなか気づかなかった。沈黙は人を欺くものだ。誰も大声で叫ばなかった。しかも、傷ついた肺のあえぎや、希望、恐怖、その他すべての感覚を超えたすすり泣きは、気をつけて耳を澄まさなければ聞こえなかった。その沈黙に彼はすっかり震え上がった。戦闘を目前にしても、そのように怯えたことはなかった。

はじめて悲鳴があがった。多量に出血している少女が、助けようとかがんだソビエト兵をもういっぺん楽しもうと戻ってきた反乱軍の兵士と間違えて、悲鳴をあげたのだ。少女は金切り声をあげ、腕を振りまわして、その体に衣服をかぶせ、両手で抱き上げようとする曹長に抵抗した。ついに曹長は諦めて、うしろへ下がった。他に助けを求める負傷者はたくさんいた。どっちにしても、たった一人の個人の運命なんて、どうでもいいという気になった。兵士たちは、すすり泣き、頭のない人形をしっかり握ったその子供を道路の真ん中に残して立ち去った。

7

オムスクのソビエト軍前線司令部
二〇二〇年十一月二日、〇六〇〇時

ヴィクトール・コズロフは、歯が痛んだ。立派な、強い、真っ白い歯のアメリカ軍将校たちに、ソビエト軍将校が緊急事態にぶつかったらいかに有能に任務を遂行できるか、示してやりたかったが、歯の痛さをこらえて、頭を冴えた状態に保つのは一苦労だった。イワノフ将軍の通訳として、一つ一つのやりとりをどんなに細かいことでも正確に、気短かなアメリカ人に伝えなければならなかった。それでも、歯ぐきのなかで悪い歯が動いているのが感じられ、断続的な痛みに目のまわりの皮膚がこわばった。

合同参謀会議は夜を通して続き、新しい情報が入るたびに前線が総崩れの度を増していくので、ひどい圧迫感があった。コズロフは、睡眠不足で頭がぼんやりしてきた。アメリカ人を驚かせようと、宝物のような食物を並べたてたブフェ・テーブルから、不覚にも冷たいサーモンとキャビアをつまんだ――その冷たさがいたんだ歯ぐきにしみこんだのだ。眠らずに緊張して働きつづける体には、食物をとり燃料を入れる必要がある、と自分に言い聞かせたが、いまになって、ソビエト軍の中佐にも手に入らない、絶対ないといえるほど稀《まれ》な、高価なものとなってしまった特産品を彼に選ばせたのは、欲か、妬みか、悪意かだった、と気がついた。アメリカ人たちは、このような豊かな食物を揃えるのにどんなに苦労したかなど、まったく気づかず、気にもせず、さりげなく食べていた。お気に召さなかったのか、皿に盛った食物を半分も残している者が多かった。アメリカ人を好きになるのは、むずかしい、非常にむずかしい。真っ白な動物の歯を持つアメリカ人を。

顔にひどいあばたのあるアメリカ軍の大佐と、得意げにロシア語を話している黒人少佐とに目を向けた。その黒人将校はソビエト人を侮辱するだけのために派遣されたにちがいない、とコズロフは思った。いまどきのアメリカ軍では、ロシア語など黒人の関心をひく価値しかない、と思った。しかも、その黒人少佐がまったく流暢に話すので、いっそう厄介になるだけだ。イワノフ将軍が言ったこと、言わなかったことの裏にどれだけの意味が隠されているのか、どこまでほじくり出せる能力があるのだろう。いや、アメリカ人はどうしても好きになれない、とコズロフは思った。一番歯のいい将校を選んで、ここに派遣してきたのではないか、とさえ思った。つまり、ソビエト人——ロシア人——の受け入れ側にちょっとした屈辱的な教訓をもう一つ与えるために。

コズロフは、その悪夢のような顔をしたアメリカ軍大佐に通訳した。「わが軍の防空部隊がそのような問題を起こすことはない、とイワノフ将軍は約束します。貴軍が敵との接触に向かって移動する際、攻撃されないかぎりわが防空部隊に発射せぬよう厳命いたします。貴軍は絶対に安全であります」

コズロフの歯は、ぐにゃぐにゃする歯ぐきでぐらつく感じで、激しい痛みが襲わないときも惨めな鈍痛がして、神経を麻痺させるほどの強い酒を飲めたらと思った。しかし、そんなことはできもせず、しもしないで、ただ楽になることを想像して、自分をなだめるしかなかった。この金持ちの、しっかりした歯をしたアメリカ軍将校のなかに歯科医はいないだろうか、もしいたら、あまりみっともない思いをせずに、治療を受けることができるだろうか、とふと思った。

彼は急いでそんな考えを打ち消した。アメリカ人の前でわが方の無能ぶりをこれ以上さらけ出すよりは、どんなに歯が痛もうとそのほうがずっとましだ。事態はもう十分悪い。自分の国が、昔の敵の助けを必要とし、世界各国から見下げられる乞食国家に成り下がるというところまで来てしまったのは、恥ずかしいことだ。このうえ、当方のどんな些細な失敗でも認めるくらいなら、歯が一本もなくなったほうがまだいい。

そのアメリカ軍大佐、かの有名なテイラー大佐はこう答えた。「そうしていただければ、このうえなくありがたい。わが軍の目標捕捉装置では、貴軍の兵器と反乱軍の兵器とを識別できない。わが軍のセンサーには、どちらもまったく同じに映る。言うまでもなく、アラブ軍やイラン軍の場合は問題がない。日本製装備は容易に見分けられるからだ。しかし、ソビエト製の兵器となると、敵味方を識別するには、その地理的配置に頼るしかない。わが方のヘリが離陸する前に、貴軍の持っている最新情報――そして、できれば空中を飛んでいるときも最新情報が必要だ。貴軍の兵士を誤射したくはない」

テイラーがそう答える英語を例の黒人将校がロシア語に通訳するのを、コズロフは脇で聞いていた。二重通訳のやり方としてはまったく逆なのだが、テイラー大佐とイワノフ将軍は、この逆の方法を了承していた。コズロフは、通訳される言葉を聞いている将軍の顔を眺めて、その表情が本心をどれだけ相手のアメリカ人に漏らしているだろうかと思った。イワノフ将軍が次から次へと嘘をつくので、状況全般がいっそうむずかしくなるばかりだった。アメリカ人がその不思議な情報収集方法を働かせて、表面的に装っている以上にほんとうの事態を知っているのは、コズロフにわかっていた。だから、イワノフ将軍が口から出まかせに事実でないことや生半可《なまはんか》なことを言うと、心からの善意でそう言っても、相手を当惑させるだけだった。その言葉を英語に訳し、嘘と知っているアメリカ人に直接この嘘を伝えなければならないとなると、彼は歯ぎしりをしたかった。だが、そんなことはとてもできなかった。

少なくとも、ソビエト軍の防空部隊の全部にそう連絡をとるのは不可能だとわかっていた。通信連絡は不確実で、不可能に近かったし、ウラル山脈以東にあるソビエト軍部隊は、延びきってずたずたになった前線全体にわたって、大混乱に陥っていて、兵力がどれだけ残っているか、もはや誰にもわからないほどひどかった。戦争が起こるとすぐに、衛星情報システムが敵の日本製兵器で破壊されてしまったので、それを使って友軍の所在を確認することもできなかった。ソビエト軍部隊は、特定の時間の敵の正確な位置も、味方の位置も知らずに、闇のなかでめくら撃ちせざるをえない状態に追い込まれていた。いまたしかにわかっていることといえば、敵軍がアトバサルとツェリノグラードのあいだを突破して、カザフ共和国と西シベリアの境に迫ろうとしていること、ソビエト第十七方面軍の残存部隊が急遽ペトロパブロフスクの南に防衛態勢をしいて、敵軍の前進を阻止しようとしていることだけだった。

敵部隊はこの数週間、前進しては奪取した陣を固め、また前進するという具合に着々と移動してきていて、いまや、まったく手がつけられない情勢になっていた。アメリカ軍人向けの情報ブリーフィングでは、できるだけ明瞭に敵情を伝えている。しかし、その黒人将校——なぜか〝メリー〟と呼ばれている——の表情から、アメリカ人たちのほうが哀れなロシア人のブリーフィング担当官よりはるかに多くのことを知っている、と察せられた。アメリカ軍連隊の野戦情報センターの内部を一目見てみたいものだ、とコズロフは思った。スパイするのではない——そんな気持ちはとっくになくなっていた。中央アジアの草原でいったい実際に何が起こっているのか、知りたいだけだった。

もちろん、事態が悪化していることはみんなが知っていた。しかし、歴然と嘘とわかることは別にして、すべて嘘をつくというか言いつくろうという伝統がロシア人たちのあいだに根強くあったから、外国人に対し——せっぱつまったときの同盟者たちにすら——いかに惨めな事態にたちいたったか、認める気になれなかった。イワノフ将軍は、敵に突破されたことは率直に認めた。しかし、アメリカ軍を予定より一週間早く戦闘に投入して欲しいとのせっぱつまった要請には、ソビエト軍の反撃計画を確実に成功させるのに必要なだけだ、という恰好のよい口実をつけた。

ソビエト軍が一番反撃らしきものに入るとしても、空の薬莢を敵軍の方角に投げつける程度だということは、将軍もよく知っていた。実際にイワノフ将軍の頭のなかにあったのは、次の二つの可能性だった。第一は、素晴らしい秘密兵器を持つアメリカ軍が、ひょっとしたらほんとうにある程度の勝利をおさめるかもしれないことだ。そうなれば、ソ連軍の防衛線を南方に移して、西シベリアの南端に大規模な緩衝地帯をつくりだし、きわめて大まかな意味での反撃と言えるに近い体裁をとれるかもしれない。もっと現実的な第二の可能性は、アメリカ軍の投入は、草原地域での信じられないほどの大混乱状態を鎮静させる時間稼ぎ程度にすぎないかもしれないことだ。

モスクワは当然、アメリカ軍の存在のショックが停戦をもたらすかもしれないと期待した。しかし、これはせっぱつまった期待にすぎなかった。イワノフ将軍がコズロフや参謀たちに勝利を口にしなくなってから、もうひさしい。いまはもう、戦況をもっとはっきりとつかもうと苦労して、その日暮らしの戦いを続けているだけだった。もう何週間も、霧のなかにあるように戦況が皆目わからずに、毎日を送っている。イワノフ将軍が、すべての戦闘部隊と支援部隊とともに前線を実際に指揮しているかのような話し方をまだしているのは、アメリカ人たちに対してだけだった。それどころか、戦場は総崩れで大混乱に陥っているというのに。

コズロフは、傷んだ臼歯の外側を舌の先でつついた。アメリカ人が非常に協力的であることは認めざるをえなかった。イワノフ将軍が、モスクワの承認を得て、即時支援の要請を公式に伝えると、すぐにアメリカ人大佐は話を中断して上部との連絡にとりかかった。この要請は、もちろん政府から政府へなされるものだったので、コズロフが心配げに見守っていると、アメリカ軍の参謀将校たちがさっさとエレクトロニクス装置の入った灰色のスーツケースを開け、キーボードを叩いて直接ワシントンと会話を始めた。アンテナを延ばすことも、外から電源をとることもない。アメリカ人たちはその技術をまったく無造作に使いこなし、まるでライター同様にたいしたものとは思っていないようだった。そうさりげなくされると、故意に見せびらかされる場合よりも、見守るソビエト人たちの横面をずっと強く張り、自分たちの技術的後進性を見せつけられる思いがした。コズロフは、自分が時間の停まってしまった国に生きているような気がした。

アメリカ人大佐は、早く戦闘に入るのを避けようといろいろ口実を並べなかったし、自身の立場を有利にしようと駆け引きもしなかった。あの恐ろしい顔になんの感情も示さず、エレクトロニクス装置を通じて上司と話を続け、十五分もしないうちにイワノフ将軍にこう返事をしただけだった。

「ワシントンは許可すると言っている」

それから、あの工業コンビナート跡の隠れ場所からアメリカ軍の参謀将校たちがもっと集まってきて、あの大がかりな作戦計画が始まったのだ。重苦しい朝の時間が過ぎ、密閉した作戦計画室はソビエト煙草と何日も風呂に入っていないすえた体臭でむっとしていた。誰もが、滑らかな肌をしたアメリカ軍人もが、疲れた、険しい表情で、前より話し方がゆっくりで言葉数が少なくなった。アメリカとソビエトの両国の参謀たちは、考え方が厄介なほど異なっていたが、苦労して共同作戦の無数の細かい点を練り上げ、鉛筆、ペン、マーカー、キーボードで、アメリカ軍を三十六時間以内に戦場へ送り込む実行可能な計画を求めて、いろいろな考えを刻み出していった。技術的には、通訳の数は十分にいた。しかし、言語の技量があまり正確でないことがすぐに明らかになった。コズロフ自身が作戦用語や図式計算で生じた誤解を解くのに何回も呼び出されたし、自身も致命的な間違いを犯すのではないかと心配だった。合衆国の南部出身のアメリカ人たちの英語は理解しにくかったが、おもしろいことに、イスラエル人の作戦将校の英語は、一番わかりやすかった――意識的に正確な英語を話したからだ。

GRU（ソビエト軍参謀本部情報部）の情報将校時代に、コズロフはかなりの時間をかけてアメリカ人を研究したことがあった。フルンゼ陸軍大学に新設された、ソビエト陸軍のエリート向けの特別教科課程で前線将校たちといっしょに学んだときも、ラテンアメリカにおけるアメリカ軍の無謀な軍事介入の状況に精通しようと一生懸命に勉強した。アメリカ合衆国の本質を理解し、その国の軍隊と自国の軍隊とが違う理由を把握しようとした。アメリカがアフリカで屈辱的な敗北を味わったときは、同僚の少尉たちといっしょによろこんだこともあった。もちろん、コズロフも同僚も、そのときは不吉な前兆を読み取ることができなかった。イギリスの詩人が言ったように、誰がために鐘は鳴るのか知らなかったのだ。

いまや、世界は逆転して大混乱を呈しているが、少なくともアメリカ軍隊の性格だけは、かつて自分が想像したように変わっていない、と思った。地図やポータブル・コンピュータの上にかがみこんでいるアメリカ軍の将校たちは、細かい点ではさまざまに違うが、全体としては典型的なアメリカ軍人に見えた。思慮に欠けると思われるほど積極的で、突然の変化にひるまず、細かいことを我慢せず、人間として表面的には開放的だが実際は相当に閉鎖的で、理屈は苦手だが派手な激しさを持つ生まれながらの喧嘩好きで、上官とでも議論をし、ソビエト軍将校がつとめて避けるような任務も平然と引き受ける。

また、軍隊でも、個人でも、ありあまる豊かさに馴れているために、他人の小さな犠牲や特別の努力に気がつかない。ブフェ・テーブルが、いい例だ。差し迫った状況だというのに、ソビエト軍司令部はとてつもない努力をして、アメリカ軍将校たちに最上の食物を提供した。作戦計画室の端のテーブルの上に素晴らしい食物の数々がふんだんに広げられたときは、一番つらい目にあって神経が無感覚になっていたソビエト軍将校たちですら、びっくり仰天して一瞬立ち止まったものだった。そのブフェは、もちろん、アメリカ人をよろこばすのが目的だったが、同時に、自己を犠牲にしてまでもお客をもてなす、心からのロシア式ホスピタリティを誠意をこめて伝えるものでもあった。ところが、アメリカ人にとって、その食物は口にするに価しないもののようだった。何時間も食物が無視されたままなのを見て、ソビエト軍将校たちは信じられない表情だった。イワノフ将軍がみずからあのアメリカ軍大佐を——文字どおりひっぱるようにして——テーブルに連れていったとき、はじめて数人のアメリカ人が地図やエレクトロニクス装置を手放して、あれこれとつつきだした。

たくさんのアメリカ人たちが食物をつつきまわして、これは食べられないと投げ出すのを待っているソビエト軍将校一人一人の屈辱感と率直な心の痛みが、コズロフにはよくわかった。それから、ソビエト軍将校たちはやましそうな表情でごちそうのほうへおずおずと進んでいった。若い将校たちにとっては、こうした有名なロシアの特産品を味わうのは、一生のうちで最初の——そしておそらく最後の——機会ではあるまいか、とコズロフはふと思った。朝の時間が長引いているうちに、若い大尉がアメリカ人が皿の上に残した食物を拾って食べているのを見つけて、コズロフはもう少しでその大尉をひっぱたくところだった。

たしかに、アメリカ人には賞賛すべき点が多くある、うらやましくさえある。だが、彼らを好きになることは絶対できない、とコズロフは判断した。

テイラー大佐は、アメリカの戦闘指揮官の典型のように思えた。その経歴に細かい点では風変わりなところがあるにしてもだ。この男は、冷酷で、無表情で、残酷なまでに事務的だった。この男のあばた面も好戦的で、敵を脅かそうと色を塗りたくった種族の酋長みたいだ。テイラーのいるところでは、コズロフはいつも落ち着かず、相手が突然に理由もなくののしりだすのではないか、こちらの通訳がのろすぎるとか間違っているとかと怒りだすのではないか、あるいは面と向かって嘘つき呼ばわりするのではないか、と恐れた。ふだんのコズロフは、非常に冷静で、立身出世した、きわめて前途有望な将校で、将軍や高官と同席しても楽な気持ちでいられたが、テイラーというこの男が相手だと、ちらっと見られただけで、心がそわそわしてきた。子供の悪夢に現われるような、この背の高い、あばたのある男。独特のまじめ一方の態度で、このアメリカ人大佐はつねに丁重で、思いやり深くさえあった。それでもコズロフは、自分がいまにもばかなことをしでかすのではないかといつもそんな気がした。

　コズロフは、テイラーに関する秘密身上調査ファイルの内容をよく知っていた。一九七六年四月生まれ。アメリカ陸軍士官学校一九九七年卒。軽いスポーツを好み、すぐれたランナー。とくに乗馬にすぐれている。学業優秀。ザイール奥地をさまよって生還したアフリカ敗戦の伝説的な勇士。ランシマンズ病にかかっても生き残り、精神障害は何もなく、ひどい病痕だけが残ったが、その整形治療は拒否した。コズロフは、頭のなかでテイラーの経歴をおさらいするのをふとやめた。まともに手当も受けず、薬もなく、目にいっぱい非難の色を浮かべて病死した自分の若い妻と子供の姿が不意に浮かんできたからだ。やがてその姿は消え去り、歯痛よりはるかに激しい心の痛みだけがあとに残った。

　テイラーは未婚だった。ザイールに派遣される前、若い少尉時代は少々遊んだらしい。だが、あの顔の病痕のせいで、恋の冒険はきっぱりと終わりを告げた。

　コズロフは、急いでこの男の経歴を追った。言うまでもないが、統合情報局勤務の、あの身持ちの悪い女のことが出てきた。ソビエト大使館員を除けば、ワシントンじゅうの誰とでも寝た女だ。しかし、これはごく最近の話で、ワシントンではこの情事についてゴシップや嘲笑が流れたが、コズロフはそのことが何か問題になるとは思わなかった。いかに尻軽な女でも、テイラーとぎごちなく二、三時間以上もいっしょにすごせるとは想像できなかったからだ。もしそうなったとしても、明かりを消す必要があったろう。

　しかし、テイラーの情事の経歴を省略するならば、軍人としてはたしかに人を唸らせるほどの名声をあげている。私生活は、ますます謹厳実直。煙草を喫わず、酒も軽く飲む程度。根は屋外スポーツを好む人間ではなかったが、体を動かすことには熱心。山歩きが好きといわれているが、狩りも魚釣りもしない。表向き厳格な個性の持ち主と見えるが、その実は物静かなインテリだ。アメリカ人にしては専門的な本をよく読んでいる。ひそかにアメリカの古典的小説を読むのが好きで、とくにマーク・トウェイン、メルヴィル、ヘミングウェイ、ロバート・ストーンを好む。経歴ファイルには、テイラーの愛読書はアウトサイダーである男たちを扱ったものばかりだ、との鉛筆の走り書きがある。エレクトロニクスと情報理論の修士号を持つ——ただし、個人的関心は別のところにある。アメリカ軍の兵力をがらんどうにしたたびかさなる人員削減にも生き残った。疫病ランシマンズ病が流行した時期は、ロサンゼルスに駐屯して、最初は機動中隊、次いで大隊を指揮し、軍人としての名声を高め、スペイン語を独習し、そして同時にアメリカのザイール介入を完膚なきまでに批評して、あやうく免職になるところだったが、結局はとんとん拍子に昇進する結果になった。アメリカの軍隊の人事方針はまったく推測しがたい。

ついでテイラーは、アメリカ陸軍の再編成を助けて、昔の騎兵連隊の隊旗を復活させ、重装備で身動きのとれなくなった騎兵師団や騎兵軍団のかわりに、新しい近代化された機動部隊を登場させた。

このようにテイラーは重装備部隊の分野と新しい軍事技術の専門家でありながら、合衆国が南の国境線一帯で起きた戦争を鎮圧しようとしたとき、軽機動部隊を指揮するためにメキシコに派遣された。タンピコ大虐殺の直後にメキシコに到着したテイラーは、新しく設けられた報道管制を自分の作戦地域で巧みに利用して、まずサンミゲルデアレンデから、ついで昇進してからはグアダラハラ地区から、記者たちを締め出した。経歴ファイルのこの部分には、この男の出世の謎を解明しようとしたGRUの情報分析者が疑問符をあちこちに記していて、読みにくい。

彼は型破りで、いつも奇想天外な手段をとり、そして凶暴な山岳戦士の評判を得た。彼の部下たちは、ヘリコプターによる降下から旧式の騎馬斥候にいたるあらゆる戦法を駆使して、反乱軍を次から次へ根絶していった。反乱軍といっても、山賊に毛の生えた程度のものが多かったが、なかには日本に支援された愛国的な部隊もあった。本来なら反乱分子を支持するはずの地元民たちが、ほとんど例外なく彼をよろこんで迎えた。ソビエトの情報分析者の誰も、この現象を弁証法的に説明づけることができなかった。

本をよく読むこの殺人者、あばたのあるこの完璧な軍人ロボットは、合衆国へ帰ると、カンザス州フォート・ライリーで新たに編成替えされ、装備を改変された第七（重装備）機動連隊の司令官に任命された。この部隊は、新しい一連の兵器システムを中心に編成されていたが、いまアメリカ軍の将校たちがコズロフの同志将校たちと同じ地図を囲んで作戦を練っているというのに、その兵器システムの詳細は、ソビエト軍情報部にはまだ明確にわかっていなかった。ソビエト連邦が高まる戦争の脅威に直面して、国家として生き残るための支援をひそかに合衆国に求めたとき、テイラーは司令官に就任してからまだ九カ月しかたっておらず、しかもその大部分をワシントンにいて、議会のいろいろな委員会で証言するのに追われていたのだ。

だが、どうしてこの男たちはいまここにいるのだろう？　どうして合衆国はこちらの要請に肯定的に応えたのだろう？　なんの打算もなく、純粋にソビエト連邦の人民を助けるというのが向こうの意図ではないのは、たしかだった。といって、西シベリアの豊富な鉱物資源をとくに欲しがっているわけでもなかった。アメリカはラテンアメリカから日本の存在をほとんど駆逐している――それで、現地で新しく発見された鉱産物がアメリカの必要を満たすに十分だったからだ。アメリカの動機が、いつも反抗的で殺伐なイラン人に対する復讐心、あるいはイスラム諸民族の上にはっきりと長い影を落として、自分たちの帝国主義的な版図拡大計画を実行させようとしている日本人に対する復讐心から出ているとも思えなかった。コズロフはいろいろ考えたあげく、自分の国がアメリカの新世代の兵器の実験場となりさがっただけのことで、それ以外のなにものでもない、と思った。

あまり歯が痛むので、手で歯ぐきから抜き出してやりたくなった。いつになったら、痛みがやむのだろう？　いつになったら、きれいさっぱりやむのだろう？

アメリカ人なんか、どうでもいい。どうして彼らがここにいるかなんて、知ったこっちゃない。彼らの兵器が役に立ちさえすれば、いいんだ。

マニュエル・ザビア・マルティネス少佐は、食べ荒らされたブフェ・テーブルの片隅にテイラー大佐と並んで立って、戦闘糧食の朝食がわりに残り物をつまみながら、まだ残っている両国軍の施設・サービスの相互利用問題を片づけようとしていた。他人から聞かれてもわからないように、二人でスペイン語で話していたので、補給将校のマルティネスは、疲れてはいたが、奇妙におもしろく感じざるをえなかった。彼はテイラーをいつもスペイン語で〝頭〟を意味する「ヘフェ」と呼んでいたが、これは内輪のジョークにすぎなかった。事実、テイラーのスペイン語は、マルティネスのスペイン語より、文法的に正しく、きれいで、正確だった。マルティネスの血統はメキシコ系アメリカ人だが、彼の第一言語――自分がそれで教育を受け、しかも自分が選んで親近感を抱く言語――は、博学で教養ある人の話す英語だった。彼のスペイン語は、若い頃すごしたサンアントニオに住むメキシコ人の訛りがあって、街角でのおしゃべりにはよかったが、複雑な兵站補給問題を説明するには向いていなかった。二人で話していると、彼のスペイン語には、純血のアングロサクソン人の司令官より、ずっと多くの英語の軍事用語が混じっていた。

「こちらが実際にだまされかねない点がまだ二つあります、大佐殿。兵站の問題に限っての話ですが」と彼は言ってから、煙草の煙がたちこめている部屋の向こうで、ポータブル・ワークステーションの前に座ったメリー・メレディスが、うんざりしたように入ってくる情報を見つめているのにちらっと目をくれた。「私はメリーみたいにはなりたくないですね」

「メリーは、ちゃんとできるさ」テイラーは言った。

「ええ。それは、わかっています、ヘフェ。問題は、奴らがみんな嘘つき野郎どもだということだけではないのです。奴らのメリーに対する態度です、虫歯のあの中佐ときたら。畜生、奴は一九五〇年代のアラバマのシェリフみたいな態度をとる。いいですか、あれじゃメリーをひどく悲しませますよ。奴は例のロシア文化ってやつに夢中なのに」とマルティネスは首を振った

「メリーは、もっとひどい経験をしてきたんだ。奴らがきみのことをグルジア人かアルメニア人と思ってるだけ、きみは幸運だよ」

「奴らがほんとうにどんな人間なのか、まだわからないんです。メキシコよりもひどい」

「メキシコのときは、素人相手だった」

「だからこそ、こいつらに正々堂々とふるまってほしいんです」

「こいつらにはできっこないさ」そう答えるテイラーの声には、驚くほど我慢したところがあった。この平静さには、マルティネスはいつも感心した。「彼らが戦況全般についてほんとうのことが言えないのは、彼ら自身知らないからなんだ。奴らの言うことに耳を傾けてみろ、マニー。奴らは、途方に暮れているし、怯えている。それで、できるだけ表面をとりつくろおうとしている。奴らの世界はめちゃめちゃに崩れかかっている。けれども、手中にあるものは、よろこんでわれわれに提供しているる」

「問題は、何を奴らが手中に持っているのかを、見つけ出すことです」とマルティネスは言って、喉に残ったクラッカーのかけらを流し込もうと、味気ないミネラル・ウォーターを飲んだ。「とにかく、一番に検討しなければならないのは燃料です。今回の作戦に必要な分だけは、当方で持っています。しかし、M100は作戦の終わった時点で空《から》ということになります。ラッキー・デイヴが描いた矢印から判断すると、第一大隊は蒸気で走ることになりそうです。つまり、ソビエト軍の燃料に頼らざるをえないということです。わが軍の補給が満杯になるには、ソビエトの鉄道の状況によりますが、もう五、六日かかるでしょう」

「それで、マルティネス、解決策は？」とテイラーが質問したが、ここ何年もいっしょに働いてきて、やっと馴れはじめたテイラーの顔は、無表情で彫刻のデスマスクのようだった。

マルティネスはにやっとした。「私の予測があてになりますか？」

テイラーはうなずいた。その無感動な唇に、楽しみな風をほんのかすか浮かべて。

「そうですね、ソビエト軍にはＪＰ10にほとんど匹敵するタイプの燃料があります。担当者の話ですと、それをわが方に提供できるそうです。もちろん、奴らの燃料は、往々にして不純物が入っています。最後の一缶まで混ぜものが入ってないかをすべてテストする必要があるでしょうね。ですが、向こうとかけあって間に合うように燃料を供給してもらえるなら、この作戦には向こうの燃料を使い、われわれの燃料はとっておいたほうがよいです」必要のない細かい点は省《はぶ》いて、そうしたほうが他にもどんな利点があるかを簡潔に話した。アメリカ軍の予備燃料は、すでに大型の地表効果型主翼（ＷＩＧ）給油機に積み替えてあるから、積み替える手間が省けるし、独自の行動がとれる。

「奴らの燃料で、わが機が墜落するようなことはないだろうな？」

「ありません」と答えてから、最後にもう一度この点を考え直してみた。「ありません。品質管理ができます。不純物の混じらないものを得られるかぎり、成分に問題はありません。いずれにしろ、エンジンに心配はありません。戦闘照準の弾道癖の決定となると、また別問題です」

「結構。そのようにやれ。ところで、問題は二つあると言ったな」

「はい、ヘフェ。もう一つの問題は、大佐とラッキー・デイヴで取り組まねばならないでしょう。奴らはなんでもかんでも中央集権化しなきゃすまない性分です。向こうの私のご同役は、補給品をすべて、一つの大きな安全な場合に隠したがる。われわれがこの作戦を終える地点のはるか向こう側にです。将軍のご希望だそうで、そうしないと支援基地の守備は保証できない、と言います。筋を通して話しても、奴らにはちっとも通用しません。補給品の分散なんて言っても、奴らは怖気づくだけです」そう言って、マルティネスは首を振った。「われわれだったら、どんなことでもいろいろな角度から考えるものです。ところが奴らときたら、補給品を必要のあるその場に置いて見張るのをいやがる。誰がそんなところへ行く？　といった調子です。私は、ミサイルや航空攻撃を心配しているのに。くそ、奴らのように何もかも一山に積み上げげたがるやり方をしていれば、運悪く一発当たったらわれわれは商売あがったりです」

初めて、テイラーの表情に心配の色が表われた。病痕の生々しい眉をしかめた。「その点は話がついたと思っていたが。大隊ごとにそれぞれ別個に物資の疎開地域を持つ必要がある、と合意したはずだ。ハイフェッツがその地域を図面に記入している」

「ですが、ラッキー・デイヴの話と奴らの話はまったく違うんです。各大隊がそれぞれ独立した支援陣地を持つべきだと言っても、奴らはぴんとこないのです」

マルティネスは、テイラー大佐の目に電光が走るのを見た。この司令官は、他のみんなと同様にこんなに重要な問題に気づかないでいたのだ。この問題を自分で解決できなかったことを、マルティネスは申し訳なく思った。大佐の人となりからすると、この重大な点にもっと早く気がつかなかったことで、自分を容赦なく激しく責めるだろう、とよくわかっていたからだ。自分自身にこんなに厳しい人間、軍人を、マルティネスは見たことがなかった。第七機動部隊の幹部たちのなかで自己を責めることでは他人にひけをとらぬ、メリー・メレディスでも、ラッキー・デイヴ・ハイフェッツでも、これほどではなかった。

マルティネスのこれまでの人生には、尊敬すべきヒーローばかりいたわけではなかった。故郷サンアントニオの街角のカウボーイたち、姿を消した父親のような大人子供たちを偉いと思うことがなかったのは幸いだった。思春期と成年期は、他人より抜きんでよう、貧民窟出身の子供でもみんなに勝てるのだ、と実証してみせようと努力してすごした。みんなよりいい成績をとり、みんなよりいい英語を話すことを実証しようと。テキサス農鉱大学で勉強するためにROTC（予備将校訓練隊）の奨学金を受けることで、学費と生活費をまかなっただけでなく、自分がどんなアングロサクソン人にも負けず、どこから見てもアメリカ人であることが証明された。自分がそれ以外の者と分類されるのを断固拒否し、誰にも自分の優秀さを損なうような決めつけ方をさせなかった。

故郷の母親のもとに戻ったときには、母親とスペイン語を話さず、息子のために母親が一生懸命つくったスペイン料理にも手を出さなかった。そして大尉になったとき、サンアントニオの北西の郊外にどっしりした中産階級向けの家を母親のために買ってやった。そのために貯金全部をはたいたうえに、その後何年も給料からローンの支払いをした。家を買ったことは、彼にとって大きな一歩、大きな勝利だった。しかし、年より早く老けた母親に電話をかけて話そうとしてもなかなか通じず、だんだん心配になってきて、彼の有頂天はさめた。やっと伯母の家の電話番号を回したら、そこに母がいるのを突きとめた。母親は、あの家は大好きだ、どの母親にもまして息子のことを誇りに思っている、と泣いて言った。あの新しい家が広すぎて、がらんとしていて、彼女の知っていた前の街からとても遠く離れている点だけが難だった。近所の人はスペイン語がわからなかった。それで、貧民窟の姉のところに身を寄せるようになったのだ。そこだと、ほんとうにくつろげた。たまにマルティネスが休暇で戻るときを除けば、その家は空家になったままだった。この家は、尊敬すべきヒーローのいなかった若者の個人的限界、失敗を記念する碑であった。

そこへ、テイラーが現われた。マルティネスはヒーローという言葉を使いたくなかった。しかし、その言葉を誰かに当てはめるとしたら、彼が第一に選ぶ対象は、自分と誰も寄りつかぬブフェ・テーブルとのあいだに立っているこの並みはずれた大佐だったろう。

メキシコ時代のテイラーは、現地民と同じ血統のこの補給将校の大尉よりはるかに的確に、事態を本能的に把握し、どういう手を打つ必要があるかをつかんでいた。軍付きの民間人学者や顧問の専門家たちがテイラーに、メキシコ人がどんな栄養を必要としているか、長年にわたる開発の遅れに伴って社会基盤にどのような欠陥があるのか、いろいろ講義したが、テイラーは、軍の方針を無視して、この人たちを自分の管轄区域から放り出してしまった。

最低限の所要食物量を満たす必要はわかっていたが、何にもまして必要なのは劇的効果を発揮することだと考えた。だから、テイラーはいつでも実にばかげた銀の拍車をつけて、仰々しくまっさきにヘリコプターから降りた。また、みごとな黒い雄馬にまたがって峡谷の縁を進み、他の者たちが怖がって這うところをまっすぐ背を伸ばして堂々と歩いた。恐れるということがどんなことか、マルティネスにはよくわかっていたので、ほんとうに恐れを知らない正気の人間がいるとは、信じられなかった。しかし、テイラーは、恐怖心を隠すのが他の誰よりもうまかった――たとえば、アメリカが支援するモンテレー臨時政府の代表者たちが、体の主要部分を切り取られた無残な死体になって、電柱からぶらさげられている町に、一人で車を運転して乗り込んだりした。

また、そのひどく醜い顔を最大限に利用するとともに、現地民と同じトルティーヤとビーンズの粗食に甘んじて、自分の携行糧食はこれ見よがしに寡婦や孤児に分け与えるなどして、アメリカ人としては常軌を逸する行動に出て、戦乱に苦しむメキシコ人の渇望した大げさな演技を華々しく演じて見せた。

まわりのアメリカ人たちは彼のことを、見せびらかし屋だとか、目立ちたがり屋だとか、変人だとか、薄汚い野郎だとか、いろいろに呼んだ――みんなはそれでいて、彼が喝采を浴びているのを真似しようと苦労していた。

メキシコの貧しい農夫やロサンゼルスのギャングの気持ちに、同じく楽々となれるようなテイラー。部下たちが司令官なら当然と思う、ぶっきらぼうな、必要なら下卑た口のきき方をする裏に、知性とすぐれた語学力を隠しているテイラー。マニュエル・ザビア・マルティネスは、ヒーローを信じなかったが、自分がジョージ・テイラー大佐みたいな人間になれるかどうか、自信はなかった。

テイラーは、補給将校に言った。「マニー、きみのおかげで、この作戦全体をぶち壊さずにすんだ。補給品の分散ということを、あのいまいましいロシア人どもがどう理解しているのか、明確にしておくべきだった」と述べた大佐の口調は怒ったように緊張していたが、その激しさは自分自身にだけ向けられていた。「わが軍の兵士がこの作戦を終えて帰ってくるときには、燃料、弾丸、糧食、バンドエイドなど必要な物はぜんぶ十分に備えて帰還する、絶対にそうしたい。標準教練どおりにだ」

「標準教練どおりにですね」とマルティネスはあいづちを打ち、テイラーの機嫌をとり、気に入られたいと思ったが、それと同時に、このうえさらに助力を仰がなくてはならないことを恥ずかしく思った。「ご自身でこの問題をイワノフと話し合われる必要があると思います、ヘフェ。汽車を動かすのはイワノフ将軍ですから、向こうの補給将校は勝手に自分でことを決めたがらないのです。私が兵站基地をあちこちに散らばしたがるのを気違い沙汰だと思っているし、将軍の考えに異議を唱えるなど、もっとひどい気違い沙汰だと思っています」

テイラーはうなずいた。「わかった、マニー。デイヴとメリーをつかまえて、ロシア人の兄弟たちともう一回、作戦会議をするとしよう」

マルティネスはにっこりした。「ということは、あの哀れなコズロフ野郎の口臭をまた嗅がされるわけですな」そう言って、皿から取り上げた、何かなすりつけられたクラッカーに目を落とした。それを見ると、ざらざらした灰色のペーストが塗りたくられていて、気味悪く、口まで持っていけずに、宙で手を止めた。

テイラーが見つめているのに気づいた。大佐の視線の激しさに、補給将校の手は、魔法にかかったように、空中ですくんでしまったかに見えた。急にマルティネスの目はテイラーの目に引きつけられ、相手の凝視の底にはっきりと真剣な色があるのがわかった。

「食べろ」とテイラーは静かに言った。そのスペイン語の口調には、高い山岳地帯にある砂漠のように、乾いていて人を寄せつけないところがあった。「そして、にっこりするんだ」

ハワード・"メリー"・メレディス少佐は、自分の肌の色で判断されるのがどんなことか、忘れかけていた。ロシア人たちは露骨に失礼な態度をとらなかったものの、彼に対するときに嫌悪感をほとんど隠さなかった。彼はテイラーの主要幹部のなかでたった一人、ロシア語ができたのに、ソビエト側の同格の将校は、メレディスとは直接話さず、その部下の白人と通訳を介して折衝したがった。

メリー・メレディスは、いままでにもっとひどい経験をしてきたから、それは我慢できた。それでも、悲しい気分にならざるをえなかった。ロシア人の人種差別については、ずっと前から知らされていた……でも、自分は例外だと思っていた。プーシキンに敬意を表して。ここにいるアメリカ人のなかで、ロシアの古典文学を読んだことのあるのは、彼だけだった。彼はレーピンの絵の題名を、制作年月日さえも、知っていた。また、この国の民衆をこんな悲劇的状態に追い込んだ冷酷な必然性を理解しているのは、アメリカ人のなかで自分一人だと思い込んでいた。主人役のソビエト人が苦労して用意した跡が歴然たる、いろいろなザクスカ、つまり気前よく並べ立てられた前菜類の名前も原料もよく知っていた。それなのに、彼がテーブルに近づくと、ロシア人たちは、まるで彼の肌の色が食物を汚してしまうと言わんばかりに、不安気にこちらを盗み見するばかりだった。

大学町でみんなに大事にされてすごした青年時代には、人種差別というものを経験しなかったし、ウェストポイントの陸軍士官学校は、そのような偏見を防ぐ独自の防壁をめぐらしていた。陸軍自体も才能のある人材難に悩んでいたから、人種的、民族的、社会的背景による差別はまったくなかった。ついに彼が自分の肌の色を鏡に映して見ざるをえなくなったのは、少しあとになってからだった。

そして、ロサンゼルスでの、あの恐ろしい日から何年もたった現在、気がついたら、自分を動物よりほんの少しましな者としてしか見ないソビエト軍大佐といっしょに仕事をしようと努めていた。ソビエト側のその大佐は、敵部隊や戦場の複雑な状況について、初心者相手のように説明するので、メレディスは、太鼓腹のポルコフニク大佐に暴力を振るわないまでも、暴言を吐かないよう、お手本となるテイラー大佐の態度と姿をひたすら思い浮かべざるをえなかったほどだ。一番我慢ならなかったのは、このソビエト人が敵情について、ソビエト軍の情況についてすらも、メレディスよりはるかに暗く、知っていることといえば、もう古い情報ばかりだったことだ。イヤフォンやポータブル・コンピュータのスクリーンに常時入ってくる最新情報のおかげで、戦況が刻一刻と悪化しているのをメレディスは知っていた。だが、バラノフ大佐は自分の個人的――人種的――優秀さをひけらかすことだけに関心があるようだった。

マニー・マルティネスがテイラーとの話し合いを終えてそばから離れ、情報計画室として急いで設けられた作業机のほうにやってくるのを見て、メレディスはありがたく思った。

マニーは、なんとも言えないほどにこやかな笑みをたたえていて、肉体的、心理的な疲労感の漂う室内の空気とはそぐわなかった。

「失礼します、大佐殿」とマニーは、太鼓腹のソビエト軍大佐、手にした指示棒をバトンのように振りまわしてどんぱっぱとやるブラスバンドの指揮者みたいに見える相手に言った。それからメレディスのほうに向いた。「メリー、あんたが作戦会議に参加するようにと、おやじが言っている。ちょっと席をはずせるかい？」

メレディスは突然、ずる休みしていいと言われた小学生のような気がした。急いでロシア語で大佐に言い訳する一方、これも合衆国陸軍のためだからと心のなかで言いながら、あとの厄介なことは部下にまかせた。

テーブルの並んだあいだをすり抜けながら、マニーのにやにや笑いに気がついた。

「いったい、どうしてにやついているのだ？　とんま野郎？」とマニーに訊いた。

マニーはもっとうれしそうな顔をした。「食物だよ。食ってみろよ」

「食ったさ」わけがわからずにメレディスは答えた。このブフェを用意するのに、どれほどの苦労があったか、それが割と高級な品であったことも、頭のなかではわかっていても、マニーがザクスカをほんとうにうまいと思って食べたとは考えられなかった。他の将校たちにもすすめたが、気まずいとに誰もあまり手を出さなかった。「おい。からかうのはよせ」

「私はからかっていないよ。あの食物は素晴らしかった。おやじに訊いてみろ」

自分にはわからない冗談なのだろう、とメレディスは思って、放っておいた。作業机に置かれた最後のワークステーションの脇をすり抜けたとき、机の上のオーバーレイの端をズボンの粗い生地にひっかけて、何本かのマーカーを床の上に落とした。

「たいしたクォーターバックだったんだな」マニーが言った。

二人は床の上に散らばるコンピュータ・プリントアウトのなかから落ちたマーカーを拾い上げ、仕事の邪魔をされた、疲れた表情の大尉に謝った。立ち上がると、目の前にテイラー大佐が、イワノフ将軍、コズロフ、そしてもう一人のソビエト軍将校、マニーと同じ補給将校とメレディスは思った、といっしょに立っていた。すぐにラッキー・デイヴ・ハイフェッツが、ソビエト軍の作戦主任といっしょにやってきた。

自分の動きに気づかれないようにして、メレディスは、コズロフの息が直接かからないところまで、バックフィールド沿いにそっと移動した。このソビエト人は、まあまあハンサムだった——といっても、口を開いて欠けた汚い歯を見せないうちはの話で、その歯を見せられては、誰でもたじろがざるをえない。

このロシア人の口臭は、疑いもなくソビエト軍兵器のなかでもっとも強力な攻撃用兵器だった。でも、コズロフがほんとうは第一級の将校で、ことが成功するよう全力を尽くしているのは、明らかだったから、そう思うのは彼に気の毒な感じがした。しかし、それほど同情しても、彼のすぐそばに立つ気にはなれなかった。

それでなくても、室内はいやな臭いがしていて、空気が死んだように重くよどんでいた。全員が着用している旧式のソビエト軍軍服の堅い布地は、乾いた汗でよけいにごわごわしていた。徹夜のあとの朝のこの時間、しかもロシア式の油っこいまずい食物が腹に重くこたえているときに、コズロフの口臭を我慢できるかどうか、メレディスには自信がなかった。

テイラーは全員を壁に貼った地図の前に導き、情報将校のメレディスが通訳する用意ができたかどうか、ちらっと見た。

テイラーは話しはじめた。「われわれが急いだために、思いがけなくもソビエト軍側に少々混乱が生じているようです……」

通訳はむずかしくはなかった。テイラーがどんな調子で口を切るのか、メレディスはよく知っていたが、まさにそのとおりの口調だった。相手が街頭の不良であろうと、メキシコの山賊であろうと、上院議員であろうと、ソビエトの将軍であろうと、テイラー大佐はその場に合った声だけではなしに、相手の先入感をきわめてうまく利用する特定の口調を見つけられる才能を持っており、これにはいつも感心させられた。

ソビエト軍人たちは、テイラー個人をどう思っているのだろう？　メレディスはふとそう思った。ソビエト将校で目につくほどのRDの病痕のある者はほとんどいなかった。アメリカよりソビエトのほうがこの疫病の犠牲者の率は高かったのに、病痕のひどい生存者が高い地位につくのを阻む、なにか定めみたいなものでもあるかのように思えた。古くからロシア軍には見てくれにこだわるところがあったが、それが形を変えてまだ生きているのだろうか、とメレディスは思った。

いまここにいる他人たちが見る目で、テイラーを見直してみようとした。だが、この人の下で何年も働き、口には出さないけれど深い愛情を感じていたから、客観的に見るのはむずかしかった。二〇二〇年のアメリカでも、肌がたまたまミルクチョコレート色であっても、身なりがいい、病痕のない、一人前の軍人であれば、その人たちよりは、テイラーのほうがずっと人びとから偏見、素朴な恐怖を抱かれる対象になりやすかった。ロシア人たちも、テイラー大佐を外見だけで判断するのではないか、と思った。

「……それで、われわれはすべての問題を率直かつ誠実な雰囲気のうちに解決したいと思っている」

テイラーの発言をメレディスはそう通訳しつづけた。

イワノフ陸軍大将は、黒いアメリカ人の流暢なロシア語にじっと聞き入っていた。どこであれだけ上達したのだろう。アメリカ人には驚かされることばかりだ。なかには、気持ちのよい驚きもある――そういうのは心から気持ちよく、危なげがまったくなく、素早くわかる。ところが、こちらがなかなか受けつけにくい驚きもある。たとえば、支援基地の散開といった問題だ。アメリカ人のものの言い方は丁寧で慇懃《いんぎん》ではあっても、いったん言い出したことは断固として譲らない。イワノフ大将は、もうとっくにそのパターンに気がついていた。アメリカ人は、どうでもいい点では譲るが、重要な問題ではしつこく自分たちの思いどおりにしたがる。

イワノフは肉体的に疲れていたので、議論するのにあきあきしていた。いいだろう、やりたいようにやらせよう。そして、ソビエト陸軍も自分の部隊をやりたいように動かす。アメリカ人たちに試しにやってみさせよう。相手を信じたかったし、何がなんでも信じ込みたかったが、あまりにも長いあいだ、あまりにも多くの失敗を経験しすぎてきた。この秘密に包まれたアメリカ製新兵器を持つ一個連隊が決定的な戦果をあげるのに十分だとは、思えなかった。だが、どんな成果をあげるにせよ、ありがたいことには変わりなかった。戦況は絶望的だったし、彼自身は、大敗を招いた張本人のロシア軍司令官の一人として歴史に記されるのではないか、という妄想に取り憑かれ悩んでいたからだ。

だが待てよ、今後どれくらいロシアの歴史が続くと誰が言えるだろう？　もうすでにどこまで深く落ち込んでいるか、見るがいい。アメリカ人に助けを求めるなんて……

だが、アメリカ人も本来なら滅びているはずのところを命拾いして生きのびているのだ。白人の時代はもう過ぎ去った、未来はアジアの大衆のものだ、せいぜい望めるのは、その歴史の流れを少しでも押しとどめることだけだ、とイワノフ将軍は思った。

将軍は、アメリカ人の顔を一つ一つ眺めた。ソビエト軍の軍服を着た姿はなんとぎごちないことか。このむごたらしい顔をした大佐——この男は外側だけではなく、内面もいわば怪物であるにちがいない。そうじゃなかったら、素晴らしいアメリカの整形手術を受けていたはずだ。そのほか、グルジア人のプレイボーイみたいなあの男。それからイスラエル人もいる——けっして笑わず、酒はまったく口にしない、便秘型のこのタイプをイワノフはよく知っていた。ユダヤ人には気をつけなければならない。ドイツ人は奴らを片づけられなかったし、核兵器や神経ガスを持ったアラブ人たちもしかりだ。だが、ユダヤ人も結局はあまり利口ではなかった——ほんとうなら日本人に賭けるべきだったのに、アメリカ人に賭けてしまった。それから、立派なロシア語を話す黒人少佐がいる。このアメリカ人参謀将校は、アメリカ国民の内部結束の堅さをロシア人に見せつけるため、意識的に選ばれたのだと思った。自分が若かった頃、笑っているエストニア人、ウクライナ人、アゼルバイジャン人、タジク人といっしょにポーズした〝やらせ〟写真がソビエト社会の団結を誇示しようとしたのと同じだ。だが、アメリカ人には誰もだまされないぞ、実戦になったら、そんな参謀将校はどんな結果になることやら？

彼が若い将校だった頃は、いまとは全然違っていた。少尉だって尊敬されたものだ。それから、ゴルバチョフが改革と公約をひっさげて登場した。そして、軍の力を少しずつそぎはじめた。軍部内の野心的な連中がゴルバチョフを助けた。イワノフ自身も当時の幻影に取り憑かれて、ペレストロイカは必要だと確信した。ところが、公約はほとんど実現されなかった。民衆は指導者を尊敬しなくなり、恐れなくなっただけだ。そして、欧米人のように、アメリカ人のように暮らしたがった。世界におけるソビエトの、ロシアの役割など、さっぱり理解しなかった。自分たちのことしか考えなかった。やがて国が崩壊しはじめると、やっともっと良識のある人びとがとってかわって出てきた。しかし、遅すぎた。彼らの言う理論——あまりにも長続きしすぎて、役に立たなくなった経済モデルの衰退の必然性、何十年にも及ぶ防衛費の過剰支出のつけ、成長の可能性を窒息死させた国家体制の圧制ぶり……は将軍もよく知っていた。

そんなのは、みんな嘘だ、嘘だ、嘘だ、ゴルバチョフと取り巻き連中は国民の信頼を裏切り、社会主義の勝利を投げ捨てた。結局、軍を骨抜きにしても、誰も救われなかった。経済は魔法のように息を吹き返さなかった。そのかわりに、事態はもっともっと悪化した。地球上でもっとも偉大な国を崩壊させた奴らには、銃殺などもったいなさすぎる。

いったん国家体制がだめになると、何をやってもうまくいかなかった。歯磨きをチューブに戻そうとするようなものだ。民主主義体制だって。そんな言葉など、笑うだけの値打ちもなかった。ソビエト連邦には、力が必要だったのだ。そのかわりに民衆が受け取ったのは、公約と不平等と裏切りだけだった。

イワノフが昇進していった何十年間の年月は、衰亡、反乱、暴動、中途半端な妥協案の連続以外のなにものでもなかった。これまでの人生は、長い衰退期のうちにだんだんとすり減らされてきたも同然だった。

そして、いまやこの事態を迎えた。内戦、侵略、崩壊。それに加え、このアメリカ人たち。奴らは日本に対する腹いせに、復讐にやってきた。

彼の人生と夢を包んできたこの軍服を着て、すっかりソ連軍人になりすましている、傲慢で自信過剰の男たちと最後のつめを終えると、イワノフ大将は祖国の過去に対して悲しい敗北感を感じた。惨めな結婚をした男が、いっしょになるべきだった娘を思い出しているような気持ちだった。

参謀会議は散会しかけていた。アメリカ人たちは、彼らのあいだで最後の準備を終えるだろう。それから、戦争に参加する。この段になっても詳しいことは言いたがらない、あの驚くべき新兵器を携えて。

さて、頑張ってくれよ。祖国の敵をできるだけ多く殺してくれ。もし自信だけで人が殺せるものなら、アメリカ人は、たいした戦果をあげるだろう。

おそらくアメリカ軍は、ソビエト情報部が考えている以上に大きな秘密を持っているのだろう。しかし、この部屋にいるソビエト人やアメリカ人のなかでイワノフ将軍一人だけが知っている秘密がある。これは恐ろしい秘密だ。戦争意欲をさらに喪失させるのを恐れて、ソビエト政府上層部がイワノフの階級より下の者には誰にも告げていない秘密である。哀れなコズロフさえも知らない。しかし、アメリカ人は間もなく真相を知るだろう、とイワノフは思った。

8

ワシントンD・C・

「どうだい……これを終えたら、そっと抜けてどこかで一杯やりたいな。一息入れたほうがいいと思うがね」ブーケットがそう言った。

デイジーは読んでいたメモから目を上げた。クリフトン・ブーケットがぴったり近寄り、上から彼女の顔をのぞきこんでいる。彼女の両目は、相手のスラックスの織地を上へたどって、育ちのよさを証明する絹のネクタイで止まる。昨今のような乱れた時代だと、他の誰のシャツも長く着古しすぎたようにくたびれて見えるのに、ブーケットのシャツの糊《のり》の効いたカラーは真っ白に輝いていた。彼はネクタイをきちんと締めて生まれてきたような紳士だったから、他の人たちなら体が弱まって言うことをきかなくなり、重なる心労で顔色が冴えなくなる年齢になっても、ブーケットの楽々立っている体はスポーツマンみたいに柔軟で、肌にはほとんど毎週末のセーリングで受けたきれいな陽焼けの跡があるだけだ。

デイジーは初めてワシントンへやってきたとき、クリフトン・レナード・ブーケットのような尊敬でき信頼できる男たちに出会いたがっていたので、頭がよくても不器量な若い女性の情報分析専門家と忙しい時間を少しでもさいていっしょにすごすためには、奥さんをちっとも顧みない、この種の男性の手練手管にひっかかり、自分の夢――まじめな、大人の夢――がこの街に来てほんとうに実現したかのように彼女は思い込んだ。初め五、六回ほど情事を重ねた頃はそのように思ったが、そのうちにおざなりになってしまい、いろいろと評判のある相手の男たちは、自分が相手をすっぽかしたり、不能だったり、しだいに熱がさめてきたりすることをくどくど言い訳する必要がなくなった。彼女は、向こうがそうならおあいこだ、こっちが利用されたように、相手を抜け目なく利用してやるまでだ、と自分に言い聞かせたものの、職業的に偉くなるにつれ、わびしさが高まってくるのをなんとも抑えられなかった。

デイジー・フィッツジェラルドは、国家の行く末を理解でき、事態の進行を鮮やかに看破できる女性だったが、自覚しているとおり、男性のことは理解できた例がなかった。クリフトン・レナード・ブーケットといえば、統合情報局の副長官で、非常に多くの点で豊かだし、デイジーとあまり年齢の違わぬ、ぞっとするほど美人の奥さんがあるというのに、そんな恵まれた男性が、気まり悪さがいささかあるのも顧みず、いったいなぜ、私ごとき女と寝たがったのか？　私ときたら、髪などきちんと手入れしておらず、ストレスかこの世のおいしい食物をほんの少ししか食べてないせいか、肌はいまなお吹出物だらけで、不器量な顔形のせいで、仕事に専念するしかなかったのに。クリフ・ブーケットなら、呼吸している女なら誰とでもセックスするわ、と同僚たちが物笑いの種にしていたのを、デイジーはふと思い出した。

「行けないわ、クリフ。たくさん仕事があって手を抜けないの」そう答えた。

ブーケットはにじり寄り、ズボンを彼女にこすりつけんばかりだ。男の匂いがした。記憶にある匂いだった。

「さあ、行こう、デイズ。ちょっと一息入れないと、もたないよ」

「そうね……」

「仕事なんて、自然に片づくさ。なんてったって、過労は禁物だ。つねに頭の回転をよくしておくにかぎる」ブーケットはにっこり微笑んだ。

「このあと、部屋に戻らなければならないの」とは言ったものの、彼のズボンのウール地の柔らかさ、それに甦ってくる彼の感触、あの味わい、彼がしたがるあれやこれや、それに加え、ことを終えたあとで彼がいつも早く立ち去ろうと考えるあのあわただしさ。

彼の態度がちょっと変わっているのに感づいた。まるで今夜はもう精根尽きるほど私に尽くしたみたい。私が断わると、彼への対し方が思いもよらぬ恩知らずみたいだわ。

「ねえ」彼は微妙に声の調子を変え、かたわらのシークレット・サービス係官に立ち聞きされないよう依然として慎重な低い声で、続けて言った。「それじゃ、帰りにさっと一杯だけ。古いつきあいじゃないか、いいだろ?」

「クリフ、やめて。メモに目を通さなきゃならないの――」デイジーはそう言った。

「そんなもの隅から隅までわかっているじゃないか」

「――それに、人に会う予定もあるの」

ブーケットはちょっと身を引き、にやりと笑って首を横に振った。「おやおや、デイズ……デイズ……きみとぼくとの仲じゃないか。わかってるだろ。ぼくたちは他人とはほとんど羽目をはずすつもりはないが、ぼくたち同士ならいつも――」

「あなたにそんな権利ないわ――」彼女はかっとなってそう言った。二人ともまともに服を身につけているときに、彼に向かって声を荒くしたのはこれが初めてで、自分自身が驚く以上にもっと彼には強いショックだった。彼はさらに退いたかと思うと、急にまたにじり寄り、彼女のメモのどこかを打ち合わせるかのようなふりをして、のぞきこんだ。

「後生だから、声を低くしてくれ。ここがどこか、わかっているだろ?」とささやいた。

落ち着け、落ち着け。睡眠不足だ。抑えるのだ、抑えるのだ。そう自分に言い聞かせた。

「ここがどこか、ちゃんと承知してるわ。もう、そんな話やめて」彼女は言った。

次の一瞬、相手がどう答えるか心待ちしていたら、心配げな、自信を失ったような、急に老け込んだ表情がブーケットの顔を横切った。それも束の間で、すぐに誰にもおなじみの目鼻立ちの整った、いつもの顔つきに戻った。

「じゃ、またね」笑顔で優しく言ったが、彼女の愚かさを哀れむみたいだった。それから、くるりと背を向け、あっという間に部屋の向こう側へ行き、秘書官と大統領の予定を話しはじめた。

彼女は、過酷な歳月の跡、つまり体の線の崩れを一目見たくて、その背にちらりと目を向けた。彼女の髪の毛にはもう白いものがちらほら出ていた。ほんのわずかだが、自分の年齢にしては早すぎると思った。ブーケットの髪はけっして灰色にならないだろう——ブロンドだから、光沢を増すだけだ。

彼は酒と給仕人の名前をよく心得ていて、ビールを瓶から口づけにして飲むのを好むふりなどいっさいしない人だった。また、スポーツで受けた傷跡を得意に見せびらかし、セックスするときは好印象を与えようと大童《おおわらわ》で、まだ若者みたいに精力的に突き進んでいるのだと相手を納得させんとした。若者のようにといえば、彼女にしてもらいたい情事の技巧の一つ一つにも若者じみた仇名をつけていた。彼女は、それで自分の心が傷つくことがあっても、その一つ一つを言われるままにして、そのあとで何日も自分が不快になるような性行為をなぜ拒否できなかったのか、自分自身で説明できなかった。

それだけではなく、彼女が傷つけばつくほど、彼はいっそう冷静になり、ことを長引かせることがあった。ふつうの男性なら、彼女が苦しみのたうつのに興奮して耐えきれなくなり、彼女の体のなかに激しく射精してしまうのに、ブーケットの場合は興奮をさらにつのらせるだけのようだ。彼女が発する苦痛のうめきとも歓喜の叫びともつかぬセックスのはざまの醍醐味をじっくり味わってから、突然に卑猥なののしりや文句を吐きはじめたかと思うと、彼女の膣か肛門にぎゅっと押し入って、果てるのが常だった。

彼はこうして何時間も四肢をからませ、汗みずくになり、甘い言葉をたっぷりささやいて、ことが終わると、その場を一刻も早く立ち去りたくて、なんとかかんとか口実をつけ、昼下がりあるいは夜の屋外に姿を消さねばならなかった。それでも、彼は大事な恋人だった。彼女の欲望のツボをよく心得ていたからで、それは当然のことだった。肉体的な意味から言うと、彼女が待ち望んでいると称した理想の男性よりも、格段にすぐれた恋人だったのである。

まじめな男性に愛されることほど、自分みたいな女性が不愉快になることはない、と彼女は思った。それなら、私はどんな類いの女性だったのか？　彼女は、コンピュータ・プリントアウトに最新情報を書き込んだメモに注意を集中しようとしたが、朝目ざめたら肌にできていたしみのように、彼女の人生にとつじょ現われたあの予期せざる男性、あの無分別な迷惑な男性のことを思い出さざるをえなかった。私はどんな類いの女性だったのか？　自分の過去をぶちまけて、誠実な——どうしようもないほど誠実な恋人の心を痛めつける類いの、残酷な女性なのだ。

私は、なにごとも正直にというわけで、他の男たちと寝たことを必要以上にくどくど相手に打ち明け、その相手よりずっとましで、ずっと利口で、ずっと金持ちで、はるかにハンサムなそうした他の連中が私の体を単なる性のはけ口に利用しただけなのに、相手に心底から私を愛すという許せない罪を犯させ、そのために相手を苦しめてしまった。

彼女が意識的に相手の心を傷つけることができなかったのは、ベッドのなかにいるときだけだった。それ以外なら、夕食のテーブルを囲んでいるとき、酒を飲み交わしているときなどいつでも、いろいろ告白して相手を痛めつけることができたが、それもこの程度の苦痛なら相手が耐えていけるだろうと本能的に察したからだ。ところが、相手の両手がぎごちなく彼女の体をまさぐるとき、愚かにもとうの昔に忘れ去られたこまやかな技巧をなんとか甦らせようと苦労しながら彼女の体のなかに押し入るとき、彼女が息が苦しくなるほど激しく抱きかかえ、彼女の体のなかにせわしなく突き入れている最中でも、彼女が両手のあいだからすり抜けて永遠に消え去るのではないかと思うほどしっかり抱いて放さないとき、この人は軽い冗談を言ったり、ほんのちょっとからかったりしても耐えられないのではないか、と彼女は直観した。その彼女はどうかといえば、相手が彼女の体のなかで果てたのちも、彼女を便所に立たせまいと――必死になって――しがみついて放さないとき、泣きだすまいとして固く目を閉じている類いの女性だった。

荒れた肌をした、男の見分けのへたな、不器量な女性で、歴史の行く方は予言できても、自身の心の内は読めなかった。古臭い恐怖《ホラー》映画に出てくる幽霊のような顔をした男、純朴すぎて彼女みたいな女性に対してさえ嘘をつけない男と恋に近い状態に陥った。あの最後の朝、彼女の部屋のキチンに立っていた男のことが思い出された。男がこれから追い込まれる情況がどんなものか、彼女には、その男以上によくわかっていた。それは男が知ってはならない大事なことだったが、もっとましな、人並みの心を持った恋人なら、男に告げざるをえなかっただろう。せめて予告するぐらいは。ところが、彼女はそうできなかったので、男はほの暗い光のなかでぎごちなく立ちつくしたままで、そのひどい顔は、しっかりとした結び方を教わらなかったネクタイの上で奇妙に子供じみて見え、頼りなげだった。

「愛してるよ……」と男は言った。まわりは、かくも多くの嘘を引き出し、もっとも思慮に欠ける言葉使いをしても言い訳の立つような真っ暗闇ではなく、どんよりした、ほの暗い、わびしい光で、キチンの流しの上の窓ガラスに雨音がしていた。

そこはワシントン郊外のバージニア州の彼女の家で、男は散らかったままのキチンで彼女の答を待っていた。それなのに、彼女が答えないでいると、男は「愛しているよ」と繰り返した。実際にそんなことを言ったのか、自分の声を確かめるかのようだった。

両目をまだ眠っているふりをして、彼女はじっと黙り込んだままだったが、バスローブからはみ出た足先が寒かった。そんなこと私のセックスとちっとも関係ないわ、といった自堕落でなげやりな気分で、二日酔いのことのほうが肌やだらしのない髪の毛にさわった。男は諦めかけた不安な表情で彼女をじっと見つめたが、彼女は、どんなことであろうと、どんなに恐ろしくとも、どんなに肉体的に懲《こ》らしめられようとも、あんな言葉をかりそめにも口にする価値は絶対にない、と固く思い込んでいた。

「私……だめなの……」やっと彼女が口を開いたが、男の期待の割にはまったくさえない声だった。

「ジョージ、わからないの……私のいまの気持ちが」そう言った彼女の胸はどきどきし、そうだ、少なくともあの瞬間、この男を愛したのだ、あの暗闇のなかで男が彼女を強く抱き寄せたのと同じ激しさで男を愛したのだ、と痛いほど強く感じた。けれど、それを言葉にすることはできなかった。そんなことを口にして言うと、それまでの罪をあがなう望みがすべて消し飛び、地獄に落ちてしまうような気がした。彼女の口からそんな言葉が出るのを黙って許すほどきわめて寛容な神さまは、どこにもいなかった。

　だから、期待の瞬間は消え、茶さじが磁器の茶碗の縁に触れて音をたて、ジャムの瓶の蓋がなかなかあかず、それが腿の上に落ちてナプキンの布が滑り落ちるといった平凡な場面に変わってしまった。彼女にせいぜいできたのは、今度会うときまであなたに操を立てるつもりだと相手に態度で伝えることだった。それまでの彼女は、自分をかまってくれぬ男たちと血の通う関係を持ちたくて、さんざん苦労した経験のある不器量な女性だったが、相手が立ち去るのを見送り、たまたま彼女に授かったこのお人よしの男にさよならを言った。

　ブリーフィング室の扉が開いた。大統領おつきのジョン・ミラーが待合室になかば入りかけて言った。

「ブーケットさん、大統領がお待ちです」

ブーケットは、デイジーのずっと分厚く、ずっと重そうなアタッシェケースといっしょに置いてある自分の書類鞄を取りに、部屋の向こう隅へ歩いていった。それをしっかりつかむと、おつきのほうに向いた。

「大統領はデイジーにもお会いになりますか、ミラーさん？　それとも、先に私とだけでしょうか？」

補佐官はふと考え込み、その間に自分の職務上の都合や考慮がコンピュータのように頭のうちを駆けめぐった。

「よろしいでしょう。ただし、大統領がお疲れなのをお忘れなく。長い一日でしたからね」

ブーケットはうなずいて答えた。「われわれも同様でした」

デイジーはメモをあわててアタッシェケースに戻したが、ブーケットの洗練されたマナーに比べなんとぎごちないのだろうと思った。彼女が大統領と国家安全保障会議に直接に状況報告できる地位にやっと就《つ》いたのは、ごく最近のことだったので、国家を統治する責任者がいかに生身で誤りを犯しやすいか、長年の仕事で知ってはいたものの、この至高の政治領域に踏み入ることの畏怖の念にいまなおとらわれていた。

最初、見慣れた顔々がぼうっと霞《かす》んで判然としなかった。ブリーフィング室は暖房が少々ききすぎていて、空気が驚くほど濁っていた。彼女は、急いでアタッシェケースを下に置いてから、おずおずと背を伸ばし、機敏で落ち着いているふうに見せようとした。必然的に、彼女の目は、濃紺の細い縦縞の背広姿の黒人紳士にひきつけられた。

ウォーターズ大統領は、ネクタイを緩めていた。いつもなら、ブーケットと同じく寸分の隙もない服装だったから、襟もとが開いているのは、ほんとうに疲れきっている証拠だとデイジーは見て取った。ウォーターズ大統領は、国内再建としだいに両極化するアメリカ社会の融和を重点とした政策綱領を掲げて、二〇一六年に大統領に当選した。長年にわたる一連の軍事的屈辱や辛勝、それに日本との悲惨な通商戦争を終えたあとでも、ランシマンズ病が国内全土に蔓延したあとでも、米国は、疲弊した世界各国と比べると依然として豊かな国であった。

それでも、数十年がたつうちに、アメリカ社会はしだいに変化し、周辺の勢力をどんどん溶かし込んでいく多数派階層とのけ者にされたいくつかの下部階層《サブセクターズ》に分かれ、とくに下部階層に属する人びとは、教育水準の高い、高度の熟練労働力を要求し、競争力助長のための文化的統合を求める現代からはるか遠くに取り残されてしまった。

その頃、最後の中東戦争を生き残ったイスラエル人を米国が受け入れ、やってきたイスラエル人たちは主としてあまり豊かでない西部奥地にある〝ホームランド〟に定住したが、ランシマンズ病の大流行後の当時のアメリカでは、勤勉で熟練した労働力の不足が重大化していたので、彼らはすぐに一大勢力にのし上がった。その結果、アメリカ社会の主流からいっそう孤立化の度を強めた少数派勢力の反イスラエル感情がいっきょに爆発して、デモ、対決、最後には流血の惨事となって表面化した。ジョナサン・ウォーターズが二〇一六年に大統領に立候補して首尾よく当選したのは、そうした状況のなかですべてのアメリカ人が共存共栄できる、と公約したからだった。教育、都市再開発、雇用機会を約束したうえに、見た目はハンサムで、人をひきつける魅力があったし、黒人信徒の多いバプティスト教会風というよりはエール大学風のインテリ的語り口で話した。選挙運動の最中に、彼は白人を代表する黒人、黒人を代表する白人だ、といったジョークが流れたが、当時としては米国の市民のぎりぎり過半数を占める勢力を代表するにふさわしい存在だと自認していた。

彼が負かした対立候補は、外交政策の専門家ではあるが、悩める国家を鼓舞する内政解決策はほとんど持ち合わせていなかった。それでも、ウォーターズ大統領の第一期は、各種の国際紛争が暗い影を落とす一方、その内政解決策はまだ先に望みがあったものの、一朝一夕にして実現できるわけではなく、数十年はかかるしろものだった。クリフ・ブーケットがよく言ったように、「かわいそうにあいつはこの点ですべて全面敗北だ。世論調査でも同様に敗けるぞ」だった。ジョナサン・ウォーターズ大統領が折紙つきの善人であることは、誰もが信じていたが、一連の全米世論調査の結果だと、指導者としてのイメージは失っていた。

大統領はまずブーケット、次にデイジーの顔を見てから、はっきり充血しているとわかる目を、デイジーの脇にいる、陽焼けした、寸分の隙もない男に戻した。

「いらっしゃい、クリフ、それにミス・デイジー。なにかよい知らせを持ってきてくれただろうね」

大統領はそう口を切った。

ウォーターズ大統領はチーズバーガーが急に欲しくなった。重大な論議を重ねて一国の運命を決する意思決定を下すときというのに、そんなつまらぬ欲望がつきまとって離れないとは、大統領にあるまじきことのように思われたが、ここで燃料を入れないことには体が長くもつまい、と心のなかでつぶやいた。コーヒーを何杯も飲んだり、ドーナツを少々食べたり、興奮剤を打ったりもして、ここまで持ちこたえられた。だが、いまや、クリフトン・レナード・ブーケットを前にして、もうこれ以上我慢できなくなっているのに、おまけに向こうは相棒まで連れてきていて、そいつがほんとうに一生懸命勉強してきたらしく、見るからにこちらの神経がいらいらするほど緊張している。ここらですべてを一時中断して、十五分ほど休憩し、一人でいたい。コークと、ワイフが大統領の健康のためにと絶対に食べさせてくれない、あのでっかい、肉汁のしたたり落ちるチーズバーガーさえあればなあ。大統領はそう願いたい気持ちだった。

だが、そんな余裕はなかった。それでも、なんとかチーズバーガーをひそかに食べるくらいの時間はあるだろう。いずれにせよ、そのあとでふたたび、この騒々しい、あまりにもひどすぎる世界、この上ない善意がまったく通用しない世界の話に戻らざるをえないのだから。大統領は心のなかでそう思った。

彼はかねてから、国民におたがいに手を結び、おたがいに理解し合い、ともに前進していくことを教えた大統領として歴史に書き留められることを夢みていた。貧しい人びと、教育を受けられなかった人びと、食物の乏しい人びと、世間の誤った教えで最悪の選択をした男女のために尽くす大統領でありたかった。民衆を脅しつけるような声ではなく、民衆の苦しい生活をやわらげるような声でみんなの利益——アメリカ国民全部の利益を代弁する大統領でありたかった。彼の描いたビジョンは、生まれながらの土地にいながら他所者みたいな生活を送る、社会的ないし経済的に虐げられたすべての市民がもとの正常な生活に戻れる社会の実現にあった。彼がとりわけ高く評価したのは、他者に対する優しさ——心のなかと実際の両面での寛容さ——と平和だった。ところが、大統領の大権を持つ男に世界が迫ったのは、部下に命じて人殺しをさせ、国を破滅させ、そしてみずから死ぬことであった。外に現われる言葉や行動では、ウォーターズ大統領はつねに決然と強固で堂々たる態度であるふりをするのに大いに努めたが、心のなかでは、自分が時代に十分にふさわしい資質の持ち主であるかどうか悩んでいた。ひそかに神に祈ることにふけりもしたが、そんなことをするのは自分の父が病院の廊下で手当も受けずに死んだのを見送った、あの十五歳のとき以来初めてのことだった。

ブーケットとその補佐役に挨拶する大統領は、ちらと微笑んだものの、疲れていて、かしこまっていた。ブーケットのほうは、ひどく満足げに見えた。ウォーターズがブーケットみたいな世慣れた人種に初めて出会ったのはエール大学時代で、そうした人種がほんとうに重要で、役に立つことを思い知らされた。とはいえ、頭から妬む心が自分にあるせいかもしれないと反省しても、そういう人種を絶対に好きになれなかった——彼らの服装、彼らの言葉使い、彼らの自信ある態度を真似るべきだ、と苦労して自分に言い聞かせても、だめだった。

自分がブーケットに、ちょっとひとっ走りしてチーズバーガーを持ってくるように命じたら、どんな反応を受けるだろう、とふと考えて、大統領は一瞬、ほんとうににこりとした。

ブーケットは視聴覚装置の上にかがみこんで、機密扱いのブリーフィング用補助資料を収めた、ドミノ牌大のカードを差し込んだ。するとすぐに、会議テーブルの上部背後に置かれたモニター装置に画面が出てきた。

「ちょっと待ってくれ、クリフ。きみが説明を始める前にやらねばならん重大な仕事があるんだ」大統領はそう言ってから、室内で一番下っ端のミラーに向かって、「ジョン、キチンへ行ってサンドイッチを少々持ってきてくれまいか？　しばらくここにいることになりそうだから、仕事の前に腹ごしらえとしよう」と指示した。

ミラーは立ち上がり、大統領に言われたとおりにしようとした。「いつものですね、大統領閣下？」

ウォーターズはうなずいた。いつものやつさ。水煮したツナを数片と、思いきって、低コレステロール・チーズをほんのちょっぴりのせたシェフズ・サラダ少々。ドレッシングはいっさいかけない。それに、ふすま入りパン二切れとグレープフルーツ・ジュース。

「そうだ、ジョン、昼食どきに私たちがドーナッツをたらふく食べたことなど、ワイフの耳に急いで入れる必要はないから……とシェフに伝えておいてくれ」と言って、大統領は少々声をたてて笑ったが、国家安全保障会議の面々もすかさず大統領に合わせて笑った。ほどほどに。

ミラーの姿が室外へ消えた。ブーケットはまっすぐ背を伸ばし、もったいぶった態度で立ち上がった。大統領がどんな新しい悲惨な目を味わうことになるのか、神のみぞ知るだ。荒れ狂う、表面からは予測のつかぬ軍事作戦の進行に、ウォーターズ大統領は面食らっていた。比較してみると、大統領が専門とする、脱シカゴ学派の経済学の世界のほうが単純で整然としているかに思えた。同世代のおおかたのアメリカ人男子と同様、ウォーターズ大統領は軍隊勤務の経験がなかったので、生まれて初めてそのことが残念に思われてならなかった。部下の将軍や提督たちが、戦況を理解しやすく簡単に説明するのに努めているのはわかったが、その話の大部分はさっぱり筋が通っていなかった。説明の強弱のつけ方が物理学の法則にぴったり合っていなかったし、使われる言葉そのものが不可解で、近寄りがたかった。

陸、海、空全軍の最高司令官。大統領選挙運動の期間中、その肩書は、大統領が持つ数ある名称の一つにすぎなかったが、いまやこの任務をできるなら自分より適格な、別の人間に譲りたい気持ちだった。

まあ、おそらく選挙結果がうまくそう取りはからってくれるだろう。ウォーターズは、今度も当選するとは期待していなかった。大統領の夫人と、自分たちの先行きを必死に彼に賭ける一握りの側近だけが、自信がなくてもまだ再選を口にしているにすぎなかった。たしかに、心の一部には、大統領職にとどまって、まだ手をつけはじめたばかりの自分本来の仕事を完成させたい気持ちはあるにはあったが、この人殺しの座には必要以上に座っていたくなかった。できることなら、二重大統領制を敷いて、一人は遠い海外での戦争と軍事介入を総括し、もう一人はよりよい国造りを担当するようにしたかった。でも、大統領は一人しかいなかったので、その地位、その素晴らしい権力にしがみつきたい、人間なら誰しも持つ、言い表わしがたいほど強い気持ちがあったにもかかわらず、心のなかで一つの誓いを立てた。選挙戦を有利に進めるために現状を利用することは絶対にしまい、力の及ぶかぎり、米国にとって間違いのない意思決定を下していこう、と。

ウォーターズは、椅子に座り直して、すでに緩められている襟もとをぐいと押し開いたが、きょうはなんともいえず襟もとが苦しい気がした。

「さあ、よろしい、クリフ。きみの報告を聞こうじゃないか」

ブーケットはうなずいた。「大統領閣下、今晩は、ご報告することがたくさんあります。必要最少限に圧縮しましたが――」

さっさと始めてくれ、大事な点を話してくれ。ウォーターズはそう思った。

「――ですが、それでもまだ触れるべきところがだいぶ残っております。私がまず対敵情報活動の最新情報をご報告し、それからミス・フィッツジェラルドがソ連領内の地上作戦についてご説明します」ブーケットはそう前置きしてから、数々のブリーフィングを受けたベテランの大統領の目を見据えた。「最初に、本日のニューヨーク・タイムズ紙の例の記事はもうごらんになったと思います」とニューヨーク・タイムズ紙と口にしたとたん、モニター・テレビがすぐに、ブーケットがこれから話したい、インサイド・ページの記事を映し出した。見出しは『第七機動部隊はいずこに？』とあった。

「いや、まだ見てない」大統領は答えて、統合参謀本部議長のほうに振り向き、相手がどんなに驚いた顔をしているかを確かめたが、将軍の表情ははっきりしないままだった。

「ところで」とブーケットは話しつづけた。「朗報というべきでしょうか、わが部隊の現在のほんとうの所在地はまったくつかまれておりません。北部カナダで秘密裏に訓練中だ、とわが方が故意に流した話が効いているようです。ですが、タイムズ紙の記事はおもしろく読めません。少々勘ぐりすぎています」

「日本側から何か反応は？」統参本部議長が尋ねた。

ブーケットは首を横に振り、事務的に答えた。「いままでのところ、何も傍受していません。他のことで手いっぱいなのでしょう。わが方も国境以南のメキシコのことで手いっぱいだ、と向こうはたかをくくっているようです」

「タイムズ紙は何を勘ぐっているのだ？」国務長官が尋ねた。

「その答は私にまかせてくれ、クリフ」と国防長官が脇から質問を引き取ったが、国務長官にじかに答えず、大統領に向かって話しだした。「閣下、この件につきましてはわが方が追跡中であります。閣下がご心配になるほど重要なことだとは思わなかったのですが、私自身の口から背景説明したほうがよかろうかと思います。ご承知のように、軍事情報用語でいう〝重装備〟部隊の第七機動部隊と〝軽装備〟部隊の第十、第十一機動部隊は、特殊な組織になっており、これら各部隊の成員を未婚の男子で埋めようと配慮しました。もちろん、将校や古手下士官となると、かならずしもそうはいきません。でも、六児を抱えた兵卒症候群はなるべく避けることにしました。そして、なるべく禍いをあとに残さず、短時間で召集して展開できればと望みました。兵員名簿を慎重に調べ、配偶者補助・教育計画を立てました。何よりも、これら各部隊は基本的には志願兵部隊です――ですから、自分から進んで志願しないで、命令されてやってくる兵士はほとんどいません。志願制にしたのは、PXで勘定をする行列のほうが作戦室よりも部隊の行動がよく漏れるという、昔ながらの軍隊特有の情報網をなくしたかったからです。その点、かなりうまくいったと思います。作戦に出発する直前まで、大部分の将校、兵卒に目的地を教えないのを方針にもし、作戦地帯から個人的に手紙を出すのも許しません。全体として、うまくいっています」

国防長官はそこまでいっきに言ってから、大きく息を入れるかのように椅子の背にもたれかかった。

「ところが、タイムズ紙のこのいまいましい記者ときたら、ペンタゴンに電話をかけてきて、ほじくりまわし、何か嗅ぎつけています。どうしてか、おわかりですか？　マンハッタンやカンザスの若い女性たちが、自分たちのボーイフレンドの所在地を知りたがっているからなのです。第七機動部隊の伍長と婚約しているのだから、彼がどうしているか知りたいというわけです」

国防長官はそう言って、まったくばかげているというふうに顎を振った。「ですから、見方によれば、わが部隊の投入をこのように急に早めるほうがずっとうまくいきそうです。作戦機密を守る観点からもです。これまでまったく不運続きでしたが、永久にそう続くわけではありません」

一瞬、大統領の頭のなかはすべてのものがいかに脆《もろ》いものであるかという恐ろしい幻影でいっぱいになった。アジア中央部での軍事作戦の成否が、恋人のことを思って憤るカンザス州の女性にかかわっているなどとは、夢にも思ったことがなかった。

大統領が口を切った。「国家として、わが国はこれまで秘密を守ることが非常にうまくなかったし、多くの点で、そのことはわが国にとりよいことでもあった。だが、すべての点を考慮すると、もうしばらくのあいだ、わが軍の行動を秘密にしておくほうがよいかもしれん、ビル」と統参本部議長に向かって言った。「ただし、恋人には、元気でいる、やがて帰国する、くらいの手紙を出させて、彼女らをよろこばせるのはよいだろう」

「それに、彼女らをおとなしくさせとくためにも、ですよ」とブーケットが待っていましたとばかり言葉をはさんだ。自分のブリーフィングの方向がまことにあっけなくそらされてしまったので、話をもとに戻したかったのだ。「カナダ奥地のどこかの郵便局の消印にしてもよいですね。ニューヨーク・タイムズ紙のわが友人に雪靴の用意をさせましょう」

統参本部議長が言った。「それは名案ですが、大統領、タイムズ紙が問題にした以上、今後のマスコミの追及を覚悟せねばならないと思います。私が心配するのは、誰かが既知の事実をあれこれ結びつけて推測記事を書くことです。ソ連情勢が毎日、第一面のトップ記事になっていますからね」

ウォーターズ大統領はなんと答えてよいか確信がなかった。まわりの部下たちが心配の種をふやすのではなく、安心させる話を持ってきて欲しかった。

「まあ」と大統領は答えた。「もう少し幸運が続くのを期待しよう。さて、先へ進もう。クリフ、次はどんな話だ?」

「対敵情報活動について申しますと、大統領……ソビエト側は依然としてわが方にきわめて協力的であります。ご承知のように、わが方は第十機動部隊の重要な分子、つまり情報要員をモスクワ、その他の地上に配備して、第七機動部隊の戦闘任務を支援しておりますが、ソ連側はほとんどあらゆることにわが方を参加させています——技術の共同利用、捕虜に対する共同尋問、情報の共有などです。

向こうの組織とやり方などについて、多くのことがわかってきています。率直に申しまして、彼らには二、三度驚かされました。向こうの国はいまひどい状態にあると言えますが、ある種の情報作業では、まだ恐ろしいほど巧みです。その他はお粗末ですがね。彼らの戦場情報網は完全に崩壊しつつあります。戦略的レベルからすると、彼らの戦術・作戦状況は彼らよりもわが方がずっとよく掌握しております。その点につきましては、このあとでミス・フィッツジェラルドが大統領に説明いたします。なんといってもよいニュースは、ソ連側がわが方に対して本格的にして広範な作戦を企てる形勢にないことです。われわれの知るところ、わが軍のM100の残骸をできるなら片づけるよう、中央アジアと西部シベリアの最高司令官のイワノフ大将に命令が出ていますが、そう動く気配はありません。面子《めんつ》上から少々の嘘はわれわれにつきますが、全般的に、われわれにかなり率直に対応しています。というか、少なくともそのように見受けられます」ブーケットはそこまで述べて、テーブルのまわりの人びとを見まわした。

「向こうは必死なのだな。けれど、相手を信頼しすぎてはいけないと思う。立ち直ると、またわが方の喉《い》もとに嚙みついてくる」統参本部議長が言った。

「もし立ち直ると、と言われるが、向こうはもう三十年以上もそうしようと苦闘しておる。あなたの言う国は、もう崩壊し、破滅し、かろうじて生きている国なのですぞ」と国務長官が応酬した。

「国家間では」と国家安全保障担当補佐官が言った。「信頼とは、利害が共通しているときだけの問題にすぎません。もしソ連がいまわが方に対して信頼できる態度でふるまっているとすれば、そうするのが向こうの利益にかなっているからです。そのような行為をとっても利益にならなくなれば、きっとやめます」

国家安全保障担当補佐官はあまり発言することはなかったが、発言すると、鋭くてわかりやすくてみんなを教え諭《さと》す口調だった。大統領に外交政策についての智恵をつけるうしろ盾でもあり、ウォーターズははたから見ても不愉快に感ずるほど頼りきっていた。

「今日、日本軍をシベリアから締め出すという点で、合衆国とソビエトの利害は一致しておりますが、明日になったら、なぜアメリカ軍のシベリア進駐を許したのか、とソ連は自問しはじめるかもしれません。ソビエト国家へのわが国の援助が、あの国家自体を守るためではなく、むしろ、地域的な力の均衡を維持するためだということを、皆さん、思い出していただきたい。つまり……わが軍がかの地にあるのは、ソビエトが勝利をかちとるのを助けるためではなく、ソビエトが敗北するのを阻止するためなのです。シベリアの世界経済への開放は避けがたいことです。われわれとしては、合衆国がシベリアの各種資源を入手する各国並み、ないしは理想を言えば、各国よりも優遇された方途を確保する一方、日本側の入手の道をもっとも厳しく制限し、できるかぎり不利になるよう手を打たねばなりません。われわれ自身この方針を率直に堅持し、わが国の政策目標をつねに明らかにしておく必要があります。わが国の基本目標は、ソビエトを助けることではなく、日本が好機にありつくのを否定することであります」

「あの野郎どもは、それでも感謝するにちがいない」統参本部議長がつぶやいた。

「大統領閣下、もしよろしければ……」ブーケットが言った。

「話を続けたまえ、クリフ」

「ソビエト側が心配している点が一つあります——それがどれだけ重要なことなのか、判然としないのですが——彼らが知っていることをこちらに全部打ち明けようとしないのです。目下、この点はまったくはっきりしないのですが……わが方がソビエト軍上層部の無線交信のなかでとらえた情報によると、それはスクランブラーと称する何かのようです。交信の前後関係から推《お》して、このスクランブラーなるものはなにか日本軍の軍事作戦か兵器を指しているみたいです。いずれにせよ、ソビエト側はそれをひどく心配しているようです」

「それがいったい全体何なのか、なぜ質《ただ》さないのだ？」統参本部議長が言った。

ブーケットは、目に見えないビーチボールを抱えているみたいにして、腰のあたりで両手を広げ肩をすくめた。「もし質したら、向こうが一番秘密にしている通信をこちらが盗聴していることがわかってしまいます。そんなことはできません。理由はいろいろあります。ご存じのとおりです」

「ところで」と統参本部議長が話を続けた。「アメリカ陸軍唯一の完全近代装備の部隊が戦闘に入るとしたら、どんな状態になるだろうか、正確に知りたい」

「まあ、大丈夫だと思います。少なくとも、現時点では。きょう早くに日本軍の通信を傍受した記録をお見せしましょう。おもしろい偶然の一致でしてね。向こうの通信装置が故障していたので、こちらはかなりよく盗聴できました。まったくの幸運でした。いかにひどく通信が漏れているか、向こうがほんとうに知らなかったので、向上したコンピュータ処理技術と最新の暗号解読方法を用いて、一時間半ほどの交信をものにしました」とブーケットは述べ、室内を自信たっぷりに見まわし、やっと調子が出てきた。「さて、盗聴したのはノボル・カバタ将軍のところと東京とをつなぐ専用線でした。カバタ将軍といえば、皆さんご存じのとおり、かの地の地上軍を指揮する日本人将校で、その司令部はバクーにあります。もちろん、表向き彼は、イスラム連邦のために働く雇われ指揮官にすぎませんが、そこはまったく微妙です。それどころか、カバタは万事を動かしています。ところで、わが方の調査だと、彼はアラブやイランの命令にまったく満足していません――ましてやソビエト中央アジアの反乱部隊の命令など論外です。それに、ご存じのとおり、日本人は無秩序を嫌います。ですから、カバタは無秩序な部下たちをもてあましています。さて、これをごらんください……」と言って、最寄りのモニター・テレビを指差した。明るい黄色い文字が真っ暗な画面に現われてきた。


トウサン／ガイブ＝トクルハモウヒトツノモンダイニツキソチラガドノヨウニケッテイシタカ、

シリタイ。

ニチシ／チュウア＝トウメン、ソノヒツヨウハナイ。バンジコウチョウニススンデオリ、コジンテキイケンデハ、スクランブラーハヒツヨウイジョウニチョウハツテキダ。

トウサン／ガイブ＝ダガ、トクルハスクランブラーガヒツヨウトサレタバアイ、イツデモツカエルタイセイニアルカドウカ、シリタイ。

ニチシ／チュウア＝モチロン、イツデモツカエルタイセイニアル。ダガ、ワガホウニソノヒツヨウハナイダロウ。

「さて、皆さん」とブーケットが言った。「最初に述べているのは、東京の日本軍参謀本部対外部の者の声です。中央アジア——といっても実際の所在地はソビエトのカスピ海西岸にあるバクーですから、やや場違いですが——中央アジアの日本軍司令部から応答しているのは、ほかならぬカバタ将軍その人です」

国防長官が口を挟んだ。「それはそれで結構だが、いったい何を言ってるのだ。これは生の情報であって、完成品ではない」

ブーケットは肩をすくめた。「残念ながら、わが方が入手したのはこれだけです。もちろん、このスクランブラーなるものの情報を最優先の収集目標としていますが、少なくともこの傍受内容からすると、それがどんなものであれ、差し当たって問題となることはないようです」

ウォーターズ大統領は納得しなかった。またまた一つ予期せざる要素が情勢に加わってきて、その複雑怪奇さにすでにうろたえていたのだ。またもや助けを求めるように、統参議長のほうを見た。統参議長は、そのタフな古強者気質の点が近ごろ大統領のお気に入りで、もうしゃべりだしていた。

「さあ、しっかりしろ、きみら情報屋はあっちの事態がどうなのかしっかり掌握すべきだ。わが国き

って の軍隊がこれから戦闘に入ろうというときに、推測ばかりもてあそんでいる暇はないんだ。きみは前に『史上のどの軍隊よりも完璧に戦場を把握している』とわれわれに請け合《う》ったのだぞ」そう言って、手にしたペンで机の上をこつこつと叩いた。

「だから、言ったとおりにしています」とブーケットが答えた。「はっきりしないのは、たった一つの要素だけです。第七機動部隊が戦闘に入れば、敵の油槽にどのくらい燃料が入っているかまでその搭載コンピュータでわかるほどです――」

「大統領閣下？」そのとき、部屋の奥の機械装置の列のところから通信担当将校が大声で言った。「第七機動部隊司令官のテイラー大佐につながりました。ソビエト側との会議から戻ってきたところです。司令官が帰ってきたら、お話ししたい、と申されましたので、閣下」

テイラーだと？　ああ、わかった。ウォーターズ大統領は思い出した、ハロウィーンのお面みたいな顔をした、あの大佐のことを。それまで、彼といったい何を話したかったのか、すっかり忘れていた。もっと念を入れてだめ押ししたかったのだ。態勢は整ったか？　ほんとうか？　私をがっかりさせないだろうな？

ウォーターズ大統領はくどくど多言を用いて説明できなかったが、以前にちょっとやりとりした経験から、この怖い仮面をかぶったような大佐がぶっきらぼうに答えながらも、世慣れたブーケットどもよりはるかにずっと心強いと知っていた。

「大統領閣下」と統参議長が大統領のほうへ体を寄せてひそひそ声で言った。まるでテイラーの顔がもうモニター・テレビに現われて耳を傾けているかのようだ。「このスクランブラーの件は、テイラー大佐に言わないほうがいいですよ。もう少し情報が得られるまでは。彼は心配事をたくさん抱えてますからね」

ウォーターズ大統領は一瞬呆然としたが、やがてうなずいた。たしかに、世慣れた将軍どもは、どうすれば世慣れた大佐どもにとって一番よいか、心得ている。

「よし、テイラー大佐につなげ」大統領はそう命じた。


テイラーは大統領と話をしたくなかった。統参議長を好きだっただけに、議長とも話をしたくなかった。いま作戦計画を作成し、これをもとに自分の連隊を戦闘に投入する作戦命令の数々をまとめている最中なので、横から口出ししかねないような人間とは誰とも連絡したくなかった。それに、非常に疲れていた。彼はまだ〝ワイド・アウェークス〟を服用していなかった。これさえ飲めば、最高五日間眠らなくても、いつも健康に支障なく、機敏に戦える状態に保てる一種の興奮剤だ。彼はもうさっきから、この錠剤を飲む前になんとか二、三時間ほど仮眠をとりたかった。そのあとで服用すれば、体が最上のコンディションになり、敵を前にして戦闘能力を最大限に引き延ばせるからだ。いま彼は古びたソビエト側倉庫内に設けられた、半球状の情報収集室でものうげに待機している。

私に戦わせてくれるだけで結構、くそいまいましい、それ以上は望まない、とテイラーは思った。

こんな大事なときに眠るなど、もってのほかだ。このばかげた騒ぎが終わるまではだめだ。本来なら、連隊の将校や主だった下士官たちと作戦指揮会議に入るところだ。それから、M100が初めて離陸する前にやるべきどたん場の仕事が無数にある。

「テイラー大佐」と呼びかける声がイヤフォンに飛び込んだ。「大統領におつなぎします」

通信連絡パネルの中央モニター・テレビがぼーっと明るくなり、素晴らしく鮮明な画像がスクリーンいっぱいに現われた。服装が少し乱れて見えるアメリカ合衆国大統領が、大きなテーブルに両肘をついて座っている。

あの哀れな奴は疲れているみたいだぞ、とテイラーは思った。それから背を伸ばしてわが身をしゃんとさせた。大統領と以前に話を交わした経験から、とんでもない質問が出るから用心したほうがよいとわかっていたが、大統領の天真爛漫な言動を我慢するのはむずかしかった。いいか、あの男は合衆国大統領だぞ、けっして忘れるな、とテイラーは自分に言い聞かせた。

「おはようございます、大統領」

一瞬、大統領は面食らったようだ。それから元気を出して、答えた。「おはよう、テイラー大佐。時差を忘れてしまうところだった。調子はどうかね？」

「上々です、大統領閣下」

「ソビエト側は万事好調かね？」

「こちらの期待どおりよいです、閣下」

「それから、きみの作戦計画会議は？　うまくいった、そう思ってよいね？」

「上々です、大統領閣下」

「それじゃあ、よい作戦計画ができたね？」

そら、くるぞ、とテイラーは構えた。

「はい、閣下。現状では最善の作戦計画かと思います」

大統領は一息入れて、考えているふうだ。

「きみはこれから敵に攻撃をかけるつもりだね？」

「はい、大統領閣下」

「それで、その作戦計画に満足している？」

相手の声の調子というか、ものうげな態度というか、そのちょっとした点から、テイラーには状況がはっきり浮かんできた。合衆国大統領は口出しするつもりはなかった。ただ、だめ押ししているだけだ。予期せぬことであったばかりか、その点が歴然としていたので、テイラーはびっくりした。

「大統領閣下、どんな計画でも、これで完璧というのはけっしてありません。またどんな計画でも、それが実現に移されるや否や変わりはじめるものです。ですが、ソビエト側と苦心して作り上げたばかりのこの作戦計画にかぎり、私は疑問を――まったく――抱きません。現場の戦闘指揮官として、私はほんのちょっぴりでも変えたくありません」

相手側でどっと笑う声がするのがテイラーの耳に入ったが、声の主の姿は見えなかった。大統領はと見ると、笑い声など耳に入らないかのように依然として真剣で疲れた顔のままだ。すると、また笑いがしたが、間違いなく奥にいる統合参謀本部議長の声だとわかった。

「大統領閣下、テイラー大佐は自分の作戦計画をいじくりまわさないで欲しいと言ってるのです。帰還してきたら一つ懲《こ》らしめてやりたいところですが、当面は彼の言うとおりにさせたほうがよろしいでしょう」そう言って議長はまた笑ったが、からかい笑いに近かった。「テイラー大佐のことをよく知っていますが、彼はとかくわれわれを無視する傾向があります。そうじゃないかな、ジョージ？」

ありがとう、助かった、とテイラーは思った。議長が彼にかかわってリスクを背負い込み、言い訳をつくってくれたことが十分身にしみてわかった。

「まあ、こちらが無視されていると思うと、たしかにおもしろくはない」大統領が真顔でそう言ったが、悪意はない。「けれども、大佐の作戦計画に干渉するつもりはない。私の力に限界があるのは知っている」

もし大統領選挙の投票日まで生きていたら、なんとかかんとか言っても、この哀れな奴に一票投ずるかもしれないな、とテイラーはふと思った。

「テイラー大佐」と大統領が言った。「何が起こっているのか、理解しようとしているところだが、私は軍人でないから、こんなこと、たとえば、きみらの素晴らしい兵器、びっくりする兵器がさっぱりわからず、だいぶ時間を無駄使いしているみたいだ。これまで誰一人として、そうした兵器がどんなものか、どんな性能なのか、わかりやすい言葉でなんとか私に説明できた者はいない。きみがゆっくり説明してくれまいか？」

時間を除けば何でもあるが、そうする時間がないなんて、大統領に向かって言えるだろうか、とテイラーは思った。

「M100のことをおっしゃってるのですか、大統領閣下？」

「そうだ、納税者たる国民がきみらのために買ったあの機械道具類すべてだ。あれはみんなのためにどんな働きをするのかね？」

テイラーは大きく一息吸い込んで、話の糸口を探し求めた。「大統領閣下、M100というと閣下が第一に気づかれるのは、あれがこれまでに造られた兵器システムのなかではきっと一番不恰好な形をしている点です」

テイラーがそう口を切ったとき、M100の説明図を持ってこい、と命令する声が大統領の背後でした。

「兵隊たちはこれを空飛ぶトビガエルと呼んでますが、これを空に飛ばせて、これから戦闘に打って出る術を身につけると、素晴らしい兵器になります。地上にしゃがんでいるときは、兵器装備を収めた大きな腹をし、背中には銃火器を持った竜騎兵——空挺歩兵隊——を乗せています。ずんぐりした翼の上にティルト・ローターがついています。一見すると、離陸できそうに見えませんが、大統領閣下、実際に空を飛びます。この種のものとしては非常に高速で飛びますし、またそうしたいときは、低速でゆっくり飛ぶこともできます。その電子装置のおかげで、敵には姿がほとんど見えません。肉眼で捉えることはできるかもしれませんが、こちらの対電子装置一式——敵の電子装置を攻撃して、混乱させる電子機器——が万能で、非常に速く、多くの面に効くので、敵側の装置では青空以外に何も見えないか、逆にこちらの姿が無数にダブりかねません。敵の誘導兵器が捉えるのは、こちらの本物から発射されるおとりの飛行物体だけです。ところが、こちらの目標捕捉装置——敵機を見つけるのに使う兵器――には〝貫通技術〟があります。日本軍が奇襲攻撃をかけてこないかぎり、向こうの電子防衛網を見通すことができるはずです。ご存じのとおり」と専門用語のなかから言葉を選んで説明を続けた。

「われわれ自身の肉眼を使って戦うことはもはやめったにありません。いまや電子装置同士の戦いで、おたがいに多種多様な面にわたって、たった一秒間に何千回もだまし合うのです。日本軍はわれわれにとり大いに厳しい教訓になりましたが、今度は向こうをやっつけてやれると思います。ともかく、動力部品が飛躍的に小型化された結果、戦闘任務によっては、航続距離が片道一千四百海里まで伸びました。どちらかというと、実際にまだヘリコプターに近い、この図体の大きな兵器としては、これは上出来です。ですが、なかでもきわめつきのすぐれた点は主要兵器システム自体です。日本軍がアフリカ戦線で使ったレーザー兵器には、わが軍は驚かされました。彼らは現在もまだ使っています。しかし、搭載用レーザーにはいろいろ問題があり、ザイール戦線で露呈された以上に厄介です。たとえば、日本軍がレーザー兵器の再充電を何に頼っているのか知りませんが、支援システムがないとにっちもさっちもゆかないし、短距離の素早い戦闘にしか向きません。わが方は技術的にまったく違うやり方をとっています。

わが軍の主力兵器は電磁気で加速された弾丸を発射する〝電磁砲〟です。火薬のかわりに電磁エネルギーを利用する特殊な弾丸です。こうした発射体はとてもとても速い速度で飛び、目標に当たるとき、非常に強い力でぶつかるので、目標を粉砕するか、少なくとも衝撃で目標内部のすべてのものを粉砕いたします。発射体には何種類かあって、射撃管制コンピュータがしかるべき種類の弾丸を自動的に選びます。一つの種類は堅固な弾丸で、ほとんどどんなものでも貫通できます。もう一つの種類の発射体は二層構造になっていて、第一の層が目標の外側で爆発して燃えるものいっさいに火をつける一方、内部の堅固な中心部の層がさらに突き進んで既知のどんな装甲でも貫徹します。その際に出る衝撃波だけで装甲車輛内の敵兵はすべて殺され、車輛自体も使いものにならなくなります。大きな利点は、M１００一機が一回の飛行作戦で数百ヵ所の目標を捕捉し破壊できることです。一回の作戦が終わったら、〝電磁砲〟は支援基地へ戻って弾道癖を修正する必要がありますが、日本軍のヘリ搭載レーザー砲と比べれば、まだずっと使い途が多く、破壊力が大きく、しかも戦闘に生き残る率が高いのです」

「それで、操縦士は……基本的に乗っているのかね？　M１００は……すべてが自動化されているというが」と大統領が言った。

「自動的にこなせる仕事は非常に多いのですが、同機の指揮官——つまり操縦士——と副操縦士兼砲手が決定を下す余地はまだ広いのです。また、機械ではまだとくと考えて結論を出せない、どうしても人間が下さねばならない決定があります。理想を言えば、コンピュータが数秒で多数の目標を見分け、捉えることができるのですから、完全に自動発射でいくことです。それに、コンピュータは全国レベルのコンピュータ・システムから情報インプットを受けているのですから。ところが、いざというときに何をするか、となると、それを決めるのはまだ人間なのです。たとえば、竜騎兵をいつ機から降ろし戦闘に使うか、コンピュータは絶対に決定を下しません。賢い馬であるのはたしかですが、やはり馬は馬にすぎません」

テイラーが懸命に説明しているのに、大統領はまだ少々まごついているふうだったが、やがて口を開いた。

「ところで、テイラー大佐、きみが詳しく説明してくれてるあいだ、きみの上司が私のために取り寄せた説明図を見ていたのだが、とてもよくできている、とてもよい出来だ、ほんとうに」とはるか遠くで言う大統領の目は、テイラーの目を懸命に探し求めているふうだった。「教えてくれ、あれが実際に戦力になりそうか？　戦場で？」

「なると思います、大統領閣下」

「それで……十分にあるのか……こうした兵器が？」

何が十分にだと？　十分にあったことなどなかったのに。

「大統領閣下、わが国が与えてくれるだけのものは持っていますし、それで最善の努力をするつもりです。わが軍の現在の作戦計画どおりに任務を遂行するに足る戦闘力は持っていると確信します。さらに、わが連隊にはM１００だけでなく、もっといろいろ兵器があります。第一に、優秀な兵士たちがおります。あなたが命令された任務を完全に理解しなくても、いつでも正しいと信ずる、一騎当千の、よく訓練された兵士たちです。彼らがいなければ、M１００は単なるお金ばかり食うがらくたにすぎません」

テイラー大佐はそこで一息入れたが、そのとき、自分といっしょだった無数の部下たち――第七機動部隊の兵士たちだけでなく、平和時の駐屯地での単調な任務のときや五回ほど試練にあったときに記憶に残った兵士たちの顔が大佐の脳裏を横切っていった。

「大統領閣下、このほかにも兵器があります。すばらしい電子戦用装備……われわれが地上にあるあいだ守ってくれる強力な防空レーザー大隊……たった一回の空挺輸送で緊急必要品目を運べる地表効果型主翼（WIG）輸送機などです。それに加え、第十機動部隊がわが部隊に情報支援、つまり電波による攻撃・偽騙支援をしてくれ、大いに助かります。しかし、なんといっても最後は大隊や中隊の兵士たちの力に尽きそうです。兵士たちが十分に強いかどうか？　兵士たちに訓練が十分に行き届いているかどうか？　兵士たちが敵兵より長く持ちこたえられるほどの力を持っているかどうか？　その答はイエスだと私は思います」

ウォーターズ大統領は、このひどい顔をした、声のしっかりした男に対する信頼がいままで以上に増した気がした。政治家として、万事うまくいくと信じたい気持ちにいささか取り憑かれているのに加え、奇妙な外国の軍服姿のこの大佐の説得力に乗せられているな、と自分ではわかっていた。大統領がいままで耳を傾けていたのは、まさに自分が聴きたいと望んだ耳ざわりのよい話だったわけで、語られた言葉の中身自体はそれほど問題でなく、むしろその言葉の語られ方こそ大事だった。自身の弱さがこのようにわかっていても、大統領が新たに感じた信頼感はいささかも弱まらなかった。信頼感といっても、それもいつの間にか消え去るだろう。でも、差し当たり、なんとかかんとか言っても、万事がひどく悪く運ぶことはあるまい、と思った。

万一、それが実在した場合に備えて、この怖い目つきの大佐に例のスクランブラーの件を話しておくべきかどうか、迷った。統合参謀本部議長は、この問題を持ち出すことに反対している。たしかに、餅は餅屋で、軍人たちはどうしたら最善かよく心得ている。

それでも、スクランブラーの件は大統領の頭にまつわりついて離れなかった。彼をホワイトハウスへ導いた天性の勘が「大佐に伝えろ。すぐにだ」と命じた。

ブリーフィング室の扉が開いて、ジョン・ミラーが頭を部屋に突っ込んで言った。

「すみません。大統領閣下、そのモニター・テレビをちょっと消していただければ、サンドイッチをお出しします。それにサラダも」

ウォーターズ大統領はうなずいたが、通信担当将校に向かって、ちょっと待て、と指を一本立てて合図した。

それから、大統領は中央のモニター・テレビをのぞきこんで言った。そこには、ジョージ・テイラー大佐のあばた顔が、実物よりもひとまわり大きく、冷静に待ち受けていた。

「テイラー大佐、ほんの少々のあいだこの装置を消すことにするが、そのまま待機していてくれ。このあとで情報ブリーフィングをやる予定で、きみにも聴いてもらいたい。われわれ全員の事態掌握をまったく同一に保つためだ」

大統領は、われながら筋の通った立派な言い分だと思ったが、心のなかでは、情報更新などと言ったのは口実にすぎないと承知していた。自分に自信を与え大いに安心させてくれたこの男を手放したくなかっただけのことだ。


モニター・テレビがふたたびつくと、右手のフォークにレタスをいっぱいのせた大統領の姿が、テイラー大佐の目に入った。相手が驚いた表情だったので、自分の顔がこんなに突然にテレビ画面に出れば、誰だって食欲をそがれるさ、と大佐は思った。このモニター装置は素晴らしい——最高級の——性能を備えていて、特定の登録された音声だけに応答して、てきぱきと余計なものを取り除いて鮮明な画面を送り出すよう調整されていたが、対象を美化するプログラムは入れられてなかった。

「テイラー大佐、またお目にかかったね。さて、これから情報更新の作業にかかるとしよう。これは私よりきみにとってずっと有意義だと思う」大統領はそこまで言ってから、その目がモニターから離れてブリーフィング室のもっと奥の人間を探し、「フィッツジェラルドさんは？」とつぶやいた。

テイラーが身構える暇もなく、モニターの画面いっぱいにデイジーが現われ、腰から上部が大写しになった。一瞬、二人の目が実際に合ったような気がしたが、それが幻想にすぎなかったと知って、テイラーはほっとした。彼の顔はもういまはモニター・テレビに映っていない。情報説明担当官である彼女と視覚支援装置だけだ。

テイラー大佐はやや気が楽になった。デイジー。彼女のことを考えまいとこれまで非常に苦労した。でも、解決すべきことがありすぎたし、心配すべきことがありすぎた——しかも自分の心を占めるはるかにもっと重要な問題を抱えていた。けれども、いまの彼女を、きちょうめんに前置きを述べてブリーフィングの担当部分に入るその姿を見守ると、なんと彼女も疲れた顔をしているのかという思いに打たれ、ますます、どうしようもないほど彼女がいとおしくなってきた。

画面にデイジーの姿にかわってソビエト連邦南部中央部の地図が現われ、大統領に都市や山脈や海の位置を教える彼女の声がした。彼女は一番重要な事態の進展状況を素早く説明していったが、ラングレーにあった昔のCIAビル内の彼女の執務室でテイラーが説明を受けたときの言葉使いよりもずっとわかりやすい口調だった。かつてのCIAは、アフリカ戦線での惨敗と予期せざる日本との貿易戦争の拡大の直後に起きた、各情報機関のあいだの縄張り争いを根絶すべく設けられた統合情報局（UIA）に変わっている。テイラーは思わず一人笑いした。あのときの彼女の髪が無雑作にピンでとめられていたことや、大きすぎる眼鏡の隅にはっきり目に見えるほどの汚れがついていたことなどが思い出された。彼女はテイラーの醜い顔を見て、とくに不快感を示さなかった。まったく無反応といってよいほどだった。彼は忙しい一日の仕事の相手にすぎなかった。また、最初は三十分の予定だったブリーフィングが一時間に延びて、そのなかで彼女が初めてかすかに個人的な言葉を吐いたのを思い出した。

「さて」と彼女は例のひどい眼鏡越しに彼を眺めながら言った。「たしかに下調べはしてきたようですね、大佐。けど、あなたがこれ全体の背景事情をほんとうに理解しているとは思わないわ」

彼女の仕事は予定より遅れていた。かなり遅れていた。それに、大佐が理解する必要があると彼女の考えたことがらは、実際に機密に属する問題でもなければ、すぐに大事なことでもなかった。別の機会に譲ることもできたのではないか？

テイラー大佐は勇気を振るい起こして、彼女の顔を長い長いあいだじっと見つめた。職業的には、彼女は厳しく、容赦しなかった。けれども、彼女にはそれ以外に何か魅力があると思った。自分自身にまったく説明できない何かがあった。やっとの思いで、絶えてひさしくなかったことだが、誘いの言葉を口にしたが、声が震えていた。

「よかったら……夕食をごいっしょしながらその点をお話ししませんか?」

彼女は黙って彼を見つめるだけだった。彼は身が縮こまる気がした。なんてばかな男だ、愚か者め。相手が無雑作に束ねたおさげ髪を両耳の上に垂らしたこの不器量な女性であっても、進んで自分と夕食のテーブルを囲んでくれる、などと想像するとは。そのとき、なんの前ぶれもなく、ショックに備える心の用意も与えずに、彼女が口を開いた。

「ええ、いいわ」

彼はびっくりして、答える言葉を探し求めるだけだったが、すぐに彼女が助け舟を出してくれた。

「私のところへいらしてもよくてよ。そのほうがレストランよりずっと人目につかないで、仕事の話ができるわ」そこまで言って、しばらく考えてから、こうつけ加えた。「でも、たいした料理人じゃないのよ」

「それはかまいません」

これからどんな目にあうのか、彼が完全にわかっていない、と思うかのように、彼女はまずい顔をさらにしかめた。

「パスタでいいかしら?」彼女はそう言った。

「そいつはすごい」

「今夜は、もちろん、純然たるお仕事よ」

「もちろんですとも」

それから夜まで午後いっぱい、彼はいらいらのしどおしだった。一帳羅のお上品な背広がぴったり体に合わなくても、以前ならいっこうにかまわなかったし、どんなネクタイがいま流行しているのかもまったく知らなかった。ワシントンの官庁内の廊下や街の歩道をさっそうと歩くあの垢抜けた連中は自分とは別の種族なのだ、自分がどうやったって連中並みに見えることはけっしてない、外出するときは軍服姿が当然だ、といつも頭から思い込んでいた。ところが、彼女の家の夕食には軍服姿では出かけられない気分になったのだ。そこで、ペンタゴンの旧友の部屋に立ち寄る予定をとりやめて、ワシントンのダウンタウンへ直行し、店員の勧めたワイシャツとネクタイを買った。

　ホテルの自室に戻って身仕度にとりかかったときになってやっと、アイロンをかけてないワイシャツではどうにもさまにならないとわかった。とはいっても、ホテルのボーイに頼む時間はもはやなかった。意を決して、ワシントンまで持ってきてもあまりしわのついてない、前からあるワイシャツに、買ったばかりの真新しいネクタイを締めることにして、浴室の鏡の前でタイを結ぼうとしたとき、彼女にすれば今夜はきっと純然たる仕事であるし、自宅へ彼を招いたのはきっと彼といっしょにいるところをみんなに見られたくないからだ、とふと思った。そう考えると、便器の蓋の上に力なく腰をおろし、ワイシャツのカラーのまわりにタイをぶらぶらさせたまま、彼女にいま電話して行くのをとりやめようか、と思った。だが、ホテルの自室でポータブル・コンピュータをいじりながら、また一夜ひとりですごすのかと思うと、耐えられない気分になった。

　彼は花とワインを手にして彼女の家を訪れた。ほっとしたことには、彼女はにこりと微笑んで出迎えてくれ、いそいそと花を花瓶に活けた。ワインをちらりと見て、そっと脇へ置くと、「どうぞ、どこでもよいからお座りになって。ちょっと待ってね」と声をかけた。彼は言われたとおりに腰をおろしたが、背広姿だと着心地がよくなかった。それからおもむろにこの家の女性の生活を取り巻く環境を眺めまわして感心したが、それはまわりがとくに美しいとか美的に訴えるところがあったからではなく、女性の私室のなかに、彼女の関心対象のあらゆるもののなかに自分がこうして座れたことが忘れがたい喜びであったからだ。けれども、長くは腰をおろしていられなかった。キチンからの香料の香りや物音に立ち上がって動きはじめ、実際に見るとはなしに壁面の版画に目をやったり、実際に頭にとめるとはなしに本棚の本の題名をざっと見まわしたりして、戸のかまちからいつ彼女が姿を現わすか心待ちしていた。

その最初の夜、キスする勇気はなかったし、もう一度会えるか尋ねることすらしなかった。その夜から翌朝まで悶々として、ついに勇を鼓して職場の彼女に電話をかけた。彼女はいなかった。伝言を頼むほど意志堅固ではなかった。伝言を残したとしても、返事の電話をくれるとは思わなかったからだ。しばらくしてから、また電話をかけた――そうしたら彼女につながった。

「もしもし……また夕食をごいっしょできたら……そう思いまして」

遠い、事務的な声がすぐに返ってきた。

「残念ですが、今夜は用事があります」

それだけでおしまいだった。

「そうですか……昨晩はありがとう……ほんとうに楽しかった」

これでさよならだ。

「待って」と彼女が言った。「今夜じゃなくて、明日の晩にまわせないかしら？　アリグザンドリアにいい店知ってるの……」

のちに、彼女の風評がわかりはじめると、彼が受けた打撃は残酷だった。年齢を食い、数々の試練を経ていたものの、感情的には彼はほんの小学生の域を出なかった。若かりし頃のあの性的脱線行為は彼の記憶の奥深くに秘められたが、その後何年かの独身生活とともに、一種のうぶな童貞の気分がよみがえり、自分が一度は愛した女性、結婚してもよいとまで思った女性が、他の男たちの笑いものの的にされ、男たちに利用されては捨てられる存在にすぎないと考えると、腹のなかが怒りに煮えくり返った。彼女を思い切れなかったし、思い切りたくなかった。自身を納得させようといろいろ努力もした。昔と違って現代では、女性は誰とでも寝る。とにかく、それがどうしたというのだ？　彼女が他の男たちとベッドをともにしたからといって、それが人間として恋人としての彼女の価値をどのように減らすというのだ？　男どもが彼女の肌に残した名残りを身をもって感ずることがありうるだろうか？　名残りを味わうことがありうるだろうか？　自分が彼女と寝たときに、そのおかげで実際に彼女のどこかが変わっただろうか？　とにかく、過去のことがいったいどうしたというのだ？　大事なのは、なんといっても、現在だ――昔はどうだったかではなく、いまどうなっているかだ。それに、彼女をとがめるおまえ自身はいったい何様なんだ？　おしゃかな野郎のくせに？　ひどい顔をした愚か者のくせに？　とがめだてするどんな権利があるのか？

それでも、彼女の過去にまつわる思いが彼をそっとしておかなかった。彼女が逃げ去っていくのではないかと恐れて、しっかり抱きしめたが、彼女を自分の専有物にしたい、自分一人で独占したい、過去の幽霊どもをすべて消し去りたいとの気持ちもいくぶんかあった。夜の暗闇のなかで、自分の最愛の人が他の男どもといっしょにいるのを思い浮かべては悶々とし、また生まれながらにして万事よく心得た、身なりのよい、ハンサムなあの他の男たちと肩を並べられるようになるにはどうしたらよいか、と思ったものだ。自分がいなくなったら、彼女はいったい誰の腕のなかに転がり込むのだろうか？

二人がさよならを言って別れたあの朝のことを思い出した。彼女の姿はだらしなく、目はあらぬほうを見て、すっかり目ざめておらず、長い一夜の名残りの匂いが彼女の身のまわりにいっぱい漂い、彼の両手にも残っていた。水玉模様のバスローブ姿で薄暗い光のなかにたたずむ彼女は、それまでに出会ったどの女性よりも美しく思われた。彼女を一人あとに残して行きたくなかった。自分が長年抱いてきた目的を果たすために遠い異国へ向かって行きたくなかった。せめて立ち去る前に、彼女といっしょに座ってもう一杯コーヒーを楽しみ、彼女の乱れた髪と彼女が片手を置いた乱雑な卓上の光景をしっかり記憶に留めておきたかった。しかし、もうそうする時間はなかった。任務に出発する寸前にかろうじて手にした最後の瞬間に、「愛しているよ」と言うのがせいぜいの時間しかなかった。

それなのに、彼女はなんとも答えてくれなかった。彼女からも同じような文句を聞きたいと切に思った。ある意味では、だからこそ彼はその文句を口にしたのに。だが彼女は、実際以上にまだ眠りたりないようなふりをして、黙って相手の立ち去るのを待つだけだった。彼はその言葉を繰り返して、なんとか彼女の口から同じ文句を引き出そうとした。だが彼女は、約束じみた文句を二、三もごもごと口ごもるだけなので、汚れたバスローブ姿で、ちらかったキチン・テーブルの脇にどさりと腰をおろしたこの不器量な女性にこの上もなく美しいという思いを残して、立ち去った。彼女は人のよさと魅力で彼の虚しい心を大いに満たしてくれたから、愛の言葉などもうどうでもよかった。

いまテイラー大佐は、シベリアの荒地にあるブリキ製建物のなかの、敵の電波妨害から守られた半球状の情報収集室にいて、地球のなかば裏側から届く、かつて恋した女性の言葉に耳を傾けている。彼女のしゃべる声はてきぱきと落ち着いていて職業的だが、低いかすれ声の気味があって、他の場所であれば非常に煽情的だったものの、いまは男っぽく聞こえるだけだ。彼女の口調ないし素振りからは、彼が自分の話を聴いているのがわかっている、彼が気づかずとも彼女がこれまでじっと彼の姿を見ていた、といったことを示すふしはこれっぽっちもなかった。自分が大統領に説明していたあいだ、彼女が同じ部屋にいたのを知らなくてよかった、と彼はほっとした。彼女がいるのを知ったなら、愚かにも気が動転して、ものの用に立たなくなっていたにちがいない、という気がしてならなかった。

これに比べ、彼女のほうがずっと気丈だった。どこから見ても、自分の扱っている題目と同様にまともで、モニターに次々と地図、フィルム、スチール写真を映し出しながら、淀みない声で説明していった。テイラーは耳を傾けたが、ともすると注意力がそれるのを防ごうと苦労した。

「……しかしながら、敵側が地上作戦を休止したのには、もっと複雑な目的があったと思われます。この小康状態のあいだに、わが方に敵対する同盟軍はソビエト反乱分子から成る全部隊——これらの各部隊はまだ名目的にはソビエト軍ですが、広い意味で言うと、その地域の現地民の軍隊です——を最前線へ移動させました。こうした移動により、二つのことが達成されます。第一に、カザフから西シベリアに接する辺境一帯に対する北方攻撃の先頭に現地の〝解放〟勢力を立たせることができます。第二に、反乱軍部隊の力をとことんまで削《そ》いで、戦火が収まったら、イラン・イスラム連邦がはっきり軍事的に傑出し、したがって外国勢力によるカザフ、シベリア両地域の豊かな鉱物資源の搾取に対して土着勢力が実際に反対する可能性が少なくなることは確実です。イラン・イスラム連邦がウラル以東の主要領土を実際に支配することになります――また引き続き日本の援助がなければ、連邦の軍事力は崩壊し去るでしょうから、ひいては日本が連邦に対する支配の度合をいちじるしく強めるでしょう。たとえば、日本の輸出するどの兵器の電子部品にも潜伏性コンピュータ・ウイルスが仕込まれていて、その活動が触発されると、兵器が役に立たなくなる、といわれ、その説を裏づける強力な証拠があります。どんな政府がウラル以東にしかるべく収まろうとも名目にすぎないで、日本人が北部アジアの実質的な支配者になるでしょう」

　モニター画面にデイジーの姿が大写しになった。緊張してきりっとした表情で、個人的な弱さは角張った顎とあの大きすぎる眼鏡の陰に隠れて、見えない。けれども、非常に疲れている面持ちだ。そんな彼女を自分の両腕のなかに、たった一瞬でもよいから抱きしめることができたら、とテイラーはふと思った。

　彼女は私のことを忘れてしまったのだろうか？　もう？

「もちろん、わが軍がそれを阻止しなかった場合の話ですな」と別の声がした。国防長官だ。これまでにたったの一日も軍服を着たことのない、またも法律家あがりだ。とはいっても、テイラーはこの男を一応評価せざるをえなかった。国防長官としての任務を驚くほどしっかりと把握していたからだ。その点は、長官の旧友たる大統領自身とは大違いだ。

「はい、閣下」デイジーが答えた。

「それでは、わが軍が彼らを阻止できるチャンスはどのくらいかな、ミス・フィッツジェラルド。きみの意見を聞きたい」長官がそう求めた。

デイジーがふたたびモニターの関心の的となった。利口で、目から鼻に抜ける彼女がなんと答えるか、テイラーは好奇心満々に待ちうけた。

「長官閣下」彼女が答えはじめた。「数字をあげて確率を示すとか、断定的なことを申し上げるとかはできません。変わりやすい要因が多すぎるからです。分析……推測しか申し上げられません。きわめて科学的でないきらいがありますが」

「かまいません。続けてください」

はるか遠い彼方から、電子機器で捉えられ彼のところまで送られてくる映像なのに、彼女の目はそれでも生き生きしていて、驚くほど、ものすごく生き生き輝いている。

「第一に」と彼女の話は続く。「わが軍の存在が日本軍にとりショックになるだろうと私は確信します。現時点では、わが国が地上部隊を派遣したと彼らがいささかでも疑っているふしはまったくございません。だからこそ、彼らは地上作戦を休止したのでしょう。一方、彼らは中央アジアでわれわれを痛い目にあわせて思い知らせたい、他の地域での最近の敗北のお返しをわれわれにしたい、と躍起に思っているのかもしれません。彼らはラテン・アメリカでのあいつぐ敗退にいまなお遺恨を抱いております。今後の重要な鍵が米国製兵器の性能にあることは、言うまでもありません。わが方の軍事システムが設計仕様どおりの性能を発揮しますなら、日本軍の出血を従来よりもっとずっと大きなものにする戦争に、とつじょとして一変するでしょう。その意味では……交渉による解決のチャンスがぐんと大きく増すものと思います。わが軍が戦場で十分な戦果をあげればの話ですが」

大統領がそこで口をさしはさんだ。「ミス・フィッツジェラルド、あなたは実際に勝つかどうかについては何も言っていない」

デイジーは一瞬たじろいだ。そうだ、とテイラーも思った。いったい勝つのかどうか？

デイジーが答えた。「大統領閣下、完全なる勝利はきわめて遠い可能性であるにすぎません。第七機動部隊とその支援部隊がいかに善戦しようとも、その数がものを言いません。一個連隊……では戦さに勝てません」

ああ、なんたることか、デイジー、デイジー、そこがきみのよくないところだ、きみには信念というもの、数や事実や科学や知識のある男性たちに逆らってものごとを信ずる能力、それがわかっちゃいない、テイラーはそう思った。彼女の大きな弱点が突然はっきりわかったので、それをなんとか教えてやれたらなあ、と思った。きみにただ欠けているのは信念だ、なにごとでも信じさえすれば、世の中はきみのものになりうる、と。

「とにかく」とデイジーは話を続けた。「完全なる勝利というものが、どれほどアメリカ合衆国にとり有利なものとなるか、まずその点を検討する必要があります。たしかに、敵側が勝てば、わが方は主要資源を入手できなくなる一方、敵側――とくに日本――のそうした資源利用を阻止できなくなります。さらに、わが方は影響力も失います。威信もです。また、間接的な問題として、イスラム連邦、イラン人たち、とくに反乱勢力が異民族のスラブ人たちを虐殺しつづけることになるでしょう。全体として、望ましからざる結果です。ところがです、わが軍が完全に〝勝利〟を収めるならば、ソビエト連邦を引き続きお荷物として抱え込む結果にしかなりかねません――とつじょとしてその責任分担がわが方の肩にかかってくるでしょう。ソビエト帝国は現在の形のまま結束していくことはまったく不可能です。さらに、勝ち誇るソビエト連邦はわが国の影響力を前ほど受けつけなくなるでしょう。主要分野でソビエトのわが国への依存を高めるのが、わが方の期待です。それに加えて、反乱鎮圧後の中央アジアで合衆国の同盟国が血なまぐさい報復と弾圧に乗り出す光景は、合衆国のその他の同盟諸国に見せたくないものです。基本的には、合衆国に経済的に有利な形で戦闘行為に話し合い結着をつけることが最適の解決策だろうと考えます」

かろうじて怒りを抑えたような声で統合参謀本部議長がこう言った。「ミス・フィッツジェラルド、きみの理屈には非常に感服するが、私とあの遠いシベリアの大佐の双方が骨身にこたえて学び取ってきたにちがいないことを一言言わせてもらおう。勝利を得るのはつねに有利なことなのだ。その他のことはあとでなんと言おうとまったくあんたの勝手だがね」

「さて」と大統領が素早く口をはさんで、またテイラーのモニター・テレビの画面いっぱいに現われた。「皆さん、意見が分かれているようですな」と言って、サラダの残骸をちらっと見おろしたが、唇は何かおいしくないものがあったみたいにゆがんでいる。やがて左の眉を上げた。「テイラー大佐？　まだいらっしゃるかな？」

「はい、おります、閣下」すぐにそう答えたテイラーは、さっとわれに返った。

「それじゃあ、意見を述べたまえ。この論議をきみはどう思うかね？」

「大統領閣下、私の部下たちは……自分たちが戦っているのは——あるいは命を賭けているのは——小賢しい話し合い結着をつけるためだ、とは想像もしていません。そんなことはいっさい納得しません。部下たちが納得しているのは勝利と敗北との違いでして、部下たちの観点からすると、その違いは歴然としております」

「というわけは……わが軍が勝利を収められるということかね？」

テイラー大佐は顔をしかめた。「正直のところ、私はなんとも言えません。私に言えるのは、数えきれないほど多数の優秀な若い兵士たちがわが軍は勝利を手にできると思って、これから死んでいこうとしていることだけです。いや、〝思って〟というのは間違った言い方です。わが軍は勝利を手にするのだと信じてです。私が部下たちにそう言っており、部下たちは私のその言葉を信じているからです」

大統領はボウルに残ったレタスの葉の小さな塊を食べようか食べまいかとちょっと考えながら、口を開いた。「そうだね……そうあって欲しい。ありがとう、大佐。きみをこれ以上引き止めておくわけにはいかん。きみにはやることがたくさんあるだろう」大統領はそう言って、はるか彼方のテイラーの目を探し求めた。「それじゃ、幸運を祈る。全員によろしく」

テイラーはあわてた。こんなばかげたことは早くおしまいにして、自分の部隊の仕事に戻りたいと躍起だったが、これでデイジーと永久におさらばかもしれないこと、二人の意見がいかに間接的とはいえ対立する調子で終わったことを考えて、がっかりした。

なんとかもう一目見たい。できない相談かもしれないが、なんとかもう一言交わしたい。

モニターから大統領の姿が消えた。けれども、スイッチが切れたわけではなかった。大統領のかわりに、統合参謀本部議長の威圧的な少々腫れぼったい顔が画面に現われた。

「ジョージ、最後に一言。いったいいつになったらその共産党の軍服を脱ぐつもりなのだ？　ひどい恰好だぞ」

テイラーはにっこり笑って答えるべきだとわかっていたが、どうしてもそうできなかった。

「離陸する直前にそうします、議長」

「それじゃ、奴らを思いきり懲《こ》らしめてくれ、ジョージ。健闘を祈る」

「ありがとうございます、議長」

すると、画面が真っ暗になった。

デイジー……。

デイジーは、自分がいかに取り乱してしまったか、室内の誰もが気づいていたにちがいないと思った。感情を抑えて、いつもよりずっと冷静な声でブリーフィングを進めようと苦労したが、しゃべる言葉が見当はずれみたいで、自分の考えを正しく伝えられないもどかしさを感じた。

　みんな、あの人のせいだった。初めは、彼が私の顔を見ることはありえない、私がここにいるのを知っているわけがないと思って、大統領と話を続ける彼の姿をモニター画面でじっと注視していた。そして、彼の発言、世慣れたブーケットとは比べものにならない、がさつで、率直な彼の声を聞いているうちに、大統領に膝まずいて、こんなことはすべてとりやめてもらいたいとお願いしたい気分になった。ソビエト連邦の運命とか、はるか彼方にある鉱物資源の処分とかいうことなどどうでもよい、時代がかった使命感を抱く、この人のいい男こそたいせつなのだ、と思った。

　自分の発言する番がきて、モニター画面に映し出される機密資料を専門用語やよそよそしい意見を混じえて説明するうちに、自分が彼の運命を決め、死地に追いやろうとしているかのような気持ちになった。政治と権力の論理は、かつては彼女もはっきり納得していたものだが、いまや非常にばかげたものに思われてきた。たいせつなのは、なんのかんのと言っても、人間のことだけだ。男たちと女たちのことだけだ。自分が愛するかもしれない相手を見つけ出した人たちのことだ。そうした人たちを、ばかげたことを仰々しく言いたてて戦場に送り出すだけとは。たいせつなのは、あの哀れを誘う顔をした、その顔を見たら身ぶるいするだろう市民たちのいる故国をなんとしても守る決意を持った、あのジョージ・テイラーだ。

　彼女はわれとわが身を責めているのだろうか？　これは形を変えた愛情のあらわれにすぎないのだろうか？　それなら、あの男性を自分が愛した瞬間を少しでも想像できるだろうか？　いつもライトを消すだけでなく、わが目を閉じなければ同衾できなかったではないか。

　彼が一番好きだったのは、彼女の小さな背中に彼が胸を寄せ、力強い腕で彼女の乳房を揺すって、背後から抱きしめたときだ。どこかのPXから無雑作に買ってきた、出来合いの礼服を着たテイラーは、世界一のきまじめな電気製品セールスマンみたいに見えたし、ディナーに見当違いなデザートワインを一本さげてくる気のきかぬ田舎者だった。

そんな男性を見て、どれほど愛情を抱くことができようか？

彼が大統領に、彼女の分析、彼女の仕事、ひいては彼女の高い教育をばかにするような、ぶっきらぼうで実務的な口調で答えたとき、私が悪かった、ほんとうはそのつもりでなかった、今夜は自分の考えや言葉がうまく出てこなかっただけだ、と言い訳したい気持ちになるばかりだった。

彼は生きて帰ってこないだろう。彼女にはそれがわかっていた。

心の内の悪魔が彼女に、大統領や大統領に仕える人びと全員の面前で彼に大声で呼びかけ、ほんとうにあなたを愛していたのだ、あの最後の朝すでにあなたを愛していたのだ、と告白するよう促したが、そうするだけの勇気というか良識を持ち合わせていなかった。

そのままテイラーの姿は消え、通信連絡は切れ、彼女は何も映っていないモニター・テレビの前に取り残され、かたわらにクリフトン・レナード・ブーケットがいた。

大統領は微笑みながら、頭を左右に振っていた。そして、大テーブルをちらりと見まわして、ものうげにネクタイをぐいとひっぱった。

「さて、皆さん。この大佐は敵の心臓をほんとうに縮み上がらせてくれることだろう」そう言って、さも楽しげに頭を軽く上下に振ってうなずいた。「私をどんなにびっくりさせるか、見物《みもの》だぞ」

全員がどっと笑ったが、デイジーだけは別だった。かたわらで、ブーケットはひときわ声高く笑ってから、彼女ににじり寄って、こうささやいた。

「人の笑いものにはなりたくないものだね？」

9

北部カザフ
二〇二〇年十一月二日

赤ん坊を抱いたその母親は、バブリシュキンの指揮する戦車の主砲郭に体を丸めて寄りかかっており、大きすぎる防寒帽の下に小さなやせ細った顔がやっと見える程度だ。スカーフやセーターや上衣を何枚も重ね着していて、自分でも耐えられないほどの重さのように見え、乱雑に身につけたフェルト帽や羊毛や着古した毛皮の衣服に埋まって、赤ん坊がいるのがかすかにわかる。片足をばたばたさせているが、乳離れの頃の仔犬が少しでも母犬のそば近くに身を埋めようとむなしく手足をもがいているみたいで、小柄な母親が抱きしめ直した。この女は非常に若いな、こんな戦場でなかったらかなり魅力的な女性かもしれないな、とバブリシュキンは思ったが、いまの彼女ときたら、頬がすりむけて老婆のようなかさかさな肌になっているし、くぼんだ両目は焦点が定まらない。ときおりもう一人の子供、虚ろな目をして母の上衣にしがみついている四歳ほどの男の子にやさしく話しかけている。バブリシュキンがさっきこの男の子を戦車の上にひっぱりあげたとき、叩くと出る埃みたいに、シラミがその頭からぱっと飛び散った。だが、男の子はそんな寄生虫に気づかぬふうで、母親の脇に座ると、凍った草原のはるか彼方をじっと見つめていた。正常なしるしといえば、バブリシュキンが子供の小さな手にかび臭いクラッカーを渡すと、がつがつむさぼった姿だけだ。

バブリシュキンがこの女と子供たちを難民の列のしんがりに見つけたのは、彼の乗った戦車がとぼとぼ歩く生存者たちに追いついたときだ。その子がもはや歩けないために、なかば餓死しかけた母親は赤ん坊とその子の二人を連れていくのに難儀している最中で、一度に二、三歩その子をひきずっていくのが精いっぱいだった。誰も助けようとしなかった。列から脱落しかけた難民たちは、背後に敵の迫る気配をひしひしと感じていたし、めいめいがそれぞれ苦難を抱えていた。他人に情をかけるどころの空気ではなかった。

大量虐殺の現場を見て、バブリシュキンはどんなことがあっても戦闘態勢を維持するとの決意をとっくに捨ててしまっていた。自分の目的達成の意思力がさらに強まるどころか、すでに頂点に達して、いまや急激にしぼんでいるのに気づいた。血みどろの苦難を生き延びた難民たちを救って車輛に乗せるよう命令したので、たちまちにして彼の指揮する軍用車輛の隊列は算を乱して、しまりのない様相になった。もはやこれ以上戦う手はありえない、といった気分が、まるで鼻をつく悪臭みたいに強く、広まっていた。銃弾はなきに等しかった。燃料は撤退を続けるのがやっとだった。政治将校の抗議を無視して、バブリシュキンは午前中の進軍のあいだずっと、病人や負傷者を戦車や兵員輸送車やトラックに拾い上げげつづけてきた。人びとをもはや守ってやれないとしても、運んでやることくらいはできる、とそう考えたのだ。

こんな状況下だと、砲塔のない戦車が思いがけず役に立つことがわかった。幅の狭い主砲郭が車体の上に突き出ているだけだから、古い型の戦車よりもずっと多くの人数を乗せられる余地があった。その若い女と二人の子供のほかに、老人一人、腰の曲がった老婆二人、病人の十代の娘一人が戦車上に群がり、手袋をしたりぼろを巻きつけた両手で手当たりしだいに金属部分を摑んでしがみついていた。非常に寒い天候に変わり、いまにも初雪の降りそうな気配だったが、戦車上の誰もが風に吹きさらしのままでも乗れたことをよろこんでいた。乗れなかったなら、路端で野垂れ死にするしかなかったからだ。

誰でも助けることができるわけでなく、また助けてもらいたがっているわけでもなかった。ずっと離れた道端で、つぶれたプラスチック製スーツケースの上に座り、髭の生えた頬を両の拳で支えているおばあさんを見つけた。バブリシュキンは自分の戦車に隊列から抜けてその婆さんを拾い上げるよう命じて、自身で婆さんに手を貸そうとフェンダーから飛び降りた。ところが、婆さんはバブリシュキンのほうをちらとも見向きもせず、嬉しいどころか、そんな愚か者に邪魔されたくない、といった表情がありありと見えた。

バブリシュキンが声をかけた。「おばあちゃん、こんなところにいないで、いっしょに行きましょう」

相手はちょっと目を上げたが、またすぐに荒涼たる草原のほうに戻した。

「もうたくさん。これでもうたくさんだよ」そうつぶやいた。

言い合っている暇はなかった。それに、助けてもらいたがっている人間は多すぎるほどいた。バブリシュキンは戻って戦車によじ登ると、隊列に復すよう運転兵に命じた。背後では、あのしなびた老婆の姿がなにごともなかったかのように、両の頬に丸めた拳を当てたまままうずくまっていた。

隊列は、敵の航空攻撃で破壊され、点々と散らばる軍用車輛のあいだを縫って進んだが、なかには燃料切れで放棄されただけの壊れていない車輛や、酷使されて、人間でいえば飢え、脳卒中、心臓発作の犠牲となって動けなくなっただけの車輛もたくさんあった。そのほかに公用貨物自動車、民間乗用車、市営バス、錆びついたモーターバイク、二輪車をうしろにつけた農業トラクターなどのごったまぜの残骸が、草原を走るこの舗装してない道路のいたるところにあった。死体もあちこちに横たわっているが、砲火にさらされた死者か、飢え死にした者か、おそらく病死者か、それとも夜の暗闇にまぎれて仲間たちからはぐれた人びとか、食物、お金、その他少しでも生き残るのに役立ちそうなものを必死に求める者どもの手にかかって死んだのだろう。破れた天幕があちこちにあるが、誰かが救護所を設けようとした跡だろう。

もう恥も外聞もなかった。そんなものは消えうせていた。バブリシュキンの戦車がごとごと進んでいく路傍で、男も女もただ小さくなる一方の空《す》き腹を抱えてうずくまるだけで、はっきり病人とわかる者が多かった。ときどき、妻を守ろうと必死に立っている夫の姿があったが、全体的に見られるのは虚脱感だけで、法とか理性などかけらもなかった。

バブリシュキンは指揮官用ハッチから体を乗り出したが、冷たい空気に思わず目を細めた。赤ん坊を抱いたあの女を見ると、妻のワーリャのことを思い出した。妻はまだ母になっておらず、「なぜ、重荷を背負い込むの？」と母親になりたくない意思を率直に訴えていた。彼女のことを実際に知ってる人なら、ほんとうに良妻だとみなす者はほとんどいまい、とバブリシュキンは思った。彼女はわがままで、誠実でない。それでも、自分の妻だ。彼女を愛しているし、いまなんとしてでも会いたかった。自分の伴侶に満足すること、伴侶と平和に暮らすめぐり合わせに感謝すること、おたがいに愛し合うことがいかに大事か——いますぐにでも彼女と話すことができるなら、この新たにわかった分別を彼女といっしょにかみしめられるかもしれない、と思った。彼女の心を動かすにはどう話しかけたらよいか、その文句がまだ見つからなかったが、この新しい確信さえあれば、なんとか彼女を納得させられるだろうと思った。

死などこれっぽっちも考えずに、二人で暖かいベッドに寝られただけでも、すぐ起きられないのを我慢して少し早く起き、仕事に出かけねばならぬ不満はあっても、朝が確実にやってくると知りながら、おたがいの腕のなかで寝られただけでも、昔はなんと幸福だったか。こうした人間の無力さ、しくじり、お粗末な品性を見せつける光景に出会う前は、生きていることの素晴らしさが自分自身でまったくわかっていなかったのだ、と思った。他人の面倒をみるのは、昔はたいしたことのように感じたが、いまではなんでもなかった。生きることの素晴らしさにすっかり包まれ、そのなかにどっぷり浸かり、素晴らしさに気づかなかったのだ。

バブリシュキンの前を走る戦車がまだ動いているというのに、一人の男が必死になってそれによじ登ろうとした。慣れていないその男はあっという間に、戦車の大きな車輪ときしるキャタピラーのあいだに巻き込まれてしまった。意識はしっかりしているのだが、どうしようもないままに、戦車はその男の膝から下の足をむさぼり食らい、体を地面に叩きつけ、それを何回か繰り返して、やっと停まった。

その男は、口をあんぐり開け、目を見開いたまま砂利道の上にどたりと倒れた。悲鳴や泣き声はあげなかったが、両肘をついて上半身を起こし、びっくりした表情だった。兵士二人が戦車から飛び降り、止血帯がわりに自分たちのベルトをぐいと引き抜いた。負傷者はたくさん見ているから、ちっともたじろがなかった。血みどろでぼろぼろになった男のズボンの上からさっとさわって、血まみれの砕けた骨のどこかに固い部分がないかどうか探った。だが、男は両肘をうしろに引きながらゆっくり倒れていくだけで、まだ沈黙したまま両目を大きく見開き、まったく信じられないという面持ちで、やがて息を引き取った。兵士たちは、たいして違いはないのだが、死体を道路から少し離れたところまでひきずっていった。このために隊列の進行が停まっているので、バブリシュキンが急ぐよう怒鳴った。兵士二人は上下つなぎの作業服で両手をぬぐいながら、自分たちの戦車に駆け戻った。

難民のなかには、戦車の隊列に近寄ってきて、食物を欲しがり、断わると乱暴する者がいたので、力づくで追い払わねばならないことがときどきあった。そのほか、物を盗もうとして捕まる者もいた——その物たるや、食物とか防護マスクから始まって、つまらないものまで、なんでも手当たりしだいだった。さしたる理由もなしに、車輌指揮官の首を絞めようとした者すらいた。そいつはばか力のある男で、きっと頭が少々いかれていたのだろうか、指揮官が絞殺されるのを防ぐには、射殺しなければならなかった。

あるとき、ソビエト軍の武装ヘリコプター二機が、何キロも延々と続くこの敗残部隊の上空低くに

しまったわけではないとよろこんで、興奮して手を振った。そして、ヘリと無線連絡をとろうとしたが、正しい周波数が見つからなかったので、不恰好な形をしたヘリは、隊列の上空を二周してから、急角度でくの字を描きながら飛び去り、やがて見えなくなった。

あの若い女が赤ん坊に乳をやり終えたので、バブリシュキンは彼女をもう一度見直してもよいだろうと思った。彼女の夫はいまいったいどこにいるのだろうか？　おそらくどこかの部隊に入って、前線で戦っているのだろう。たぶん死んでしまったか？　いや、生きているとしたら、いま自分の家族の身を案じて、どこにいるのか、みんな無事かと心配しているにちがいない、と切々と感じた。

バブリシュキンが女のほうを振り向くと、彼女は片方の腕で赤ん坊を抱きかかえ、残る腕でもう一人の子供の体を揺すりながら、砲郭にしがみついていた。何か声をかけてやらねば、なんとか手をさしのべてやらねば、安心させてやらねば、と思った。

できるだけ近くまで顔を近づけたものの、彼女の目に浮かんでいるのが不安なのか、それとも単なる放心なのか、はっきりわからなかった。

戦車のエンジン音に負けずに大声で言った。「いつか、このひどい状況が悪夢だったと思えるような、孫たちに語れる物語のようになる日がいつかきっと来ますよ」

相手の反応は遅かったが、一瞬、彼女の唇をかすかな微笑がよぎるのを見た気がした。

彼はハッチのなかを地図ケースのさがっているところまで降りて、残り少ない煙草の入ったくしゃくしゃな煙草の箱を取り出した。部下の下士官の一人が反乱軍の将校の死体から奪ったものだ。背を丸めて冷たい風を避けながら一本に火をつけてから、女の唇にくわえさせようとしてそれを突き出した。

彼女はまたも、最初のうちは反応して見せることができないみたいだった。やがておもむろに頭をかすかに横に振ったが、潤滑油をささないと首の骨がまわらないかのようで、「いえ、結構です」とやっと言った。

女のすぐうしろにいる老人が欲しそうにじっと見つめている。バブリシュキンは自分の好意が実らなかったのにがっかりして、その老人の震える手に煙草を渡した。

道路の脇を見ると、装甲車輌の走る轟々たる音に立ち往生した羊二頭を歩かせようと苦労している男女二人がいた。羊たちがまだ畜殺されず食べられないで生き残っているのに、バブリシュキンは驚いた。なんて運のよい羊なんだ、と思った。

それまで絶えずぶーんと鳴っていたヘッドフォンに突然に声が飛び込んできた。

「こちらアンガラ」バブリシュキンはそのせいた声を聞いて、防空部隊の小隊長だと気づいた。「北から航空機が接近中だ」

「敵機か？」

「識別結果はまだだが、敵機と思う」

「全員、全員に空襲警報。道路から離れて散開せよ。空襲警報だ」バブリシュキンは怒鳴った。

彼の命令で運転兵が道路の左手へ戦車の舵を切ったので、二頭の羊が驚いて逃げた。飼い主は大声で叫びながら、そのあとを追った。やがて飼い主の心配はこんなことではすまなくなるぞ、とバブリシュキンはふと思った。

「防護マスクを着けろ。車輌全体を密封しろ」バブリシュキンはヘッドフォンのマイクに大声で言うと、自分用のマスクの収納袋を急いでぐいとひっぱった。戦車上の難民たちは彼を不安げに眺めたが、その顔々はやけにぴりぴりしている。みんなが非難しているのではないかと案じはしたが、頭の上からマスクをかぶるとき、束の間だがみんなからは見えなくなった。

そうするしかなかった。みんなに同情していっしょに死んでしまったら、元も子もなかった。

汚れたマスクのいやな匂いが鼻をついた。マスクの下からまわりを見まわすと、それぞれの戦車ができるかぎり攻撃目標になりにくいように、草原に向かってぐるぐる動きまわり、散開していくのがわかった。

ぐずぐずしている暇はもうない。敵機が点々と急に現われ、攻撃態勢に入ろうとしているのが見えた。戦車の隊列をまっしぐらにめざしているようだ。

打つ手は他に何もなかった。生き残った防空砲火陣には、対空ミサイルは一発もなかった。できることといえば、最後の自動火器で発砲するしかなかったが、それは大空そのものを撃ち落とそうとするような無駄なことだった。

まわりのどの車輛を見ても、途方に暮れる難民たちを車上に立ち往生させたまま、ハッチをぴしゃりと閉じていた。一部の難民は地上に飛び降り、最後の力をふりしぼって草原へ一目散に駆け込んだが、どこか身を隠すところがあるかもしれない、軍事目標から極力離れる暇があるかもしれない、と思ってのことだろう。一台の歩兵用戦闘車輛の後部で、兵士たちが群がる難民を押しのけて兵員用ハッチを閉めようと争っている光景が、バブリシュキンの目にちらりと入った。屈強な一人の男が兵士の防護マスクをひったくると、銃声が何発か鳴り響いた。

もう時間はない。

何も考えずに、バブリシュキンは女の連れている子供を掴んで、女から引き離した。その子を乱暴に戦車の車内に押し込んだ。それから、女の手をひっぱった。

女は、わけがわからず逆らいはじめた。目の飛び出たマスクの怪獣を怖がって、叩いたり、じっとにらみつけている。

バブリシュキンがハッチから身を乗り出したとき、飛行機の姿は地平線上でぐんぐん大きくなってきた。女に張り手を食らわして、しがみつく砲郭から女と赤ん坊を引き離した。

飛行機が攻撃に移ろうと急降下しはじめたが、いまや戦闘爆撃機だとはっきり確認できた。

「さあこい」バブリシュキンは防護マスクのボイス・フィルターを通して怒鳴った。そして、女をハッチの入口へしゃにむに引き寄せてから、まるでぼろ切れをパイプに詰め込むように、車内に押し込んだ。車上に残る難民たちは恐れおののいて見守り、運転兵が戦車を草原に突っ込むと、大きく傾く車体に必死にしがみついた。

もう余地がない。もう時間がない。

バブリシュキンははいている革長靴の底で女の背を蹴落とし、その上に自分も転がり込んで、女を脇へ蹴とばした。女は戦車の車内の床にごろごろと転がっていきながら、赤ん坊をわが身で包んで守ろうとした。あの男の子供がエンジンの轟音よりも高くあげる悲鳴が、分厚い防護マスクを通してバブリシュキンの耳に入った。

彼は背後のハッチの蓋をばたんと閉め、密封しようとした。その寸前、ジェット機の大きな金属音がした。

「与圧開始」自分の防護マスクのボイスミッターのおおいを通して聞いても耳に響くほどの高い声で、車内通話装置に叫んだ。そして、自分の前の計器盤のスイッチをいっきに押し倒した。

もう少しの時間、もうちょっぴり時間が欲しい。戦車の与圧装置が正常に働いてくれ、と祈った。あとのことがどうなるか、それははるか遠い先のことだから、どうでもよかった。この差し迫った脅威をなんとか切り抜けたい、と願うだけだった。与圧装置のフィルターが使い古され、車体が何回もひどい損傷にあっていることは覚悟していた。死がやってくるとすれば、一瞬にしてだ。抵抗できない。

車体の金属壁を通して震動を感じた。もう一回した。

爆弾だ。

おそらくまったくの通常攻撃で、化学兵器は使われてないだろう。だが、待てよ、と疑った。化学兵器攻撃は、いまや日常茶飯事になりすぎてしまっている。敵はすっかりこの兵器の虜《とりこ》になっており、こうした兵器が驚くほど安上がりなことをよくわかっている。望遠鏡を通して車外を見ようとしたが、防護マスクをつけたままでは無理だった。戦車が凹凸な地面の上で傾いていたし、上下左右にはずむ地平線は煙と埃でいっぱいだった。

最初の手がかりは、あの女と二人の子供が生きているかどうかだ。もし生きていれば、与圧装置がまだまともに働いていることになる。

例の子供はずっと悲鳴をあげっぱなしだった。だが、それはよい知らせだった。神経ガスの犠牲になっていれば、悲鳴をあげずに、死んでしまうだけだ。

無線呼び出しの声が入った。聞き取りにくい、聞き取りにくい。

「こちらカマ」

「聞こえる」バブリシュキンはこちらの応答コールサイン抜きで答えた。防護マスクをつけたままなので、万事をできるだけ簡略にしようとしたのだ。

「こちらカマ、化学兵器攻撃、化学兵器攻撃だ」カマとは、規模の小さくなったこの車輌部隊のなかで最後に一台残った化学兵器偵察車だ。

「どんな種類のガスだ？」相手の無線にそう尋ねたが、自分の戦車のハッチをいま開いたら、どんな光景が待ち受けているか、もう頭のなかで思い描いていた。助けようがない、手の下しようがない、と思った。

「まだわかりません。遠隔装置を出して、測定しはじめたばかりです」

「了解」

「こちらアンガラ」と防空部隊から声が飛び込んできた。「敵機は退去中。一回だけの飛来の模様」

その声ははっきりすぎるほどよく聞こえた。

「おまえたちは防護マスクを着けてるのか？」バブリシュキンが尋ねた。

「いや……着けてません、敵と交戦中だったからです。でも、車輛全体を十分に密封しましたし、それに――」

「防護マスクを着けろ、このばか者どもめ。無駄な犠牲者を出したくないのだ。わかったか？」

応答はなかった。神経が参りかけていた。他の者の交信に割り込んでしまい、おたがいに混線するだけだった。彼は一番基本的なことを忘れかけていた。休息をとる必要があったのだ。

「全員に告げる。各自のコールサインの順に所在を報告しろ」バブリシュキンはゆっくりと慎重な口調でそう命令した。

どれほど多くのコールサインがさらに犠牲となって消え去っているだろうか？　これはそれを確認する手段だった。

与圧装置がうまく作動しており、あの女と子供たちは乗員室の床に横たわってまだ正常に呼吸していた。年齢が上の子供のほうは、それまで口を一つもきかなかった分を取り返すかのように、泣き声をあげっぱなしで止まらない。女に言って、そのがきの泣くのを止めさせようとしたとき、子供の片腕が折れているのが、分厚い上衣の上からもはっきりわかった。

いま何もしてやれない。少なくとも命だけは助かったのだ。腕などいつでも治せる。バブリシュキンを女が見上げたが、その目は狂っているみたいだ。額から血が流れている。戦車内に転げ落ちるとき、赤ん坊をしっかり守って、わが身をかまわなかったのだ。健母だ。わが身よりわが子を大事にするとは。

バブリシュキンは部下たちが順次報告してくるのに聞き入った。その声は、疲れてやや不明瞭とはいえ、てきぱきしていた。すべてが機械的な手順で述べられた。

報告する順序が一つ飛んだ。また一台の車輌の乗員が亡くなったのだ。

バブリシュキンは車内通話装置を通して運転兵に、道路に引き返すよう命じた。それから、一つ飛んだ次の順番から報告を続けるよう、残る全員に伝えた。

不意に、彼の乗車が急停止した。ところが、エンジンはまだ動いていた。何が起こったのか、バブリシュキンにはさっぱりわからなかった。

「待て」と報告してくる無線の相手に命じた。それから、車内通話装置に切り替えて言った。「いったい全体なんで停まったのだ？　道路に戻れと命じたはずだ」

運転兵が何かもぐもぐ言ったが、防護マスクをかぶっているので、はっきりわからない。

「いったいなんで停まったのか、訊いてるんだ、畜生！」バブリシュキンが怒鳴った。

「それが……」運転兵が元気のない声で言った。

「それが、とはどういうわけなんだ？　頭がおかしくなったのか？」

「それが」と運転兵は繰り返してから、「あの上を乗り越さねばならんのです」と言葉を継いだ。

「いったいなんのことを言ってるんだ？」そう尋ねながら、防護マスクの目の部分を望遠装置にできるだけ近く押しつけた。

運転兵がそれ以上答える必要はなかった。たった数分前まで大勢の人びとが群れをなしてとぼとぼ歩いていたのに、口をきかない、倒れた人影があちこちに乱雑に散らばっているだけだ。あわてふためく様子も、手足でもがく気配も、負傷者のように身震いする動きも、これっぽっちも苦しむところがない。ただしーんと静まり返っているだけで、そのなかでちりぢりになった軍用車輌が何台か、昔の戦場で乗り手を失った馬のように、のろのろと方向も定まらずに動きつづけている。

それでもただ一つバブリシュキンにショックを与えたのは、いとも簡単に死が訪れたことだ。思いがけない素早さだ。両足を不意に戦車に呑み込まれた男といい、あるいはこの静かにさせられた大勢の人びとといい、みんな同じだ。もがき苦しむ余地、情熱を傾ける余地、英雄的行動に出る余地もなかった。死に直面して怯える余裕すらほとんどなかった。

新しい神経ガスは人道的兵器だ、と一般にいわれている。犠牲者を即刻死に至らしめる。そして、数分内に大気中に雲散霧消して、まったく無害となる。

バブリシュキンは化学兵器防御担当の将校に無線で問い合わせた。「はっきりした測定結果はもう出たか？」

「こちらカマ。超速効性神経ガスのSh‐M型です。もう消え去ったので、私も防護マスクをとったところです」

バブリシュキンは天空に向かって首を横に振った。それから、防護マスクをひっぱったが、そのゴムが肌から離れるとき、急にじとっと湿った感じがした。顔を横に振ってマスクをはずしてから、収納袋にきちんとしまいこんだ。

「その場に停止。降りて外を見てくる」と運転兵に命じた。それから、まず各車輌の無線に向かって言った。「全員に告げる。警報をすべて解除、警報をすべて解除」そこで、ちょっと途切れて、何を言おうか言葉を探したが、見つからなかったので、「車輌を掃除しておけ」とだけ命じた。それから、ハッチを開け、よじ登って車外へ出た。

彼は幸運だった。いやな死体のあと片づけの仕事をそんなにやらずにすんだ。車上に乗っていた難民たちが、一人を除いて、死と格闘して必死に動きまわった戦車から振り落とされていたからだ。たった一人とはあの老人で、片手に燃え尽きた煙草の吸殻を握ったまま、砲郭の背後に身を隠すように横たわっていた。バブリシュキンはその両脇の下に手を入れて持ち上げ、戦車の横腹を転がり落とした。

手の下しようがなかった。彼は立ち上がって、冷たい、もはや害のない空気を思いきり吸い込んだ。

見渡すかぎり、路上に生あるものは一つも残っていない。猛烈な疫病よりもたちが悪い、ずっとずっと悪い、神さまのする仕事じゃない、と思った。

少し先のところで何か白いものがあるのが、目に入った。最初は、なんだろうかととまどった。やがて、どこからかよくわからないところから追い立てられてきた、あの二頭の羊の死体だとわかった。

無益な殺生だ。

突然、悲鳴が周囲の空気をつんざくように走り、大型戦車のエンジンの空回り音をも圧した。バブリシュキンはあたりを見まわした。

彼が命を救ってやったあの女が、指揮官用ハッチから立ち上がり、あたりの光景を見て絶叫しているのだが、その激しさに聞き手の喉がかきむしられるほどだ。

それにしても、彼女はやっと悲鳴をあげるほど声を取り戻したのだ、生きている証しがこれだけあるだけでも嬉しいことだ、バブリシュキンはそう思った。

10

モスクワ
二〇二〇年十一月二日

ライダーは、尋問棟の外側にある、家具のほとんどないがらんとした部屋に座って、色の薄いコーヒーを飲みながらソビエト人の相棒が戻ってくるのを待っていた。その前夜、アルコール分をまったくとらなかったのに、二日酔いの気分がした。ホテルの隣室に泊まっている大尉が、ロシア人のバーにたむろする娼婦を相手に一晩じゅうやっていたからで、その精力ぶりにはうんざりすると同時に感心もした。そのたびに隣人のベッドが壁にごつんごつんとぶつかるので、ライダーは何時間も眠れなかった。

ときどき、大尉の相手の女が何かわからぬ言葉でわめいたが、それが何を意味するのかはっきりしていたので、ライダーの思いは、かつての自分の妻で、ジェニーと呼ばれるのを拒み、寝室ではいつも嬌声をあげないジェニファーの上に戻った。おまえは結局はよくない女性と結びつくよう生物学的にプログラムを組まれている、と旧友が断言したとき、その言い分が正しいのではないかと思ったが、妻自身に対しては悪い感情を抱いていなかった。

モスクワで夜こうして一人寝していると、理由はしかとわからないが、妻のことが思い出されてやけに淋しくなる。その前年に妻と離婚してから、一回他の女と寝たことがあるが、まだ時期が早すぎて記憶に残るほどではなく、名残り惜しい別れた妻への想いがそれでこれっぽっちもかき消されることはなかった。彼女がいま幸福であること、彼には欠けていた面をすべて備えていそうな新しいご主人と幸福に暮らすことを祈った。

とうとう、ライダーは眠ろうと努力するのを諦めて、ベッドに起き上がり、寝台柱に吊りさげた肩掛け革袋から野戦用コンピュータを取り出した。その小型のマシンは、ライダーの指先が触れるのを電子的に識別して、ぱっと電気が入ったが、他の人の手では作動できなかったし、他の人たちに秘密を明かすこともなかった。そのマシンは、彼の手が触れてやっとほっとしたみたいで、それまでは隣室の獣どものふるまいにすっかり縮み上がっていたみたいでもあった。ライダーは、日本の軍事・産業コンピュータ言語のメイジでつくっている途中のあるプログラムを呼び出し、ボタンを押してずっと奇妙な音楽をかき鳴らしつづけ、やっと数日間わからなくて困っている問題の個所が出てきた。そのとき、隣室の激しい性の営みがふたたび絶頂に達した。

別れた妻とのあいだの問題は、肉体的に失望したことではなかった。どちらかと言えば、彼は他の人よりも性欲が強くて精力もあり、彼女に飽きがきたわけでもなかった。ところが、ジェニファーが結婚したのは、エリート向けの新しい政府の奨学制度で勉強する、非常に前途有望な大学院生だった彼であって、それが一介の兵士になるとは夢想だにしていなかったのだ。ライダーはコンピュータ科学と日本語のほか、日本の各種の専門コンピュータ言語を専攻していた。その制度はもっとも優秀な学生にだけ開かれた奨学制度で、大学院修了後に四年間の兵役の義務があったものの、長期的にみてその前途は洋々たるものを約束されていた。アメリカの産業界がそうした能力を備えた人材を喉から手が出るほど欲しがっていたので、ジェニファーは輝かしい将来性と結婚したと思ったのに、ライダーときたら、こんな利口で、美人で、優しい娘と結婚できて嬉しいと有頂天だった。彼女のほうは両親が疫病のはやった昔に亡くなっていて、たった一人だったから、彼女の生活に一番欠けているものを満たしてやれるだろう、と思った。

問題がいろいろ起こりはじめたのは、彼が軍隊に入ってからだ。尋問担当准尉としてのライダーの特別給与は戦闘部隊の少佐の平均給与を上まわっていたのに、ジェニファーは自分たち夫婦が金銭的、社会的に地位が低いと思い込み、その原因が自身にあるのを認めなかった。彼女の行状ときたら、スポーツに熱心に打ち込んでいた女子大生だった結婚当時の片鱗もなかった。二人だけでいるとき、のちには他の人たちの面前でも、酒に酔うと、彼のことを「可愛い子ちゃん《プリティ・ボーイ》」と呼ぶのが癖になった。そして、そんな子供ではなく、男らしい男、世の中で出世する仕方を心得た男と結婚すべきだった、と口にしたものだ。

ジェニファーが家に帰ってこなかったある夜、ライダーは実際に鏡をのぞきこみ、映った自分の顔をしげしげと見ながら、男らしさとはどういうものか、それが何を意味するのか、懸命に考えたことがあった。彼は外見をまったくかまわなかった。ところが、故郷のネブラスカ州ハンコックの娘たちは気にしたし、少しのちに出会ったスタンフォード大学の素敵な日焼けした女子大生たちも同様だった。仲間たちがよく羨望したものだが、彼にはものにできるチャンスがあるのに、とことんまでものにしないのが信じられなかった娘たちや、彼が娘たちを、のちには一人前の女性たちをふつうの人間並みに扱いたがるのにまったく面食らった娘たちが多かった。

「おまえはばかだよ。まぬけだよ。おまえの女の扱い方はお人よしすぎる。女どもをくそったれ同然に扱う方法が身につきさえすれば、奴らはへり下った態度で一生を送るさ。ジェフ、間違いなく、おまえは結局はよくない女性と結びつくよう生物学的にプログラムを組まれてるのだ……」そう旧友から言われた。

自分では、立派な男でありたい、女性や他の男性たちに責任ある態度でやさしくふるまいたいと思った。それに、ジェニファーの不満や脅しが強まれば強まるほど、いっそう軍務にとどまっていたい気分が強まった。自分から進んで軍隊に入ることなど、夢にも思ったことはなかっただろう。だが、大学進学の金銭的援助が軍隊から出たおかげで、苦学して三流大学へ行かずに、立派な学校で勉強することに打ち込めた。当初、要求された兵役の期間を果たすべき義務にすぎないとみなした。ところが、軍隊の仕事に自分が満足し、ジェニファーの夢見る会社勤めやクレディットカードの世界では絶対に見つからない一種の価値観に心のうちが満ちてくるのに気づいた。そこで彼女を、約束を、信頼を裏切った。軍隊にずっととどまるつもりだ、と伝えると、彼女は真っ青になった。それから金切り声をあげてののしりはじめたが、寝室での彼女の割とおつにすました風情からすると意外なほど、がらりと手のひらを返すような態度だった。片手で近くのテーブルの上をさっと払い、ガラス器、木皿、コルク、ドライフラワー、雑誌などを部屋の彼方に投げ飛ばした。そうしたかと思うと、ほんとうに一言も口争いせず、コートも着ずに、部屋を立ち去った。

戻ってきたのは翌日だったが、彼にいっさい話しかけなかった。それでも、二人の生活はじょじょにもとに戻っていくようだった。彼が演習に出かける前には、昔どおりにいっしょに寝さえした。彼女は懸命にそう努めているように見えた。その後、演習中に主駐屯地に二、三時間戻る機会があったので、彼女に電話して、駐屯地のカフェテリアで会うことにした。彼女はやってきた。そして、彼が一切れのピザをぱくつこうとしたとき、彼と別れるつもりだと告げた。

ところで、モスクワはいとも簡単に気分の滅入る街だな、とライダーは独り言を言った。ホテルの部屋はけっしてきれいでないし、食物はなかなか飲み下せないし、ＫＧＢ（国家保安委員会）本部の入っている伝説的な古びた建物への往復につまらぬわびしい街路を通るが、笑顔の人びとにぶつかったことがない。言うまでもなく、笑顔を誘う種がたいしてないのだ。ライダーがかいま見たところだと、この街の人びとは、アメリカ人なら絶対に耐えられないような状況のもとで生活している。それに加え、戦争が不利に進んでいた。

ライダーはロシア人をかわいそうに思った。男でも女でもこんなにわびしい世間で生きねばならぬと考えると気の毒だったので、自分の職業の面で米ソ両国の共同活動になるべく貢献して、なんとか事態を改善してやりたいと切に願った。だが、これまでのところ、共同尋問作業は、ソビエト側の能力については明らかになった点が多いが、敵側に関してはちっとも価値ある結果を生んでいない。

ライダーは頭をすっきりさせようと水っぽくてにがいコーヒーをもうひとすすりしてから、尋問対象ファイルにふたたび目を通した。記されているデータはもうほとんど頭に入っていた。今回の対象は向こうから転げ込んできた幸運な賜物だった——が、手強そうで、これまで手がけたうちでもっとも重要かつ厄介な尋問作業となりそうだった。この尋問対象は非常に大きな軍事的価値を秘めているが、おそらく守りが幾重にもあって堅いだろう。それなのに、時間は切迫している。

ソビエトはいまや崩壊しかけており、ライダーが今朝、朝食前のアメリカ軍参謀会議で知ったところだと、ウラル以遠のどこかにいる第七機動部隊が早期に投入されそうだという。

全員が軍事情報専門家である第十機動部隊の将校たちは、これを聞いて誰一人としてよろこばなかった。将校たちは、本来なら親しくしてはならない女たちと交わった匂いをまだぷんぷんとさせながら、二日酔いで回らぬ舌でぶつぶつ文句を言っていた。こんなに急速に事態が進行すると、せっかく慎重に立案した作業スケジュールを捨てねばならず、しかも民間人気取りのくだけた服装でめかしこんだ将校たちが、きちんと朝早く起きて、悪気はないがどうしようもないほど官僚的なソビエト人の相棒と組んで、多少でも成果をあげようと狂奔せねばならなかったからだ。

ライダーは、自分が少なくともある一点では恵まれているとわかった。相棒の尋問担当官のニック・サビツキーがまったく屈託のない人柄に見え、しかもソビエト人にしては割と柔軟で、アメリカのやり方を熱心に勉強したがっていたからだ。もちろん、その狙いの多くは、KGBのファイル向け情報を得たいためだけだった——が、ライダーにしても合衆国のために同じことをしているわけだ。仕事の性質上から当然のことだった。

けれども、きょうはサビツキーのことが気になった。二人がこれから調べようとしている尋問対象は、敵側の部隊支援施設の全容を明かしてくれそうだった。だから、やさしく忍耐強くやらねばならなかったが、サビッツキーときたら、これまでに出会った他のソビエト人たちと同様、その点がかならずしもよくわかっていないようだった。行きすぎる癖があって、尋問対象の応答能力をだめにしてしまうことがときどきあった。ソビエト側の尋問方法は、どんなに手が込んでいるとしても、乱暴なところがあり、尋問対象を手荒く取り扱って実際にその結果がどうなるかをとくと考えない傾向があった。これまでにもサビッツキーが復讐心に燃えて怒りを爆発させた例を目撃していた。

ドアが開いて、サビッツキーが笑顔で入ってきたが、髭を剃り残した跡がある。

「おはよう、ジェフ」と言ったが、ジェフがチェフと聞こえた。ライダーの真正面の椅子にどっかり腰をおろした。「調子はどうだい?」

いつも二人が仕事をするときは英語を使ったが、サビッツキーはかなりうまくしゃべった。高度に技術的なやりとりになると、日本語に切り替えたが、その言葉になるとライダーほどうまくなかった。

「ハラショー」ライダーはいくつか知っているロシア語の一つを使って、そう答えた。その言葉は「非常にいい」という意味だと教えられた。第十機動部隊の将校のあいだでは非常に人気のあるロシア語で、これをみんな好んで「売春婦の見世物」を意味する英語の「ホア・ショー」と発音し、ホテルのバーでの夜ごとの乱痴気騒ぎにいつもひっかけていた。

「きょうはたいした日になるぞ。重大な日にな」サビッツキーはそう言って、コーヒーを自分でいれて飲みはじめた。毎朝とくに自分のためにコーヒーが用意されてあるのだが、それがサビッツキーにとって一つの楽しみになっていて、最後の一滴を飲み終えるまで尋問室へけっして向かおうとしないのをライダーは知っていた。サビッツキーがコーヒーの出し殻を新聞紙に包んで自分の書類鞄にそっと入れることにも気づいていた。

ライダーが黙って見守っていると、相手は砂糖を何杯も入れてコーヒーをどろどろにしている。

それを気にしないふりをして話しかけた。「ニック、このケースにどう取り組むか、昨夜あるアイディアを思いついた。うまい案だと思うんだが――」

サビツキーは相手に全部言わせないで、途中でさえぎった。「気にしない、気にしない。きょうは――すべてロシア流でいく。きみにあるものを見せてやる。きみがまだ見たこともないものだ」そこまで言ってにやりと笑った。尋問のことを考えてか、それともコーヒーの身にしみる温かさにか、それはわからない。「きっときみの気に入ると思う」縁《ふち》の欠けたカップを血色のよい両手のなかで軽く揺すりながら、嬉しそうに一人でうなずいた。「私の話を信用して欲しいね」

このくそったれめ、とライダーは思った。

けれども、ニック・サビツキーは威勢がよかった。「きみからはいろんなことを教わった。きみたちアメリカ人は……きみたちアメリカ人は……いつも非常に完璧な技術を持っている。だがきょうは、私がきみに素晴らしいものをお見せしよう。きみが見たこともないあるものだ」そこまで言って、コーヒー・カップから立ち上がる湯気に向かって笑い声を少々あげた。「きみたちアメリカ人の同志たちがそれを見れば、全員がきっと大きな興味を持つよ」

ライダーはしばしば相手の言うがままにさせた。二人の仲に水を差すようなことは少しでもしたくなかった。しかし、こんなに途方もない可能性を秘めた尋問対象をだめにしたくもなかった。そこで、静観すること、少なくとも事態が手に負えなくなりそうになるまで静観することにした。なにはともあれ、その尋問対象を一目見たい一念だった。これまで、ソビエト側はこれをひどく秘密にしてきた。

ニックはコーヒーを飲み干し、うっとりに近い表情からああ残念だといった顔色に変わった。

「万事好調だ。さて仕事にとりかかるか」とライダーに言った。

ライダーは相棒のうしろについて、じょじょに慣れてきた、機密保全隔壁が要所要所にある、あの迷路のような、狭苦しい廊下を歩いていった。その廊下は、スラム街にある小学校の放課後みたいにがらんとして、ところどころが朽ちて、じめじめしており、消毒や老朽化しているいやな臭いがした。ふつうの錠前がついているが、サビッキーが開けようとしてまずうまくいった錠前は一つもない。ところどころ重要書類保管室のドアが開けっぱなしだったり、内側で衛兵が警戒しているだけだ。廊下の壁の額縁入り肖像写真の主たちは、長年の内部権力抗争ですぐに誰だとわかる有名人が壁面から取り除かれてしまったために、ほとんどがたいして重要でない小物ばかりだ。空気はよどみ、明りは暗い。一人の老婆が驚くほどのろのろと廊下をモップで拭いている。

最後の機密保全隔壁を抜けて、ドアを閉ざした。さまざまに壊れかかった電子機器の散らかる廊下をさらに少し進んでから、小さな部屋に入ったが、そこは録音スタジオのコントロール・ルームの内部に似ていた。壁面やカウンターは人工知能端末装置、直接機能コンピュータ、環境制御装置、録音・自動翻訳装置など、現代の尋問専門家たちの使う商売道具で埋まっている。ただ、みんな少々傷ついたり欠けたりしている。焼き切れた配線の臭いがするし、全部のモニター灯が満足につくわけではなかった。大部分の機器は一世代前の時代物で、最新式の装置はヨーロッパ各国製かアメリカ製のものさえある。ソビエト側が得意なのは電子翻訳、推論パターニング、特殊ソフトウェアなど一部に限られているので、ライダーの上司の一人によると、ソビエト人は外国製兵器に頼らざるをえないすぐれた戦術家みたいなものだという。

部屋の一方の壁のほとんどは、大きな横長のガラス窓で占められている。それで仕切られた向こう側の尋問室にいる者からすると、その窓ガラスは鏡に見えるが、かび臭いコントロール・ルームにいるライダーの位置からは、薄ぼんやりと浮かぶ〝処理室〟を見渡すことができた。室内設計が古色蒼然としていて、室内が非常に薄暗いままだから、どこにきょうの尋問対象がいるのか、まだ定かではなかった。サビッキーが照明を点灯するのをじっと待った。

「尋問対象はもうこっちの装置に配線で接続ずみだ。さて、きみたちアメリカ人がよく言う再点検にとりかかるか」と言いながら、暗い明かりに照らされた制御計器盤にひとわたり手を触れた。「でも、いまにわかるさ。万事好調だ。きょうは、われわれの作業結果がどう出るか、誰もが知りたがっている」とそこで薄ぼんやり浮かぶ顔をライダーのほうに向けた。「きょう、生まれて初めて、じかにクレムリンから電話を受け取った。いたく関心を寄せている」

「あちらさんがあまり性急すぎないようにお願いしたいね。こういう仕事は時間がかかるからな」ライダーはそう答えた。

サビッツキーはちょっと笑い声をたてた。それは親しみを込めた笑い声、自信のある男の笑い声だった。「でも、あれは意外な拾い物だ。すぐにそうわかるさ。アメリカ人の友人たちにとっても、非常に大きな意外な拾い物だ」

ライダーはなんと答えてよいかわからなかった。こいつは非常に重要な尋問対象だ。ちょっとでもばかげたことをしでかして、尋問対象の効用をぶちこわしてしまえば、きわめて大きなチャンスが無駄になる。

あの部屋のいまいましい明かりを早くつけて、私に見せてくれ、ライダーはそう思った。

彼の心の内を見すかしたかのように、サビッツキーが一列に並ぶスイッチを倒した。大きな窓ガラスの向こう側で、スポットライトがいくつかついて、殺菌灯のような白熱光でこのいわば電子手術室をくまなく照らし出した。尋問室内は雑多な電子機器をたがいに接続する配線の束が縦横に走って、乱雑をきわめていたが、ライダーはすぐに目を尋問対象に向けた。

「なんだこれは、思っていたより……」とサビッツキーに話しかけ、ほんとうに驚いて絶句した。

サビッツキーは笑い声をたてた。「びっくりしただろう?」

「まず、考えていたより小さい。ずっと小さい」

サビッツキーは満足げに腕組みして立っている。「素晴らしいと思うな。えーと、こんなに……目立ちない——そう言うかね？」

「目立たない」

「そう。目立たない、だ。これじゃ簡単に見逃されてしまう。専門家が一人現場にいたのが、まったくの幸運だった」

ライダーは感心したように首を横に振った。ほんとうにびっくりするしろものだ。

「さて、きみ、あっちへ行ってもっと詳しく見ようじゃないか？」サビッキーが言った。

ライダーはあとについてコントロール・ルームを出たが、興奮のあまり彼の踵を危うく踏みつけるところだった。いまや彼の頭にはあの尋問対象のことしかなく、巻いてある配線の山につまずきそうになった。

サビッキーは中央にある手術台にまっすぐ向かい、尋問対象の上にしばしかがみこんで、ライダーが脇に来て並ぶのを待った。ライダーは驚きのあまり、息切れしたかのように声も出なかった。こいつはほんとうにびっくり仰天するしろものだ。ソビエトがなにか間違いを犯していないとすれば、こいつがやっぱり人間の頭脳ではないとすれば、だが。

ところが、ライダーの職業的な勘からすると、こいつが本物で、間違いがまったくなく、アメリカの科学技術がいかに幅広く主導権奪回をめざして健闘しようとも、日本のほうが一部の分野ではまだ先頭を切っている、とぴんときた。広大に伸びる戦線を指揮統制するのに必要なすべてのデータを処理し記憶する電子知能頭脳が、財布ほどの大きさもない、堅固な、黒い箱にぴったり収まっている。

「なんだ、これは。見る前は……少なくともスーツケースくらいの大きさかな、と思っていたのに」

とライダーが口を開いた。

「そうさ。驚いただろう。今世紀初め現在に世界じゅうにあるスーパーコンピュータ全部の能力を一つにまとめられたとしても、そんな力は問題じゃない……この装置に収まってるすぐれた能力の足もとにも及ばんだろう」サビッキーがそう言った。

ライダーは合衆国の最新の秘密研究だけでなく、諸外国の研究開発についての機密ファイルにも触れる機会があって知っていたが、電子機器の極小化過程がこれほどまでに進むと予測した例は一つもなかった。日本はまたもとてつもないことをやってのけたわけだが、それがライダーの心配の種だった。このほかにも、わが方を驚かす兵器を持っているかもしれない。

「この一件はほんとうにまったくついていた」とサビッキーは自分自身まだ信じられないといったふうに強調した。「今回の戦争でわが方がついていたとすれば、たぶんこれしかない。わが軍がこいつを搭載した敵機を撃ち落としたのでもなければ、わが軍の装置がこいつを探知したわけでもない。敵の指揮官機にほんの些細な機械的故障が生じた。そう思ってくれたまえ、きみ。そして、日本軍の所有するもっとも高度な戦術・作戦機上指揮中枢装置の一つが……ボルトが緩んだか座金が割れるかして、空から落ちてきた。飛行機に電子的故障が生じていたら、この人工頭脳は捕獲をまぬかれるために自爆していただろうな。要するにコンピュータ自殺さ」

「能動型自爆装置がまだそいつのなかに組み込まれているかもしれないぞ」とライダーが注意した。

サビッキーは肩をすくめた。「もちろん、それは考えられる。だが、この尋問対象をいま置いてある電子架台が本物そっくりにできている。アメリカ人なら、〝再現的模倣〟とでも言いますかな？ とにかく、その架台に載っているおかげで、尋問対象は自身が所期の目的どおりの装置の一部に収まっているとずっと思い込んでいる。どんなことがあってもだ」

「それで……」とライダーは慎重な口調で尋ねはじめた。「これからどうなる、ニック？」

ニックはにやりと笑った。「いまにわかるさ」

ライダーは下に置かれた小さなその人工頭脳をのぞきこんだ。いったい全体、ソビエト人はこのしろものをどう攻めるのだろうか？ 彼らはすぐれている。それでも、こうした機器につきものの強力な侵入防止装置を乗り越えるには、高度の技術水準を要求されるが、ソビエト側がそれなりの技術をもってうまく処理できるかどうか、ライダーには安心できなかった。

「だからさ、厳粛に近い気分になる。〝こちらが卑屈になる〟と言ったほうがよいかな。これほどすぐれた知能を備えたものの前に立つとね」ライダーはそう言って、傑作絵画の前で誰もが手を触れたくなるのと同じで、この装置に一度だけでもよいから触れたいと、つい手を伸ばしたくなるのを抑えるかのように、両手をポケットに突っ込んだ。「よくわからん。昨夜はたいして眠っていないんでね。でも……こいつはおれたちがここにいるのを知っているぞ。感知している」

サビッキーはあいかわらずにやにやしているだけだが、楽しそうに口を開いた。「ああ、そうとも。こいつはやがておれたちがいるのを知ることになるさ。ある意味ではな」

ライダーは言葉を慎重に選びながら注意した。「ニック、こいつを台なしにして欲しくないな。つまり、そんなことをしてる暇はない……どんな誤ちも犯さないでくれ。わが方にプライマリー・コンピュータ・システムがある……きみは知らないかもしれんが。合衆国のコロラド州にある。こいつをそれに接続できる。それは可能だ、承認さえ得られれば、そして――」

サビッキーのにこやかな顔色が、初霜の少々降りたときの花みたいに、やや変わった。「そういうこともおいおい必要になるかもしれないが、いまにきみにわかると思うよ……わが方がそれほど無能力でないことが」と言い終えると、笑顔が戻った。「さあ、仕事にとりかかろう」

サビッキーは意を決した風にくるりと向きを変え、コントロール・ルームへ戻りはじめた。ライダーとしては、人工頭脳のそばから離れがたかった。こいつをポケットにそっと滑り込ませて、持ち出せたらよいのに、とふと思った。安全な場所に、愚か者どもの手から。

「さあ行こう。きみに見せたいものがある、ジェフ」とサビッキーが声をかけた。

ライダーは立ち去りがたい気分で足を動かしたが、いま経験したばかりの激しい興奮が収まってくると、昨夜の寝不足のツケが戻ってきて頭がふらふらした。電子開閉器箱や使われていないジャック型配線盤など、現代の尋問担当者の使う専用道具の上をまたいで、すぐにコントロール・ルームのサビッキーの脇に戻った。

「こいつをちょっと見てくれ」サビッキーが言った。

指差すほうをちらりと見たが、たいしたものではない。心電図か地震波をとるのに使われた類いの、骨董品みたいな古臭い装置だ。高品位テレビ・スクリーンはついているが、もはや合衆国では使われていないようなお粗末なものだ。おまけに手動制御で、つまみがついている。

「おもしろい形をしているが、それは何なのだ？」ライダーは本心を隠して、さも興味ありげに尋ねた。

サビッキーはしばし間をおいて答えた。そして、薄暗い明りのなかでライダーの目をまともにのぞきこんだが、相手のその態度に重々しい厳粛なものが新たに感じ取れた。

「これは苦痛機械《ペイン・マシン》だ」

「なんだって？」

「苦痛機械だよ」と繰り返したら、相手の口調には重々しさはなく、平然たる風に戻っていた。でも、相手はまだ本気なのだ、とライダーは察した。とことん本気なのだ、と。「きみは、この……機械開発の秘密を打ち明けられた部外者としては最初だ。敬意のしるしさ」とサビッキーは顔の筋肉が冷たく硬直してしまったかのように、ゆっくり微笑んで、そう答えた。

ライダーにはさっぱりわからなかった。「どんな働きをするのだ、詳しく説明してくれないか？」

相手の態度に悪意がちらとひそむのに気づいた。これまで何度も見かけ倒しなアメリカ人の手で好き勝手に翻弄されてきたのだから、今度はおれの番だ、というようだ。「何年か前にある考えが浮かんできたのさ……人工頭脳装置とその推論機能がもっと高度化すれば、おもしろい可能性がいろいろ生まれてくるかもしれないぞ、とね。簡単に言えば、こうした装置はだんだん人間との似点——この言い方でよかったかな？——を生み出してくる、とね」

「人間との類似点か？」

「そうだ。人間との類似点がだんだん多くなる。そうなると、人間と同様な弱点も生み出してくるかもしれない。それなら、コンピュータに人間並みに苦痛を感じさせられるなんらかの方法があるにちがいない、そういう考えが浮かんできたわけだ」サビツキーはそこまで言ってから、表現をしばし考え直してつけ加えた。「もっと正確に言えば、電子的な苦痛だ」

　ライダーはゆっくり両手を腰のうしろにまわし、両指をからめ合わせて親指を軽く鳴らした。情報を待つことだ。そんな考え方があるとは、まったく意外だ。そう思って、サビツキーの顔を眺め直した。

「もちろん」と相手は話を続けた。「それは、きみや私が知ってるような〝ほんとう〟の肉体的苦痛じゃない。コンピュータは、われわれ人間がするように物理的環境を知覚しないからね。私の言ってるのは、擬似頭脳に擬似苦痛を与えることだ」サビツキーはアメリカ人の相棒の反応をうかがった。堅い笑みがちらと浮かんで、相手の口のあたりが硬ばった。「しかも、そのとおりに作用するのさ」

　焦げた配線のいやな臭いのする、薄暗いコントロール・ルームが薄気味悪い雰囲気を帯びてきたように感じられた。ライダーが専門で熟知していると自負する分野のことなのに、このソビエト人の話していることはまったく新しい次元の考え方で、さっぱりわからなかった。聞き流していると、サビツキーの話は魔女や悪魔の物語みたいにばかげているが、耳をすませて聞くと、正確で確信あふれる、間違いのない内容を伝えている。ライダーは少なくともその直接の結果がどうなるのか、とくと考えようと努めたが、いろいろ出てくる疑問に頭が混乱して、考えがまとまらなかった。

「きみたちのやり方は……尋問対象をだめにする心配はないかね？」ライダーはそう言った。

サビツキーは冷静にこう答えるのみだ。「これとはやや異なるわが方の造った最新装置では、そうした問題は生じていない。きみが想像できるように、たしかに多少の試行錯誤はあった。われわれの発見したところでは、無制限の量の苦痛を加えると耐えられない機械があるのは、人間の場合と同様だ。また、機械によっては他の機械より心臓の弱いものもある、と言えなくもない。人間と同様にね」

「非常に高度な装置で試したことはあるのかね？」

サビツキーは驚いた顔をして相手を見返した。「もちろん、ない。わが方にそ、ん、な、進んだ装置はないからな」

もちろん、ないだろう。わかりきった、ばかげた質問だ。「ニック、私はほんとうに……心配なんだ。この絶好の機会を無駄にしたくない」

ソビエト人は我慢ができなくなりだした。「それじゃ、アメリカ側の考えはどうなのだ？　これに替わる案があるかね？　何週間も試行錯誤を重ねるのかね？　玉ネギの皮をむくみたいに、論理の層を一枚一枚どこまでも慎重にはいでいく気かね？　わが国には、そんなことに何週間も費やす暇はない。わが方には……何日の余裕もない」そう答えるサビツキーの声は怒りに震え、視線をライダーからそらして、一方の壁面を占めるあのマジックミラーの彼方をにらんだが、おそらく何千キロも離れた戦場を思い浮かべているのだろう。「余裕がない」ときっぱり言った。

だめだ、とライダーは思った。向こうの言うとおりだ。もう余裕がない。今朝のブリーフィングを思い出した。第七機動部隊が戦闘に投入されようとしている。世界は崩壊寸前にある。それなのに、自分は役人みたいな慎重すぎる考え方をしていた。

「きみの言うとおりだ。どうなるか、やってみよう」ライダーはそう言った。

二人はいっしょになってさっさと準備にとりかかり、尋問支援コンピュータを何台も並べた。これらのコンピュータは、尋問対象の人工頭脳と同じコンピュータ言語のメイジで動いた。だから、オートメーションの生まれない、一昔も二昔も前の時代に、人間の尋問担当官が口頭でしたよりもはるかに多い質問を一瞬でこなせたし、人間の話す言葉では期しがたいような正確さで尋問を進められた。

サビツキーが尋問室の照明を調節して、強烈なスポットライトが尋問対象に直接当たるようにした。すると、ジャングルみたいに室内を乱雑に満たしていた電子機器類が、人工的につくりだされた夜の暗闇のなかに姿をひそめ、小さな目のような計器灯が何十となくそこからのぞいた。

「用意はできたか?」サビツキーが言った。

ライダーはうんとうなずいた。

尋問はまず一番初歩的な段階の論理照介から始めて、尋問対象に二たす二は四式のもっとも簡単な定理をのみこませることだ。複雑なことはたいして重要でない。問題は、尋問対象との絶縁状態をなくして、対話に引き込み、誘い込むことにある。この最初の段階はいつも一番むずかしい。相手の数々の機密保護機能を乗り越えて、軍用コンピュータを一番初歩的な定理に同意させるだけでも、何週間もかかることがある。だが、ひとたびその壁を突き崩せば、あとはデータが自然に流れ出てくる。

「照介コンピュータ始動。オートバッファ稼働中」

二人の前にある例の〝苦痛〟機械のモニター・テレビ画面に、緑色の何本かの線が滑らかに流れだし、いつでも尋問対象の反応を記録できる用意が整った。

サビツキーの横顔を見て、驚いた。鼻の下に玉なす汗がきらきら輝いていた。やはり、このソビエト人も真剣なのだ、と思った。

サビツキーが、骨董品ものテレビの廃品を利用したようなダイヤルを回したが、それを見て、ネブラスカ州の大平原で雪に降り込められた毎日を送っていた、少年時代の自分に全世界のことをいろいろ教えてくれた、祖母の家の居間にあったあのテレビを思い出した。

画面の線が急に跳《は》ね上がった。その線の動きが暗い室内ではびっくりするほど鮮明だったので、ライダーは自分自身が軽いショックを受けたかのように一瞬身を引いた。

ランゲージ・フロー読取装置は否定応答を記録した。サビッキーが〝苦痛〟機械のダイヤルを戻したので、画面の緑色の線の動揺は静まり、しばらく細かく震えたのち、またもとの滑らかな平らな線になった。

「さてと、もう一回やってみよう」とサビッキーが言った。

ダイヤルを強く回した。

緑色の線が細かく割れ、ぎざぎざな波状の破線となって、いっきにモニター画面の上部めざして走った。けれども、尋問支援コンピュータに記録されたのは、依然として否定応答だった。

汗がサビッキーの額で光っている。ダイヤルを零の目盛りまで戻して、こう言った。「いいかね、私がずっと何年も前に訓練を受けはじめた頃は、すべてが人間相手の尋問のやり方が最初だった。自動化尋問など専門じゃなかった。それがやってきたのは、ずっとあとのことだ。とにかく、尋問相手は急にくたばる例が多いから、途中で断念しちゃだめだ、と教えられた。私が、まあ、この尋問対象を降参させそうにない、ときみは思ってるかもしれない。だが、ねばり強くやりさえすればよいのだ。結局、誰でも最後には降参するのだから」サビッキーはマジックミラーを通して、きわめて小型な電子頭脳がスポットライトを浴びて横たわったままでいるほうを見つめながら、つけ加えた。「機械についても同じことが言えるかどうか、これからが見物《みもの》だぞ」

ライダーは相棒の視線を追った。もちろん、尋問対象には目に見える変化はなかった。スレートの断片みたいな、小さな、明らかに生命のない、黒い長方形の物体がじっと動かないままだ。それでも、ちょっと前よりどこか変わった気がした。

今夜はたっぷり睡眠をとる必要があるぞ、と自分に言い聞かせた。

「こいつをかならず降参させてみせるぞ」サビッキーは元気を取り戻した声で思いきりそう言った。

その元気さに怒りがこもっていたのは言うまでもない。

サビッキーはダイヤルをふたたびぐいとひねって、電流の強度を前より高めた。その機械がどう働こうと、ライダーとしては、それで貴重なこの捕獲物が壊れてふいになってしまわねばよいが、と祈るしかなかった。是が非でも。

モニター・テレビの画面上の緑の線が急に乱れはじめた。尋問対象そのものには、もちろん、動きだす兆しとか物理的な変化とかはいっさいない。だが、まわりの空気に異様な感じ、言葉では言い表わせないが気持ちの悪い緊張した感じをはっきりと察した。

突然、ランゲージ・フロー読取装置が点滅し、尋問結果が報告されはじめたので、ライダーは驚いて跳び上がった。

「応答内容が理解不能」とだけ画面に出た。

でも、ことが動きはじめた証拠だ。対話の始まりで、相手が生きている証拠だ。

「やったぞ、うまくいきそうだ、ニック」とライダーは叫んだ。

脇にいるサビッキーは、渾身の力をこめて相手に痛打を浴びせているかのように、ひどくあえいでいる。ライダーのほうを見つめたものの、視線がほとんど定かでないみたいだ。それから、急に目ざめたように、機械の動力をふたたびもとに落とした。画面上の緑の線は落ち着いたが、前のような直線には戻らなかった。絶えず微動しているかに見えた。

「わが方のコンピュータがあいつのあげる悲鳴を正確に解読できるだろうか」サビッキーが言った。

そして、ダイヤルをふたたび強くひねった。唸り声に近いぶうぶういう音をたてながら、ダイヤルをぐるぐるねじり回して、尋問台に横たわる、捕獲したコンピュータ頭脳を憎悪に似た気分でじりじり締め上げていった。片手をそのダイヤルにしっかり固定したままで、そうすると電力を少しでも多く絞り出せると思っているかのようだった。

〝苦痛〟記録装置のテレビ画面上の緑の線は、画面いっぱいに上下に跳ねている。

ほんとうにこんなことがありえようか。ライダーには信じられなかった。昨夜の睡眠不足で神経がおかしくなっていて、感情的になりすぎているだけだ。これはばかげている。でも、何かが苦しんでいる、と感じざるをえなかった。

今夜は、あんなぐずな真似はしないぞ、とライダーは自分に言い聞かせた。ビールを二、三本飲んで、くつろいで、ゆっくり眠ることだ。

機械が苦痛を感ずるなんて、ありえない。これはばかげている。ライダーはそう言い聞かせた。

サビツキーはダイヤルをもとに戻して、尋問対象に一休みさせたかと思うと、急にまたダイヤルを回して電流の強さを最大限に上げた。

ライダーは思わず脇から手を伸ばして、相棒のやることをやめさせたい気になった。が、かろうじて自分の感情を抑え、なんとか落ち着くことができた。

自分にこう言い聞かせた。おまえはなんてばか者なんだ。相手は機械にすぎないじゃないか。

それに、機械が苦痛に苦しむはずがない。

サビツキーはいまや彼を無視している。淫らなとしか思えないようなロシア語ののしり文句を吐きつづけている。そして、両の拳で激しく叩かんばかりのものすごい意気込みで計器盤の上にかがみこんでいる。

モニター画面の緑の線が狂ったように上下した。

この二つの部屋にたしかに苦痛が存在する、ライダーはそう思った。それでも、機械が苦痛を感ずるはずがない、と自分の感情を抑え、そう言い聞かせようとしたが、この捕えられたちっちゃな人工頭脳を見守っていると、苦痛に顔をゆがめ、脂汗を流し、苦悶しているものを見ている気がした。

サビッキーに向かって片手を上げ、制止しようとしたが、その顔はすごい形相だった。急に、並んだコンピュータすべてが回転しだした。モニター・テレビやランゲージ・フロー読取装置の画面に、推論作業の進行を告げる明りがいっせいにつき、コンピュータ装置がたいへんな勢いで動き、能力いっぱい近くまでいっていることがわかった。二人のいるコントロール・ルームは、断続的にあらゆる角度から出る明りに照らされて、目がくらむほどだった。

サビッキーは、鋭い鉤爪のように両手でダイヤルをわしづかみにして、計器盤にかがみこんだままだ。

主ランゲージ・フロー読取装置が異次元の世界からのメッセージを伝えるべく、点滅しはじめた。それから、文字が画面に流れだしたが、最先端を行く日本のコンピュータ独特の言語で、同じ単純な文をこう繰り返している。

「どうか、やめてくれ」

受け取るデータ量が非常におびただしかったので、ソビエト側の記憶装置の何台かがすぐに過負荷になったが、なおも入りつづけるので、情報の大洪水を招いた。だが、二人の尋問担当官は得意になっている素振りすらなかった。おたがいに言葉も交わさず、おたがいにいることすら認めずに、ただ黙ってコントロール・ルームの椅子に座っていた。各人がそれぞれ疲れきり、混乱しきっていた。やがて、各地のデータ・バンクと連係して、上司に情報を伝える必要がある。そして、いま忽然と生じた、この素晴らしい絶好の機会を活用すべく、広範囲にわたって軍部官僚機構を動員する必要がある。そう思ったものの、この二人のどちらも動きだす気力がまったくなかった。

最後に、ライダーのほうがよどみ溜まるデータの沼をかきわけかきわけして、やっと岸辺へ這い上がり、データを実際的に利用するにはどうしたらよいか、考えはじめた。戦争の主導権を敵側から文字どおり奪い取れる可能性があった。手にしたデータを使えば、敵の砲火を相手の陣営内に自動発射させるように命ずることもできるし、敵の航空機に地上部隊を同士討ちさせるよう命ずることもできる。敵の司令官にまったく偽の情報を流して、手遅れになるまで眠らせておくこともできる。データの考えられる使い方は無限にある。それにしても、捕獲したのは一つだけだ。敵の指揮系統網全体に侵入するには、フル稼働している日本軍の指揮コンソール——高級レベルであればあるほどよいが——をまるまる分捕る必要がある。

ライダーは自信満々だった。不可能なことは何もないかに思われた。元気を取り戻し、体内に力がみなぎる感じだった。この情報を上司に伝え、あらゆる可能性を考えてもらい、仕事にとりかかる一番よい方法は何か、考えはじめた。

「ニック」と声をかけたが、サビツキーが返事しなかったので、その膝頭をこづいた。「ニック、仕事にとりかからねばならないぞ」

サビツキーは不満げに鼻を鳴らした。すっかり疲れきった様子で、まるで何日も何年も寝ていないかのようだった。すべてを使い果たして、いまや精根尽き、軍服の短い上衣は汗でぐっしょりだ。

これから先に無数に問題が横たわっていることは、ライダーにわかっていた。だが、その一つ一つを解決できる自信はあった。

サビツキーは何かが目にうっとうしいみたいに大きくまばたきしてから、目をそらした。その四肢、その両の手は気が抜けたようにだらりとしている。

「わかった」と答えた。

ライダーは、疲れきった相棒の様子を見ているうちに、人間を超越した意識、言葉を超えた意識、世界が流動しているとの意識、歴史の持つ強い力を突然感じた。アメリカ人の出番がやってきたのだ、と。

11

アゼルバイジャン臨時回教共和国のバクー
二〇二〇年十一月二日

ノボル・カバタ将軍は、スコッチ・ウイスキーをちびりちびりやりながら、自分の置かれた不幸な境遇にわれながら驚いていた。仕事のうえでは、あらゆる点に満足していた。敵軍に対する攻勢はみごとな進展ぶりだ。ソビエト軍は、ウラル山脈の東からほぼ一掃されて、いまやウラル山脈とカフカス山脈のあいだの地域で大混乱に陥っている。友好国の軍隊とのあいだに抱える問題で克服不可能なものは一つもないようだし、軍事作戦の目標がすべて達成されないはっきりした理由は何もない。いまはよろこぶべきときというか、少なくとも満足してよいときだ。というのは、彼のいまの地位が名目的には回教連邦とイラン政府の軍事顧問であるにせよ、この軍事作戦は彼が指揮しているもので、自分の生涯で最高の出来栄えだし、ひいては日本の政策の一つの勝利でもあるからだ。それでも、将軍は朝っぱらから空き腹にスコッチを流し込んでいた。

父がそばにいたら、こんなことは許さなかっただろう。将軍の父は、長男の彼を同家の伝統である剣の達人というよりはむしろゴルフの達人に仕立て上げた。日本にいたとき、たとえ軍人であっても――ゴルフの腕を上げることほど大事なことはない、と父がよく言っていたのを思い出した。また、休暇のときに、もうだいぶ以前のことだが、父についてカリフォルニアのペブルビーチのゴルフ場まで出かけた記憶がある。波の打ち寄せる、砂利の浜辺に沿った、あの完璧な緑のグリーン、イトスギの木立のあいだに点々とある、立派な個人の邸宅、そして、軽率で無責任なアメリカ人たちがいつかわれわれの召使いになる日が来る、と静かに言った父の言葉などが思い出された。

父もスコッチ・ウイスキーを好んだ。父は自分自身で修業してその味がわかるようになったが、のちに息子に対しても、紳士の飲むべき酒について仕込んだ。そのほかにも非常に多くのことが、父から息子に引き継がれた。たとえば、サビルロー十一番地のH・ハンツマンに注文仕立てさせた背広を着る家代々の伝統とか、スコットランドのゴルフ場に対する愛着とか、ゴルフや洋服仕立て屋の歴史よりずっと古い、代々軍人である家系とかである。その父が生きていたら、古い世代の人びとにはけっしてできなかったような、数々の功績で飾られた、息子の軍歴を非常に自慢にしていたことだろう。だが、その息子が、勤務中だというのに、朝っぱらからアルコール類を口にしているとあっては、将軍としては大先輩の父もこれを許さなかっただろう。

ノボル・カバタ将軍は、自分がアルコールで羽目をはずすことは絶対ない、と思ってみずから慰めた。これから、自分の立てた作戦を遂行している各軍隊を指揮する、外国人の将軍たちとの、おもしろくない会議が待ちかまえている。酒を飲むのは、それに備えて勇気を奮い立たせるためにすぎない。回教連邦軍部隊の司令官でイラク人のシェミンは、抜け目のない策士であって、イラン側とカバタ将軍のあいだでいざこざが起きると仲介役として重宝なことがよくある。だが、彼は根っからの軍人ではなかった。ある独裁者の兄というだけで、将軍の肩章をつけているにすぎなかった。戦闘の進め方を立案するより、クーデターを画策するほうが、シェミンにはずっと打ってつけだったろう。彼のよいところは、中身がさっぱりわからない場合でも、カバタ将軍の立てた案や慎重な言葉使いの命令をいつもそのまま呑んでくれることだ。だが、ひどい日にぶつかると、典型的なアラブ人らしく将軍に当たり散らした——つまり、機嫌がよくない日だと、理屈が通らず、なんでも悪いほうへ悪いほうへと受け取りがちで、正直にものを言わず、すぐに感情的に怒りを爆発させ、抑えるのが非常にむずかしい。

イラン軍部隊司令官のタンジャニはもっとたちが悪い。すぐ激高して理屈が通らず、カバタ将軍に向かって蛇みたいに鎌首をもたげて、口汚くののしるのが、何よりも好きだ。このイラン人ときたら、よいところは全然なく、日本側が供与した兵器がどう動くのか、その物理的な原理を理解しようとすらしない。こいつに把握できるのは直接目に見えるものだけで、電磁スペクトルに乗って展開される、信じられぬほど複雑な段階に達した現代戦など、まったく理解の外のようだ。もちろん、他の連中たちも、自分たちのやっている仕事がほとんどわかっていなかった。ソビエトの支配から離反した中央アジア人部隊の司令官のビリヤンにしても、具体的な地上戦闘のまわりにある、目に見えない戦場を漠然と認識する程度にすぎない。ビリヤンは、三人の司令官のうちでは、軍事教育をもっともよく叩き込まれた、一番の職業軍人だった。それでも、残忍で粗暴な点では一番で、血の気を絶対に抑えられない人物だった。カバタ将軍はこんな連中の相手をするのがいやだったから、会議のあとはいつも気分を汚された思いがした。

将軍はスコッチをちびりちびりやったが、水で薄められた液体が舌全体にしみわたり、刺すような煙ったい味があとに残った。それから、副官のうしろ姿に目を転じると、司令官専用ワークステーションの前に座った副官は、次々に入ってくる報告を選り分けて、将軍が目を通す必要のありそうなものだけを選んでいた。副官にまかせておけば、大事な情報以外はすべてのけておいてくれる。自分の上司が必要とするものを見分ける目は確かだ。副官のアキローは名家出身の優秀な将校だったから、この若者もいつかは将軍になる、とカバタは信じて疑わなかった。だが、この男を副官に選んだのは、血統とか仕事上の能力からではなかった。アキローよりもっとすぐれた才能や腕を持った青年将校はほかにもいた。それなのに副官に選んだのは、この青年が命令に文句なしに従う人間だったからだ。

ある問題について上司や同僚がどう思うか、カバタ将軍が考えるときはいつも、副官のアキローの意見を聞きさえすればよかった。副官は軍隊組織の申し子みたいで、軍隊が正しい、完璧な存在であることを確信していた。もちろん、将軍自身もかつては副官同様に、軍隊組織が完璧と言わないまでも、究極的には完璧になることをめざした存在だと信じていた。ところが、いまや大勝利を目前にして、そうした確信を否定する数々の疑問に思い悩んで、一つ一つの疑問が煉瓦みたいに両肩に積み重なり、その重みで文字どおり腰が曲がらんほどだ。スコッチの苦い最後の一滴を流し込んで、飲み終えると、グラスを卓上に置いた。もう飲むまいぞ、と思った。

たぶん、それはアメリカ人たち内部のことがらにすぎん、私のあげた勝利のショックに過度に反応し、何かに憑かれたみたいにあわただしく動いているにすぎない、と自分に言い聞かせた。それでも、ワシントンとモスクワ間の交信が異常なほど頻繁だ、との先任情報将校の報告が、将軍の頭から離れなかった。東京はまったく心配していない。アメリカが介入しようとしても、彼らにできることはほとんどない。合衆国は遠く離れているし、おまけにアメリカ軍部隊は南のラテン・アメリカ地域に釘づけのままだ——東京がやる気になれば、永久にその地域に釘づけのままになるだろう。合衆国はすでに方針を後退させて、西半球だけの覇権の維持に専念しているから、世界のその他の各地域には最近ではほとんど考慮が払われていない。

いずれにせよ、アメリカはソビエトにどんな借りがあるというのか？　単なる軍事的問題だけではすまない——武力介入するとなると財政的手段が必要だが、合衆国にはそれだけの資金を集める力はあるまい、と東京は信じている。それに加え、軍事的にも、合衆国が日本の技術と対抗できる、と信ずる国は一つもない——それは不可能なことだ、と見ている。それどころか、合衆国はすでに日本から痛い目にあっていることは、カバタ将軍がアフリカでの中佐時代に自分の体験から直接知っているとおりだ。だから、また同じ屈辱を向こうから進んで求めることはあるまい。ブラジルの奥地での原始的な銃火の応酬とは、話が違う、日本の重火器との全面対決となると、話はまったく別だ。たとえ、合衆国が条約を守らないで、核兵器を隠して温存していたにせよ、それを運ぶ運搬手段のどれ一つとっても日本の戦略防衛網を突破できないだろうし、戦場に戦術的に展開しても軍事的に肩すかしを食わされ、日本側に政治的な逆宣伝に利用されるのがおちだろう。せいぜい合衆国にできることといえば、空軍部隊をソビエトに派遣する程度だろう——が、それもカバタ将軍の部隊の手で簡単に空から叩き落とされてしまうだろう。

将軍は自分で空からアメリカ機を撃墜した経験があった。それがいかに容易にできることか、よく知っていた。とはいえ、理屈ではそうであっても、ワシントンとモスクワのあいだの交信の話が本能的に気になって頭から離れず、情報部が相手の交信に侵入して、ソビエトとアメリカの両国が話し合っている内容を解読してくれれば、と思った。だが、さしあたっては、両国間に連絡交信があるという情報だけしかなく、そんな断片的なことしかわからない現状に将軍はいらいらした。あの悪夢がふたたび襲ってくるのではないかと思うのは、自分の心配しすぎじゃないのか、と思った。アラブ人やイラン人や中央アジアのあさましい少数民族を相手にするだけで、十分にしんどかった。そんなところへあの悪夢が再来したら、それに耐えてものごとのまともな判断を下せるだろうか、自信がなかった。

差し迫っている会議のことがまた頭に浮かび、どうしたらあの連中をまともな考えに立ち戻らせることができるか、考え込んだ。もちろん、将軍は自分を心やさしい男とは思っていなかった。将軍の世界観は、人間が義務を果たすには、実際にある——肉体的な——苦痛を避けられない、という考えだった。だが、これからいっしょに会議するあの野蛮な連中の戦争の仕方には、甘んじていられなかった。個人的には、自分の任務を遂行するためにスクランブラーの使用を必要としなかったことをひそかに誇りに思っていた。将軍にすれば、そうした兵器は一番防備を堅めた兵士たちでも耐えられない類いの非人道的な兵器であり、日本があらゆる努力を払ってそんな兵器を開発したことがおもしろくなかった。将軍は自分のことを名誉を重んじる、旧式な軍人だと思った。また、スクランブラーのような兵器に名誉を重んずる心などまったくないと考えた。事務的に言えば自分の雇い主であり、筋から言うと同盟国の代表者である連中たちからは、この兵器を慎重に秘匿してきた。シェミン、タンジャニ、ビリヤンたちがひとたびこの兵器の存在を嗅ぎつければ、東京をせきたてて、結局、スクランブラーが使われることになる。そうなったら、戦争は、将軍が考えたくないほどひどい事態に到達してしまう。

おそらく年齢のせいだ、とわれながら思った。なんとかかんとか言っても気弱になりつつあった。でも、日本がいまその兵器で支えている軍隊を援助するのはひどい誤りだ、と将軍は心配した。こんなことはすべて欲から出たことで、不必要な出すぎた行為だ、と思った。ソビエトは妥当な条件であれば、シベリアの豊かな資源を日本に手放す用意があった。ところが、東京は支配権を握ることに固執した。虚栄も働いていた。他人のお情けに頼りたくない、といった気持ちがまず自身のうちにあるのに気づいていたから、将軍にはその点がよくわかった。要するに、なにごとでも主人になって意のままにしたい、という考え方だ。ところが、いまになって将軍が気づいたら、野蛮人としか言いようのない連中といっしょになって戦っているという始末だ。

連中は相談なしに化学兵器攻撃をおっぱじめてしまった。実際にそんなことまでする必要は軍事的になかった。日本製兵器がソビエト軍を一掃しつつあったからだ。だが、同盟諸国がソビエト、つまり〝異教徒たち〟に抱く憎悪の根深さにまで、将軍は考え及ばなかった。将軍は、利用可能なあらゆる連絡手段を使って同盟各国に向かって怒鳴り、必死になって化学攻撃をやめさせようとする一方、人口密集地域や難民の隊列に対する化学攻撃の事実を東京へ大至急で報告した。将軍は、もちろん、東京が自分をあと押しして、日本側が攻勢支援を打ち切るとの自分の強硬態度を支持してくれるものと思った。

ところが驚いたことに、東京は無関心だった。化学兵器攻撃は局地的な問題だ、現地の人間たちが自分たちの兵器で殺し合いたいなら、それは東京の統合参謀本部の知ったことではない、というのだ。むしろ逆に、日本と同盟諸国との友好関係を乱すような行為はやめて、軍事作戦が前もって取決められた作戦戦域の境界からはみ出さぬようにし、ヴォルガ河以遠のソビエト国内諸都市が攻撃されず、戦争の進行がそうした限定目標に違反しないように注意しておればよい、と言われた。将軍は現代の限定戦争理論に精通していた。その理論の発展に一役買った張本人なのだ。それがいまとなっては、自分の精緻な理論がまったくおませな子供の考えみたいで、戦争が人類を巻き込むという基本的真実を認識するには未熟すぎる、としか思えなくなった。

カバタ将軍は東京の命令に服した。将軍のこれまでの生涯は命令に服従することに捧げられてきたが、生まれて初めて、自分のしている仕事が自分の手に負えぬほど大きなものであることを実感しはじめた。

単に心がやさしいだけではだめだ、と自身に言い聞かせた。法律的に細かく言って日本の果たす役割がどうであろうと、同盟諸国の犯した残虐行為の尻は日本側にくるだろう。そうなると、全世界はふたたび日本を残酷で無情な国とみなすだろう。将軍は日本民族を誇りとしていたから、こんな野蛮人どもと同列に見られるかと思うと、胸がむかついてきた。多くの同僚たちが、苦難に直面したときの強靭な精神、冷静なる忍耐心を何よりも軍人としての美徳と高く評価しているのを知っていた。だが、カバタ将軍にすれば、軍人たる者の伝統とは弱者を守り、ほんとうの道と正しい行為を追求することにあった。

心が弱くなってしまった、と将軍は思った。そして、高価なウール地の軍服の袖に手を触れた。私の生活はよすぎる、豊かすぎる。どうして私の考えが正しく、東京が間違っていることがありうるか？　私の考えそのものが忠誠心に欠けてはいまいか？　日本の偉大さこそすべてではあるまいか？　偉大さ。権力。この二つの概念はきわめて容易に混同されがちではあるまいか？　また、名誉なき偉大さとは何か？　それは野蛮人の偉大さだ。

今度は物思いに沈まんばかりの態度で、アメリカ人たちのことを考えた。彼らの偉大さとはどんな偉大さなのか？　乱雑で、元気いっぱいで、自虐的で、しまりのない、独善的で、みごとな偉大さだ……が、結局は途中でつまずいて怠惰、頽廃、愚行と化す類いの偉大さだ。日本人は、自分の敵たちのやさしさに面目を失墜したあげく、今度は敵たちの面目を失墜させざるをえない羽目に追い込まれた。

そこまで行って、突然、自分の考えが支離滅裂なのに愕然とした。中央アジア人、イラン人、アラブ人たちのやることは、結局正しくないのか？　敵に対する情として、どんなよいことをしたというのか？　彼らがいつもやるもっとも無難なことといえば、完膚なきまでに大虐殺を行ない、あとは地面に塩を撒《ま》いてごまかしておくことだ。

そんなことは、もうたくさんだ。自分のなすべき義務は、自分に託された任務を完遂することだ。そのあとで、抗議の意思表示として辞任することも、同じく自分のなすべき義務だろう。おおっぴらにではなくひそかに、権力の最高位置にいる人びとにだけに辞任の理由を述べる。たとえ、そうしても効き目がない、と事前にわかっていてもだ。

われわれは残虐な人間だ、と胸の内で言った。

神々は声をあげて嘲笑されているだろう、もちろん。攻勢が北方に向かって展開していったとき、敵側の厳重に防備された一連の飛行場に対して、こちらの秘密兵器スクランブラーがずっと使われなかったので、倫理的な板ばさみに悩むことはさらさらない、と将軍は思っていた。そう安心していたら、同盟諸国が日本の秘密兵器のかわりに化学兵器攻撃に踏み切ってしまった。たしかに、昔の賢い人たちの言ったことは間違いない、人間は自分の定められた宿命を避けることができないのだ、と将軍はさとった。

カバタ将軍は、初めての戦闘任務についたときの嬉しさを思い出した。ずっと昔のようでもあり、つい昨日のことのようでもある。新しい攻撃用武装ヘリコプターに、技術顧問として南アフリカの軍人たちと同乗したのだ。ナタール州軽騎兵部隊のB飛行大隊だったと記憶している。ザイール共和国南東端のルブンバシ近くの秘密の拠点から飛び立ち、申し分ない朝の光のなかを上昇していき、数あるなかからその飛行大隊が選ばれて、ザイール南部の国境を越え隣国ザンビアの銅鉱地帯の上空に散開し、愚かなアメリカ軍の飛行機の不意を衝いて調整攻撃の火ぶたを切った。飛行大隊が敵軍と接触するのはこれが最初だったので、彼みずから操縦席に座り、同乗の若い中尉の慣れない誤りを直していた。アメリカ軍機を空から叩き落とすのは、きわめて簡単だった。

あのとき、アメリカ機がいたましくも必死に回避操縦をしたあげく、絶望的になって空中射撃に打って出てきたのを思い出した。その旧式なアメリカ軍のアパッチ・ヘリコプターがぱっと火を噴き、地上に墜落していくのを見守るのは、なんとも言えない快感、興奮のきわみだった。待ち伏せ攻撃をかけられたヘリコプターに血の通った、ものを考え、愛憎を感じる、生きた人びとが乗っていたのだ、とふと考えるようになったのは、それから何年もたってからだった。あのとき、若き将軍にわかっていたのは、戦闘に勝ったという原始的な喜び、つまり教養ある人間からは引き出しえないような、きわめて自然発生的ななまの感情にしかすぎなかったのだ。それがわかったときほど、自分が日本人であることに誇りを感じたことはなかった。

ところが、知らないうちに、そうした死んだアメリカ軍人の亡霊をもいっしょに背負い込んでしまった。将軍が昇進したり勲功をたてたりするあいだは、将軍の心のなか深くひそんでいて、思わぬときに、不当に彼の前に姿を現わしはじめた。将軍を悩ます悪夢とは、健全な男性の眠りに訪れる、あの色恋ざたを悔いる夢ではなかった。真の軍人たらんとする夢でもなかった。臆病者の見る夢だった。その夢のなかで、若き将軍の乗った攻撃用武装ヘリはあのときと同じ朝の空、紺青で広々したアフリカの大空を飛んでいるが、今度は彼の機のほうが追跡攻撃される番だ。向こうのヘリの風防ガラスを通して、アメリカ軍人の顔々がぐっと間近に見えた。みんな死者の顔をしている。彼の乗機のまわりを飛びまわって、からかい、なぶる。さんざんこちらを苦しめ、そうすることに飽いてくると、彼にとどめを刺すことに決め、復讐を誓って高笑いし怒号した。

「閣下、これはおもしろいですよ」突然、アキロー副官が軍人口調の大声で言った。

カバタ将軍は悪霊どもを払いのけた。椅子から立ち上がり、部屋を横切って、副官が司令官専用ワークステーションの表示画面を夢中でのぞきこんでいるところへ歩み寄った。その足どりにはスコッチに酔ったふしはまったくなかった。あの飲物の名残りといえば、腹がきりきり痛むことだけだった。私も年齢を取ったものだ、と将軍は思った。

「これとは何だ?」

「この画像をごらんください、閣下。オムスク郊外のソビエトの工業コンビナートを映したものです」

将軍は画面上の鮮明な画像を見て、考え込んだ。同輩たちと同様、情報を収集する宇宙衛星から送られてくる画像を一目見て読み取る技術は身につけていた。目の前に映し出されているのは何列もの工場建物と倉庫で、きわめて低水準の活動を示す能動熱源の存在が認められたが、すべて古びていて、いまにも崩れそうな建物ばかりだ。軍事的な重要性を示すものはまったく感知できなかった。

「説明してくれなきゃ、わからんな」将軍はそう言った。

「はい、ある意味では、そこが問題なんです」と副官は答えて、端末装置に甲高い声で何か指令を吹き込むと、その工場群の画像が消えて、ふたたび現われた。新しい画像の下端に記された日付けがずっと以前であるのに、将軍は気づいた。この以前に撮影された画像で見ると、工場建物はまったく火の気がなく、使われていない。

「この画像は、攻勢の始まる直前に記録されたものです。おわかりですか、閣下？　活動が皆無でしょ。この工業コンビナートは、まったく廃屋同然でした。それから昨日になって、わが軍部隊がシベリア西部の辺境に接近したとき、この地域をふたたび精査したのです」副官がそう説明して、指令をもう一度吹き込むと、最初の画像がふたたび現われた。「撮影したものがこれです。廃棄されていた工場建物内に突然、熱源のあることがわかりました。けれども、生産活動が再開された徴候はまったくなく、こうして隠蔽された熱源だけです。それもほんのかすかに感じられる程度で、危うく見逃すところでした。この画像は感度が大幅に強められています」

「このX線写真を撮ったかね？」将軍が尋ねた。

副官は、待ってましたとばかりにっこり笑った。また短い指令を吹き込むと、X線写真が現われた。使われていない機械やからっぽの生産ラインの骨格のほか、目につくものは何もない。がらんとしている。

カバタ将軍は合点がいった。誰かがこの巨大な工業コンビナート内に分散されている何かを非常に精巧なカムフラージュ技術を用いて必死に隠蔽しようとしているのだ。

将軍と副官はたがいにうなずき合った。

「もし天候がこんな寒さに変わっていなかったら、まったく気づかなかったでしょう。実際の話、画像分析担当者が危うく見落とすところでした」副官がそう言った。

「どれほど大規模の部隊がここにひそんでいるのか、情報部はどう見ているのかね？」

「もちろん、はっきりしたことは言えません。カムフラージュ技術がとびきり上手なんです――ここに使われているのはソビエト最高の技術にちがいありません。いずれにせよ、情報部の見方では、機甲一個師団をまるまる、いやそれ以上の部隊をここに簡単に隠せるとの話です」

将軍は頭のなかに地図を描いて考えた。ひょっとすると、この部隊はオムスク防衛に使われるかもしれないが、ソビエト側がそれを隠すのに費やした異常な努力を考えると、きっとペトロパブロフスク戦線に向けた反撃部隊として使われる公算が大きい。

「よし、わかった」と将軍は言った。「一個師団を新たに投入しても、大差あるまい。ペトロパブロフスク一帯の向こうの戦線を支えはじめるとしたら、少なくとも野戦軍水準の兵力が必要だろう。それに、ソビエトのひどく遅れた軍事技術を考えると、野戦軍をまるまる投入しても、現在のわが軍の懐まで深く迫る攻撃を維持できまい」

「向こうが部隊を展開しだせば、もちろん、簡単にその動きを捉えられます」

将軍は手を振って、言った。「いや、だめさ。向こうが一か八か打って出ても、無意味だ。その画像はいつのものかね?」

「夜間に撮ったものです」

将軍は、頭のなかに入っている戦闘地図を隅々まで再検討しながら、しばらく考えてから、こう口を開いた。「たとえこの部隊がいまただちに動きはじめたとしても、四十八時間以内に戦闘に影響が出てくることはありえない。前線まで距離が遠すぎる。ヤメシマに命じて、あしたこの部隊を叩いてもらおう。きょうの予定を崩すまでもない。だか、あしたになったら、ソビエト軍があそこに隠しているどんな兵力でも始末してやる」そこまで言って、画面をまたしばしにらみつけた。「ほんとうに、まったく見上げた努力だ。この隠された部隊の一兵たりとも戦場に到達しないのがおかしいと思えるくらいだ」

「兵器がよくない。壊れかかっている」アリ・タンジャニ将軍が英語でカバタ将軍に言った。司令官たち全員が共通してわかるのは、この英語しかなかった。

カバタ将軍は相手のほうを見たが、軽蔑している色を顔に出すまいと努めた。それから視線をまず回教連邦のシェミン将軍に、次につい最近まで中央アジアのソビエト現地民族部隊の司令官で現在はカザフ自由回教共和国の軍事指導者であるビリヤン将軍に移した。カバタ将軍の目には、みんなが盗賊の一団に見えた。最後に将軍の目と合ったのは、同じく〝契約被雇用者〟のピート・クレテ大佐だった。この人物は、もっとも精密な日本製中距離機を操縦して飛びまわる南アフリカ人パイロットの一団を統率する責任者だ。カバタ将軍はこの南アフリカ軍人と馬が合う点が多く、二人とも名目的には自分たちが従属する現地軍の各司令官の理屈の通らぬ愚かな態度には辟易《へきえき》していた。それでも、究極的には、自分の故国がもっと大きな規模で同様の限界を抱えていたように、クレテ大佐は傭兵としての限界をわきまえていた。

「タンジャニ将軍」とカバタ将軍は慎重に言葉を選びながら話しはじめた。「あなた方のように勇敢に戦われる戦士たちは、兵器を非常に酷使される。あなたが数々の勝利をあげるには、これら多数の地上兵器を一カ月たらずのうちに二千キロ以上も走らせる必要がありました。そういう状況下では、整備を怠らぬことが非常に大事です。もしあなたの部下の兵士たちが所定の整備方法を守って行なっていれば、一番役に立っていたと思います」

タンジャニ将軍は、そんな程度ではいつもたじろがない。「機械修理みたいな雑な仕事をするのは、イラン回教共和国の兵士の本来の任務ではない。すべての機械がきちんと動くようにしておくのは、日本人の任務だ」

これから先、タンジャニの軍隊が日本の軍事援助をこれ以上緊急に必要としなくなったとき、東京はいったいこんな連中とどうつきあっていくつもりなのか、と将軍は暗然たる気持ちになった。ソビエト軍――つまりロシア人――を自分たち一人の力で中央アジアから追い出したのだという傲慢な態度が、将軍の目にはしだいにはっきりとしてきている。この分だと、東京がソビエトのかわりに選んだ、なかば野蛮人のこうした連中よりも、資源供給者としては、経済的に困窮しているソビエトのほうがずっと頼りになりそうだ、と将軍は思った。

タンジャニの言動がきょうはとくに将軍の気にさわったのは、イラン軍が最新型の作戦指揮航空機を一機失ったとの知らせを日本側の情報筋から受け取っていたからだ。タンジャニはそれについて一言も言わなかったが、それから察すると、事故の原因は明らかにイラン側の過失にあると将軍は踏んだ。同機の損失によってこちらの情報が重大な危険にさらされるおそれはあった――が、幸いなことに、搭載のコンピュータ装置は敵がまったく侵入困難だ。それでも、同機に使われている新しい複合材料が敵に知れるのは重大な問題で、十分に将軍が怒る種になりうるが、イラン側に彼らの犯したへまを直接突きつけるのは得策でない、と自分の苦い経験から承知していた。タンジャニが向こうからその損失を言おうと決める日がくるまで――そんな日がほんとうにくるとしたら――じっと自分を抑えて、待つしかないだろう、と思った。

「タンジャニ将軍、ご安心ください、整備員全員が全力をあげて車輌の修理に取り組んでいる最中です。しかし、運転者自身が基本的な整備をなすことが、何よりもたいせつです。そうでないと、故障を不必要に起こす車輌が続出して、整備作業に負担がかかりすぎてお手上げになります」

タンジャニは皮肉な笑みを浮かべた。「日本という工業大国がこれ以上にましな仕事ができないとしたら、われわれが買いかぶりすぎていたことになりますな」

将軍は怒鳴りつけてやりたかった。わが方が供与した車輌のおかげで、おまえら役立たずな烏合の衆どもは史上のどの軍隊よりも遠くまで素早く進撃できたのじゃないか。おまえらは世界で名高いソビエト軍を壊滅させたじゃないか。だが、適切な注油やダスト・フィルターの交換程度の整備作業を誰もがしたがらないのが原因で、何百台もの車輌に大きな故障が出てくる現状では、いつまでもそれを大威張りで乗りまわせると思ったら大間違いだ。不十分な――というか皆無な――運転者の手による整備から生ずる日本側の金銭的負担は、巨額にのぼっていた。

将軍は感情を抑えた声で言った。「われわれみんなが一体となってやる必要があります。みんなで協力しなければいけません。不必要に損失した車輛をすぐ穴埋めできるほどの余裕は、後方補給所にはありません。現在、第一線で使える戦車より、カラガンダやアトバサルの前線修理所にある戦車のほうが多い、と言われています」

「あなた方の整備方法は非常にのろい」タンジャニはそう言った。

「わが方の整備作業は負担がかかりすぎてお手上げなのです。あなた方の運転者たちのこまめな努力で本来避けられる故障の発生が未然に防がれさえしたなら、わが方の整備方法が非常に効果的だとおわかりいただけるでしょう」と将軍は答えた。

「問題は」とタンジャニが言った。「そもそも戦車の出来がよくないのだ。二流品をわれわれに売りつけたのだ」

「タンジャニ将軍」とカバタ将軍が親しげに手をさしのべ、懸命に笑みを浮かべて、話しだした。「あなたがあげた数々の勝ち戦をお考えください。ソビエト軍に対してわが日本製の戦車が展開されたときはいつでも、たったの一回も大事な戦いを負けていません。わが方の修理所にある戦車で、実際に戦火の犠牲となったものがほとんどない事実をよくお考えください。二十台に一台もありませんよ」

「わが軍が勝ったのは、神のご意思だ。すべては神のご意思なのだ」タンジャニがそう応酬した。

「神のご意思です」うつらうつらしていたシェミン将軍がそのかっとした激しい口調に目ざめて、そうあいづちを打った。元ソビエト軍人のビリヤン将軍は座り心地が悪そうに体をもぞもぞ動かして、あいづちと受け取れるようなことを何か口のなかでぶつぶつ言った。ビリヤンはソビエト軍隊でしっかり叩き込まれていたから、お粗末な整備がかならずしも神のご意思の直接の反映ではないとわかっているはずだ、と将軍は思った。ビリヤン指揮下の反乱軍部隊の抱える整備修理の問題は、ソビエト政府支給の旧式な兵器の出来の悪さ——その点はいまなおたくさん発見されているが——と並んで、それらが戦闘で酷使されたしわ寄せのあらわれでもあった。

それほど神のご意思というなら、アラーにおすがりして多少なりとも毎日の手入れなり、少々の修理仕事程度はやっていただけたろうに、と将軍は苦々しく思った。

「これは……非常に重大な問題ですぞ」とビリヤン将軍がカバタ将軍の不意をついて急に言いだした。「イラン軍大部隊の戦闘戦力をなんとしても維持せねばならない。わが部隊だけでは、目前の仕事を片づけられない」

カバタ将軍はそう言う相手をかわいそうに思った。この男は、自分たち反乱軍部隊の今後に待ち受ける運命がほんとうにわかっていないようだ。将軍はすべて知っていた。いま話し合っているように問題はいろいろあるものの、タンジャニ将軍のイラン軍は前線をもっと大規模に守れるだけの兵力を持っていたし、南西部前線の回教連邦軍の部隊も同様だったが、勝利が目前にあるかに見える現在、中央アジアの反乱軍部隊を最大限に酷使して、犠牲にすべきだ、との秘密取決めがあるのだ。中央アジアの解放地域の民族主義分子たちには、よりどころとなる独自の軍事力をいささかたりとも絶対に持たすべきではない。このお金のかかる戦いは、カザフやトルクメンの民族主義者どもの民族解放熱に浮かされた幻想の実現めざして戦われているのではない。イラン、イラク両国軍はひそかにそう考えていたのだ。

「神がお決めくださる」とシェミン将軍が話を引き取った。その口調からすると、シェミンがときどきするように仲介役を買って出そうな気配だ。「だが、日本人の友人が助け舟を出して欲しいと言ってるときは、そう助ける義務があると思う。向こうがわれわれをこれまで何回も助けてくれたのと同じで、お返しだ。いまは仲間うちで喧嘩しているときではない。それははっきりしている、諸君」とそこまで言ってから、タンジャニに向かって言った。「日本側に協力しよう。整備修理というこの問題についての日本側の要請は検討する必要がある」

タンジャニは、この問題で自分が孤立無援なのを察した。それでも、先行きどうなるかわからんぞ、とカバタ将軍は十分承知していた。ときおり、シェミンが急に態度を変えてタンジャニの側につくことがあったからだ。それだけでなく、口先でいくら譲歩しても、整備の実態についてはほとんど前と変わらないのではないか、という心配があった。シェミンの回教連邦軍部隊の状況は、タンジャニのイラン軍の場合よりほんのわずかだがましだった。彼らがここまで大活躍してきたのは驚くべきことだ。これはひとえに故国日本の技術がすぐれていたおかげだ、と将軍は思った。日本製の兵器は操作が簡単で、しかも整備がほんとうに簡単にできていた。これを使用不能の状態に追い込むとは、天才的な怠慢のなせる業だ。

だが、いまや兵器を供給する余裕はこれまでの戦闘中のどのときよりも乏しくなっている。そういうときにソビエト軍がかくも算を乱し、浮き足立っているのは、都合がよかった。だが、整備不良による損失率が信じられぬほど高いことが、ふたたび将軍の頭に浮かんだ。現在、第一線で活動中の戦車一台に対し約五台もが修理を待っている。いかに巧みに設計されたハイテク兵器といえども、弓矢みたいな簡単な造りではない。

将軍の思いは、あのオムスク郊外の工業コンビナート跡にひそむ、ソビエト軍反撃部隊を意味するかもしれぬ画像に舞い戻った。実際は、大きな戦局からすると無視してよかったかもしれないが、もし反撃が現実のものとなれば、将軍としてこれに対処せざるをえない。イラン軍や反乱軍部隊の兵力は非常に消耗し、疲れきっているから、とつじょとして組織的な反撃部隊が出現すれば、少なくとも局地的にパニックを引き起こすことになりかねない。ヤメシマ指揮下のイラン空軍にその任務を託すのはよそう、と将軍は決めた。クレテ指揮の南アフリカ軍人たちなら、これをこなせるだろう。一か八か危険を冒す場合ではない。それに、南アフリカ軍人たちも自分たちの食い扶持を稼ぐ必要があった。

　将軍の招いた客人たちの人数に合わせて、いれたての紅茶と一皿のビスケットがきちんと出された。将軍自身としては、なんならスコッチをもう一杯欲しかったが、客人に敬意を表してほんの少量の紅茶をつきあった。将軍の見ている前で、タンジャニはオレンジ色の液体のなかに角砂糖を何個も入れた。

「ところで、皆さん方といっしょに話し合いをいたしたい問題がもう一つあります」将軍は迫りくる嵐に備えて緊張した表情でそう切り出してから、ワークステーションのほうをちらりと見た。副官がその前に座って、入ってくる情報の流れを監視しながら、将軍の客人たちの目に触れさせるのにふさわしくないものをときどきはねていた。その副官が自分の次の方針を認めず、問題を東京の参謀本部に通報することまでしかねない、と将軍は考えた。個人に対する忠誠心など、昔みたいなことはまったく期待できない。でも、予定どおり話を進めよう、と決心した。

「密集目標に対する……とくに非戦闘員に対する……化学兵器の使用というこの問題は、前にもすでに話し合ったはずですが」と言って、タンジャニの顔を注視した。「戦場の状況は引き続きわが方に有利に展開しているので、その種の攻撃を正当化する理由はもはやほんのこれっぽっちもない、と皆さんご同意いただけるものと確信いたします。もう勝利は目前にあります。化学兵器攻撃によってわが方の目的の達成が促進されるとは思えず、むしろ国際世論を敵にまわすおそれがあるだけです」

　副官がコンピュータをいじる手を止めたのに将軍は気づいた。自分の上司が東京からの命令に反した発言をしていると知って、注意深く耳を傾けているのだ。

　将軍がほっとしたことには、タンジャニはすぐに興奮の色を顔に出さなかった。砂糖のたっぷり入った紅茶をすすりつづけている。スプーンやグラスの触れ合う音だけのする、沈黙に近い一瞬があってから、タンジャニがおもむろに口を切った。「国際世論ですと？　なぜ、われわれが国際世論を気にしなければならないのか？　ことに国際世論と言っても、依然として欧米の世論を指している現在、なぜなのか？」

そこまで言って、紅茶茶碗を下に置いてながながと話しだす用意をした。「四十年以上ものあいだ、わが国は国際世論になんと言われようと笑い飛ばしてきたし、いまやわが国は戦勝国だ。国際世論だって？　それがどうした？　吹けば飛ぶようなけちなものだ。人でなしのアメリカ人はいまや無気力だ。檻《おり》に閉じ込められた魔王みたいなものさ」といっきにしゃべって高笑いしたが、たびたび使い古されたジョークにひとり悦に入るように、なにかぎごちなかった。「それに、ヨーロッパ各国ときたら、自分たちの経済をよくすることだけに汲々としている。嘆き悲しむかもしれないが、それでもわれわれの石油を買おうと列をなすだろう」そう言い切ったタンジャニの目が、将軍の着ている立派な仕立ての軍服の上に落ちた。

「彼らはいまやわれわれの言いなりになる仕立て屋、われわれの食べる菓子類の御用商人に堕ちている。それ以上の何者でもない。そしてソビエト人ときたら……報復さえ満足にできない。恐るべき兵器をたとえ持っていたとしても、われわれの故国を攻撃する気はない――へたに攻撃して、向こうの主要都市に対するわが方の攻撃を引き出したくないと心配しすぎているのだ。奴らはどうしようもない臆病者だから、破滅しても当然だ。神は偉大であり、その剣で異教徒どもを滅ぼされ、異教徒どもの心に恐怖の念を植えつけられる」

「ですが、難民の隊列まで化学攻撃する必要がありますか？」

「そうやっても、日本には一銭の負担もかからん。使われるのはすべてわが方の兵器だ。それに、よいかね、こちらのほうがきみたちの兵器よりずっと頼り甲斐がある」タンジャニが横柄にそう答えた。

「だけど、そうしたことをすると、敵側の化学兵器による報復攻撃を引き出すだけです。あなた方の軍隊は、化学戦のおかげで出さなくてもよい犠牲者を出している」

「神は偉大だ。イラン軍の兵士たちは、殉教者として死ねる機会をよろこんで受け入れる」

中央アジア民族の反乱軍部隊司令官のビリヤンが急に前に乗り出してきた。もはや抑えきれない怒りを示す際立って激しい動作だ。勢い余って思わず紅茶茶碗をひっくり返してしまったが、もとどおりに直そうとしなかった。

「ロシア人とその一派は絶対に打ち滅ぼさねばいけない」と言いだしたが、顔色がだんだん蒼白になってくる。「あいつらはみんな悪魔だ、一番たちの悪い異教徒どもだ。わが民族は一世紀以上もロシア人どもの支配下で生きてきたから、ロシア人のことはよく知っている。あいつらは犬にも等しい動物だ。だから、犬のように叩きのめし、狂犬のように殺してやる必要がある。男どもだけじゃなく、女子供たちも同様だ――この世の中の最大の悪の根源だ。地上の厄病神だ。どんなに痛めつけてもひどすぎることはない」

カバタ将軍はシェミンのほうをちらりと見たが、今回はこの男の助けを借りられないな、とすぐにわかった。シェミンは軍事、政治の両闘争を生き残って、慎重に戦ってきた、したたかなイラク人だ。生まれはバグダッドで、戦車小隊の隊長として一九九〇年の湾岸戦争でクウェートに攻め入った中尉の頃から、研鑽を積みはじめた。

ビリヤンの激しい怒りを見て、カバタ将軍はほんとうにびっくりした。つい最近まで、この男がいまや全滅させたがっている連中といっしょに軍務に服し、皆殺しにしたがっている女子供たちのなかで生活していたとは、信じられなかった。

われわれが殺される番はいつ来るのだろうか、と将軍はふと思った。

タンジャニはにやにや笑っており、自分が日本人の主人なのだと明らかに自覚している様子だ。わかった、彼らからすれば私も異教徒にすぎないのだ、と将軍は自分に言い聞かせた。まともな人間扱いをされてない。一時的に利用されているだけだ。こんな連中どもと盟約を結んだとは、いったいどうしたことか？

「わが兄弟よ」とタンジャニが将軍に向かって切り出した。「あなた方がその異教徒に味方するという話を耳にするのは、まったく意外だ。あなた方の持てる兵器のすべてをわが方のために使うのを拒否されるとあっては、なおさらだ」

驚きの色がどれほど自分の顔に出たか、将軍はちょっと心配になった。長年の鍛練がこういうときに役立ってくれればよいが、と思った。

タンジャニはただ探りを入れているだけなのか？　それとも、実際に知っているのか？

「タンジャニ将軍……」カバタ将軍は答えはじめた。「……日本政府は条約に従って完全にあなた方を支援しております。要求された援助はすべて受け取っておられるでしょう」

「そうおっしゃるが、友人たる者は真の友人たちに対して自分の持てる富を隠し立てせぬものですぞ」とタンジャニが応酬した。

「何をおっしゃっているのか、私にはさっぱりわかりません」カバタ将軍はそう白を切った。

タンジャニは何か考えありげに、相手をじらすように、椅子に座り直した。それから、自分の考えを楽しむように、眉を上げて口を開いた。「もしかして……日本の兵器のすべてが正義を支援しにやってきてたとしたら……もしかしたら、その場合はあなたがいたく気にされる化学兵器を使う必要はほとんどなかっただろう」

いや、とんでもない、化学兵器のほうがはるかにましだ、と将軍は思った。

「わが友よ」と将軍は言った。「あなたの気にされていることを詳しくお話しいただけないと、さっぱりわかりません。正確にどの兵器のことを指されているのですか？　ひょっとしたら、私も情報不足でよくわからないかもしれませんが」

タンジャニは将軍を厳しい目で見た。「それでは訊くが、ブハラの基地にあるのは何なのだ？　あそこで非常に秘密にしているものは何なのだ？　なぜ、わが軍の兵士たちが警備するのを許さない？」

彼は何も知ってない、と将軍は断定して、ほっと一安心した。憶測だけだ。何かを嗅ぎつけてはいるが、詳細はわかっていない。

「ブハラ基地は」と将軍は自信を取り戻して、説明しはじめた。「非常に高度な技術支援の場所であります。わが方との協定の条文をご存じでしょう。日本人の大きな負担で開発された……産業機密に属するものとして……一部の電子機器があります。全世界がいまなお乏しい石油の供給を求めて競い合っている今日、イランはそういうものを必要としないでしょう。あなたの国は非常にお金持ちだ。神のおかげで。ところが、日本にとっては、こうした技術がわれわれの〝石油〟、われわれの唯一の富なのです。ブハラ基地には、電子機器のほか何も置いてありません――それらは必要に応じてあなた方の軍隊を支援するのに使われるはずです」最後のくだりはほんとうだ、と将軍は自分に言い聞かせた。だから、全容が明らかにされたとしても、実際に嘘を言ったことにはならない。ブハラには、電子機器を除いて他には何もないのだ。スクランブラーも実を言えば、半導体の組み合わせの一種にすぎなかった。

将軍は他の司令官たちの態度を推し測った。タンジャニはもう切り札を出してしまった――シェミンもビリヤンもいっさい何も知らない。が、急に関心を持ちだしている。

将軍には、これほどたちの悪い同盟国は想像できなかった。向こうが日本側に出すものといえば、無理難題、脅迫的言動、要求、果てしない不平不満だけではないか？　日本は東半球で知らず知らずのうちにアメリカ合衆国にとってかわってしまっているのではないか、と将軍は思った。

「親愛なるタンジャニ将軍、ブハラ基地へご招待いたしましょうか？　隅から隅まで視察なさって結構です。ご自身でお確かめください。ブハラには、航空機、整備施設――それに電子機器のほかは何もございません。ヤメシマ将軍がただちにそうしたご訪問の手はずを整えてくれます」将軍はそう申し出た。

不意をつかれたのは、今度はタンジャニのほうだ。このイラン人が整備工場内を歩き、航空機の操縦席に座るのをやすやす許しても、こちらの目的に気づくことはない、と将軍は確信した。

「もしかしたら……」とタンジャニは答えた。「……もっと時間があるときに、そう願おう。わかった。それは非常によいアイディアかもしれん。だが、ブハラは前線からずっと離れている。司令官たる者はいつも部下の将兵たちといっしょにいなければならん」

そうは言っても、タンジャニがバクーの合同総司令部からすぐに第一線に戻らないことは、将軍にわかっていた。まず、このイラン人は安全なイラン北部のマシュハドに立ち寄って、妻ではないのがはっきりしているある女性と夜をすごすことだろう。彼がいなくとも、戦いは続くのだ。

「そのとおりだ。われわれ司令官は全員、部下の将兵といっしょにいるべきだ。それに、ブハラまでの道のりは遠い」とシェミンが立ち上がって発言し、にやりと笑ってこうつけ加えた。「わが日本人の兄弟たちが提供してくれる立派な飛行機で行ってもだ」

将軍は同じく立ち上がり、他の司令官たちに礼儀正しく頭を下げた。タンジャニはこのきちょうめんな日本人を抱きかかえてキスし、その軍服をくしゃくしゃにせんばかりのふりを大げさにして見せた。シェミンもほんのおしるしばかりの抱擁をして、カバタ将軍のお国柄に少し合わせた形だったが、反乱軍のビリヤン司令官は欧米人並みの握手ですませた。

奇妙な世界だな、と将軍は思った。

お別れの挨拶が交わされているなかで、それまで言葉の駆け引きにじっと脇で耳を傾けていたクレテ大佐に対して将軍は、南アフリカ人操縦士たちにすぐにやってもらいたい任務があるから、いつでも出動できる態勢をとっておけ、と命じた。この背の高い、ブロンド髪の南アフリカ軍人は、簡潔だが丁寧な言葉で命令を受領した。

あの連中のなかには、信頼できる者は一人もおらん、と将軍は心のなかでつぶやいた。

それから、みんな立ち去った。副官は上司にすぐに最新情報を伝えようと立ち上がることはしなかった。厄介な会議をやっと終えて、将軍が一息入れたがっているのを察したのだろう。

将軍は自分でスコッチをもう一杯飲もうと体を動かした。だが、ボトルを手にして、思いとどまった。そんなことをしてなんの役に立つ？　そんなに抑えて飲んでも、酒で憂さばらしするのは、現状ではめめしいことだ、自分は、もちろん、もっと気丈な男だ、と急に思ったのだ。

自分を罰して、この一杯を許さなかった。少なくとも今度だけは。それにしても、いつものことだが、あの会議で将軍はくたくたに疲れた。まるで不埒《ふらち》な非行少年どもから成る軍隊を相手に戦っているようなものだ。

静かさがふたたび戻ったのをよろこんで、将軍はその大きな部屋を横切って窓辺に行き、カーテンを開き、副官が自分の行動をじっと見つめているのは知っていたが、差し込んでくる強い陽差しに目を細めた。つい最近まで、この次の間つきの大部屋はソビエト軍の高級将校の居室だった。現在は、中央アジア民族の反乱軍部隊と回教連邦軍の部隊が遠くカルムイク共和国まで北進したので、このバクーのあるアゼルバイジャン共和国からはソビエト再占領軍は退却してしまい、隣接のアルメニア、グルジア両共和国で散発的なゲリラの抵抗が見られるだけだ。バクーからカスピ海を越えた東部でも、ソビエト軍はタジク、キルギス、ウズベク、トルクメンの各共和国から一掃され、広大なカザフ共和国からもほとんど退却した。いたるところで、ソビエト軍は敗走中である。ソビエト側がこの段階で残念に思うことが少しでもあるとすれば、彼らのやった核兵器禁止運動があまりにもうまくいきすぎたことだろう、と将軍は思った。ソビエトは核兵器がなくても、通常兵力でユーラシア大陸の覇権を断然維持できると過信していたわけだが、いまやずたずたに切り裂かれつつある。

もちろん、ソビエトに核兵器を造る技術はいまでもある。が、その技術も時代遅れだ。だから、彼らにできることといえば、同じく哀れな状態のアメリカに技術援助を頼むことしかあるまい、と将軍は侮った。

まあ、万事うまく進むだろう。日本が同盟国として選んだ相手がどうあろうとも。万事好調に取り運ぶだろう。日本にとってほんとうに素晴らしい日だった。

特大の窓ガラス越しに、重なる丘陵の側面がしだいに傾斜してバクーの密集した市街につながり、その先にきらきら輝く青いカスピ海が見えた。故国日本からはるばる遠くまで来たものだ、と思った。このソビエト南部の陽差しのなかにいると、秋でも老人の背にほどよく感じられる暖かさがあった。そして、真昼の市街はまるでとろんと眠っているみたいだ。みごとな、穏やかな眺めで、少し前に回教徒でないソビエト人住民たちが逆上したアゼルバイジャン人暴徒の手で街頭で大量虐殺されたところとは思えなかった。

ロシア人はどうして回教徒たちに対してこんなに長いあいだこんなに無理解だったのか？　それとも、彼らは単に頑固だっただけなのか？　彼らは破局が不可避なのを知っていても、まともに考えようとはせず、その危険を夢うつつに忘れ去り、だんだん無気力な状態のまま衰退していったのだろうか？

悪夢にうなされる眠りみたいなものだ。急に目ざめたら、兄弟がナイフを持って立っていた、というわけだ。

「きみはどう思う」将軍は緑と白、褐色、紺青、黄金色の織りなす窓外の壮観から目をそらして、不意に副官に尋ねた。「ソビエトとアメリカの両国間のこの接触をどう考えるかね、アキロー？」将軍は東京の口から、同じ日本人の口から、もう一度詳しく説明してもらいたかった。

副官が何か口頭の指令をコンピュータに入れると、モニター画面のデータの流れがぴたりと停まった。「アメリカですって？」と驚いた声で言った。明らかに、まったくほかのことを考えていたのだ。

「そうだ。アメリカだ。ソビエトにどんなものを供与できると思うかね？」将軍が言った。

「同情ですかな？」こわばった笑顔で副官は答え、まともに取り合わなかった。「アメリカ側はもう諦めています。破産状態の西半球にそっと取り残しておいて欲しい、と願っているだけです。それに、ほんの少しの三流品をあちこちの国に売りたい、と。わが国の製品を買うお金の余裕のない国々に対してです」

「アメリカがわが国に軍事的に追いつこうと懸命になっているのは、周知の事実だ。また、彼らの戦略防衛網は非常にしっかりしている」

「彼らは絶対に追いつきませんよ。人種的に劣っています。アメリカ人はいわばただの雑種犬です」

副官は無礼とも言えるような決めつける口調でそう答えた。

将軍は、副官が日本の参謀本部や東京の街頭の人間の考え方を代弁してしゃべるのを黙って聞いていたが、にやりと笑ってこう言った。「だがね、アキロー、雑種犬はときに非常に頭がよい例がある。また、頑健だしね」

「アメリカは世界の掃きだめです」と副官が五、六冊ほどの日本のベストセラー書からの文句を引用して、答えはじめた。「国内にいろいろいる少数民族が国を衰えさせるだけです。疫病が流行したときに、各都市に軍隊を派遣せねばならなかったのですが、その軍隊でさえ、かろうじて難局に対処できたほどです。〝追いつく〟努力をしているにもかかわらず、ラテン・アメリカの情勢をまだ完全に掌握できないままです。メキシコだけとっても、三十年ほどは釘づけのままでしょう。アメリカの出る幕じゃありません。イスラエル人を引き取ったように、ソビエト人難民を少々受け入れられる程度です」そう言い終えた副官は顔をひどくしかめたが、日本の浮世絵の武士の顔つきを思わせた。

自制心に富むことが語りぐさになっているほどのカバタ将軍は、部屋を横切って席に戻ると、自戒を反故にした。量も確かめずに、スコッチをグラスに注いだ。

「ふと頭に浮かんだだけだが、日本は以前に一度アメリカを見くびったことがあったな」カバタ将軍は物静かにぽつりとそう言うと、刺激の強い液体を口いっぱいに含んだ。

12

オムスク
二〇二〇年十一月二日

テイラー大佐は特大のブリーフィング・スクリーンを見つめて、顔だちに弱さを示す点はないかと探した。弱さや悲しさをうかがわせるしるしだと心のなかでつぶやいたが、この言葉はしばらく記憶のなかで鳴り響いていた。彼は人相見に長《た》け、顔つきから敵のことをいろいろと知ることができると確信していた。原始社会では写真を撮ると魂が抜き取られると信じられているが、テイラーの考えからすれば、そのほうが、西欧人の認識よりずっと真実をついている。大スクリーンには、この無言の尋問に逆らう術のない敵の顔々が捉われて映し出されている。テイラーは早くも顔つきに弱点を感じとっていたが、それが顔の造作のどこにあるのかたしかな手がかりはまだ突きとめられなかった。口もとはきりっと引き締まり、皮膚はなめらかだ。なじみのない目の輪郭のせいで目つきは読み取りにくかった。頭髪は黒く、驚くほど若々しい。地図の一点を指すように、これだとはっきり弱点を指摘できなかった。だが、弱点はある。その点は間違いない。

「よし、メリー、続けてくれ」テイラーは情報将校に言った。

メレディスは居並んで待ち受ける将校たちを眺めてから、大佐に視線を戻した。

「この男はノボル・カバタ大将で、戦域における日本人指揮官であります」メレディスの言葉が寒く薄暗い倉庫にこだました。「日本自衛隊の将官であるカバタは野戦指揮と防衛産業に関する参謀職の両面で豊富な経験を持っております。胸の綬章を――ちょうどここですが、見てください」メレディスはレーザー・ポインターで指し示した。「三列目です——この砂色と緑色の綬章は、彼が日本軍事顧問団の一員としてわが国が……遠征軍を出した際に南アフリカに勤務していたことを示していますす」

テイラーは具体的な事実を聞きたくて、またメレディスの話の腰を折りそうになった。だが、かろうじて思いとどまり、情報担当参謀のS2がブリーフィングを終わるまで待つことにした。部下の前でほんのわずかな弱みでもさらけだすような真似はしたくなかった。アフリカは、いまの自分の関心からは遠くかけはなれていた。

「カバタはずっと重火器や最先端のテクノロジーに打ち込んできました」メレディスは続けた。「彼は航空機の操縦ができるだけでなく、伝えられるところでは一時期テスト・パイロットだったこともあります。もっとも、これはもっと若いときのことです。英語は流暢で、交換学生としてキャンバリーの英国幕僚大学校に留学したときにマスターしました。ちなみに二〇〇一年卒業クラスです。英国びいきだという評判です。スーツを仕立ててもらうために飛行機でロンドンまで行くほどです。カバタは勤め口が欲しくて軍に勤務しているわけではありません。彼の一族は富豪ですが、アメリカでの日本人所有不動産がすべて国有化されたときには、痛手を受けました。一族の保有地はかなり広大でした。それはともかく、この男は代々軍人を輩出している権勢のある旧家の出です」メレディスはいったん言葉を切って息をついた。「しかし、なにもかも突きとめたわけではありません。夫人は言語学教授で、子供は一男一女の二人あり、娘は出版社勤務で、息子は化学工学技術者であります。つまり跡を継がなかったわけです。この一族は、キリストが伍長だったときからの軍人一門ですが、カバタは軍人としてかつてない出世をしました。ですが、息子が軍人になることには反対したようです」

その点ではおれたちも変わらないな、とテイラーは思った。おれに息子がいたら、絶対に軍人にはしないだろう。

「アフリカ以外での」メレディスはなおも言葉を継いだ。「彼の輝かしい軍歴としてあげられるのは、イスラエルの核被爆被害を査定し、イスラエル人生存者のアメリカへの後送を監督した国連査察団に志願したことです。テルアビブのデッド・ゾーンにいとわずに入った、数少ない査察員の一人で、ダマスカスやラタキアなど、イスラエルの核報復攻撃を受けた放射能汚染地帯にも足を踏み入れました」

連隊の作戦将校であるデイヴィド・ハイフェッツ中佐が口をはさんだ。「メリー、そう言えば彼に会った。イスラエルで。ほんのちょっとのあいだだったがな。われわれの兵器受領に派遣された国連委員会の一員だった。われわれが飛行機に搭乗する前に会ったんだ。彼は悪い人間には見えなかった。とても立派な人物のようだった。私の感じでは……まあ、軍人だって気がした。みんなが軍人であるようにな。われわれがなめていた辛酸をよく理解しているようだった。私の部下が武器を引き渡すのを監視して数えていた。私にはとても惨めな日だったが、それ以上惨めな気分にさせまいとしているようだった。以上だ。もっと思い出せればいいんだが、当時の私にはほかに大事なことがいろいろとあったんだ」

「デイヴ」テイラーがメレディスの先手をとって冷ややかに訊いた。「彼がそんなに立派な男なら、なぜ避難民の列に神経ガスを投下したりするんだ?」

ハイフェッツはいつになく真剣な面持ちで、椅子の列越しにテイラー大佐のほうを見た。

「わかりません。その質問には答えられません」心底残念そうな声だった。

テイラーはまたメレディスに視線を向けた。「それじゃ、メリー、この……男の話を続けてくれ」

メリーは肩をすくめた。「彼はなんでもうまくこなすと言っていい将校です。文才もあります。中東の二次被害に関する彼の報告書は、ソ連の主唱によりニューデリーで開催された核兵器即時撤廃国際会議で繰り返し引用されました。ソ連と日本の利害が一致したのは、おそらくそれが最後でしょう。

この数年は、イスラム教徒イラン軍とイスラム同盟軍を装備・訓練する日本の計画を、中心になって推し進めてきました。この仕事は彼の軍歴の最大のヤマとなるものですが、東京の大使館付陸軍武官のあいだでは、彼と参謀本部のあいだに軋轢《あつれき》があるという噂が絶えません」

「どんな軋轢だ？」テイラーが語気鋭く尋ねた。

「わかりません。報告はいろいろありますが、根拠がないようです。それ以外には、たいしたことはわかっていません。スコッチをほどほどにたしなみ、大のゴルフ好きです。ですが、日本ではひとかどの人間なら誰でもゴルフをします。彼がロンドンを訪れたときは、かならず観劇に行きます」

「女を買いあさったりするか？」

メリーは首を振った。「イギリス人が取り上げるにたると思ったような話は何もありません」

「メリー」テイラーはなるべくさりげない口調で訊いた。「彼のアフリカ勤務当時の情報でほかにも何か手に入れたか？　彼は……直接戦闘に参加したのか？」

「大佐殿、わかりません。その件に関しては胸の綬章しか手がかりがありません。ケープタウンに腰を据えていても、もらえたでしょうね」

「あるいは……ほかのことでもらったのかもしれないな」

「はい、大佐殿」

それはどうでもいいことだ、とテイラーは心のなかで思った。あの男がこれでわかったぞ。ノボル・カバタ将軍。相続財産でめかしこむために世界を飛行機で飛びまわる。愛飲する酒はスコッチ。伝統がまだ重んじられている国で、あえて息子に伝統を破らせた。「英国びいきだという評判」だとメリーは言ったが、そんなのは仮面で、たいしたことじゃない。こういうタイプの人間はよくわかる。英国びいきでなければ、フランスびいきかドイツびいきだ。そんなことは重要ではない。生まれたときから彼にのしかかっている重荷から逃れるための何かなのだ。彼が運命づけられた男以外のものになろうとするための何かなのだ。

奴を打ち負かせる。テイラーはしきりとそう自分に言い聞かせながら、そうなってほしいと願わずにいられなかった。

目を向けると、メレディスはもっと質問があるかと待ち受けている。集められた将校たちはそわそわと落ち着かなかった。寒くてたまらないので、それぞれの部下のところに戻って、この期《ご》に及んで避けがたい問題を解決したくてたまらないのだろう、と思った。ブリーフィングはまだ始まったばかりだが、みんなの時間をあまり無駄にさせたくなかった。

「いいか、メリー」テイラーは口を開いた。ざわついた空気が静まり、集合した将校たちが司令官の話を聞こうと身を乗り出した。「どうしても理解できないことが一つだけある。気になってしかたがないんだ。日本人が冷酷な野郎だという評判は知っている。だが、化学兵器だけは解せない。なんの得があるんだ？　あん畜生の何があんなことをさせたんだ？　イギリス製のスーツを着、ゴルフをやるあいつが」

メリーが操作盤に手を触れると、大型スクリーンから映像が消えた。と、たちまち、室内のしーんとした沈黙が前より大きくなり、手に取るように感じられた。情報将校は答えた。「おそらく、そこがもう一つの、勉強になる、大事な点でしょうね。日本は絶対支配者だというところを強調したいのでしょう」

テイラーはそのことをじっくり考えてみた。もっとましな答が思いつかなかったが、違うような気がした。すぐれた技術を誇る、数々の日本製兵器と比べてみれば、化学兵器は野蛮さをむきだしに見せたにすぎない。その結果として国際的な反感をますます買うようなことをするとは、とても想像しがたい。

「テイラー大佐」ハイフェッツが口を開いた。「それが日本人のやった仕業ではないとしたら、どうでしょう。アラブ軍とイラン軍が勝手に化学兵器を使ったとしたら、どうでしょう。あの男なら、連中を抑えきれないでしょう。連中は何をしでかすかわからないし、道理も通じません。それに、前にも化学兵器を使ったことがあります」

テイラーはハイフェッツの言葉をとくと考えてみた。それはたしかにありうる答ではある。テイラーは祖国を失った将校を見つめた。ハイフェッツはあまりにも多くのものを失ってしまっただけに、つねに感情よりも不屈さを、つまり超然たる態度と精神力をその顔で示そうと努めている。たいていの者には、その努力は効を奏している。だが、テイラーの目には、白髪になりかけたこのイスラエル人は、家族と祖国と過去と未来を失った男にしか見えない。ラッキー・デイヴがアラブ人のせいにするのは無理もない。彼にすれば、そうするしかないのだ。だが、たとえ彼の言葉に一理あるとしても、テイラーにはいまの言葉をそのまま受け入れることはできなかった。日本人が戦争開始早々から代理人たちに勝手な真似をさせることなど絶対にあるはずがない。日本人はそれほどばかではない。

デイヴィド・ハイフェッツはほとんどなにごとにも驚かなくなっていた。なにかの気まぐれがたまに働いて、人生の可能性に目をみはらされることがあるが、彼にすればそのような可能性は過去の年月のなかに、歴史の彼方に消え去った国のなかに葬られたままなのだった。カレンダーや時計の創造は、時間に勝手なふるまいをさせようとする、絶望的で恐ろしい試みに思えた。勝手気ままに予告もなく加速したり停止するゆるやかな時の流れを、突発的にはっきりしない形で意外なことがらを暴露する時々刻々を、無味乾燥に型どおりに進行する長い時間をごまかすもののように思えた。

ときどき彼は自分ほどの臆病者はこの世にいないのではないかという気がして、軍隊という小さな孤島にひそんで自分では御しがたい時の流れから身を隠し、しだいに衰えていく体に鞭打って、軍隊内にありあまる儀式的な予定行事は軍務だと無理に言い聞かせてなんとかこなし、不吉な早朝の夢が近づいてくると眠りからさっと身を引き、ぞっとして目をさますと、磨きあげたブーツに足を押し込んで、気が遠くなるほどきりのない、軍隊を動かす仕事にとりかかる。そして、時が御しやすく思える深夜には、執務室で感情を殺して、いろいろな計画の評価をし、予定を立て、文書にまとめ、訂正したりするだけでなく、射撃練習場の使用予定、訓練用弾薬の配分、訓練場の割り当て、演習計画と命令、管理運用規定、駐屯地清掃整頓責務、勤務評定の報告書、天災時撤兵計画、動員計画、数かぎりないブリーフィング、点検計画などで呻吟する——そして、建物に一番最後まで灯っていた明かりを消し、ドアに錠をおろさねばならないときがどうしてもやってくると、もっとやるべき仕事がないのをただ残念に思いながら、殺風景な部屋に、彼の私生活そのままの、がらんとした部屋に戻る。

　彼はユダヤ人として義務の儀式や禁欲をないがしろにすることはまずなく、そうすればいつかは慰めがあるかもしれないと望みをつないでいるが、言動をいくら厳しく自制してもいつも徒労のままだった。彼の神はもはや、驚くほど人間的なイスラエルの神ではなく、獰猛で、悪意に満ちた、無慈悲な神であり、受難から救ってくれる神ではなく、受難を起こす神であり、人びとの苦悶を嘲笑ってから顔を石みたいに無表情に変えてしまう神である。彼の神は、獣よりはちょっとましな、野蛮人が崇める原始的な邪神であり、光と希望の町々を焼き払い、住人を虐殺し、あらゆる生命を一掃して進軍する、無知蒙昧な古代の軍隊が崇拝する邪神なのだ。

　いつしか時が目に見えない奔流の一つとなって彼を呑み込み、人間が時計で計る、あのあっという一瞬のうちに、まばゆいばかりにありありと過去をふたたび体験する。単に過去を思い出すのではなく、そこをもう一度生き直すのだ。マイラが両腕で膝を抱えてオリーブの木のそばに座り、目をつむって顔に笑みを浮かべ、暖かい青空を仰いでいる。彼はマイラが感じるままにすべてを感じることができる。タイムの強い香りが漂う静かな大気を、太陽を。二人のあいだをへだてるものが何もないかのように、彼女の頬に深くしみこむ温もりを感じることができる。石ころだらけの山腹は、こぼしたワインのかす、野外で食事した跡の興ざめな名残りで汚れているが、そこからは豊饒な世界が見晴らせる。どうしてこんなに美しいの？　彼女は目をつむったまま言うが、彼にはその言葉の意味が正確にわかっている。彼には感じることができても、はっきり口に出して言えない言葉だ。二人の世界はあまりにも美しくて、実際に目に見えるものなどとるにたりなかった。どうしてこんなに美しいの、デイヴィド？　彼も目を閉じた。飛びまわる蠅や、聖人の足が血の跡を印した道路からかすかに届いてくる車の音には我慢して。この追憶の一瞬には、手の下の木綿地のスカートの感触、布地の下の温もり、彼女の体をもっと日差しに当たらせようとスカートを上にまくっていくときの陶酔感を思い出すときもある。

　どうしてこんなに美しいの、デイヴィド？

　二人がようやく車に戻ろうと立ち上がったとき、彼女の背中の腰のくびれにある血のしみを目にしてぎょっとする。二人が愛を交わしている最中に、鋭い岩が汗にまみれた木綿のブラウスを通して、彼女の背筋に食い込んだのだ。だが、それはたいしたことではなく、彼もそれはよくわかっていた。彼は何も言わず、触れれば傷が癒《い》えるかのように、血のしみの上に手を置いただけだった。

　同じ追憶の一瞬に、彼が見守っていると、褐色の目をした息子がアパートの室内を駆けてくる。息子は母親の美しさを男にした面立ちをしている。ドヴィク。彼の怠慢はそこから始まったのかもしれない。彼の記憶のなかには、忙しくて息子の相手をしてやれなかったとき、うるさくて耐えられずにマイラに怒鳴ったとき、子供のことには鈍感な大人の言い訳だけをして息子の願いをまともに取り上げなかったときだけしか浮かばなかった。褐色の目、縞のシャツ、裾を折り返したジーンズ。マイラ、お願いだから……。

　マイラは弁護士で、パレスチナ人の権利を守る組織で、お話にならない給料で働いていた。そのとき、待ちきれないある一人の戦士が、受け入れる用意のまだできてなかった彼女の生活に押し入ってきたのだ。なぜ人間同士が愛し合うのか、誰がその理由を言えようか？

自分を人間らしい人間にしてくれたマイラは、ぞくっとするほどのものすごい美人だったが、思いがけないときにしつこくキスをせがんだ。思い返してみると、まるで二人に残された時間がわずかしかないことを知り、あの時が迫っていると感じていたかのようだった。彼女の名前を思い出すと、悲鳴のように心のなかで名前を言葉にせずにいられず、まるでぐんぐん遠ざかって姿が消えていく彼女に、マイラと大声で呼びかけたみたいだった。

勝ち戦さが終わって彼がぐったりして、脚を垂らして戦車の砲塔に座っていると、無線通信網を通して、ベッカ・ヴァレーにいる疲労困憊した戦車中隊長に、ヨルダンの歩兵たちに、スエズ運河の水先案内人に、取り消しのきかぬたった一言が届いた。

ハルマゲドン。

詳細はすぐに伝わらなかったので、戦闘を続けながら望みをつなぐことができた。しかし、そのときすでに、彼の心の一部は察していた。できるかぎり完璧に全戦車を遮蔽し、アンテナを取りはずし、照準器をふさぎ、ハッチを密閉するように命令が来ると、彼ははっきりと知ったのだった。軍服を脱いだその下にもはや暖かい肉体はないだろう。

彼は怠慢だった。家族を、祖国を守ることを怠った。だが、そんなのは、強く自覚している罪悪感の一つにすぎなかった。振り返ってみると、もっともっと大きな怠慢の罪を犯しているとわかる。彼は本来あるべき男らしい男、マイラや息子にふさわしい男でなかった。そもそも一人前の男ではなかった。一皮むけば、軍服という鎧《よろい》で身を固めた身勝手な人間でしかなかった。

どうしてこんなに美しいの？

癲癇《てんかん》患者は発作を起こす直前にまれに見る高揚した気分を覚えるが、一部の人びとが霊的清浄に近いとまで言う、そうした束の間の歓喜ののちに最悪の苦しみがやってくる、とものの本で読んだことがある。時がデイヴィッド・ハイフェッツに対してした仕打ちはまさにそれだった。一瞬うっかりしていると、彼の頭のなかは満ち足りたマイラとの生活、青い海、オレンジ畑、官能的な女性の体臭などでいっぱいになったが、結局は彼女を何度も何度も殺すことでしかなかった。しかも、彼の記憶のなかで新たに死ぬたびに、彼女は繰り返し苦しみを味わっているはずだ。時はけっしてまっすぐな線のように進むものではない。マイラは絶えず傷つき、彼女の苦悶は際限がない。彼の神は無慈悲な神で、永遠に悲劇や苦しみを同時に何回も引き起こすのだ。

ハルマゲドン。

合衆国陸軍のデイヴィッド・ハイフェッツ中佐は札入れの底深くに、妻と子供の、小さく切ったスナップ写真をしまっていた。写真が入っていることはいつも頭のなかにあって、陰影も色合いも覚えているし、カメラを見つめる四つの目が何を考えているかも正確に知っている。息子は長い午後が終わりかけて少しくたびれ、マイラは夕食のことで余計な気をもんでいる。彼女のつけているネックレスのいわく因縁も、彼女の美しさを束の間人間らしくする、ちょっとした傷も覚えている。

彼はその写真を七年見ていなかった。

「ラッキー・デイヴは疲れているようだな」メリー・メレディスはささやいた。親友のマニー・マルティネスのかたわらのフィールド・チェアーにどっかと腰を落としたところだった。いましがた行なった情報ブリーフィングですっかり疲れ果てた気がし、不十分であったことを気に病みながらも、いつものように終わってほっとしていた。テイラーを恐れてはいなかったが、指揮官を失望させたのではないかと、それだけを恐れた。いまぐったりと椅子に座り、ブリーフィングの順番がハイフェッツにまわってやれやれ助かった、と思っていた。メレディスが見ている前で、この作戦担当参謀Ｓ３のハイフェッツが装置にコードをいくつか打ち込むと、目当ての範囲の地図がブリーフィング・スクリーンいっぱいに映し出されてきた。ハイフェッツはいつものてきぱきしたきちょうめんさにいささか欠けているように思えた。ふつうの人ならかならずしも気がつくとはかぎらないが、ロサンゼルス作戦で名を挙げた情報将校のメレディスであればこそ、見抜ける。人間にありがちなちょっとした気力の衰えで、もろく崩れる始まりかもしれない。

「ほんとうに疲れているようだな」メレディスは繰り返した。

「いや、ね」マルティネスは打ち消すように小声で言った。「ラッキー・デイヴはいつも疲れた顔をしているよ。生まれつき疲れているんだ。そいつをなめるほど可愛がってるんだよ」

「ああ。そのとおりだが、なんか調子がおかしい。まるで具合が悪いみたいだ」

「ラッキー・デイヴがか？　ラッキー・デイヴは病気になんかならないよ」

「奴を見ろよ。幽霊でも見たみたいに真っ青だぜ」

二人は作戦将校をつくづく見つめた。引き締まった体格で、髪には白いものが混じり、肩幅だけがほかと不釣り合いにいささか広すぎる。ハイフェッツはブリーフィングを始めようとしていた。

「奴はほんとうに大丈夫なんだろうか」メレディスは友人にささやいた。

「あのな」マルティネスは答えた。「ラッキー・デイヴは何も感じやしないさ。奴は石でできているんだ」


ハイフェッツは目の前の将校の一団を見渡し、言葉でみんなにいよいよ宣告を下しはじめる前に、心のなかで一息入れた。自分がこれから出す指令がみんなをそれぞれの運命に追いやるのだが、これから数時間後にみんながとる軍事行動の重大性をよくつかんでいる者はほとんどいないと思った。アメリカ人に残されているものは楽天と虚勢ばかりだ。運命がどれほど暗澹たるものかわかっていない。大部分の下級将校にとって、これは危険を賭けた大事なのだ。心配している者でも、見当違いなものを恐れている。この連中は……結局は惨敗を喫するおそれがあるのだ、ということがわかっちゃいない。

いや、そのほうがいいのだ。うじうじした態度を外に表わすよりは、快活な気分で戦闘に突入するにこしたことはない。元気にやみくもに突き進むにこしたことはない。磨きあげた鎧のように燦然《さんぜん》と輝く自信を持って。自分だって、その気持ちは忘れていない。

このアメリカ人たちは寒さを防ぐソビエト軍の外套を着心地悪げにまとって、顔を輝かせて座っているが、彼らの上にはもっと慈悲深い神が宿っているのかもしれない。アメリカはこの数年辛酸をなめつづけてきたけれど、それでもハイフェッツにはアメリカ人が天真爛漫に思える。イスラエル人の血でその顎がぬらぬらした、不吉な黒い翼を持つ神の姿を見ないですんでいるのだろう。

ただしテイラーだけは別だ。テイラーはあの不吉な神の燃えるような目を見たことがあるし、毒気を含んだ息を嗅いだことがある。テイラーは知っている。

部下と膝を交えた、この最後の会議を強引に求めたのは、テイラーだった。ブリーフィングをせよと命じた目的は、各人が自分の役目をはっきり理解しているかを確認して、避けがたい事態は別として、そのうえに避けられる混乱を重ねないようにするためだった。本来なら、将校全員が環境的に制御された各自の戦闘システムや移動支援掩蔽設備にくつろいで座って、エレクトロニクス装置を用いてブリーフィングを行なってもよかったが、テイラーはこの不愉快な、凍える、がらんとした工場跡に将校たちを集合させると言って譲らなかった。ここだと、敵の偵察システムに感知されかねないので、むきだしの熱源で暖をとる危険は冒せないが、それでもめいめいが一堂に会して指揮官と戦友に直接会う最後の機会はここをおいてなく、それをなしですませたくなかったのだ。テイラーは知っていた。各自のとるべき行動を最終的に調整して明確にしておく以上に大事な点として、将兵が危険に陥った際にほんとうにいっしょに戦っている仲間のことを知っておく必要が絶対にあったのだ。

ハイフェッツは〝ラッキー・デイヴ〟という自分の仇名のいわれを知っている。その裏に隠された軍人らしいブラック・ユーモアがわかっていたから、怒りもしなかった。少なくとも一つの意味では、自分が掛け値なしにラッキーな男だと承知していた。自分が無条件に、ちっとも腹を立てずに仕えられる上官はほとんどいなかった。テイラーの下で働くことは……もっと有能に、もっと賢く、もっと立派にした自分自身の下で働くようなものだった。二人のあいだには根本的な違いが一つだけあった。テイラーは苦しむことによってだんだんとすぐれた人間になった。だが、ハイフェッツは同じことが自身には言えなかった。

「こんにちは、テイラー大佐はじめ諸君」ハイフェッツは口を開いた。『こんばんは』と言うべきところでしょう。ですが、さっそく本題に入らせてもらいます」と言って、真剣な顔々に視線を走らせた。「みなさんは命令書のハードコピーをお持ちでしょうか？　お持ちですね？　はい、結構です。ソフトコピーとすべての補助データはみなさんの機上搭載コントロール・システムに現在入力中です。この会議が終わりしだい、それらが転送されているかどうか、めいめいが定められた手順どおりに確認してください」

ハイフェッツが手もとのリモコンのボタンに触れると、ブリーフィング・スクリーンに鮮明な地図が現われたが、ソビエト連邦の北東はノボシビルスクから南東はドゥシャンベ、西はエレバンから北はペルミまでの地域を網羅している。二つめのボタンを押すと、色のついた印と線が地図にあふれ、緑は敵軍の位置を、赤はソビエト軍の位置を、小さな青い一つの点は第七機動部隊の集結地を示している。その小さな青い点は、海のように押し寄せる緑色の敵軍勢から、幅の狭い、途切れ途切れのサンゴ礁みたいな赤印の味方でかろうじて守られている、孤島のようだった。

「S2が説明したように」ハイフェッツは続けた。「ウラル以東のソビエト戦線はほぼ壊滅状態にあります。われわれの任務の直接の目的は……敵陣深く攻撃を加え、敵部隊の主力を破壊、または大混乱に陥れて、ソビエト軍に総合防御態勢を立て直す時間を稼がせることにあります。それだけでなく、外部勢力によるソビエト連邦の分裂を絶対に許さないわれわれの決意を敵に思い知らせることが、アメリカ合衆国大統領のやむにやまれぬ目的なのです」

ハイフェッツはスクリーンに向かってリモコンを振った。すると、いったん地図が消えたかと思ったら、第七機動部隊の実際の作戦地域をもっと細部まで示した地図がまた現われたが、それでもまだ最初の状況図の区域の半分近くに及んでいた。味方と敵の位置は表示されたままだが、今度は青い矢印と統制行動が戦場の上をあちこち指し示しはじめている。

「作戦の遂行」ハイフェッツは言った。「合衆国陸軍第七機動部隊は現地時間二四〇〇時に攻撃開始線を越えます。第一飛行大隊は装備定数のM100十六機のうちの使用可能な十四機で左側面を先導して行きます。第一飛行大隊はもっとも長い距離を掩護することになります。ここに示すように、カラガンダ周辺の目標ルビーに向かって南に伸びるルートをとり、レッド1の軸に沿って展開します。ソビエト軍と入れかわる超越交代の最中には、ソ連の全防空システムは、とくに攻撃を受けないかぎり、交戦しないように命令が出される予定です。もちろん、一部に命令が伝わらないところもあるでしょうから、実際には、攻撃開始線を越えるまでこちらが消極防御のみで飛行する危険を冒すことになります。何かが向かっていると敵に前もって知らせるようなことをしては、なんにもなりません。いずれにしても、こちらの無人偵察機に先んじて第十機動部隊の前進分遣隊か無人妨害電波発信機が飛ぶ予定です。それに備えて、徹底的な電子戦支援手段が——非常に掘り下げた話ですが——すでにアメリカ空軍の手で講じられています」

「そこで固唾を呑まないでくれ」聞いている側の誰かがつぶやいた。陰気な笑い声がどっとあがった。

「おしゃべりはやめろ。これは戦争なんだ。われわれは味方同士なのだから、そんなたわごとはもう聞きたくない」腹を立てたテイラー大佐がそう怒鳴り、将校の列を振り返って怖い親のようににらみ

米国陸軍第７機動部隊の作戦区域図
0
300
マイル
キロメートル
0
600
合衆国陸軍第7機動部隊
イルトイシ川
ノボシビルスク
コパブロフスク
オムスク
グリーン1
ホワイト1
攻撃開始線
スイートハート
レッド1
セミパラチンスク
アトバサル
ツェリノグラード
目標ダイアモンド
ホワイト2
カラガンダ
サファイア
目標ルビー
ド2/側面遮掩
モンゴル人民共和国
バルハシ湖
アルマアタ
フルンゼ
中華人民共和国
チムケント
キルギス共和国
タシケント
マルカンド
タジク共和国
ウシャンベ
パキスタン
アフガニスタン
インド

モスクワ
スベルドロフスク
カザン
コクチ
集結地ゴールド
マグニトゴルスク
戦闘
エメ
集結地プラチナ
グリ
ホワイ
ヴォルガ河
サラトフ
オレンブルク
オルスク
アル
集結地シルバー
ボルゴグラード
ドン川
カザフ共和国
アストラハン
黒海
アラル海
砂
グルジア共和国
トビリシ
カスピ海
ウズベク共
アゼル
バイジャン
共和国
エレバン
ウルゲンチ
バクー
トルコ
トルクメン共和国
タブリーズ
アシハバード
シリア
イラク
テヘラン
マシュハド
イラン

据えてから、また椅子に腰を落ち着けた。「続けてくれ、デイヴ」

「第一飛行大隊は目標ルビーに到達するまで、攻撃されないかぎり、交戦しません。諸君が戦闘を求めようとする気持ちはわかりますし、分散した攻撃目標に出くわすことはいくらでもあるでしょう。しかし、諸君の目標捕捉システムが最初に捉えるのは、主として反乱軍のがらくた兵器ばかりのはずです。それに、主力部隊から連絡を絶たれてさまようソビエト軍の孤立部隊にも出会うかもしれない。どちらの装備ももともと同じものなので、区別できません――それはそれとして、われわれの狙いは日本製の兵器です。それでは、カラガンダを中心とした目標ルビーに話を戻します。メリーが説明したように、この目標地域には主要攻撃目標が二つあります」

スクリーンの地図が、現在論じられている地域に狭められた。

「第一のもっとも重要な攻撃目標――それは日本の整備工場と前線前送準備場です。そこは、昔のアメリカ陸軍風に言えば『ターゲットの豊富な場所』だと思います。カラガンダ周辺のその場所には、千台を上まわる最新鋭の日本製戦闘車輛が集められ、大規模ないし小規模の修理を待っています。それだけの量の兵器は……かけがえのない貴重な財産です。さらに、修理工場そのものがなくてはならぬ決定的な要《かなめ》です。イラン軍は――アラブ軍もそうですが――玩具のように器材を壊しています。ですから、日本人がそうした器材を修理できなければ、ただのがらくたで役に立ちません。諸君が考えていることはわかります。火砲を破壊したいと思っている。だが、修理工場が第一目標です。

ルビーにおける第二目標は、イラン軍第三軍団の集結・再編区域です。反乱軍が北方で戦っているあいだに、この軍団は再編成のために戦列から離れています。彼らは自信過剰になっていて、驕《おご》り高ぶる罪を犯しています。イラン軍はじっと腰を据えているだけで、みなさんが画像で見たように、偽装もしなければ、たいして分散もしていません。ソビエト軍はもう自分たちに手が出せないとたかをくくっているのです」

ハイフェッツはスクリーン上のその中くらいの大きさの作戦図に注意を戻した。「目標ルビー周辺のそれぞれの攻撃目標地域にかける時間は二十分を予定しています。故障機をその場で守る以外、機上から降りた攻撃作戦は予定されていません。よろしいですね。ルビーでの戦闘のあと、第一飛行大隊はレッド2の軸に沿って進み、連隊の左側面遮掩の任務につきます。長距離飛行をするので、攻撃予定外の、とるにたりない臨機目標が頻繁に現われても注意をそらされないように。日本人が思わぬ手をひそかに用意していて、さっと要撃機を飛ばしてくる場合に備えて、諸君は警戒任務につくのです。諸君は攻撃開始線を最初に越え最後に戻ってくる部隊であります。それから、地図のここにある、オルスク近くの集結地シルバーに向かうわけですが、兵站担当参謀のS4がここで給油機を用意して待っており、諸君は給油の必要があるはずです。レッド軸はM100の飛行能力いっぱいまで延びています。やっといいニュースが伝えられます」ハイフェッツは精いっぱいの冗談らしきものを口にしたが、顔には笑みのかけらもなかった。「私は第一飛行大隊の梯形編隊から少しはずれたところを飛び、連隊長が側面掩護の指揮をとるのを助けますが、もちろん、飛行大隊の指揮に口出しするつもりはなく、みなさんとごいっしょするためです」

隊長のうしろにかたまっている第一飛行大隊の将校たちが、わざとらしく唸った。これなら大丈夫だ。みんながまだ冗談にまぎらしてしまえるので、ハイフェッツはほっとしていた。

「何か質問はありますか、第一飛行大隊の諸君?」

飛行大隊長のターカス中佐が首を振って、こう言った。

「べらぼうに長い道のりだけが気になるが、われわれには駿馬がある」

「離陸する前に、あの故障中の二機をふたたび飛ばせられそうか?」テイラーが飛行大隊長に尋ねた。

「はかばかしくありません。エンジン係将校が現在一機を修理中です。簡単な油圧系統の故障ですが、部品がありません」

テイラーは兵站参謀のマルティネスのほうを見た。

兵站将校が答えた。「大佐殿、それは不足している品目です。部品の携行定量表に基づいて三個支給されましたが、すでに使ってしまいました。いまのところ、この故障個所も直せなくなりそうです。本国から緊急に支給してもらおうとしていますが、かんじんの工場に予備部品があるかどうか、その点もなんとも言えません。生産ラインでできたばかりの新しい機から、その部品を取りはずさねばならないかもしれません」

「ほかの飛行大隊の故障機はどうなんだ、マニー?」テイラーは訊いた。「きみが命令して決めることだ。連隊のエンジン係将校が作戦開始時間までに修理できそうもない機があるなら、それから部品を取りはずして使え。飛べるシステムはすべて飛ばす必要がある」

マルティネスが答えた。「それなら、第一飛行大隊のブラボー14《ワン・フォー》から部品を取りはずしたほうがいいです。あれを任務に間に合うようもとどおりにできそうもありません。ソフトウェアのトラブルです。ですから、そうすれば、共食い整備を一つの飛行大隊内にとどめられます」

「ブラボー14はどれほど調子が悪いんだ? ほんとうにひどいのか?」

マルティネスは真剣な目でテイラーを見つめた。「大佐殿、あれの修理は今度の戦闘に間に合いそうもありません。ソフトウェアのトラブルがひどいのです。補給所整備工場でなければ無理です」

テイラーは第一飛行大隊長のターカスに、「バッド、きみには悪いが、すまん」と言ってから、マルティネスに向き直って命じた。「マニー、ブラボー14を帳簿から消してほしい。戦闘による損失としてな。そしたら、足りない部品を全部それから取りはずせ。三個の飛行大隊のすべての機を飛び立たせろ」

「はい、大佐殿」

「デイヴ?」テイラーは作戦将校に視線を戻した。「先を続けろ。遺漏《いろう》のないように説明してくれ」

ハイフェッツは咳払いをして、ふたたび説明をしはじめた。「第二飛行大隊はホワイト1の軸に沿って展開し、ツェリノグラードを囲む目標ダイアモンドの第一次集中目標地域に向かいます。イラン軍と反乱軍がそのあたりに群がっています。きっと西シベリアに入ってコクチェタフ地区の北西に大攻勢を仕掛けようと、集合しているのでしょう。ダイアモンドに対する攻撃が成功すれば、すぐ北にいるソ連軍二個部隊のあいだの継ぎ目にかかる圧力を取り除き、敵の前線を二つに引き裂いて形勢を逆転できます。ツェリノグラード付近の敵部隊を骨抜きにすれば、北西への突破口を狙う敵陣地はきわめて脆くなりはじめるはずです」

ハイフェッツは第二飛行大隊のとるべきルートの先をたどった。「ダイアモンドの広域な戦線を三十分攻撃したあと、第二飛行大隊はホワイト2の軸に沿って目標サファイアまで攻撃を続行し、その途中で予定外に現われる重要な臨機目標を攻撃します。サファイアはアルカリク――ここです――を取り囲んでいますが、ここにも日本は広大な前送準備場を擁する前線整備工場を持っています。ここでの任務は、第一飛行大隊のルビーでの第一任務と同じです。整備工場自体を壊滅させてから、前送準備場を破壊します。わかりましたか？　よろしい。第二飛行大隊はさらにホワイト3の軸に沿って飛んで――緊急事態が生じたら、いつでも連隊の左側面にまわって、南の第一飛行大隊を助けにいかれるよう態勢をとります。しかし、第二飛行大隊は進んで敵機との旋回戦闘を求めてはなりません。英雄気どりの愚行は慎むこと。念を押しておきますが、諸君が接近しないかぎり、第一飛行大隊は応答できませんし、単独で飛行する予定です。諸君の集結地はここ、オレンブルク地区のプラチナで、諸君の隊はここに配備されて、命令があった場合は、南西方面の敵軍に対する後続攻撃の先鋒部隊を務めることになっています。テイラー大佐は第二飛行大隊の梯形編隊から少し離れて飛行し、主戦闘の指揮をとります。質問はありますか、第二飛行大隊？」

質問はなかった。作戦計画を立てるときに直接かかわらなかった将校たちでも、作戦命令書をざっと読む機会はあったのだ。

「それでは」ハイフェッツは言葉を継いだ。「第三飛行大隊に移ります。兵力定数十六機のM100のうち可動なのは十三機です」

「行動発起時刻のH時までにもう二機飛ばせられる。うちの大隊の心配はいらない」第三飛行大隊長のリーノ中佐が告げた。威張ってすねたようなその口調は、自分は指揮官だが、おまえは指揮官に仕える召使いみたいな、ちょっとした参謀にすぎないじゃないか、とハイフェッツに暗に伝えようとしている。

ハイフェッツはこの男を信用していなかった。リーノは所もわきまえず、することもわきまえず、する時もわきまえないので、全飛行大隊長のなかでリーノに一番信頼を置いていなかった。しかし、リーノは退役した陸軍大将の息子で、テイラーでさえもこの男の第七機動部隊への配属には口をさしはさむことができなかったほどだ。テイラーとハイフェッツは気を使って、一番楽な任務を第三飛行大隊に割り当てたのだった。

ハイフェッツはリーノの口調には取り合わずに話しつづけた。「第三飛行大隊は、第一及び第二の両飛行大隊がそれぞれの攻撃開始線を越えたと確認が入った場合にのみ、グリーン1の軸に沿って展開します。第三飛行大隊の任務は、戦闘地域エメラルドに形成された空中回廊沿いにいる敵部隊を破壊することだけです。現在、グリーン1沿いには孤立して四散したソビエト側友軍部隊が各所にいるので、諸君はエメラルドまで兵器使用を差しひかえるように。そのあとは諸君の裁量にまかせます。エメラルドはおおよそコクチェタフからアトバサルまで広がった地域です。その地域の境界に諸君の飛行大隊がいつ到達するかその時間は、航法援助施設が自動的に調整します。この戦闘地域内にある敵側の軍事システムならどんなものでも、攻撃してよろしい。諸君の任務は、敵側が突破口をつくろうと狙う区域の背後に控えている敵の後続部隊や支援部隊を大々的に破壊することです。一つだけ特定の目標がここ、アトバサルにあります。第一イラン軍団の司令部が、町のすぐ外の地下陣地のなかに設けられているのです。その位置を示す座標は、チャーリー隊とブラボー隊用に拡大図にしてプログラムしてあります。この場所が日本の前方指揮統制所を兼ねているのではないかとS2が疑っているので、かならずそこを殲滅するように。目標エメラルドをあとにしたら、グリーン2をたどって、マグニトゴルスク郊外の工業団地にある集結地ゴールドに直行し、後続攻撃任務の命令に備えます。質問はありますか?」

質問は一つもなかった。

ハイフェッツは先を続けた。「火力支援として、連隊の対空対地両用砲兵大隊が防空モードで投入されます。今回の作戦計画が想定する機動作戦の進行ペースが速すぎて、重砲部隊の随伴は無理です。そこで、敵との接触地域の背後のルートをとって、連隊の砲兵隊を後続攻撃用集結地に直接移動させることにしました。砲兵一個中隊がそれぞれの地点——つまりプラチナ、シルバー、ゴールドの各集結地に展開します。これによって、わが飛行各大隊の後尾に接近する、どんな敵軍をも要撃する態勢をとります」

ハイフェッツは素早く頭のなかでおさらいをしてみた。何か言い忘れたことはあるだろうか? ないな。締めくくりにかかった。「とくに指定のない調整行動はSOP(作戦規定)に従います。設営隊は日没後の薄暮時に後続攻撃用集結地に向かって出発するよう許可されています。やたら撃ちたがるソビエト軍に間違って発砲されないように、正式ルートを守ってください。砲兵隊が用心に用心を重ねてあとに続きます。あと九十分で偵察機が攻撃開始線から発進します」ハイフェッツはそう言い終えてから、「大佐殿、何か質問はありますか?」とテイラーに向かって言った。

「いや。みごとだった、デイヴ」

「では、第十機動部隊の電子戦連絡将校にかわります」

ハイフェッツは演壇にリモコン装置を置くと、自分の席に戻ろうとして、途中でひょろりとした若い将校とすれちがった。その将校がかわりにブリーフィング・スクリーンのすぐかたわらの位置につき、妨害電波発信機の操作、電波による欺瞞攻撃の遂行、敵レーダーの出すさまざまな電子の流れ、そのデジタル処理、敵レーダーとの策略交信、まわりにある自然エネルギー、自然周波数との衝突回避といったややこしい問題の説明を始めた。

テイラーの脇の冷たい金属の椅子に戻ったハイフェッツには、自分とは違った戦闘服を着た次の説明者が、大昔の弓矢や投石器とはまったく別のタイプの兵器の使い方を述べているのだと造作もなく想像できた。

マニー・マルティネスは笑いが恋しかった。平時の演習なら、メキシコに派遣されたときでも、いつも少しはユーモアを交えて支援ブリーフィングを行なうことができた。テイラーの指揮下にある部隊では、兵站参謀のS4のブリーフィングが最後にくるのがならわしだった。どんなに厳しい時期でも、マルティネスは笑いやちょっとした冗談を口にしたり、自分やみんなをさかなにした軽口をたたいて、なんとか気分を引き立てたものだ。だが、いまはユーモアを吐く気が消え失せてしまい、居心地悪げに椅子に座り直して、自分の話す番を待っていたが、まるで歯医者の待合室で順番待ちするような、不安な気持ちだった。これほど深刻な気分になったことはなく、支援・補給方法の面の諸問題——それも増大するばかりの諸問題の重みばかりが痛感され、この任務が自分には分不相応だと疑い、自分をあてにしているテイラーをはじめ全員の期待を裏切るのではないかとますます心配になってきた。

彼は机上作戦演習を重ねてできるかぎり計画を再調整し短縮して、その結果、増える一方の必要な修理をよりしやすくできるか、連隊の大規模な支援施設を新しい集結地により能率よく移動させられるか、戦闘のあとに直面する、現段階ではとても想像のつかない数々の難問に整備班の準備を整えられるかを検討した。支援問題の解決ときたら、機敏で手際のよい扱いを心得ていたし、規則や慣例の陰に隠れて目に見えない意外な答を見つけ出す能力を持っていたので、ずっと自分の手腕にうぬぼれていた。だが、いまの彼は十指にあまる前線でしくじりを犯しそうな気がしてならなかった。

次々に行なわれるほかの人たちのブリーフィングを聞くともなく聞いていると、化学将校が最近の化学兵器攻撃と使用された化学薬品の種類を報告し、連隊高級医官が避難民のあいだに発疹チフスの広がるおそれがあると警告し、支給された興奮剤の用い方と乱用の弊害についてと、搭載する機動歩兵ら下士官兵に与えられた恐怖抑制剤の効能の限界について繰り返し兵士たちに講義した。兵隊たちが自殺薬と仇名をつけた錠剤だが、それというのも、いくらそんなことはないと保証されても、この薬が人の判断力を損なうと、みんなが思い込んでいるからだった。薬がそれほど効き目のあるものならば、どうして将校連中は薬を服用しなくていいのか?

マルティネスは聞きながら、ブリーフィングが永遠に続き、開戦の寸前まで、戦闘開始の寸前まで全員を宙ぶらりん状態にさせ、差し迫った任務をしなくてもよいようにしてやれたらいいと思った。この倉庫のなかは骨の髄までしみる寒さなのに、汗ばんだ気がした。

死ぬのが怖いとは思わなかった。しくじりを犯すのではないか、とそれだけが恐ろしかった。

とうとう順番がまわってきて、その声を聞いて、ぎょっとした。

「次はS4です」

いよいよだ。

「マニー?」テイラーはあばた面を椅子の列のほうに向けた。

マルティネスは椅子から跳ね上がったが、意外にも体はいつもと変わりなく弾《はず》むように軽かった。

「こんにちは、みなさん……」説明を始めた。「……現地時間一六〇〇時現在、全戦闘システムは燃料を満載され、火器システムはすべて弾道を修正されて弾丸を装填されました。兵站と整備の立場からすると、目前の任務の妨げとなるものは何もありませんが、実際には何機のＭ１００が攻撃開始線を越えられるかについては、まだ若干疑問があります。部品交換をして第一飛行大隊が０８《ゼロ・エイト》を飛ばせられるとすれば、所属航空機五十機のうち、可動な四十五機が現在の戦力となります。離陸時間までに第三飛行大隊のをもう一機飛ばせられる可能性がないこともないですが、これは請け合えません」

リーノ中佐が口をはさんだ。「冗談じゃないぜ、マルティネス、あんたとエンジン係将校の話では、おれの故障した機を三機とも飛び立たせるはずだっただろ」

これは嘘だった。マルティネスはそれを知っていたし、リーノがそれを承知で言っていることも知っていた。リーノはなんといっても将軍の息子なのだ。

「あの」マルティネスは言った。「最善を尽くすとは言ったが……」

「そこがこの部隊のどうしようもないところだ。まるであてにならない――」リーノがそう切り返した。

リーノが前に「あのメキシコ野郎もそのうち、兵站とは裏通りで車の部品を盗むような簡単な仕事じゃないとわかるだろうよ」と冗談を言ったのを思い出した。

「リーノ中佐」テイラーが厳しい命令口調で会話に割り込んだ。「喧嘩してでもできるかぎり全機を飛び立たせる努力をすべきだとは、私も同意見だが、私が見たかぎりでは、連隊の整備班はみんなのためによくやってくれている。いや素晴らしい仕事をしてくれている。第七機動部隊の指揮官として、私は九五パーセントの整備態勢で戦闘に臨める。率直に言うが、期待していた以上によい整備態勢だ。今夜、私は自信を持って攻撃開始線を越えられそうだ――この任務に同行する者もみんな同じ気持ちだと思う」テイラーの態度には、猛獣のように聞き手にいまにも飛びかかっていきそうな凄みがあった。マルティネスは知っているが、このようなときには、テイラーの割と控え目な言葉が規律を引き締めるのではなく、彼の沈黙の迫力、個性の強い言葉が途切れたときの無言の強烈さが、言葉の裏に隠された真意を正確に言い表わすのだ。「それはともかく」テイラーは言葉を継いだ。「敵に石を投げつけながら徒歩で南に向かわなければならないとしても、私は今夜、攻撃開始線を越える。そこでだ、史上最強の戦闘システムの四十五機が戦闘準備を完了しているのだから、もうこれ以上文句を言うべきではない」テイラーはリーノから視線をはずした。「マニー、それより弾道癖修正装置のトラブルのほうがとても心配だ。そっちはどうなってるんだ?」

指揮官に断固とした弁護をしてもらったあとだけに、その問題に触れねばならぬのは、マルティネスとしていっそう気が滅入った。

「みなさん、ご存じのように、M100の電磁砲システム用の弾道癖修正装置は連隊に四台支給されています。欠陥があったために、最初に支給されたものは七月に回収されましたが、いまのところA2改造型を二台交換として受け取ったにすぎません。二台とも配備しましたが、いまその一台が故障して使えません。エンジン係将校がみずから修理に当たっており、本国に緊急の請求を出しました。しかし、後続攻撃用集結地では、たった一台の弾道癖修正装置を各飛行大隊間で順ぐりに使うしかなさそうです」

「弾道癖の修正を手動でする方法はないのか?」テイラーは尋ねた。

「ありません、大佐殿。システムが複雑すぎて、できません。昔の照準と砲身みたいな単純な問題ではありません――制御エレクトロニクス装置をセットしなおさなければなりませんし、そうするには弾道癖修正コンピュータが必要です」

「わかった。弾道癖修正装置は一台しかないとしておこう。連隊全体が後続攻撃任務に就く準備が整うまで、どのくらいかかる?」

マルティネスは「わが方が被《こうむ》る損害の程度によります」と言おうとして、危うく思いとどまった。縁起が悪く思えたのだ。「いくつか考慮に入れなければならないことがあります。各集結地のあいだの距離を計算に入れなければなりません。弾道癖の修正は、一機当たり十五分ですませられますが、修正装置を一機ごとに据えつけ直す時間も必要です。それを含めると、少なく見ても三十から三十六時間はかかるでしょう。その時間の大半は集結地から集結地に装置を移動させる時間です」

「くそ」テイラーは悪態をついた。「そんなに長く地上に降りていたくない。射撃場での試射を基にして考えれば、性能の低下が目立つ前に、一つのシステムが攻撃できる目標の最大数はいくつか――また、その火砲が金食い虫の騒音発生器でしかなくなるのはどの時点か？」

マルティネスは考えた。試射では実際の戦闘ほど負担がかからないはずだ。だが、テイラーもそれは先刻承知のはずだ。

「大佐殿、技術的に言えば、性能の低下は一発目が射程に沿って発射されたときから始まります。ですが、目立ってくるのは、およそ三百から四百発を発射したあとになってからです。各システムにより少しずつ違いがあります。それぞれに個性があると言えますね。最高に性能のいい機だと、六百発撃ってもまだ五〇パーセントの殺傷率を持っていそうです。だが、あてにはできません」

テイラーは椅子に座ったまま体を振り向けて一同に告げた。「おおかたの諸君はきっとこの数字で十分でもう言うことはないと満足に思っているだろう。なかなかの破壊力に思えるからな。だが、私の勘では、われわれが実際に使い果たす弾丸の量は兵器メーカーやフォート・レヴァンワースの陸軍指揮幕僚大学の計算をはるかに上まわりそうだ」と言って、テイラーは一人で勝手にうなずいた。「世界最高のシステムだからな。だが、この兵器が宣伝どおりに働くとしても、混成部隊作戦センターの小ぢんまりとした机上作戦演習は、不必要な殺傷、なんとも説明しようのない撃ち損じ、混戦、ごく単純なへまを犯した戦闘などを数に入れていない。われわれは重大な任務を負い、地理的には広大な範囲に散開する。しかも、われわれの任務は今回かぎりで終わるとは思えない。だから、私にとって大事なのは、各システムの指揮官が自動目標捕捉装置を注意深く動かして、間違いなくこっちの望みどおりの破壊効果をあげる――さらには、みんなが同じ射程内の車を何度も重複して攻撃しないようにすることだ。きみたちが兵器を使いこなして、間違いないと信じるのは勝手だが、兵器というものは、結局は信じきってあてにできるものではない。目をしっかり見開いて、その点をよく考えてみろ」テイラーは病痕の残る眉毛の下から冷ややかに見つめた。

テイラーの最後の言葉は金属音のように響き渡り、凍《い》てついた空気に漂った。

もっと楽な姿勢に座り直して、テイラーは話しつづけた。「よろしい。使用可能な弾道癖修正装置はまず集結地プラチナの第二飛行大隊に持っていってから、次に集結地シルバーの第一飛行大隊に移し、最後に集結地ゴールドの第三飛行大隊へ移すが、任務の展開しだいでは逆になるかもしれない。何かつけ加えることはあるか、マニー？」

「いえ、みなさん全体に対しては何もありません。予定としては、日の出前にここを引き払うつもりですが、Ｍ１００を飛べる状態に戻す修理の仕事があるので、整備工場はそれまでにたたんで移せそうにありません。でも、それは私だけの問題です」とマルティネスは答えて、肩をすくめた。

「遠慮せずにその修理を督励しろ。われわれが隠れ場所を出るや、日本の戦略システムがわれわれを捕捉する可能性が十分あるから、私はわざわざ目標となるようなものを残していきたくない。なるべく早く、マニー、きみもきみの兵站係もエンジン係将校の整備員もみんなここから立ち去ってほしい。必要なら、少しずつ移動させろ。だが、全員をここから出せ。次の場所できみらが必要だからな」

「はい、わかりました」マルティネスは答えた。だが、首尾よくやれるかどうか自信はなかった。仕事はまだ山ほどある。仕事にきりはなく、すべてすんだから、道具をまとめて、心も軽くいざ出発だ、と言えるはっきりした区切りはないのだ。故障を一つ直して振り向くと、そこには心配そうな二人の中尉がさらに二つの故障を告げようと待ちかまえている。

おい、しっかりしろ。マルティネスはそう自分に言い聞かせた。強くなれ。指揮官のようにな。エル・ディアブロになれ。

これは本物の戦闘なのだ、これは本物の戦闘なのだ。

一同の前のブリーフィングの位置から去りながら、テイラーが前にこう言った言葉をひどく残酷なブラック・ユーモアのように思い出して、マルティネスは思わず心のなかで笑いだした。

「戦闘が思いどおりにいくときは、かならずわかるものだ。出だしが万事狂う」

ボニータというメキシコの山中のつまらない小さな町の酒場で、テイラーが話してくれたことだ。マルティネスは、人も住まぬ山中で作業服姿の山賊を追いまわしていたが、それが戦闘だと思うと、おかしくなって笑いだしたものだ。楽しげに笑い声をあげ、水っぽくて苦いマルガリータを飲み、万事順調だ、これからも万事うまくいくだろうと確信していたものだ。そして、テイラーは例の拍車つきのブーツをテーブルの上に載せたまま、死人のような笑みを浮かべていたものだ。

テイラーにはよくわかっていた。若い補給係大尉の想像以上にずっとよくわかっていたのだ。

本物の戦闘を。

テイラーは将校たちの前に立った。全員の名前を知っていた、一番新顔の将校も最下級の将校も含めて。だからといって、将校の気心も知っているというわけではなかった。将校たちの心中はさまざまで、彼らの懸念や虚勢、無知や熱心さの程度はみんな違う。いまでも、戦闘というものは単なる兵器による力比べではなく、人間集団の下す、思いがけぬ、無数の意思決定の結果なのである。そうした戦闘に備える覚悟をこの一団の男たちにさせるのが彼の責務だったが、全員が気心の知れた長年の部下だったわけではないから、みんなに適切な覚悟を求められなかったことは承知していた。だが、

そうする時間が十分ないことも、誰も十分な覚悟ができていないことも承知していた

多数の将校たち、とくに若い連中は、自分がひとこと言うものと思っているはずだ。映画なら、きっとここで一演説があるだろう。だが、彼がどんなに雄弁をふるってもまったく無駄で、部下たちとすごすそれだけの時間があったら、状況を説明し、訂正し、勇気づけるのにまわすほうがましだろう。だが、みんなの心を一つにまとめる目的はもう達せられた。みんながそれぞれ一人ぼっちではなく、無視されてもおらず、忘れられてもいないと安心している。各自が全体の一員になっている。それに、ブリーフィングに十分長く時間をかけたから、勇気づけを一番切望していた者でも満足したはずだし、各人が席を立って一刻も早く任務に没入したくてたまらないはずだ。

マニーはそわそわしているが、それは心配いらない。テイラーは彼を信用していた。そして、敵の頭の髪の毛を最後の一本まで数えるほどの細かい情報を得られなくていらだっているメレディスに対しても、同様だった。絶望状態から生まれた勇気の持ち主、ハイフェッツに対しても、同様だった。うしろの列にいる中尉に対しても、同様だった。この中尉は両親のはからいで、ランシマンズ病のあばたを消す最高の美容整形手術を受けていたので、ある晩、将校クラブでその点をやたらと弁解してテイラーを閉口させたことがあった。自分を男らしくないと思わないでほしいと中尉に言われ、テイラーは呆気にとられて返す言葉もなかった。

ターカスは気負って第一飛行大隊を率いると思われたから、あまり気負い込みすぎないようにラッキー・デイヴを抑え役につけた。第三飛行大隊長のリーノも、いざというときには父親の亡霊に肩をせっつかれて最善を尽くすだろうと、信頼した。タフガイ気取りの入れ墨をして、にやにや笑っている若い機動隊兵士たちも、整備兵たちも、弾薬手たちも信用できる。目の前にいる男たちの大半は、本人が思っている以上の力を発揮するはずだ。

だが、テイラーはいまみんなにうまく演説できるか自信がなかった。これまでいろいろな本を読み

あさりすぎてきたので、自分が口にする言葉が自身の頭と心からではなく、長年読んできた本のページからの借り物となってしまい、言葉が嘘っぽく聞こえるのではなかろうか、と心配した。

むしろ何も言わないほうがいいだろう。

ほんとうは、小さく折りたたんでポケットに入れて持ち歩いている、あのすりきれた赤と白の隊旗の話をしたかった。アフリカの荒野に置き去りにされた隊旗を屋上から取りはずし、それを持って何マイルも歩き、その後もずっと持っていることを。子供や孫に見せるように、あの隊旗を取り出してみんなに見せたかった。ほら、これが私なのだと。

だが、それをうまく言い表わす言葉がないこともわかっていた。この日を待ちわびていた、夢に見ていた、と言ってみたところで、気のたしかな、常識をわきまえた人間なら平和しか望まない、と理性ではちゃんと承知していたからだ。

彼はまだ着ているソビエト軍の外套に手を触れて、古い機動隊の隊旗をおさめた場所を厚い布地越しに探って、まだちゃんとあるのを確かめた。

結局、テイラーは隊旗を取り出さなかった。そのかわりに、同じなりをした将校の列を眺めながら、外套のボタンをはずしはじめた。

「こんなろくでもないぼろは脱ぎ捨て、さあ出陣だ」と全員に告げた。

13

モスクワ
二〇二〇年十一月二日

「何もしなくていいのよ。おしゃべりをして、お酒を一杯か二杯飲むだけでいいのよ。気晴らしにいらっしゃいよ」友人がワーリャに言った。

彼女は行けないと心のなかで思った。誘いを断わる理由はいくらでもあった。診療所を訪れて以来、妻らしくふるまい、ユーリのことだけを考えようと心に決め、二人の結婚生活がよくなると一心に思い描こうとした。それに、例のちょっとした手術からまだ完全に回復していなかった。手術がぞんざいだったので、まだときどき出血し、疲労とだるさを覚えることが多かった。一日じゅう生徒の前に立って、「はじめまして」と英語で生徒に繰り返させているだけで、精根が尽きてしまう。

めったに自分で料理をしないが、居間兼食堂のテーブルには洗ってない皿やカップがいっぱい放ってある。一日の仕事を終わって帰宅すると、こびりついたスープや洗濯しないままの衣類が陰気な臭いを醸《かも》しだして、アパートメントの狭い室内に悪臭がしはじめているのに気づいてもいた。しかし、家事に精を出す気にはなれなかった。ちゃんと掃除をしないで、気の乗らないまま室内の家具を二つ三つ動かしたりした。

初めのうち、ナリツキーは何度も電話してきたが、彼女がろくに話に耳を傾けないので、しだいに愛想をつかしていった。彼女はユーリに手紙を書かなければならないと思いながらも、毎晩毎晩、毛布にくるまって古ぼけた緑色のソファに座り、見るともなくテレビを見ているが、テレビでは愛国的で感傷的な番組がごちゃまぜにまとまりなく流れ、その合間合間に中途半端な戦況ニュースが入る。事態が非常に悪化しつつあり、ユーリの身がとても危険にさらされていることがわかった。けれども、それは頭のなかでわかっているだけで、テレビの小さな映像には心を実際に揺り動かす力はなかった。彼女が住む通りに爆弾は一発も落ちていないし、商店の品不足がいつもよりひどいだけで、戦火はまだここまで及んでいなかった。ユーリもそばにいないと、抽象的な感じでしかなかった。

縮れた髪の毛をした女性歌手が愛の哀しみを切々と訴えるのを聞きながら、壊れたカウチに座って、向かい側の壁の破損箇所を隠すために吊るした暗青色の敷物をじっと見つめた。ユーリに手紙を書こう、ユーリに手紙を書かなければならない、と思った。そう思っても、実際には手紙を書かず、たまに頭がまともに働いたときには、自身を結びつけている相手の男を愛してはいず、それを他人に知られるのを恐れているだけなのだと思った。

「行けないわ、ターニャ、ほんとうに行けないの」友だちに答えた。

ターニャは顔をしかめた。だらしなく汚い、そばのテーブルの上に思わず目をやってから、無理に友人に視線を戻した。しかし、ワーリャはほんの少し恥ずかしそうにしただけだった。近頃は投げやりになっているらしい。

「おぼこ娘みたいにここにただ座っているのは、よくないわ。いったいどうしちゃったの?」ターニャはひきさがらなかった。

「ずっとユーリのことを考えていたの。彼にひどい仕打ちをしてきたわ。手紙も書いていないの」ワーリャは適当にはぐらかした。

「ユーリはほっておいても大丈夫よ。あなた、おばかさんね。彼があなたに何をしてくれたというの? こんな生活のどこがそんなにいいの?」ターニャはがらくたの取り散らかった部屋を見まわした。「あの連中ときたら、自分がとても偉いつもりでいるのよ。軍服を着てのぼせあがっているわ。

そして、こんなひどい生活に私たちをひきずりこむのよ。軍人とかかわり合うな、とあれほど言ったのに」

それは事実でなかった。二人が恋人としてつきあいはじめたとき、ターニャはユーリをほめちぎり、将校の妻になれば安泰で、少なくなっているとはいえ、まだかなりの特権があると強く勧め、ユーリの顔をほれぼれと眺めさえしていたのだ。かつてはモスクワの二間のアパートメントが素晴らしく思えた。だがいまは、その同じ居住空間がワーリャには監獄のように感じられた。

「あのなんとかいう人といい思いをしてたじゃないの」ターニャは言いつのった。「あの人は少なくともお金は持ってたわ。それに、お金を惜しみなく使ってたわ」

「やめて。その話はしたくないの。あなたにはわからないわ」

「ワーリャ、お願い。しっかりしてちょうだい。つまりその、ここを見てごらんなさい。まるであなたらしくないわ」

しかし、この部屋がほんとうは自分に似合っていないわけではないとわかっていた。ここは舶来の香水や入念な化粧以上に自分の本来の性格を反映しているのではなかろうか。けれど、自分はきっとターニャといっしょにホテルへ行くことになるだろう、ともわかっていた。ターニャのためでなく自分のために、もう少し承諾の返事を遅らせたいだけなのだ。

「ずっと気分がすぐれないの」ワーリャは言った。

「まあまあ、だだをこねないで」

「ほんとうにユーリに手紙を書かなくちゃ。たぶん、彼は戦っているんじゃないかしら」

「ばか言わないで。ユーリはお利口さんだから、御身大事にしているわよ。『任務』がどうの、『あの将校、この将校』がどうのという、あんなろくでもない噂を信じちゃだめよ。男はホラが大好きなの」男たちがついた嘘の数々を思い出して、はっと息を呑まざるをえなくなったかのように、ターニャはちょっと口をつぐんだが、すぐに情け無用の表情に戻った。「きっと彼はあなたのことなんか考えていないわ。看護婦とか土地の売春婦とよろしくやっているんじゃない。シベリア女は身持ちが悪いのよ」

「ユーリは違うわ。ユーリはそんな人じゃないわ」この点だけは確信したい気持ちで激しく食ってかかったが、彼がほんとうにそういう男であったらいいのにと思った。

ターニャは茶化すように大きく鼻でせせら笑った。「あんたは男たちのことがわかってないだけなのよ。男はみんなそんなものよ。家にいるときのふるまいで男を判断しちゃいけないわ」

「ユーリは違うわ」きっぱりと繰り返した。

ターニャはため息をついた。「まあ、いずれわかるわ。でも、どうしてユーリの話をするの？　私はあなたのことで話をしにきたのよ。ワーリャ、今夜は是が非でも出てこなくちゃ。こんな素晴らしいチャンスを逃す手はないわ」

ワーリャはまるで簡単に毛布を重ねるみたいに、貞淑な妻の風を装おうとした。「やはり行けそうもないわ」そう言ってから、テレビのほうに視線をそらした。銀髪の男が新時代の自己犠牲を呼びかけている。国民の新たな士気高揚が戦争に勝つ鍵になる、というのだ。二人の女はやることもなしに、まじめな顔をしてしばらくテレビに向かっていたが、その顔はまったくうわの空で何百という公式会議でも漠然と聞き流せるという感じだった。

「どんな人たちなの？　好奇心から訊くだけだけど」ワーリャは友人の顔を見ずに穏やかな声で尋ねた。

「ええーと、なんといっても、あの人たちは女の扱い方をちゃんと心得ているわ。もちろん、みんなお金持ちよ」ターニャはちょっと考えてから、「もっとも、あっちの面ではほかの男たちと変わらないけどね。すぐに女のスカートを腰までまくり上げたがるわ。でも……あなたに対してあたしほど正直にものを言える人はいないでしょ？　とにかく、あの人たちはいったんよがり声をあげて自分だけいけばおしまい、といった勝手なことはしないわ」

「ターニャったら」

「まあまあ、かまととぶらないでよ。言いたいのはただ、そのう、私は一度も……」ターニャも結局は恥ずかしくなって自分の考えていることを口にできない。いざほんとうのことを言おうとすると、たしなみが邪魔をしてしまうのだ。何をしようとそうたいしたことではない。だが、口には気をつけなければならない。「あの人たちは学校で勉強してるんじゃないかしら」彼女はくすくす笑い、まるで十年ほど前に舞い戻って、二人ともまた十代の女の子になった気分だった。

そんなばつの悪い瞬間が過ぎると、ターニャはかしこまった態度になって話しだした。「でも、私はそれだけのために来たんじゃないの。あなたがあの人たちと話すチャンスを逃したくないんじゃないかと思ったの。英語の勉強ができるわ。そうでしょう。新しい表現とか最近の俗語とかを覚えられるかもしれないわ」

ワーリャは床に視線を落とした。床もなんとか掃除しなければと思った。「何を話したらいいかわからないわ」と答えたものの、どんな話題がよいか、すでに心のなかではあれこれ考えていた。

「あら、そんなことは向こうにまかせればいいのよ。あの人たちはとっても気さくなの。古い西部劇映画の登場人物みたいにね。洗練されていて、きちんとした身なりで、年じゅうにこにこしているわ。それに、アホな威張り屋みたいなふるまいはしないわ。ほんとうの話、ロシアの男とは正反対なの」

「でも……あの人たちは教養がないって話だわ」

ターニャは目をつむって、うんざりした様子だ。「まあ、美術館へ行きたければ、いつでも一人で行けるわ。私から見れば、アメリカ人はワンダフルよ」言いたいことを強調しようと、彼女よりはるかに英会話に弱いターニャにしてはましな英語を絞り出して、言った。「楽しみましょうよ。オールウェズ・トゥー・ハブ・ファン。ダーリング・イット・イズ・ヴェリー・ナイス」

「あの人たちを好きになれそうもないわ」けれど、彼女は早くも鈍感なアメリカ人の笑み、頑丈な靴、許しがたいほどの物の豊かな生活などを思い描いていた。

「おばかさんね。まず会ってから、好きになれるかなれないか決めたら。あなたのことをもうジムに話したの。彼も彼の友だちもあなたに会いたがっているわ」

「ジームね」軽蔑した口調だった。「映画から借りてきたような名前ね。ばかみたいな名前だわ」

ワーリャのだらけきった倦怠感が伝染してきたかのように、ターニャは不意に疲労を覚えて肩をすくめると、腕時計に目をやった。

「遅刻しちゃうわ。ジムと会う約束をしてあるの」

ワーリャは急に不安になった。この腐臭のする部屋に、腐りきった人生に取り残されるのが不安だった。アメリカ人となら、どんな可能性が開けるかしれないではないか。お酒を一杯か二杯飲む程度なら、問題ないだろう。ホテルにはおいしい食べ物があるかもしれない。死んだような長い何週間かをすごしたあとで、またわが世の春を取り戻したい気がした。外国人のためだけにかき集められた、目をみはるようなごちそうがきっとあるはずだ。魅惑的だが、はっきり焦点の定まらぬ数々の幻想が心に浮かんできはじめた。

「あなたの言うとおりね」ワーリャは不意に言った。「外に出かけて、新しい空気に当たらなくちゃね。そしたらよく眠れるわ」

ターニャの顔がまたぱっと明るくなったので、ワーリャはいぶかった。この学生時代からの旧友がいっしょに行こうとしつこく誘っているのは、妻という古臭い献身的考え方から私を抜け出させるためなのか、金持ちの外国人との意思疎通を進めるのに助けが欲しいからなのだろうか、それとも売春を斡旋しているのだろうか。でも、それはどうでもいい。

「その人たちはモスクワにいつまで滞在するの？」ワーリャは尋ねながら、肩から毛布をすべり落とした。背後のテレビははるか彼方の戦場の地図を映し出していた。

「ずっとだと思うわ。ジムははっきりわからないと言ってるけど。みなさん商用で来てるの。通商代表団みたいなものね。でも、心配ないわ。あの人たちは相手をして退屈な人たちじゃないし、あなたが思っているようなアメリカ人ビジネスマンとまるで違うの。みんな友人同士で、いっしょに軍隊にいたときのことをしょっちゅう話しているわ」

ワーリャはふと奇妙な感じがした。この国が戦争に負けそうだというのに、通商代表団がモスクワに長期滞在することがあるだろうか。だが、すぐにその思いを振り払った。おびただしい数の新聞・雑誌記事、ラジオ・テレビ番組、学校の講義からすると、アメリカ人が伝染病や飢饉でも食い物にして大金儲けをすることは納得できたし、ナリツキーがすでに身をもって見せてくれたように、戦争ではいくらでもあぶく銭が稼げるのだ。そのために、人殺しの道具を売るために、彼らはここにいるのだろう。深刻に考えるほどのことではない、と思った。

「体を洗って、髪を整えなくちゃ」

「そうこなくちゃ」ターニャはうれしそうに言った。「よく体を洗ってよ。あの人たちはその点がとくにうるさいのよ」と鼻にしわを寄せた。「あなたが着替えているあいだに、この汚れ物を少し片づけてあげるわね」

ワーリャは小さな寝室に駆け込み、放ったらかしてある衣類の山をかきまわしはじめた。まだ着られるほど汚れてない服はどれだろう？　服の色には気をつけなければならなかった——顔色がひどく悪いから。

陶器を洗う音がかちゃかちゃかちゃ隣の部屋でしていたので、ターニャの独り言がかろうじて聞こえた。

「なんてひどい子なの、ワーリャ」

ライダーはバーに一人で座っていた。飲んでいる瓶ビールはビヤ樽のなかで気が抜けてしまったような味だ。長居をするつもりはなかった。部屋に戻れば山積した仕事が待っている。とはいえ、きょうはつらい一日で、きょうはこんな日だとはっきり名づけて一言で片づけられないような厄介な一日だった。機械は痛みを感じない。それなのに、新たな可能性を秘めた一つの世界が存在するのだ。彼がそのことをできるだけ明確に上官たちに説明したから、上官たちもしだいに興奮してきた。こんな絶好な機会は一生に一度しか巡ってこない、分遣隊の隊長はそう言ってくれた。それでも、上官たちがちゃんと理解していないのではないかと気をもんだ。上官たちがすぐに作戦計画を練り上げて、この新しく開けた戦場の局面をためらうことなく活用してもらいたかった。

彼は半分空けたグラスをもてあそびながら、ほくそ笑んだ。そうなれば、あの機械の苦しみも無駄にはならないだろう。上官に事後報告する際、慎重にこの件のその面にはなるべく触れないで、かわりに敵側の脆弱《ぜいじゃく》な点がまるで奇跡的にわかったかのように強調しておいたのだ。だから、報告結果をうまく活かして、新たな可能性の数々を実現すべく兵員を派遣する作戦計画を作り出すのは、今度はあちらのお偉いさんたちの番だ。自分一人でそうできないのはわかっていたが、かといって、この話からまるまる手を引く気にもなれなかった。自分の果たす役割はまだ終わっていないと察した。

生ぬるくなったビールをひと口飲んだ。たいした酒飲みではなかった。ばかげている、すべてがばかげている、と思った。だが、痛切に感じてはいても我慢ならないその言葉が頭につきまとって離れなかった。

いま世界じゅうがそのばかげたことにつきまとわれて苦しんでいる。このホテルのバー。昔日の夢と期待に駆られて造られたここは、優雅なバーをめざしたものの、陳腐な気むずかしい体裁をかろうじて維持しているにすぎない。ビロード地の座席は無数の人びとのお尻でこすられたせいで、白くけばだっており、真鍮板はひび割れて欠けている。鏡だけは、長年煙草の煙にさらされたおかげで、深みのあるグレーの色合いを帯び、いかにもアンティークらしい雰囲気を漂わせている。彼が最初に女の見つめる目にぶつかったのは、酒瓶の並んだ棚のすぐ上のその鏡のなかで、そのまなざしと合った一瞬が長すぎるほどに感じられて心に残り、いまこうしてストールに釘づけになっているのだった。

それまでは、同僚の将校たちが通りがかりにいっしょに飲まないかと誘いをかけていったけれど、バーから立ち去るつもりだった。部屋に戻ってあえて孤独に甘んじるつもりだった。孤独も考えようによってはそう悪いものではなかった。老人の喉で大量の水がゴボゴボ鳴るような音がする、暖房のききすぎた、小さな部屋に戻るつもりでいた。仕事は際限なくいつもあったから、仕事にかこつければ、どんなことでも犠牲にできた。

そう思っていたとき、彼女の目が彼を引きつけた。とても繊細な面立ちにしては強烈すぎるほどの視線だったので、煙草の煙にかすんだバーの薄明かりでは目の色まではっきり見てとれなかったが、褐色に間違いなかった。彼女に鏡のなかで見つめられてまず思ったのは、彼女がいかにも場違いな感じがすることだった。ボックス席に体を割り込ませ、体によく合っていないスポーツジャケットを着た二人の声の大きい将校にはさまれて、ボックス席に座っていた。誰かの前腕が大きく振られて、鏡でからみ合った二人の視線がようやく断ち切られた。

彼女は太鼓腹の中佐といっしょらしかったが、この中佐が軍人としては無能でも、政略に長け、ポケットを金で膨らまして女房のいない外国暮らしを楽しんでいるのを、ライダーは知っていた。そのテーブルにいるみんなを知っていたが、彼がほとんど尊敬しない将校たちばかりだった。彼はめったにバーに立ち寄ることはないが、もう一人のロシア女も見知っていた。やや背が高めで、烏の濡れ羽色のふさふさした髪をしている。バーに出入りする売春婦インターナショナルの創設メンバーだ。

彼はみんなを知っていたが、もつれた髪に蜂蜜色の混じる例の美貌の女だけは知らなかった。彼女は陰気なほどの顔つきで黙って座っているが、連れの一団は酔うにつれて彼女のまわりにクモの巣をかけはじめた。笑い声も、同席している外国人も、彼女の心を動かさないらしい。彼女は食べるものがほとんどないプリンセスのように見えたので、同僚のある准尉が「たいていの彼女たちはうまい食事にありつくためなら、こっちが思いつくどんなことでもしますよ」とくすくす笑いながら言った言葉を思い出した。あれだけの女はいまいっしょにいる連れにはもったいないといった、自分の所有物を失ったような気がした。

彼女の顔がまた物陰に入ってしまったので、彼女が笑いながら何か話していることしかわからず、話している言葉は聞こえなかった。

彼は自分のビールを見おろした。しかし、記憶のなかで彼女のほかの部分までが見えた。瞬時に目に焼きついた顔と髪の下に長く白い首があり、それから肌に浮き出た鎖骨と、アメリカで数年前に流行ったスタイルのドレスのレースをあしらった襟ぐりが見える。その赤いドレスは、まるで彼女が売春婦みたいに茶化して着ている風があった。彼は首を振った。それが事実でないのを承知しつつも、彼女こそほんとうの美人だと自分に言い聞かせたが、どういうわけか、まともな美しさというにはいささか欠けるところがあった。でも、混雑したバーにいる女のなかでただ一人、あの女だけが彼の心を騒がせ、その夜をどうすごすかはっきりしない彼の態度を徹底的に揺さぶる力があった。

もちろん、それでどうなるものでもなかった。彼女を取り巻く将校たちは、はっきり階級が彼より上だ。だが、彼女が一人ぼっちでいたとしても、近づく勇気はなかっただろう。その理由ならいくらでも思いつける。分遣隊員はあまり規則を守らないが、地元の女たちと親しくしてはいけないことになっていた。しかも、女たちのなかにKGBが混じっていることもありうる。また、性病が市内で流行っているという噂もある。いずれにしても、彼女を誘う口実がない。いつでも席を立って去ってよかった。仕事はこなしきれないほどたくさんあったし、いつでも出勤できる用意を整えておかねばならなかったからだ。

もともと女に言い寄るのがあまり上手でなかった。友人たちはそんな彼をどうにも理解できなかった。畜生、きみほどハンサムだったら、おれの息子は使って使ってたこができちまうよ、と旧友の一人が言ったほどだ。これまで多少なりともベッドをともにした女たちは、ほとんど例外なく彼に愛の手ほどきをしてリードした。コンピュータ・サイエンスの教室の外の廊下で彼を待ち受けていたジェニファーもその一人で、機嫌がいつもよりよく、二人の仲がうまくいっていたある日、あなたは自分が女から見ていかす男だってことにさっぱり気づいていないのね、と言ったことがある。やがて彼女は彼と離婚してしまったのだった。

いまかたわらには誰もいず、目の前にあるものといえば、ビールの飲み残しと、喘息にかかったような配管の音と隣室の羽目をはずした営みの音を聞きながら、またすごすモスクワの夜しかなかった。それだから、もう少しここに長居して、ひと言も交わしたはずのないあの女のことをいろいろ空想にふけり、彼女の人生を、怒鳴り散らす酔っ払い相手にわが身を落とさざるをえなくなったいきさつをあれこれ想像した。

細切れの肉を買うために行列している彼女の姿を思い描いた。街頭の行列は長くなりすぎて、先頭も尻尾もわからなくなるほど人びとが重なり合い、店が開くのを待っているが、ほんとうは噂が噂を呼んだだけで、店なんて実在しないのだ。車でいっしょに通りを走っていたソビエト人の相棒は素知らぬ顔だった。

「ロシアの人びとはいつも待たされてきたんだ」とサビツキーは言った。

身を誤った女に、やはり身を誤った国だ、とライダーは思った。

彼がバーからも空想からも無理やり立ち去ろうとしたちょうどそのとき、女をボックス席に押し込めていた中佐が騒々しく断わって席を立ち、千鳥足で男子用トイレのほうへ行った。彼女と視線が合った鏡の場所にライダーが思わず目をやると、彼女も断わって席を立つところだった。彼女は中佐のあとを追おうとしている、中佐はトイレでなくホテルの裏階段に向かったのだと思って、急に胃にむかつきを覚えた。

驚いたことに女は、ライダーが想像したように男のあとを追っていったのではなかった。そうせずに、臆せず鏡のなかで彼とまた視線を合わせて、バーにまっすぐ向かってきた。

ついさっきまで空想していたときの勇気は、彼から失せていた。視線をはずすと、空になったビールのグラスに身を寄せて縮こまった。

彼女がかたわらにやってくるのを察したが、彼の目はバーテンダー、つまりドル所有者の彼と親しいセルゲイの、流しにもたせかけた太鼓腹に落ち着きなく注がれたままだった。

手が、まぎれもない女の手が、軽く肩に触れた。

「この席、空いてる?」女が尋ねた。鏡に視線を戻したり振り向くまでもなかった。彼女だとわかっていた。かすかな、彼女のだとおぼろげに思った笑い声を混雑した室内越しに一度聞いただけだったが、彼女の声に間違いないとわかっていた。

「ああ」口ごもって答えながら、ようやく顔を向けた。「どうぞ。おかけなさい」

KGBだ。もちろん、そうにきまっている。そうでなければ、筋の通った説明がつかない。

「ハウ・ドゥ・ユー・ドゥ?」と女が言ったので、英語で話しかけられているのだと初めて気がついた。その声は用心深く、わざとらしいほど抑揚がなく、その言葉つきにまるっきり自信がないみたいだ。しかし、初めて間近で眺めてみると、彼女がなぜおずおずしているのか、わからなかった。

よくあることで、ロシア女に近づくと、肌が思いのほか荒れていたり、不潔な歯にショックを受けるものだが、この女は非の打ちどころのない、きれいな肌をしている。だが、顔色は青白い。体の具合でも悪いみたいだ。歯は小さくて並びがよく、唇はちょっと厚ぼったすぎるかもしれない。身近な彼女の匂いは芳醇で悩ましかった。

「元気だよ。きみはどう？」彼は反射的に答えた。

女はドレスの下のしなやかな曲線の体を滑り込ませるようにして、隣に腰をおろした。モスクワの秋には薄すぎる布地で、なくなってしまうほど何回も洗濯されている。彼女もか弱すぎて、その住む世界では満足に生きていけないようだ。ともかく、ここは美人でも食いはぐれる国なのだ。

「おかげさまで、今夜はとっても気分がいいわ。煙草をお持ちかしら？」

「ぼくは煙草を喫わないんだ」ライダーはそう答えるなり、喫煙しないことを残念に思った。

女の目が迷っているような表情を浮かべた。

「待ってくれ。ちょっと待ってくれ」と言って、不本意ながら彼女から目をちょっと離したが、そうした隙に彼女が消えてしまいはしないか心配みたいだった。それからカウンターの内側に向かって声をかけた。「セルゲイ？」

大のアメリカ人好きのそのバーテンは、著名な常連の誰よりもアメリカ人が好きだとか、なぜもっとアメリカ人が来てくれないのかと公言してはばからない男だったが、磨きあげた木のカウンターの向こうに姿を現わした。

「なんでしょうか、ミスター？」

「煙草を一箱くれ」そう言ってから、「マールボロだ」とつけ加えた。この西欧の銘柄の煙草がカウンター越しに受け渡されるのを見たのを、ふと思い出したからだ。

「それは悪いわ」女は頼りなげな口調で言った。

「お安いご用だ」ライダーは札入れから煙草代のドル札を抜き出した。「ところで、ぼくの名前はジェフだ」

女が見つめた。濃褐色の目が、その下の黒い隈でかえって引き立って見える。ライダーは心が浮き浮きしてきた。この目のためなら、男は死ぬのもいとわないだろう。

「あたしはワレンティナよ」女はゆっくりと発音した。「でも、ワーリャと呼ばれているわ。あたしの愛称なの」

「ワーリャだね」ライダーは繰り返した。「とてもいい名前だ」自分の言っていることのくだらなさは百も承知だったが、もっと気のきいた言葉が思いつかなかったし、黙り込んだら彼女が席を立ってしまいそうで心配だった。

バーテンが煙草を渡した。

「マールボロでいいかい？」ライダーは女に訊いた。

「ええ、それで結構よ」女は少々落ち着かない様子だったが、これほど魅力的で、これほど天与の美貌に恵まれた女が、このような場所でなぜ落ち着かないのか、見当もつかなかった。彼女がここにいることとさえ信じられなかった。この国の男たちがむざむざ彼女を取り逃がしているなんてことがあるだろうか？

やはり彼女はKGBにちがいない、とまた思ったが、そう信じたくはなかった。

よく見ると、彼女はちょっと冷たそうな感じがする。だが、なぜかわからないけれど、この些細な欠点がかえって、彼女をますます魅力的に引き立てている。二十代後半で、だいたい自分と同じくらいの年頃だろう、と思った。

人目を引く。美しいというより、人目を引く。そう思った。

彼は慣れない手つきで煙草の封を切ってやろうとした。やったことがなかったが、やっと開けたので、ほっとして彼女のほうへ差し出し、煙草に火を点けてやるのにかこつけて少し近寄り、彼女を身近に感じながら、女の体臭とディスカウントショップの香水が混ざり合った匂いを嗅いだ。

「ありがとう。とってもやさしいのね、ジェフ」と言ったが、彼女も〝チェフ〟と発音した。発音したことのない言葉なのだろう。

「英語がうまいね」

「あたしは教師なの。子供たちに教えているの。子供って素晴らしいわ。子供たちに英語を教えるのって大好きよ。とってもおもしろいわ」

ライダーは何か言おうと必死になって言葉を探した。いまにも彼女に見捨てられるのではないかと、それだけが恐ろしくて、あわててビールの最後のひと口を飲み干した。

「一杯おごらせてもらえるかい？　何が飲みたい？」

「とってもうれしいわ。でも、悪いわね。それじゃ、ペプシコーラのウイスキー割りをいただくわ」

ライダーはそれとビールのおかわりを注文した。

彼の話す種がまたも底をついた。女は煙草を吹かしてから、顔をちょっと仰向けて、長く白い首ともつれた豊かな髪の毛をひけらかした。その首に女学生が着けるようなハートのペンダントを着けていたが、白い肌に映える血のような鮮紅色をしている。彼女が煙を吐き出すと、その所作がライダーには奇妙にエキゾチックに感じられ、昔の古い映画を見ているみたいだった。アメリカのどんな魅力的な女性でも、もはやくわえ煙草など絶対にしたがらないだろう。

「きみはとってもきれいだ、ワーリャ」ほかに何も思いつけずにそう言ったが、言いすぎではなかったのかどうか心配になった。

彼女はにこりと微笑んだ。「嬉しいことを言ってくれるわね。どうもありがとう」

「モスクワに住んでるの？」

「ええ。あたしはモスクワっ子なの。モスクワで生まれたわ」

「すごくおもしろい街だね」

女はちょっと顔をしかめた。「それほどおもしろくないと思うけど。あなたにはあまりおもしろくないはずよ。アメリカはとってもおもしろそうだわ」

「アメリカに行ったことがあるの？」

彼女は芝居がかった悲しげな仕草で首を横に振った。「おいそれと行けないわ。それにアメリカはとってもお金がかかるもの。でも、モスクワのあたしたちを見て、あなたたちは嘲笑っているでしょうね。あたしたちはとっても貧乏よ。アメリカの生活とは似ても似つかないわ」

「いつかアメリカに行けるといいね」

女の目が明るく輝いた。「ええ、そうね。そうなってほしいわ。アメリカを見たいわ。アメリカにはなんでもあるわ」

彼女は返事に窮するようなことを言う名人らしい。それでも、彼女と話を続けたくてたまらなかった。

二人の飲み物がくると、ライダーはさらに何ドルかバーテンの手に握らせた。

女は飲み物に口をつけ、アルコール分が強かったのか、激しく首を振った。

「ウイスキーをずいぶんとたくさん入れてあるわ。これじゃ、たくさん飲むわけにいかないわ。あたし、今夜は夕食を食べ忘れちゃったの」

「ほかの飲み物にしたいかい？」ライダーはあわてて訊いた。

そう言われて驚いた彼女はすかさず答えた。「いいえ。結構よ。これでもうご機嫌よ。ありがとう」

彼はダイニングルームでいっしょに食事をしようと誘いたかった。彼もまだ夕食をとってなかったし、営業時間も金離れのいいアメリカ人のために延長されていた。彼女がKGBかどうか、もうたいして気にしていなかった。どういうわけか、いくらなんでもこの女がスパイだとは想像できなかった。

それでも、油断は禁物だと思った。

彼女を食事に誘うのは見合わせた。自分の立場を危険にさらすのを恐れたからではなく、彼女がノーと答え、彼が誘ったことで二人があっけなくその場で別れざるをえなくなるのではないかと恐れたからだった。

「アメリカ人の知り合いが多いの？」彼は尋ねた。

「いいえ」彼女は答えるなり、あわてて言い添えた。「こういうホテルにはめったに来ないの。今夜は女友だちにつきあってきただけなの。彼女が誘ってくれたの」

その女友だちの人格は太鼓判をおせるものではないだろうと察した。だが、かたわらに座っている女のことは悪く思うまいとした。彼女は何も求めなかった。それに、バーにいる女のほとんどがプロの売春婦ではないことも知っていた。不景気なときには、アメリカ人が目立つ客寄せになっていろいろな人がホテルに集まってくるのだ。この女がどんな人生を経験してきたか、いったい誰が知っているというのか？　自分も同僚たちもみんなあまりにも早まった判断をしている、という気が急にした。

彼が黙っているのが気になったのか、女は会話を続けようと言葉を継いだ。「アメリカ人はとっても愛想がいいわね」

ライダーはうなずいてから、にやりとした。ああ、まったくだ。バーにいるアメリカ人ときたら、一人残らずよろこんでこの女に愛想をよくするだろう。

ビールに酔った中佐がテーブルに戻ってきたのを見て、ライダーは一瞬うろたえかけてから、ほっと安堵の胸をなでおろした。中佐が女に袖にされたと知れば、女を取り戻そうと、すぐにカウンターにやってくるはずだ。だが、大男はちょっとよろめいただけで、どっかと腰を落として、待ち受けているグラスに手を伸ばした。

「アメリカ人はまあ愛想のいい国民だろうな」じっくり考えたかのようにしてあいづちを打った。

「たいていはね」

「でも、あなたは一人ぼっちで座っているわ。あまり愛想のいいことではないわね」

「一人じゃないよ」ライダーは口もとをほころばせた。「きみがいる」

かすかないらだたしい表情が彼女の顔をよぎったので、ライダーは長いあいだ語学学生だった直感からさとった。彼がそう答えたために、彼女が頭のなかで前もって考えていた話の順序が狂ってしまったのだ。

「一人で座ってちゃいけないわ」彼女はきっぱりと言った。

「長い一日だったんだ。きつい仕事でね」

「どんなお仕事なの、ジェフ?」

「コンピュータを操作している」

彼女はちょっと考え込んだ。「とってもおもしろそうね。でも、あたしには無理だわ。数学が大の苦手なの」

「数学はほんのちょっと関係があるだけだ」そう答えたが、なるべく仕事のことから話題をそらしたかった。彼女がKGBだとしても、自分からは何も引き出せないだろう。

「ねえ、ワーリャ、ぼくも食事はまだなんだ。夕食につきあってくれないか? きみもまだ食事をしてないと言ってたね」と思いきって言った。

臆病な自分がびっくりするほど大胆に、誘いの言葉を切り出した。だが、最後まで言い終わると同時に、急に勇気がしぼんで心配になってきた。彼女はすぐにも立ち去ってしまうのではないだろうか、と。

「嬉しいわ」彼女はすぐさま答えた。返事があまりにも早かったので、気が気でなかった彼は危うく聞き逃すところだった。彼女がそばへやってきたことも、いまも隣に座っていることも、まだ信じられなかった。「ぜひそうしたいわ。いっしょに食事をしたいわ」彼女は言葉を継いだ。

「よかった」ライダーは答えたが、有頂天な心の奥底では、自分がにわかにこの女を相手に思いがけぬ大きな危険を冒す気になっているのに気づいていた。

ワーリャはがつがつ食べないように苦労した。行儀がよく上品に見られたかった。しかし、アメリカ人の言葉に気のきいた返事をするのはたいへんなことだった。料理は唸るほどおいしく、量もたっぷりあった。闇市にコネのあるナリッツキーでも、これほど上等な肉は手に入れられなかった。ワーリャはこんなにおいしい肉を味わったのは初めてで、ひと口食べるたびに――じっくり賞味しながら――感謝と怒りが混じった感情がかもしだされた。こんな高級料理が自分の住む街で外国人だけに供されるのは、このような世界をけっして味わえない人にとってはまさに屈辱的なことである。しとやかにステーキを小さく切り取りながらも、お行儀の悪い子供のように両手でつかんで、むさぼりたくてたまらなかった。ウエイターが料理を目の前に置くまで、自分がこんなにひもじかったとは気がつかなかった。

「とってもおいしいわ。どうもありがとう」とアメリカ人に言った。

アメリカ人はうなずいた。「気に入ってもらえてよかった。本物のアメリカのステーキをごちそうしてやりたいよ。カンザスシティの食肉処理場から直送のやつをね。目の玉が飛び出るほどうまいんだ」

彼の言葉からすると、アメリカの牛肉はこれよりはるかにおいしいらしい。だが、ワーリャにはそのような肉は想像もつかなかった。これほど上質の肉を食べたことがなかったし、これほどおいしい肉があるとすら思ったことがなかった。それなのに、このアメリカ人はたいした肉ではないと思っているらしい。彼はおいしくなさそうに食べている。それを見て腹が立った。

彼はほらを吹いているだけなのだろう。たいていの連中のように。アメリカ人だけではない。男はたいていそうだ。でも、この男はどうもそうではなさそうだ。とても物静かだ。私をよろこばせようと必死になっている。

ターニャが紹介してくれた野暮天のところで身動きできなくなっていたワーリャは、相手が気がつくずっと前から、鏡に映った彼を見つめていたのだ。彼はとてもハンサムで、子供っぽさの抜けきらないアメリカ人という感じがしなくもなく、最初はお高くとまって一人で座っているのかと思った。だが、彼の身のこなしはあまりにも自信なげで、二人の視線がとうとうぶつかったとき、男にはつきものの例の助平根性がその顔にまったく表われていなかった。これほどハンサムな男、それもロシア人の男に出会ったなら、そういうわけにはいかない。

きっと根は善良な男で、たしなみも思いやりもあるにちがいない。

でも、こっちが初めて最高のお料理を味わっているというのに、それを悪く言うのはなぜだろうか？

「これ、とってもおいしいわ」彼女が丁重だがきっぱりした口調で言い張った。

彼は言わずもがなのことを言ったと気がついたらしい。

「ああ、これもまんざら捨てたものじゃないな。精いっぱいやってくれているよ。もっとポテトを食べたい？　ぼくには食べきれない」

「いいえ。これだけあれば十分よ。ありがとう」ワーリャは嘘をついた。食事が体じゅうで奏《かな》でている妙なる調べに目をつむって耳を傾けたいほどだった。ドレスにこぼさないように注意しながら、こってりしたソースのかかった野菜をまたフォークですくって食べた。このような食事がもう一度できるなら、自分の持っているものをなんでもやってもいいし、盗みをしてもかまわない、といった気分だった。

彼女はバーのカウンターにいる彼を見つめているうちに、心を決めたのだった。ターニャが彼女のボックス席に放り込んだ好色漢どもが一つのものしか求めていないのは見え見えで、いっしょにいても先が見えている。ほんとうに見込みはなかった。でも、あのバーにいるハンサムで少年のような男はどうかしら？　何かいいことをしてくれそうだわ。まだ若すぎて誰にも相手にされないようで、過去よりも未来に満ちている。彼ならひと努力してみる価値がある。だめでもともとだし、中年の酔っ払いに体をなでまわされて夜を終わらずにすむ。そう決めたのだ。

「ワインをもう少しどう？」彼はそう訊き、すでにボトルを手で持ち上げていた。

「ええ。いただくわ。それはとってもおいしいロシア・ワインよ。クリミア産なの」

見ると、彼はお気に召さないらしくかすかに顔をしかめて、またも不満の色がある。いったい、この男はどうなっているのだろう？　何が欲しいの？　何を期待しているの？

彼はあたしを参らせようとしているだけなのだ。悪気があってしているのではないだろう。まだ子供も同然だ。それなのに、一人前の男に見てもらいたいのだ。

ワーリャはゆっくり食べて、野良犬みたいにがっつかないように、と心のなかでたしなめた。お行儀の悪いことをした罰として、あえてナイフとフォークをしばらく置いて、アメリカ人に話しかけた。

「ジェフ。あなたはとってもいい人ね。結婚してると思うんだけど、そうお？」

じっと彼の顔を見つめた。不快そうな表情に変わらなかった。不意にどぎまぎした様子もなかった。愚かにもこそこそと言いつくろう態度もとらなかった。かすかに気づくほど体がこわばり、目に苦痛の色が浮かんだだけだった。

「いや」彼はゆっくりと答えた。「結婚していない。前はしてたけどね。だが、いまはしていない」

「まあ。ごめんなさい。奥さんは亡くなったの？」

かすかに顔をほころばせると、苦痛の色が消え失せた。「いや。それほどドラマチックじゃない。ぼくたちは相性が悪かっただけだ。離婚したんだ」

相手はきっと貞操観念もないアメリカのあばずれ女だろう。身持ちが悪くてもたいした物持ちだから、あとの心配なく亭主を捨てることができる。アメリカでは、どの女も自分専用の車を持っているそうじゃないの。

「子供はいるの？」

「いや。ぼくたちはその点では運がよかったよ」と答えてから、声の調子を変えて、彼女のほうに身を乗り出した。「でも、きみはどうなの？　きみが結婚していないはずがないな」

ワーリャは食べ物を嚙みこなすと、真剣そのものといった面持ちで彼を見つめた。

「夫は戦死したの。開戦の日にね」嘘をついた。

彼は椅子のほうへ身を引き、きちんと座り直した。

「ワーリャ、気の毒に……」

「その話はしたくないわ。外出したのは今夜が初めてなの。友だちにひっぱり出されたの」

「わかった。ぼくはただ……」

「たいしたことではないわ。あなたの奥さんの話をして」そうは言ったものの、その女の話など聞きたくもなかった。「奥さんはきっと悪い女だったんでしょうね」彼がしばらくしゃべってくれるだろうと思って、またステーキをひと切れ口に入れた。

「ジェニファーがか？　とんでもない。ジェニファーは悪い女なんかじゃないよ。考え方がぼくと違ってただけだ」と言って、にやりと笑った。「みんな一度は試験結婚する権利がある、という冗談がアメリカにはあるけど、ぼくのもそれだったんだよ」

彼女はあわてて飲み下した。「じゃ、また結婚するつもりなの、ジェフ？」

「わからないが、たぶんするだろう。ふさわしい相手に巡り会えればね。いまは考えていない」

「まだその人を愛しているんじゃないの？」

アメリカ人はちょっと考え込んだ。「いや。未練はないな。二人で楽しくすごしたときだけを思い出すことにしている。彼女の愛が冷めたあとも、ぼくは長いあいだ彼女を愛しつづけた。だが、もう終わったことだ」

「素敵な人を見つけなくちゃね」

アメリカ人は笑みを浮かべた。少年のような素晴らしい笑みだった。「でなきゃ、そんな人がぼくを見つけてくれたらよいのに」と言って、さらにワインを注ぎ、彼女のグラスをなみなみと満たした。なんの前触れもなく、ワーリャは急に胃がさしこむのを感じた。痛みは猛烈で激しかった。咀嚼をやめて、目を大きく見開いた。すると痛みが引いていき、体がショックを受けたように痺《しび》れ、額に玉の汗が噴き出した。右手でテーブルクロスをつかんだ。

無理に咀嚼しつづけた。

「大丈夫かい？」アメリカ人が訊いた。

ワーリャはうなずいた。「私は元気よ。何も問題はないわ」と言って、あふれんばかりのワイングラスに手を伸ばした。「ここは暑いわね」

グラスを持ち上げたそのとき、二度目の激痛が刃のように腹を切り裂いた。まったくどうしようもなく、小声でうめいた。最初のさしこみでは目を見開いたが、今度は目をつむらざるをえなかった。惨めな気持ちになって、唾をごくんと飲み込んだかと思うと、心のなかでかつてないほど激しくひどく自分をののしった。

「ワーリャ？」

彼女は冷や汗を額やこめかみに感じた。と、さらに激しく鋭い痛みがまたも腹を刺し、食べた物をもどしてしまいそうだった。

「悪いけど、失礼させてもらうわ」彼女は一刻の猶予もなく、正しいアクセントや発音にかまっていられなかった。ふらふらと立ち上がり、いまにも泣きださんばかりだったが、醜態だけは演じまいとした。手探りでハンドバッグに手を伸ばしたが、テーブルクロスの襞と椅子の固い輪郭の感触があっただけだ。

ぐずぐずしている暇はなかった。恥をかきかねないところをぐっとこらえ、必死でしゃちこばった体面をつくろいながら、足早に部屋を横切って、母国語が通じる、一番近くのウェイターに近づいていった。

ウェイターは外国人と離れた彼女に丁寧な口をきく気がなく、そっけなく方向を教えた。

彼女は大急ぎで歩き、めまいがして気を失いそうになりながらも、なんとかたどり着こうとした。曲がり角を一つでも間違えて、たとえ数秒でも無駄にする余裕はない、とわかっていた。

暗い廊下、傷んだカーペット。塗ったペンキが水ぶくれのようにふくらんだ、古くて大きなドア。なかに飛び込み、タオルの山と小銭の入った小さな皿を番して座っている、ずんぐりした中年女の前を通り過ぎた。さっと通り過ぎるとき、その女の顔の色がくるくると何度も変わるのがわかった。まず苦々しげな顔をし、次はチップを期待する笑いをしぶしぶ浮かべ、それから怒りの色を見せた。

ワーリャは一番手前の仕切りに向かって突き進んだ。膝をつきたくてたまらなかったが、まずどうすればいいのかよくわからなかった。彼女を外界から隔てる、目に見えない膜の向こうの背後で、掃除婦が悪態をつく声が聞こえてくる。あの女があとを追ってきたのだ、悪罵を浴びせる女の声が頭の上のあたりでする、と心の片隅で感じていた。だが、あまりにも遠すぎる感じがして、ほんとうにする気にはなれなかった。それより、吐き気が、激しい吐き気が差し迫っていることしか頭になかった。焼けるように痛む胃も、締めつけられるような喉も、時間の外に存在しているようだった。

やがて、あたり一面だんだんといやな臭いがしてきた。掃除婦はあきらめて、ぶつぶつ言いながら自分の席に戻っていった。ワーリャは大事なドレスのことなど気にかけていられず、ひび割れたタイルの上にへたりこんだ。あらんかぎりの力を振り絞って、手を伸ばして水を流し、自分の出した跡を清めた。それから、ペッタリとお尻を落とした。

胃のむかつきはおさまったが、別の不快感があとに残っていた。考えてみると、ばかなことをしたものだ。飢えた獣のように食べてしまった。あの料理はこってりしすぎたし、量も多すぎた。胸が張り裂けそうなほどおいしかったので、吐いたあとで酸っぱい味がしているいまでも、これからもあのような料理をもっと食べたいと願わずにいられなかった。

深く呼吸をした。何回も。そうしてから、やっと立ち上がった。最初は脚がふらつく感じだった。だが、立てるなら、たいした病気ではないということだ。大食いしただけのことだ。これでは甘いものをがつがつ食べた子供と変わらない。

スカートをまくりあげて、パンティストッキングを直した。前は鏡に映すと長くすらりと伸びていた脚も、いまはやせ細ってしまったように見える。手首もやたらと骨張っている。世の中には、この街には、あのように隠された豊かさがある。ワーリャはふと、自分の体が、自分の人生が無為に費されていると思った。

彼女が近づいていくと、掃除婦は自分の持ち場にむっつりと座っていた。

「お願い。タオルを一枚ちょうだい。ハンドバッグを置いてきちゃったの。気分が悪かったの」てのひらでドレスのしわを懸命に伸ばしながら、そう言った。

掃除婦は絶大な権力者であるかのように、苦りきった顔つきで彼女を上から下まで眺めた。

「タオルは五十コペイカだよ」

「わかってるわ」ワーリャは懇願した。「よくわかっているわ。でも、お願い。汚れを落とさなくちゃならないの。あっちに戻れないわ。手を洗わなくちゃならないの」

掃除婦は毛深い手をタオルの山にのせて、さも憎らしげな目つきで見上げた。

「五十コペイカだよ」

ワーリャはしかたなく腕時計をはずした。素晴らしい日本製の腕時計で、ナリツキーが出張したときのお土産にくれたものだった。いい子にしていたご褒美だと、彼は言った。ナリツキーの豚野郎め。女の突き出た腹に腕時計を放り投げた。それが腹に当たって滑り落ちかけると、女は腕時計をつかんで、脚のあいだのスカートのくぼみに収めた。

ワーリャはタオルを取った。

そして、急いで手を洗った。口をすすぎ、精いっぱい髪を整え直そうとした。鏡に映った顔はとても青白く見えた。でも、そうひどくはないわ。胃液の酸っぱい味がし、空腹を覚えているだけだ。吐いてまだ十分もたっていないというのに、もう食欲が戻っていた。何食わぬ顔で座り、なにごともなかったように微笑んでいよう。たとえあのアメリカ人が愛想づかしをしたとしても、せめて食事だけはすませよう。なにはともあれ、食事だけはとりたい。

最後にもう一度だけ深く呼吸をした。ドアのそばでは、あの掃除婦が太い手首に腕時計のバンドをはめようと悪戦苦闘していた。ワーリャはダイニングルームに急いで戻った。

ほんとうにほっとしたことには、アメリカ人はまだテーブルにいて、彼女の姿を見つけると、ぱっと顔を輝かせた。彼女は背筋をしゃんと伸ばして、歩調をゆるめ、やはり万事がうまくいきそうだと自信が湧いてきた。

そのとき、料理が下げられてしまっているのに気がついた。テーブルの上は片づけられ、残っているのはワイン。それと、彼女が気おくれしてすぱすぱ喫ったために半分空になった煙草の箱だけだ。

あの素晴らしい料理、胸が張り裂けるほどおいしかった料理は消え失せていた。ワーリャはテーブルに向かって歩きながら、なんとかアメリカ人に笑顔を見せ、大丈夫だと安心させようとした。彼がぎごちなく立ち上がり、あわてて椅子を引いてくれたので、彼女はロボットのように腰をおろし、信じられないといった風に、何もない真っ白なテーブルの上を見つめた。あのみごとな料理はなくなってしまった。彼女はかつてないほどの空腹感を覚えた。

彼女は泣きだした。泣かずにいられなかった。自分に腹を立てる力さえ残っていなかった。座ったまま、わが身の弱さに打ちひしがれて両手に顔を埋めて声を忍ばせて泣き、もう二度とこんないい目は見られないと強く思った。

「ワーリャ」アメリカ人がこともなげな、そっけない声で訊いた。「どうしたんだ？　ぼくにできることが何かある？」

あたしを連れ去って。お願い。あなたのアメリカに連れていってくれたら、あたしはあなたのためになんでもするわ。どんなことでも、あなたの望みどおりにするわ。

「いいえ」ワーリャはすすり泣きを抑えて言った。「なんでもないわ。たいしたことじゃないの」


彼の顎はもはやまともに動かず、腫れた唇から言葉を押し出すのもやっとだった。めった打ちにされてふくれあがったまぶたをこじあけて、拷問者をじっと見上げた。もともと明かりが薄暗いうえに、殴打を浴びせられたために、そのKGB少佐にほとんど目の焦点を合わせられなかった。KGB少佐は暗がりから出たり入ったりして、バブリシュキンがうしろ手にきつく縛られて座っている椅子のまわりをぐるぐる歩きまわっている。その男は巨大な生き物、制服を着た怪物、悪魔だった。

「一度もない。私は……そのような接触は一度もしなかった」バブリシュキンは腫れた唇から苦労してそうはっきり発音しようとしながら、人間としての尊厳を最後まで捨てまいと決意した。

あの大きな人影がまた彼に襲いかかった。大きな拳骨が暗がりから勢いよく飛び出してきて、彼の側頭部を強く打った。

椅子がひっくりかえりかけた。頭がくらくらしたが、バブリシュキンは懸命に姿勢をまっすぐに保とうとした。彼には何がなんだかさっぱりわからなかった。まさに狂気の沙汰だった。

「いつだ？　いつ裏切り者一味と最初の接触をしたんだ？　おまえの有罪を立証するつもりはない。おまえはもう有罪だとわかっている。いつだったかを知りたいだけだ」少佐はそう怒鳴って、通りがかりにバブリシュキンの後頭部を平手で叩いた。今度はこたえるほどの強打ではなかった。ただ言葉を強めるためだった。「連中と通じてからどれくらいだ？」

くそったれめ。バブリシュキンは憎々しげに思った。くそったれめ。

「同志少佐」彼は毅然として言いかけた。

平手が彼の裂けた唇をはたいた。

「おれはおまえの同志ではないぞ、裏切り者め」

「私は裏切り者ではない。私は千キロにわたって戦い……」

バブリシュキンは一撃がくるのを予期して、身を構えた。しかし、今度はこなかった。いつ拳骨が飛んでくるか、なんとも言えなかったが、連中がこっちの言うことを意のままに操ってしまうのも、驚くほど鮮やかだ。

「つまり、おまえは千キロ退却したんだな」

「退却しろと命令されたのだ」

KGB将校は鼻を鳴らした。「なるほど。それで、その命令がやっと届いたとき、おまえとしては命令に従わないことにした。厚顔にもな。防御態勢を立て直すのにおまえの戦車隊が必要となったとき、おまえはわざと撤退を遅らせた。敵に協力するためだ。その証拠ははっきりしている。それに、おまえ自身も命令に従わなかったとすでに認めた」

「どうすればよかったんだ？」バブリシュキンは自分を抑えられなくて叫んだ。その文句は頭のなかではっきりしているのに、口を出ると、聞き分けられないほど曖昧だった。唇から新たににじみ出した血をなめながら話すと、裂けた肉片が前歯をかするのを感じた。「あの人たちをとても見捨てられなかった。私たちの国の民衆だ。その人たちが虐殺されている最中に、見殺しにはできなかった」

　少佐は歩調をゆるめた。少佐はいまは机で隔てられた向こう側を腕組みして歩いていた。バブリシュキンはこんな短いあいだでも思いがけず殴られずにすむので、ほっとした。

「ときによっては」少佐は断固たる口調で言った。「そんなことよりもっと大きなことのためを考えなければならない。おまえたち上官には、それがわかっていた。だが、おまえは故意に命令にそむき、そのためにわが国の防衛を危険にさらした。みんなが命令に従わなかったら、どうなる？　どのみち、おまえは民衆を盾にして隠れることはできない。おまえは民衆に同情などしていない。おまえは命令に従うのをわざと遅らせて、敵に自分の部隊を引き渡す機会をうかがっていたんだ」

「嘘だ」

　少佐はコンクリートの壁に囲まれた室内を歩きまわる足を止めた。「真実は大声で叫ぶに及ばない。嘘つきが大声で叫ぶのだ」

「それは嘘だ」バブリシュキンは繰り返したが、その声には諦めの気配があった。首を振ると、大きくて苛酷な重しが肩の上で回っているような感じだった。「それは……嘘だ。われわれは戦った。戦いつづけた。けっして戦うのをやめなかった」

「おまえは申し訳が立つ程度に戦っているふりをしただけだ。そして、わざと部下を化学兵器の攻撃にさらし、あらかじめ決められてあった化学攻撃地点に、罪のない一般市民もできるだけ大勢集めておいた」

　バブリシュキンは目をつむった。「それこそ狂気の沙汰だ」ささやくような声しか出なかった。汚れ一つない、きれいな軍服を着たこの男は、弾の飛び交う戦場に近寄ったこともないくせに、なぜこんなにも事実をねじ曲げられるのか、信じられなかった。

「狂気の沙汰は一つしかない。それは民衆に嘘をつくことだ」ＫＧＢの少佐は言った。

外から銃声が響いてきた。銃声は断続的に聞こえ、もっぱらソビエト軍の銃から発射されていた。なにごとが起こっているのか、バブリシュキンにはわかったが、自分も同じ運命をたどるとは、この期に及んでもまだ信じられなかった。

「それじゃ」KGB将校は深く息をついてから言った。「話してもらおうか。いつおまえは初めて守備隊内の反逆者グループとひそかに接触した……」

バブリシュキンはこの数週間のさまざまな光景を頭のなかで思い返した。偏って編集されたニュース映画がすさまじい速さで上映されたみたいだ。最初の晩、いっしょに駐屯していた現地民から成る守備隊が、バブリシュキンの部隊の兵舎と車廠を襲って占領しかけた。兵隊たちは暗闇のなかでライフル銃を向こうにまわしてポケットナイフと拳骨で戦った。軍服が同じで、闇のなかでは敵味方の区別がつかなかった。砲火は広がった。やがて、機甲部隊が現地司令部の要員を救おうと町の中心に乗り込んだが、結局は全員が惨殺されたあとだった。防御態勢を何度も立て直そうとしたが、いつも後手後手にまわった。敵は絶えず側面か背後にいた。彼の記憶にあるのは、恐るべき敵の武装ヘリコプター、大混乱の最中に行方不明になった負傷者たち、もはや数を確かめようがない民間人の死者たちだ。最後の避難民たちの突然の死も、戦車のなかに収容してやった、シラミだらけの子供連れの、やせこけた女のことも思い出した。剛勇、無能力、死。恐怖と決断の誤り。絶望。ありとあらゆるものがあった。国家に対する反逆以外は。

彼はたびかさなる戦闘ですっかり兵力の縮小した自分の部隊を、ペトロパブロフスクの南に急遽設けられたソビエト軍の前線内にやっとのことで誘導し終え、日没寸前に部隊の行動を停止して、凸凹に破損した車輌が敵車輌と間違われて攻撃目標にされないように、夢中になって友軍に無線連絡してまわった。そのあと部隊は味方の戦線の背後へ入り、必要とあればいつでも戦闘に復帰するつもりで、再武装ないしは再編成を受けようと後方へ向かった。ところが、防御陣地網の後方数キロのところにあるKGBの統制点まで進んだところで、隊列は停止させられた。指揮官は誰だ？　政治将校はどこにいる？　参謀はどこだ？　バブリシュキンが状況を把握するより早く、部下の将校たちとともに一カ所に集められて武装を解除され、そのあいだに彼の部隊の戦車は、指揮のとり方もろくに知らないKGB将校たちの監督の下に、引き続き後方へ向かっていった。

戦車が砂埃をもうもうと舞い上げて出発するや、集められた将校たちは両手を縛られ、目隠しされ、さるぐつわをかまされた。バブリシュキンをはじめ何人かの将校が腹を立てて抗議すると、KGB中佐がとうとうピストルを抜いて、頑強に反抗する一人の大尉の頭を撃ち抜いた。将校たちは一時とはいえ比較的安全な場所にやっとたどり着けたと思っていたのに、その行為に度肝を抜かれて、あとは羊のようにおとなしく尋問所まで連行されるしかないと観念した。目隠しをされ手首をくくられたままトラックのうしろから飛び降りさせられた将校たちは、千数百キロにわたる戦闘を生き延びてきたというのに、腕や脚を骨折した。目隠しは狙った効果をあげると、やっと取りはずされた。みんなが田舎の学校の中庭に入って、まず目に飛び込んできたものは、壁際に雑然と積み上げられた死体――全部、ソビエト軍将校の死体――の山だった。トラックから降りるときに骨折した者たちは、誰の手も貸してもらえずに、わが身をひきずって、悲惨な死体の山のそばを通り過ぎざるをえなかった。

一人残らず誰もが、この山の暗示する意味を理解していた。

一人一人を隔離しておくのが尋問の決まりの一つだ、とバブリシュキンは聞いたことがあった。だが、建物内にはそれだけの部屋はなく、先に到着した者たちですでにいっぱいの、悪臭のする教室にみんないっしょに追い込まれた。窓は間に合わせの板でふさがれており、震え上がった男たちの排泄物を始末するものはバケツ一つなかった。

尋問される際でも、ときによっては隔離されないことがあった。バブリシュキンが初めて尋問の苦い目にあったのは、すでに部下の政治将校が調べを受けている部屋に押し込まれたときだ。政治将校の目つきは取り乱していて、バブリシュキンを見るなり、まるで悪魔に出くわしたかのようにあとずさりした。

「こいつだ」政治将校は叫んだ。「すべてこいつがしたことだ。私は命令に従えと言った。ちゃんと言った。それなのに、こいつは拒絶した。私が言ったのに、こいつははねつけた。こいつの責任だ。こいつは自分の慰みのために女まで戦車に乗せた」

「それなら、なぜおまえが自分で指揮をとらなかったのだ?」尋問者が穏やかに尋ねた。

「できなかった」政治将校は怯えながら答えた。「みんなこいつの味方だった。私は自分の義務を果たそうとした。だが、奴らはみんなグルになってた」

「彼は嘘つきだ」バブリシュキンはもっとよく状況が呑み込めるまで口を開くまいと決意していたが、それを忘れて素早く口をはさんだ。「部下の行動には私に全責任があります。私の部隊の行動は私の決定、私だけの決定によるものです」

尋問者は太い指輪をはめた、皮膚の堅くなった手で彼の顔を殴った。「誰もおまえに訊いていない。囚人は質問されたときだけ答えろ」

「奴らはみんなグルになってた」政治将校は繰り返した。

しかし、尋問者の関心は別のことに移っていた。「なるほど……指揮官は自分の慰みのために女まで連れ歩いているわけか。さぞかし楽しい戦争だろうな」

「とんでもありません。女は避難民でした。赤ん坊と幼い男の子を連れていました。彼女は力尽きかけていました。放っておいたら死んでいたでしょう」バブリシュキンは冷静に答えた。

尋問者は眉を吊り上げ、両腕を組んだ。「それじゃ、おまえは親切心から女を救うことにしたのか? だが、女は大勢いただろうに、なぜその女なんだ? その女のどこが気に入ったんだ? 彼女もスパイだったのか? それとも、きれいな女だったからなのか?」

バブリシュキンは骨と皮にやせ衰えた女を思い浮かべ、戦車の外に出て化学兵器攻撃による惨状を目にしたときの彼女の悲鳴を思い出した。餓死しかけた幼児と、しらみだらけの、腕を骨折した男の子とともに、難民収容所に託してきたから、いまは一応大丈夫だろう。彼女のことを思い出しているうちに、そのすさんだ顔がしだいにぼやけて、ワーリャの見目麗しい顔に変わっていった。ワーリャ。彼女にふたたび会えるだろうかと思った。いまこの瞬間、まわりの狂気じみた状況よりも、彼女のほうがずっと現実味を帯びていた。

「いいえ、あの女はきれいではありませんでした」きっぱりと答えた。

「じゃ、スパイか？　おまえが会って後送することになってた連絡係か？」

あまりにもばかげた考えなので、バブリシュキンは声をあげて笑った。

KGB将校は汚い仕事をかわりにする下っ端を必要としなかった。バブリシュキンの口が前歯に食い込むほどの強打を一発加えた。いつも男たちがまともに殴り合わない映画と違って、この男の拳骨は当たるたびにまともに相手を傷つける。まず口で、次は側頭部、耳、目のそばだ。一瞬、何がなんだかわからないあいだに、椅子がひっくりかえり、気がついてみると、床に倒れていた。少佐は彼の口を足蹴にした。さらに腹を蹴飛ばした。そのとき、バブリシュキンは自分が間違いなく死ぬとさとり、それなら死ぬ覚悟ぐらいはできるかぎりしておこうと思った。

血で曇った目を通して、立ちすくむ政治将校を見上げた。自分よりもっと弱いこの男に哀れみに近いものを覚えて、傷ついた口もとにかすかに笑みを浮かべた。やがては二人ともいっしょになって、高くなる一方の中庭の死体の山に加わり、どうあがいても二人のどちらも命を救われることはない、とわかっていたからだ。軍隊組織はもう狂ってしまった。気が狂った動物のように、共食いを始めている。

また蹴飛ばされて、どのくらいたったかわからぬほど気を失い、意識が戻ると、尋問者と二人きりになっていた。彼はこう思った。みんな間違っている。神はたしかにいる。神こそまさしく自分の似姿だ。

バブリシュキンは椅子の上に座り直され、崩れ折れたり倒れたりしないように、まっすぐな背もたれに両手を縛り直されていた。尋問が再開され、正気の沙汰とは思えない、歪められた質問が浴びせられた。そうして尋問されているうちに、初めは真実だったものが理不尽な虚偽にねじ曲げられ、悪意のある解釈が新たに加えられ、その理非もないひどさには抗しようがなかった。

ソビエトを裏切ろうと最初に思ったのはいつだ？　初めの頃の陰謀の仲間は誰だ？　何を目的にそうしたのか？　イデオロギーのためか、物質的利益のためか？　いつから陰謀を企んでいた？　何人の外国人と接触した？　いま受けている命令はなんだ？

有罪か無罪かを立証する努力など、いっさいなかった。頭から有罪と決めつけていた。昔は、二十世紀の最悪の暗黒時代には、こういうことがあったと話には聞いていた。だが、自分自身が生きているあいだにそのような目にあおうとは、思ってもみなかった。

彼は正直に、ありのままに、相手に信じてもらえるような口調で自分の言い分を述べようとした。自分があのような行動をとった理由をわかりやすく明らかにし、戦闘がどんなものであるか、戦闘が人びとをどのような行動に駆り立てるか、後方地域にいて何も知らない、この四角四面の男に説明しようとした。だが、そう話すたびに、拳骨を食らうだけだった。KGB少佐はときには話を最後まで聞いてから殴りつけたが、腫れた、指輪をいくつもはめた手を拳に固めて、彼の口からひと言出るや否や力いっぱい振り下ろすときもあった。

バブリシュキンはなんとか注意力を維持しようとした。この責めを絶対に部下に負わせず、どの軍事行動も自分の決断によるものだと証明しようと心のうちで決めた。だが、はっきり言葉を口にすることがますます困難になってきた。それに、途切れ途切れに外から聞こえる銃声で頭が混乱した。質問が何度も何度も繰り返されるうちに、ますます注意力を集中できなくなるのに気づいた。答え方がこうして支離滅裂になってくると、尋問者はとるにたらぬ文法上の矛盾すらもことさらにあげつらった。

一番ひどく殴られたとき、彼はそれに心を閉ざして、この世でもっとも愛するものだけを考えようとした。それは軍務だと昔からずっと思っていたが、いまはっきりとわかった。自分がもっとも愛するものはワーリャだ。自分の母親でもない。母親はランシマンズ病が猛威をふるった頃に死に、自分には別にどうということもない人だった。死ぬのはひどく恐ろしいことだ。でも……実際にはなんでもないことだと承知していた。これまでおびただしい数の人びとが死んでいるではないか。だが、もう一度妻に会わずに死ぬのは、あまりにも残酷で、とても耐えられそうもなかった。

自分に向けられた質問がどれも軍事上のものでよかったと思った。KGB少佐は、家族のことや軍人以外の友人のことは、一度も尋ねなかった。もっと暇のある平時なら、そういう質問も出されたろうと思った。だがいまは、戦争があるだけだ。よろこんで死ぬ。死んでもかまわない。戦闘中に、少しはお国のために役立って死にたい。そう思った。だが、人間の死に方はだんだん偶然に左右されるようになっている。実際には、どう死のうとみんな同じだった。ワーリャがこの騒ぎにひきずりこまれないかぎり、彼女が傷つかないかぎり、それでいい。彼女が一度不貞を働いたことも知っていたし――いま思い出しても恨みに思わない。おそらくいまも不倫を働いているだろう。だが、それはいっこうにかまわない。非常に人並みはずれた女だ。あのときは、腹いせに、ただこっちを傷つけようと浮気をしたのだと思っていたから、こっちはさして傷つかなかった。本気でほかの男を愛しているようではなかった。それに、自分にしたって、年がら年じゅう約束を破り、何度彼女の期待にそむいたかしれない。約束が破られる国であり、時代なのだ。ワーリャは本人が自覚しているよりはるかに一人では何もできない女なのではなかろうか。

彼は神と取引きをした。彼を拳骨で打ちのめした、はかない、ケチな神とではなく、やはり天にいるかもしれない、きっといるはずの別の神と取引きしたのだ。ワーリャがひどい目にあわないなら、よろこんで死のう。自分がもう一つの死体になるだけで、それでこの件にケリがつくなら。ワーリャを思い浮かべた。セックスとライラックの匂いがし、いつも何かにつけて小さな嘘をつき、自分は強いと思い込んでいるあの女のことを考えると、哀れに思えて胸がふさがった。彼女にほかにたいしたことはしてやれないが、ただ彼女の身に危険が及ばないようにできささえしたら。

彼はもはや頭でものをしっかり考えつづけられなかった。拳の雨を浴びているうちに、ワーリャは避難民の女になり、やせさらばえて、死相が現われはじめていた。誰もかれもが死んでいく。世界も死にかけている。まさに大混乱だ。女が死体の散乱する草原の果てまで届く悲鳴をあげた。死んでいない者たちもみんな死にかけていた。悲鳴を弔歌に聞きながら。

バブリシュキンは意識を回復した。頭をもたげたが、頭蓋骨が大きくふくらんで、自分がそのなかにいる小さな生き物のような気がした。もう片目しか開かなかった。だが、ほかの男たちが尋問者に加わって部屋にいるのに気がついた。

軍服。武器。自分の兵士たちだ。自分を救い出しにきてくれた。いろいろ心配したが、ワーリャにまた会える。そうしたら、二人で歩いて川を渡り、レーニン丘を登り、モスクワ大学の庭園に入ろう。灰色で悲しげなモスクワの街が日差しを浴びて美しく見えるだろう。ワーリャ。彼女はいま、すぐそばにいた。

彼が見ていると、尋問者は机にかがみこんでから身を起こし、兵士の一人に一枚の紙片を手渡した。

「人民の敵だ。銃殺にしろ」将校は告げた。

ライダーは女の小さな乳房の片方を右手で守りながら横たわっていた。乱れた女の髪の毛に鼻や口をくすぐられないように、頭は枕で支えて高くしてあった。彼は目をつむろうとしなかった。この闇は眠るためにあるのではなく、異国の女を抱きしめながら、女の温もりとバターのような匂い、二人が性交中にまき散らした麝香《じゃこう》のような匂い、驚くほどの彼女のか弱さに取り憑かれて、うっとりとしていた。彼女は乳房で彼のてのひらを満足させてから、体を離して、規則正しい寝息をたてた。彼は精神を集中して、生身の彼女の肉体を頭のなかに焼きつけようとした。そうしておけば、彼女が去ったあとでも、いつもそばにいっしょにいるような気になれるかもしれない。だが、考えがあちこちさまよって、まとまらなかった。自分のベッドにこの外国人の女がいることがなぜこんなにもたくさんの記憶を呼び起こすのか、なんともわからなくなりはじめた。

あえて考えてみれば、二人の体が密接に寄り添っていることがなによりも意味あることに思えたが、いくらか湿っぽいベッドにこうして横になっていると、故郷の大草原地方のことや青春時代が思い出される。インターステート・ハイウェイから遠くはずれた小さな町では、若者たちの楽しみは乏しく、誰もが飢えたように求めていた。コンビニエンス・ストアの駐車場に集まって笑いざわめく女の子たち、ハイスクールのスポーツの熾烈な戦い、それらを除けば他の面でいくら努力しても戸惑ったままの、束の間の繁栄に湧いた町々。やがては、おずおずしていた女の子でもいきなり衝動的に身を任せる気になるほど、しつこく続くぎごちない、むさぼるようなキス、飢えたキス。ここでは、習い覚えたくどきの文句などけっして役に立たない。この世の中に、十月の夜のネブラスカほど寂しくがらんとしたところはない。

女の子たちは、こっちのしていることを知らないふりをするときがあるかと思えば、びっくりするほどよく承知しているときもある。テレビの新番組や新車のデザインは変わっても、彼女たちはまったく変わらなかった。故郷から遠く離れた、みすぼらしいこのホテルの一室にいるロシア女が、昔の土曜日の夜の砂埃を鼻孔によみがえらせ、自分みたいなタイプの人間が共通して犯すしくじりを眼前に思い浮かばせる力がどうしてあるのだろうか。

　ある女の子は、あらんかぎりの勇気を奮い、精いっぱい正直な声で、彼だけを永遠に愛し、愛せると言ったことがあった。記憶のなかのその彼女も、いま自分のかたわらに、腕の届くすぐそばに横たわっており、町から遠く離れた、世界から遠く離れたところに夜遅く駐車した車のなかで見た彼女の脚の白さが思い浮かぶ。ほんの少し前、不器用にその彼女の体のなかに入り込んでいったとき、彼女がしがみついて泣いたのは、彼を、彼だけを、ひたすら彼だけを愛しているがゆえに、彼を助けたかった、彼を手放したくなかったからで、むきだしの脚がぼんやりした蛍光灯に真っ白く浮き上がり、うるんで黒っぽく見える目があらぬほうを見つめ、頭は車の座席にぴったり置かれていた。

　あの頃はおたがいに子供だった、あのように処女や童貞を失うときのそれ相応の苦しみを思い出して微笑みながら、あの頃はほんの子供だった、と思った。すると、あの大草原に響く「あなただけよ……あなただけよ……」と叫んだ彼女の声が耳に聞こえ、黒い髪と平原を吹き渡る冷たい風が思い浮かんだ。その風は車のなかにも激しく吹き込んできて、二人を懲《こ》らしめようとした。彼女の子供のような無垢の手がたまたま彼自身に触れたとき、さっと身を縮こめたのを覚えている。彼女の体があますところなくありありと目に浮かんでくる。彼女の育ちのよさからくる華やかさとしとやかさ。それから、着ているドレスや、目に残る、隠してもおのずから現われる情事の痕跡を気にした彼女の心配げな顔も。けれども、彼女の名前は思い出せなかった。

　いまここにいっしょにいる、やせた別の女が、外国語で寝言を言って、かすかに身じろぎした。おかげで、ついいましがたの、昔みたいにうぶではない、生々しい男女の出会いに彼の思いは呼び戻された。いや、そう決めつけるのは酷すぎる、と思った。彼女はとても世慣れているふりをしたが、逆にそれが笑いだしたくなるほどうぶに見せた。彼の部屋で、最初のキスを交わして、言葉のいらない仲になると、彼女は痛々しいほどへたなストリップをして見せ、出来の悪い映画を真似ていろいろな顔つきをし、漫画っぽく奔放に見せかけて何度も目をつむったが、その一方では衣服を一つでも傷めないよう綿密に注意を払っていた。弱い明かりのなかでパンティ一枚になった彼女は、やせていて冷たい感じで、大胆というよりもやけを起こしているようだった。彼は自分の欲望を示すのもさることながら、その場のばつの悪さを終わらせようとして、彼女を腕に抱いた。

だが、抱かれると、彼女は生き生きとしてきた。セックスそのものの前の前戯では、欲望のおもむくままに羞恥心をまったく見せず、荒々しいほどだった。彼がゆっくりとやさしくやろうとしたのに、彼女はあせり、彼の悠長さを蔑んだ。彼女は会得した技巧をひととおり試してみたくてたまらないらしく、本番同然のやつが実際は一番いいのだ、と口には出さなくても、そう堅く信じているのではないかと思えるほど男まさりにリードした。性交中は、まるで彼を自分の道具扱いして、ほとんど意に介さなかった。強く噛むだけでなく、細い指先に思いっきり力をこめて脇腹に突き立てたりしたので、彼はあまりの痛さにその手を払いのけなければならなかった。彼女はせわしく体を動かし、相手の動きに合わせようとしなかった。アメリカ女相手の場合のように、男が女に挑むといったものではなかった。むしろ、飽くなき性の渇望といってよく、自分がそうしないと受け取るよろこびが少なすぎてしまうのではないか、と彼女はいても立ってもいられない気持ちみたいだった。彼女は御しがたく興ざめな恋人だった。彼女を攻めたてる快感はまったくなかった。あるのは、骨と骨とが当たって肌にあざのできる、束の間の、まやかしの絶頂感、その後の虚脱感。暖かく、力尽きた息づかい、腰をずらせて、二人をまた離れ離れにさせたときの身動き。そして、女の背中や尻、子供の体かと思うほどひどい栄養状態の女の体を抱いたときの感触、それだけだった。

廊下の先でいきなりあがった怒鳴り声に、彼はぎくりとした。アメリカ人の声が下卑た悪態をつき、甲高い女の声が外国語で痛烈にやり返した。ライダーは女の胸からそっと手を離して、それで女の耳をおおった。

彼女は御しがたく興ざめな恋人だ。冷静になって考えてみると、彼女が求めたものは一人の人間としての彼とは関係のないものだった。だが、それはどうでもよかった。この乱れたシーツの上では、彼は彼女の保護者なのだ。あらゆる苦痛から彼女を守る責任を負わされているのだ。

廊下ののしり合いがだんだん遠のいて消えていくと、ライダーはあのように喧嘩せねばならない二人が哀れに思えた。心がなごみ、コンピュータ尋問センターから持ち帰った異様な光景の記憶も薄らいできた。戦争のことは考えなかった。考えなくとも、戦争のことはまた間もなくたっぷり脳裏に浮かんでくる。この数時間、ひたすらこの外国人の女を抱き、親しい交わりの余情に包まれていたかったのだ。

女がにじり寄って、また尻を押しつけてきた。彼の体はそれに応えて、相手の髪から固く突き出た鎖骨まで手でたどっていき、ちっぽけな胸の柔らかいふくらみの上でいったん手を止めてから、平らな腹の下まで手を伸ばして、湿った茂みに触れた。先ほどの交わりの跡の残る湿ったなかへ指を一本滑り込ませると、女はこちらへ向き直りながら、内腿のふくらみで彼の手をしっかりくわえこんだ。薄暗がりで見ると、女の目は大きく見開かれている。そして、煙草と睡眠ですえた臭いのする口を近づけて、キスを求めた。彼女はくすくす笑ったが、彼にはなぜなのかわからなかった。と思ったら、くわえこんだ彼の手を放しながら、彼自身に手を伸ばした。

ワーリャは、それまでずっと眠ったふりをしながら実は目をさましていて、身を任せたこの一番新しい男の品定めをしようとしていた。もう一度抱いてほしくてたまらなかった。行為そのものが目的ではなく、自分がほんとうに彼の心をひきつけ、自分にも好きなように生きるチャンスがあるのだと自信を持ちたかったのだ。

彼が理解しているはずがないと思った。彼は自信があり、なんでもあたりまえのことだと考えている。うるさいほどにこやかで、同じくらいの年齢だというのに、あらゆる点が稚《おさな》すぎるみたいだ。愛の行為にしても、やさしく愛撫することから始めたので、彼女はまごついてしまった。恋人からもっと荒っぽい扱いをされるものだと彼女は思い込んでいたのだ。彼を燃え立たせようとしているうちに、やがて行為そのものにわれを忘れ、彼には勝手にあとに従わせた。だが、彼を果てさせられなくて、やきもきした。彼はあっさり終わらせるのでなく、行為をだらだら引き延ばし、できるだけ長引かせていたいらしかった。とても違ったやり方なので、彼女はそれに慣れそうになかった。アメリカ人はほんとうに燃え立たず、情欲も奔放さもほとんどないかのようだった。

しかし、最悪なのは、彼女の努力に相手の体が無頓着だったことではない。それよりはるかに腹立たしいのは、彼の心に入り込めない気がすることだった。彼女は自分を手厳しく責めた。売女も同然に外国人といっしょに寝ながら、何を期待しようというの？　男に対する怒りがつのるのを感じた。この男は自分を腕に抱いて、癪にさわるほど満足しきっている様子だ。どんな肉体的欲求もこれまで感じたことがないのではなかろうか。私がたぶらかそうとしているのは、どんな男なのか？　アメリカ女はみんな売女だから、選り取り見取りのお望みしだいだろう。きれいな服を着た、豊かな女たちを。そうだとすると、彼が自分をベッドに連れ込む相手に選んだのは、自分としては上出来だと思うべきなのかもしれない。腹立ちまぎれに、そうふと思った。だが、彼はほんとうの孤独感を覚えた経験がないのではなかろうか。言葉で言い表わせられるどんな問題よりも大きな、激しい孤独、自分をこのような愚かな者にしてしまう孤独を。アメリカ人たちは増長していて、人の気持ちに鈍感なのだ。アメリカ人は一人残らず。

不意に、憎々しげな男の声が別の部屋で怒鳴りだした。いや、廊下かもしれないが、しかとはわからなかった。だが、ぞっとするような物音だ。すると、女の声がロシア語でやり返した。金を、ドルをよこせ、と言っている。自分も仲間入りしたという、紛れもない証拠を突きつけられた感じで、ワーリャはぞっとした。

なぜか知らないが、アメリカ人は私の耳を手をふさいでいる。なぜ、あの言い争いを聞かせたくないのだろう？　この男はお金を要求されたくないのかもしれない。

彼女は子供のように丸くなって寝たかった。それも、一人きりで。このような羽目になって、心底から恥じているのだろうか、それともがっかりしているだけなのだろうか。だが、自分が不幸だということはわかっていた。

相手がセックスもしなければ寝入りもしないのに業を煮やして、アメリカ人に身をすり寄せた。彼が寝入れば、ナイトテーブルに袋の口を開けて置きっぱなしにしてあるクッキーを食べられる。とにかく、夜のお勤めの報酬として少なくとも腹いっぱいクッキーを食べてもよいだろう、と思った。

アメリカ人は手で彼女の体の前を上から下へ軽く触れはじめた。彼が体を動かしはじめたので、求めているものがはっきり感じとれた。と、彼が指を一本、体のなかに差し入れるのを感じた。

そうこなくちゃ。

アメリカ人と向き合い、体を開いた。彼自身に手を触れると、前のセックスの名残りのぬるぬるしたものが感じられた。とにかく彼は欲情を覚えたのだ。二度目をしたいと思うくらいに。彼が自分をやせすぎだと思い、もう興味をなくしたのではないかと、気が気でなかったからだ。

これなら望みがあるかもしれない。やっといいことが起こりそうだ。ひょっとしたら……。

なぜか、ふとユーリのことを、夫のことを思った。こちらから進んでぶち壊さずに、どんなことでも心から楽しめればよいのに、それがまったくできない自分がおかしくなった。アメリカ人が体のなかに指をもう一本押し込むと、片脚を斜めに開いて彼を受け入れた。今度は男を興奮させようと、うめき声をあげた。

とにかくユーリは大丈夫だろう。かわいい部下の兵士たちといっしょだ。彼らが守ってくれる。彼に負傷してほしくない。二度と会いたくないだけだ。
彼女はアメリカ人を味わい、ざらざらした無精髭を感じながら、自分の体が反応するままにまかせた。しかし、頭のなかから夫を追い払えなかった。怒りをつのらせ、猛り狂いながら、アメリカ人にぶつけるようにして腰を激しく振った。なぜ、めちゃくちゃなこんなひどい状態にしなくちゃいけないの？

あなたにはわからないわ。彼女は母国語でそう叫んだが、彼女を捨てた夫に向けて言ったのか、彼女の体を恍惚へいざなおうとしているこの外国人に向けて言ったのかはわからなかった。あなたにはわからないわ。あなたにはわかりっこない……。

The War in 2020

2020年(上)

著 者 ラルフ・ピーターズ
訳 者 青木榮一
印 刷 株式会社堀内印刷
製 本 ナショナル製本

振替口座東京7-2639番
電話東京(3942)2311番
東京都文京区音羽1-21-11
発 行 株式会社 二見書房

定価はカバーに表示してあります。 ISBN 4-576-91182-1

第三次世界大戦シリーズ

ソ連原潜キーロフを撃て
リチャード・ヘンリック著
ソ連が誇る最新鋭攻撃原潜を米国近海に派遣！
¥650

原潜レッドスター浮上せよ
リチャード・ヘンリック著
米ソ原子力潜水艦の大死闘と恐怖の秘密作戦！
¥650

原潜レッド・ドラゴン出撃す
リチャード・ヘンリック著
世界制覇を目論む中国原潜と米・ソの死闘！
¥600

原潜、氷海に浮上す
リチャード・ヘンリック著
北極海で対峙する米ソ両原潜に緊急指令が！
¥600

ソ連原潜ブルカン応答せず
リチャード・ヘンリック著
ロス開催のサミットを狙う恐怖の核ミサイル！
¥630

第三次世界大戦〈チーム・ヤンキー出動〉
ハロルド・コイル著
正義と自由に命を賭けて戦う米戦車隊の活躍！
¥650

空母ニミッツ撃沈せよ
チャールズ・D・テイラー著
米ソ両艦隊の直接戦闘が勃発！　悲劇の結末は？
¥650

レッド・アーミー侵攻作戦
ラルフ・ピーターズ著
NATO軍と戦闘に入ったソ連軍戦車隊…！
¥720

サイレント・アーミー
シリル・ジョリー著
クリスマスの夜、西側国境地帯に危機迫る！
¥520

以下続々刊行